Robert und Clara Schumann
Briefe einer Liebe

Robert und Clara Schumann
Briefe einer Liebe

Eingeleitet von Dietrich Fischer-Dieskau

Herausgegeben und mit einem Nachwort versehen
von
Hanns-Josef Ortheil

Athenäum

CIP-Kurztitelaufnahme der Deutschen Bibliothek

Briefe einer Liebe / Robert u. Clara Schumann.
Eingel. von Dietrich Fischer-Dieskau. Hrsg. von
Hanns-Josef Ortheil. – Königstein/Ts.:
Athenäum, 1982.
ISBN 3-7610-8254-1
NE: Schumann, Robert [Mitverf.]; Schumann, Clara
[Mitverf.]; Ortheil, Hanns-Josef [Hrsg.]

© 1982 Athenäum Verlag GmbH, Königstein/Ts.
Alle Rechte vorbehalten.
Ohne ausdrückliche Genehmigung des Verlags ist es auch
nicht gestattet, das Buch oder Teile daraus auf fotomechanischem
Wege (Fotokopie, Mikrokopie) zu vervielfältigen.
Umschlaggestaltung: Werner Rebhuhn, Hamburg
Satz: Computersatz Bonn GmbH, Bonn
Druck und Bindung: Friedrich Pustet, Regensburg
Printed in Germany
ISBN 3-7610-8254-1

Einleitung

Der vorliegende Briefband vermittelt die Liebesgeschichte zweier genialer junger Menschen, wie sie uns so vollständig kaum ein zweites Mal dokumentiert sein dürfte – die von Clara Wieck und Robert Schumann. Daß aus der Zeit nach 1840 nur wenige Zeugnisse noch existieren – neben dem Hausbuch, verstreuten Tagebuchnotizen und anderweitiger Korrespondenz –, bedingt, daß nicht etwa ein abgerundetes Lebensbild des Paares aus ihren Briefen zu gewinnen ist. Was in den Briefen dieser kämpferischen und leidvollen Zeit vor allem aufklingt, sind die Zeichen einer hohen Zeit des Ich. Sie bilden einen damals neuen Grundakkord: Innigkeit, Naturbeseelung, Unendlichkeit. Überhöhung und Sehnsucht nach dem Unerfüllbaren wurden durch eine Erfüllung abgelöst, die nicht in allem den Hoffnungen entsprach. Ewiges Werden und ewige Jugend der Romantik konnten nicht ein Leben lang anhalten.
Im deutschsprachigen Raum jener Zeit sammelte sich eine strahlende Fülle geistiger Gleichzeitigkeit: Die Grenzen zwischen Musik, Dichtkunst und Malerei flossen unter der schwärmerischen Begeisterung ihrer Träger ineinander. Zu ihnen gehörte der singende Poet, der dichtende Musiker Robert Schumann. Dichtkunst, Musik und die enthusiastisch geliebten Vorbilder Jean Paul und Franz Schubert wetteiferten in diesem jungen Feuerkopf. Das vom Elternhaus aufgezwungene „Brodstudium" der „eiskalten" und trockenen Jurisprudenz unterlag endlich dem schöpferischen Drang, und die Musik trug den Sieg davon. Früh schon begegnete Schumann sein späteres Schicksal in einem 9jährigen Kinde, ein in der Rückschau gütiges, wenngleich nicht problemloses Schicksal, das für ihn, den schon unsichtbar Gezeichneten, Linderung bereithalten sollte. Das Mädchen Clara, Pianistin, Komponistin, Wunderkind in Leipzig, war Schülerin des eigenen Vaters Friedrich Wieck, der für kurze Zeit auch Roberts Lehrer wurde. Mit 13 Jahren widmete Clara dem um 9 Jahre älteren Freunde ihr Opus 3, die „Romance variée", ein Modestückchen von längst verbliche-

nem Glanz. Aber Robert schrieb eine musikalische Antwort dazu. Wie eine Vision mutet diese erste Zwiesprache an, und in seinem Impromptu op. 5 lebt Claras Thema.

Es war ein harter Weg, den der ehrgeizige Vater Wieck seiner Tochter vorschrieb. Von einer Stadt zur anderen führte er das Kind. Der Erfolg vor der Öffentlichkeit ging ihm über alles. Zahlreiche zeitgenössische Berichte geben ein rührendes Bild dieses begabten und lieblichen Mädchens, wie es sich unbekümmert und lieblich im Alltag gab und wie es auf dem Podium weit über sein Alter hinauswuchs, so daß es den größten Pianisten seiner Zeit gleichgestellt wurde. Goethe schrieb an Zelter: „Auch erschien gestern bei mir ein merkwürdiges Phänomen. Ein Vater brachte seine zwölfjährige Tochter zu mir, welche nach Paris gehend neuere Compositionen vortrug. Über Claras Darstellung vergißt man die Composition. Das Mädchen hat mehr Kraft als sechs Knaben zusammen." Neben gefälligen Bravourstückchen standen Bach, Beethoven und Mozart auf ihrem Programm, nach und nach auf ihr eigenes Betreiben auch Chopin und Schumann. Größte Bewunderung aber fanden immer wieder die eigenen Kompositionen des Mädchens.

Schumann mußte indessen wegen einer Lähmung an der rechten Hand die Laufbahn eines Pianisten endgültig aufgeben. Er widmete sich ganz der Komposition. Zunächst erwarb er sich einen Namen durch seine literarische Begabung, die ihn als Musikschriftsteller weithin bekannt machte. Auch seine Sprache fand nun den Ton poetischer Verklärung. Er begründet die „Zeitschrift für Neue Musik". Kritisch, geistvoll und idealistisch zeigen sich seine Schriften, und seine Kritik wurde zum wachen Gewissen der Kunst. In der Selbstlosigkeit, mit der er jungen Talenten den Weg zu ebnen half, zeigt sich ein liebenswertes Spiegelbild seines Geistes. So entzündete er wahre Fakkeln der Begeisterung zu Beginn seines schriftstellerischen Tuns für den heranreifenden Chopin und 22 Jahre später für den jungen Brahms, der ihm Freund und Vertrauter für die drei letzten, schweren Lebensjahre wurde, Beistand auch und geliebter Freund für Clara in einer menschlich-geistigen Beziehung weit über Roberts Tod hinaus.

In die frühe Zeit des Schreibens und Komponierens fiel auch die Entstehung des „Davidsbundes", einer Runde von imaginierten und tatsächlichen kunstbegierigen Schwärmern, die sich in und um Schumanns Geist sammelten. Versenkung in die Mystik, Kult der Freundschaft, Kampf dem Philistertum stand auf ihrem Panier. In der Laterna magica Schumannscher Phantasie floß die Idee der Davidsbündler vornehmlich in zwei Gestalten zusammen: Florestan und Eusebius, Ausdruck zugleich des Widerspruchs in seinem eigenen Wesen. Ihnen lieh der Dichter seine Stimme. Während Clara Europa mit ihren Konzerten begeisterte, durchlebte Schumann in aller Stille das fruchtbarste Jahrzehnt seines Lebens. Am Klavier sang und malte er seine Stimmungsbilder, auf daß die Poesie in der Musik wieder zu Ehren komme.
Schumann „affizierte", wie er einmal schrieb, alles, was in der Welt vorging: Politik, Literatur, Menschen. Aber auch der Leipziger Kreis war von dem genialischen Jüngling fasziniert. Eine aufflammende und rasch wieder erlöschende Beziehung zu einer Freundin Claras, Ernestine von Fricken, hinterließ kaum andere als musikalische Spuren. Dem „Sommerroman" folgte jenes Schicksalsjahr 1835, das die 16jährige Clara in Roberts Arme führte. In einem Liebesfrühling voller Leidenschaft reifte in beiden die Erkenntnis, schicksalhaft füreinander bestimmt zu sein. Schumanns Verhalten und Äußerungen in dem Zeitraum bis 1840, der den hauptsächlichen Inhalt dieses Buches ausmacht, sind durch große Verantwortung charakterisiert. Er sah in dem hochbegabten Mädchen noch etwas von dem Kind, das einstmals seinen Gespenstererzählungen erschrocken zugehört hatte. Der Schicksalswende hat Robert auch dramatisch-poetischen Klang gegeben in den Klaviersonaten fis-moll, f-moll und g-moll, deren erste er selbst einen „einzigen Herzensschrei" nannte. Jahrelang blieb das Verhältnis Schumanns zu Clara in der Schwebe zwischen Vertrauen und – von außen genährtem – Mißtrauen, zwischen Hoffnung und „tödlicher Herzensangst".
Vater Wieck spielte anfangs die Rolle des Mannes, der nicht weiß, was er will, seit der Verlobung der beiden Liebenden im

Jahre 1837 jedoch die eines verständnislosen Widersachers, dem alle Mittel, auch prozessuale, recht waren, seinen starren Eigensinn durchzusetzen. Absurder Höhepunkt des Familienkampfes: Wieck mußte 1840 laut Gerichtsbeschluß seine Behauptung unter Beweis stellen, daß Schumann ein Trinker sei. Schumanns Ernennung zum Doktor der philosophischen Fakultät der Universität Jena bedeutete zwar strahlende Rechtfertigung – aber Wiecks Befürchtungen sollten sich in der Zukunft bis zu einem gewissen Grade als richtig erweisen. Das Gericht bestätigte Claras und Schumanns Recht, und am 12. September 1840 wurde das Paar in der Kirche zu Leipzig-Schönefeld getraut.

Die seelische Doppelbelastung – Sehnsucht nach der Geliebten und Erniedrigung vor aller Öffentlichkeit – beflügelte und bedrohte gleichzeitig Schumanns Wesen und Schaffen. Seelische Leiden warfen ihre Schatten voraus. Indes blickte die gesamte Musikwelt mit Teilnahme auf die Mädchengestalt der kaiserlich-königlichen Kammervirtuosin Clara Wieck.

In ihrer 16 Jahre dauernden Ehe sollte Clara noch oft beweisen können, daß sie ihren Mann mehr liebte als sich selbst. Die Sorge um Roberts Gesundheit lag auf ihr, dazu die Last des Haushalts mit seinen Geldnöten. Konnte sie doch auf einer einzigen Konzertreise mehr verdienen als Robert im ganzen Jahr. Zwischen Reisen, eigenen Kompositionen, häuslichem und öffentlichem Musizieren wurde achtmal im Hause Schumann die Geburt eines Kindes freudig begrüßt. Neben allen diesen Anforderungen verteidigte sie ihre Persönlichkeit und ihren künstlerischen Namen mit Kraft, mitunter auch mit Starrsinn. Die Demut vor dem Genie ihres Mannes rang sie sich oft nicht ohne Qualen ab. Ihre Liebe ließ sie jedoch erkennen, daß er sie auf Höhen führte, die sie ohne ihn nie erreicht hätte.

Neue Töne klangen bei beiden auf, aus zunächst ausschließlich beglückender Gemeinsamkeit. 1840 – die Zeit des Singens und Sagens für Schumann, sein Liederjahr! In größter Vielfalt bot sich ihm das Wort in Versen von Heine, Eichendorff oder Chamisso. Nicht weniger als 140 Lieder legte er im ersten Ehejahr seiner jungen Frau zu Füßen. Und kein schönerer Beweis dieser an Problemen so reichen, aber unvergleichlich erfüllten Künst-

lerehe wäre zu ersinnen als die klingende Überlieferung. Sie muß denn auch die Lektüre der Briefe fortsetzen. Zu Roberts Geburtstag nach der Hochzeit legte ihm Clara „in tiefster Bescheidenheit" vier eigene Lieder auf den Gabentisch.
Schon bald wurde die ruhelose Schaffenslust Schumanns immer häufiger von Nervenkrisen, Depressionen und Gehörstörungen unterbrochen. Engel und Dämonen beherrschten seine Sinne. Die Vielzahl der entstandenen Werke täuschte noch eine Weile über den Erschöpfungszustand hinweg, aber zwischen die Klänge des allzeit Gültigen drängte sich zunehmend gesteigerte Hast während der Schaffensphasen, ein Zerflattern des musikalischen Zusammenhanges, anscheinende Maskenhaftigkeit anstelle der gesuchten Einfachheit.
Zum letzten im Familienkreise zugebrachten Geburtstag Roberts schenkte Clara ihm ihr Opus 20, Variationen über ein Thema von Robert Schumann aus „Bunte Blätter" für Klavier, ihm gewidmet. Sie schrieb darüber: „Meinem geliebten Manne zum 8. Juni 1853 dieser schwache Wiederversuch von seiner alten Clara".
Bevor ihn ein gnädig früher Tod erlöste, galt es von Robert Schumann Abschied zu nehmen. Die Heilanstalt Endenich bei Bonn war die letzte, selbstgewählte Zuflucht. Das Leben, das Clara nach diesem grausigen Verdämmern nicht mehr ertragen zu können glaubte, gab ihr noch 40 Jahre Kraft, ihren Kindern und Enkelkindern Heimat und Vorbild zu sein, der Musikwelt eine Interpretin von internationalem Ruf, ihrem Manne aber die getreueste Verwalterin seines Werkes. Die Musikerin ließ es immer wieder unter ihren Händen aufleben.

Dietrich Fischer-Dieskau
Juni 1982

Briefe
aus den Jahren 1832–1855

Robert an Clara

[1. Februar 1832]

Liebe verehrte Clara!
Aber wie konnt ich doch gestern ein leichtes Lächeln nicht unterdrücken, als ich in der Didaskalia las: Variationen von Herz usw. gespielt von Fräulein Clara W.; ach entschuldigen Sie, verehrungswürdiges Fräulein – und doch gibt es einen Vortitel, der schöner ist als alle – nämlich keinen. Wer würde sagen: Herr Paganini oder gar Herr Goethe? Ich weiß, Sie sind ein denkender Kopf und verstehen Ihren alten mondsüchtigen Charadenaufgeber – also liebe Clara! Ich denke oft an Sie, nicht wie der Bruder an seine Schwester, oder der Freund an die Freundin, sondern etwa wie ein Pilgrim an das ferne Altarbild; ich war während Ihrer Abwesenheit in Arabien, um alle Märchen zu erzählen, die Ihnen gefallen könnten – sechs neue Doppelgängergeschichten, 101 Charaden, 8 spaßhafte Rätsel und dann die entsetzlich schönen Räubergeschichten und die vom weißen Geist – hu, huh! wie's mich schüttelt! – Alwin ist ein recht artiger Junge geworden; sein neuer blauer Rock und die Ledermütze, die meiner gleicht, stehen ihm ungemein schön; von Gustav läßt sich wenig Erstaunliches sagen; er ist jedoch so erstaunlich gewachsen, daß Sie sich verwundern werden, denn er hat ziemlich meine Größe. Clemens nun ist der drolligste, liebenswürdigste, eigensinnigste Junge, spricht nach Noten und hat eine sehr sonore Stimme: auch er ist sehr gewachsen, mit Alwin geht jedoch einmal noch die Violine durch. Um vom Vetter Pfundt zu berichten, so ist (mich ausgenommen) gewiß in L. kein Mensch, der sich so nach Frankfurt sehnt als er. – Haben Sie denn recht komponiert? Und was? Im Traume hör ich manchmal Musik – so komponieren Sie. – Bei Dorn bin ich bis zur dreistimmigen Fuge; außerdem ist eine Sonate in H-Moll und ein Heft Papillons fertig; das letzte erscheint binnen 14 Tagen, im Drucke nämlich ... Das Wetter ist heute herrlich. – Wie schmecken denn die Äpfel in Frankfurt? Und wie befindet sich das dreimal gestrichene F in der Springvariation von Chopin? Das Papier geht zu Ende – Alles geht zu

Ende, nur nicht die Freundschaft, mit welcher ich bin Fräulein C. W.s wärmster Verehrer

R. Schumann.

Clara an Robert
Leipzig, d. 17. Dezember 1832
Mein lieber Herr Schumann!

Ha, Ha! höre ich Sie sprechen, da sehen wir es doch! Die, die denkt nicht mehr an ihr Versprechen. O, sie denkt wohl noch daran. Lesen Sie jetzt und hören Sie, warum ich nicht eher geschrieben habe.

An demselben Tage, einige Tage nach unserer Rückkehr, als ich in dem Konzert des Molique spielen sollte, bekam ich das Scharlachfriesel und mußte bis vor einigen Tagen in dem langweiligen Bette bleiben. Doch war es nur ein leichter Anfall und ich kann jetzt schon wieder mehrere Stunden des Tages aufbleiben und habe auch schon wieder Klavier gespielt. Allein im Gewandhause konnte ich also nicht spielen. Die Arie von Mozart mußte Herr Wenzel begleiten, nachdem es Herr Knorr abgeschlagen hatte. Derselbe hat bedeutend viel Angst gehabt und hat zu zärtlich und furchtsam eingesetzt; übrigens ist er glücklich durchgekommen.

Dem Hermstedt und Molique habe ich noch vorgespielt; indessen sie haben sich nicht wieder sehen lassen aus Furcht vor Ansteckung. Sie, mein lieber Herr Schumann, mögen sich aber nicht abhalten lassen herzukommen, denn mit dem Neuen Jahr ist wohl alles vorüber; ich spiele ja schon den 8. Januar im Gewandhaus und gleich darauf wieder das Septett von Hummel, wozu schon alles vorbereitet ist. Ich wette, hier wäre Ihnen die Zeit jetzt nicht lang geworden, wie es wohl in Zwickau der Fall sein wird; ein Konzert jagte das andere; die Grabau singt göttlich –

... Ach, wie viel hätte ich Ihnen noch Neues zu melden. Aber ich werde mich bedanken, denn sonst bleiben Sie in Zwickau sitzen; ich kenne Sie ja schon. Ich wollte Sie bloß neugierig machen, damit Sie sich nach Leipzig sehnen sollen. Doch etwas

will ich Ihnen aus Mitleiden, weil Ihnen die Zeit doch gar zu lang werden muß, noch mitteilen.
Am Sonnabend war der Vater in der Euterpe.
Hören Sie, Herr Wagner hat Sie überflügelt; es wurde eine Symphonie von ihm aufgeführt, die auf's Haar wie die A-Dur-Symphonie von Beethoven ausgesehen haben soll. Der Vater sagte: die Symphonie von F. Schneider, welche im Gewandhause gemacht wurde, sei zu vergleichen einem Frachtwagen, der *zwei Tage* bis Wurzen führe und hübsch im Geleise bliebe und ein alter langweiliger Fuhrmann mit einer großen Zippelmütze murmelte immer zu den Pferden: Ho, ho, ho, hotte, hotte. Aber Wagner führe in einem Einspänner über Stock und Stein und läge aller Minuten im Chausseegraben, wäre aber dem ohngeachtet in *einem* Tage nach Wurzen gekommen, obgleich er braun und blau gesehen habe.
Der berühmte junge Bahrdt spielte in dieser Euterpe auch die Bravour-Variationen von Herz auf einem Stutzflügel in 5 Unheil schwangeren Adagios. Das nähere müssen Sie sich vom Vater beschreiben und vormachen lassen. – Obgleich der Vater sehr zweifelhaft über mein ferneres Auftreten nunmehr den Kopf geschüttelt – so werde ich aber doch wieder zu spielen versuchen. – Hier hat mir der Vater bei dem Briefe geholfen.
Herr D. Carus läßt den heißgeliebten Fridolin tausendmal grüßen (Sie werden diesen heißgeliebten Fridolin schon kennen) und er möchte doch bald die Lieder und die Symphonie schikken.
Na! Sie sind ein schöner Mensch, lassen gar Ihre Wäsche im Wagen liegen! Haben Sie sie denn durch den Kutscher in Empfang genommen?
Ich freue mich sehr auf Weihnachten, und das Stückchen Stolle, was ich Ihnen aufheben werde, wartet jetzt schon auf Sie, damit es von Ihnen gegessen werden möchte, obgleich es noch nicht gebacken ist.
Nun grüßen Sie alle von mir recht herzlich und schreiben Sie mir bald wieder, aber ja hübsch deutlich.
Mit der Hoffnung, Sie bald bei uns zu sehen, schließe ich meinen Brief und bleibe   Ihre Freundin Clara Wieck

Robert an Clara

[Am 22. Mai 1833]
            Liebe Clara!
Guten Morgen! Sie haben in Ihrer nüchternen Stadt wohl kaum einen Begriff von einem in Rudolph's Garten und wie da alles singt, summt, saust, jubiliert von Finken bis zu mir herauf. Geht's denn an solchen Tagen nicht etwa nach Connewitz? Und wann? Und wie unglücklich sind die Leute daran, die hinaus fahren müssen! Oder probieren Sie mit der Wienerin? Und wann? Letztere hat mich zu sehr entzückt. Bitte aber über alles dieses nur eine mündliche Antwort. –
Schöne Gedanken mach' ich mir nun an solchen Morgen manche, z. B. daß dies warme Leben so fortdauern soll, einen ganzen Juni, Juli hindurch – oder daß der alte Mensch ein Schmetterling und die Welt seine Blume ist, auf der er sich wiegt (der Gedanke ist mir zu phantastisch) – oder, daß dieselbe Sonne, die in meiner Stube, auch in Becker's Stube in Schneeberg scheint, oder, daß ich es überhaupt gern habe, wenn ein Sonnenstrahl auf den Flügel hüpft, gleichsam um mit dem Ton zu spielen, der auch weiter nichts als klingendes Licht ist. Gründe sind freilich nicht jedem bei der Hand.
Erkennen Sie aber aus allem Diesen nicht einen gewissen
                                        Rob. Schumann??

Bitte mir Ihre Variationen mitzuschicken, auch die über die Tyrolienne.

Robert an Clara

                    Leipzig, 1833 [o. D.]
            Liebe Clara,
Große Sehnsucht habe ich, Sie zu sehen. Die Gebrüder Günz wollen mit mir fahren. Haben Sie Zeit und Lust und erlauben es die Eltern, so machen Sie das Kleeblatt vierblätterig. Bitte um Antwort. Sie haben zu bestimmen, wenn es fortgehen soll.
        Mit Sehnsucht
                                Ihr
                                [ohne Unterschrift]

Robert an Clara
Leipzig, 1833 [o. D.]
M. l. C. einen Morgengruß – und ob es wohl geraten wäre heute endlich einmal nach Connewitz zu gehen. Bitte den Vater zu fragen und mir mit einer Silbe zu antworten.

R. S.

Robert an Clara

Am 13. Juli 1833
Liebe und gute Clara!
Ob und wie Sie leben will ich wissen – weiter steht im Briefe nichts. Kaum wünschte ich, daß Sie sich meiner noch erinnern, da ich alle Tage sichtbar mehr einfalle und zur dürren Bohnenstange ohne Blätter in die Höhe schieße. Der Doktor hat sogar verboten, mich zu stark zu sehnen, nach Ihnen nämlich, weil es zu stark angriffe. Heute machte ich aber alle Verbände von den Wunden und lachte dem Doktor geradezu in's Gesicht, als er mich vom Schreiben abhalten wollte; ja ich drohte, ihn mit dem Fieber anzufallen und anzustecken, wenn er mich nicht ruhig willfahren ließe. Nun tat er's.
Dies wollte ich Ihnen aber alles nicht sagen, sondern etwas durchaus anderes – nämlich eine Bitte, die Sie zu gewähren haben. Da jetzt durchaus keine Funkenkette uns aneinander zieht oder erinnert, so habe ich einen sympathetischen Vorschlag gefaßt – diesen: ich spiele morgen Punkt 11 Uhr das Adagio aus Chopin's Variationen und werde dabei sehr stark an Sie denken, ja ausschließlich an Sie. Nun die Bitte, daß Sie dasselbe tun möchten, daß wir uns geistig sehen und treffen. Der Punkt würde wahrscheinlich über dem Thomaspförtchen sein, als wo sich unsere Doppelgänger begegneten. Wäre Vollmond, so schlüge ich diesen als Briefspiegel vor. Ich hoffe sehr auf eine Antwort. Tun Sie es nicht und es springt morgen in der zwölften Stunde eine Saite, so bin ich's. Ich bin's auch von ganzem Herzen

Robert Schumann

Clara an Robert

[13. Juli 1833]

Lieber Herr Schumann!
Mit vieler Mühe habe ich endlich Ihren Brief mit Hilfe der Mutter ausstudieren können und setze mich sogleich, um Ihnen zu antworten. Ich bedaure Sie sehr, da Sie sich vom kalten Fieber so abschütteln lassen müssen, doch noch mehr tu ich dies, da ich vernommen habe, daß Sie kein bayrisches Bier trinken dürfen, welches Verbot Ihnen gewiß sehr schwer wird zu befolgen. Sie wollen wissen, ob ich lebe? nun das könnten Sie doch schon wissen, da ich Ihnen schon so viele Komplimente geschickt habe! ob sie ausgerichtet worden sind, das weiß ich freilich nicht, doch hoffe ich es. Wie ich lebe, das können Sie sich doch auch denken! wie kann ich denn gut leben, wenn Sie uns gar nicht mehr besuchen! Was Ihre Bitte anbetrifft, so werde ich sie erfüllen und mich morgen um 11 Uhr über dem Thomaspförtchen einfinden. Meinen Doppelgängerchor habe ich vollendet, indem ich noch einen dritten Teil dazu gemacht habe. Einen längern Brief kann ich Ihnen zu meinem großen Leidwesen nicht schreiben, weil ich so viel zu tun habe. Um ein Wiederschreiben bitte ich Sie. Eine baldige Genesung wünscht Ihnen von Herzen

Clara Wieck

Um das 2. Heft der Papillons
bitte ich Sie recht sehr.

Als ich Ihren Brief erhielt, dachte ich, nun willst Du auch einmal recht schlecht schreiben, und tat dieses auch, wie Sie sehen werden.

Sollten Sie etwa diesen Brief ohne Siegel erhalten, so schreiben Sie mir dieses gefälligst.

Robert an Clara

Leipzig, 1833 [o. D.]

Liebe Clara,
Können Sie die zwei Hefte *Lieder ohne Worte* für heute (aber nur für heute) entbehren, so tun Sie [sie] mir schicken. Die Eile

diktiert mir diese Worte ohne Klang; für einen Gruß ist's gerade noch Zeit.

R. Schumann

Clara an Robert

Hier, den 1. August 1833
Lieber Herr Schumann!
So sehr wie ich es bereue, Ihnen beifolgende Kleinigkeit dediziert zu haben, und so sehr wie ich wünschte, diese Variationen nicht gedruckt zu sehen, so ist das Übel doch nun einmal geschehen, und ist folglich nicht zu ändern. Deshalb bitte ich um Verzeihung wegen des Beifolgenden. Ihre so geistreiche Bearbeitung dieses kleinen musikalischen Gedankens soll die Meinige schlechte wieder gut machen, und somit ersuche ich Sie denn um dieselbe, da ich dessen nähere Bekanntschaft kaum erwarten kann. Sie werden übrigens auf dem Titel dieser meiner Romanze bemerken, daß mein Doppelgänger nicht vergessen ist, ohne daß ich ihn bestellt habe. Sollte dies vielleicht ahnden lassen, daß meine Doppelgängerkompositionen mehr versprechen werden?
Nun machen Sie sich bald heraus, damit Sie uns doch besuchen können, besonders da Krägen morgen kommt. Ich hoffe, die Gegenwart Krägens wird Sie von Ihrem Fieber heilen.
Es grüßt Sie freundschaftlichst

Clara Wieck

Krägen ist eben angekommen.

Robert an Clara

Leipzig, am 2. August 1833
Liebe Clara!
Für Menschen, die nicht schmeicheln können, gibt es wohl kaum eine sauerere Arbeit, als erstens einen Dedikationsbrief zu schreiben, zweitens einen zu beantworten. Man ist da ganz von Bescheidenheit, Bereuen, Dankeszollen usw. außer sich und zerknirscht. Anderen als Ihnen würd' ich daher ganz fröh-

lich erwidern müssen: Wie verdiene ich diese Auszeichnung? Haben Sie bedacht? Oder ich würde Bilder gebrauchen und schreiben, daß der Mond unsichtbar für den Menschen wäre, ließe nicht die Sonne ihre Strahlen zuweilen auf ihn fallen – oder sagen: Siehe! wie sich der edlere Weinstock die niedrige Ulme aufzieht, daß die frucht- und blütenlose an seinem Geist trinke. – Ihnen aber geb ich nichts, als einen herzlichen Dank und, wären Sie gegenwärtig (selbst ohne Erlaubnis des Vaters) einen Händedruck; dann würde ich etwa die Hoffnung aussprechen, daß die Vereinigung unserer Namen auf dem Titel eine unserer Ansichten und Ideen für spätere Zeiten sein möchte. Mehr biete ich Armer nichts. –
Meine Arbeit wird wohl, wie viele andere, eine Ruine bleiben, da sie seit langer Zeit nur im Ausgestrichenen vorgerückt ist. Etwas anderes folgt. Fragen Sie Krägen, dem ich einen guten Morgen wünsche, ob er wohl Patenstelle am Werke vertreten will, d. h. ob ich es ihm dedizieren darf.
Da der Himmel heute ein gar zu finster Gesicht macht, so tut es mir leid, heute zur Abendmusik nicht kommen zu dürfen. Auch habe ich mich jetzt so dicht eingesponnen, daß nur kleine Flügelspitzen aus der Puppe gucken, die leicht beschädigt werden könnten. Doch hoffe ich gewiß, Sie vor Ihrer Abreise noch einmal zu sehen.

Robert Schumann

Clara an Robert

Dresden, am 8. Juni 1834
Lieber Herr Schumann!

Heute, Sonntag, den 8. Juni, an dem Tage, wo der liebe Gott einen so musikalischen Funken vom Himmel fallen ließ und also Sie geboren wurden, sitze ich hier und schreibe an Sie, obgleich ich heute zweimal weggebeten bin.
Das erste, was ich schreibe, ist, daß ich meine Wünsche anbringe, nämlich, daß Sie nicht immer von allem das Gegenteil tun möchten – weniger bayrisches Bier trinken – nicht sitzen bleiben, wenn andere fortgehen – aus Tag nicht Nacht machen und

umgekehrt – Ihren Freundinnen beweisen, daß Sie an sie denken, fleißig komponieren – mehr in die Zeitung schreiben, weil es die Leser wünschen. Den festen Entschluß fassen, nach Dresden zu kommen usw.

Ist das aber erlaubt, Herr Schumann, so wenig Aufmerksamkeit für eine Freundin zu haben und ihr nicht einmal zu schreiben? Jedesmal bei Ankunft der Post hoffte ich ein Briefchen von einem gewissen Herrn Schwärmerer zu bekommen, aber ach! ich war getäuscht. Ich tröstete mich damit, daß Sie doch wenigstens hierher kämen, aber eben schreibt mir der Vater, daß Sie nicht kommen würden, da Knorr krank ist. Emilie kommt auch nicht mit, da sie in's Bad reist – das ist doch Unglück über Unglück. Nun, man muß sich in alles schicken. Auf Ihr neues Rondo freue ich mich sehr, da wird es wohl wieder etwas zu tun geben. Hier in Dresden hat man sich, und besonders Sophie Kaskel (ein hübsches Mädchen), ganz in Ihre Impromptus verliebt und studiert sehr fleißig daran. Sie war, so wie Becker und Krägen, ganz traurig, daß Sie nicht hierher kommen, es ist aber auch ganz unverzeihlich von Ihnen.

An meiner Türe ist ein Zettel geklebt, worauf steht „Feierlichst erwählter Mitarbeiter der neuen musikalischen Zeitung Clarus Wieck." Nächstens kommen 6 Bogen von mir, da gibt es etwas zu bezahlen.

Wie ich höre, hat Ihnen Gustav geschrieben? Nun, das wird gutes Zeug sein. Sie wollen ihm auch wieder schreiben? Nun, da darf ich mir doch auch ein originelles, aber nicht originell geschriebenes (d. h. undeutlich) Briefchen ausbitten, nicht wahr, Herr Schumann? Dieser geistreiche, originelle und witzige Brief empfiehlt Ihnen in aller Langsamkeit (Eiligkeit lieben Sie nicht) Ihre Freundin

Clara Wieck
Clara Wieck
Doppelgänger

Robert an Clara

Leipzig, am 10. Juli 1834

NB. Der Schluß muß zuerst gelesen werden.

Meine liebe Clara,
Nun will ich einmal recht mit Ihnen reden, plaudern, lachen. – Könnte man, wie man wollte, so reichten kaum Ballen von Briefen hin, die Sie von mir zu erhalten hätten, so aber, wenn ich recht, recht an Sie denke, sitze ich flugs am Klavier und schreibe lieber mit Nonenakkorden z. B. dem bekannten Terzdezimenakkord nach Dresden, d. h. an Sie. – Was für Freude hat mir der Brief gemacht, selbst ohne an den zarten Gedanken zu denken, daß er an einem Tag geschrieben war, den man (wie freilich jeden) des Jahres nur einmal feiern kann. Sie erinnern sich gewiß des vorigen, des Gewitters, des Flüchtens in ein Haus, des Rosentals und zumal der Schokolade.

Der heurige war einfacher. Wir wandelten (ich wie immer mit meinen Davidsbündlern) nach Zweinaundorf mit einiger Freude im Gesicht, daß man noch lebte und so schön lebte. Tags darauf kam Ihr Brief – abends fing ich eine Antwort an, früh darauf wollte ich fortfahren – eine Korrektur kam nach der andern aus der Druckerei – so bin ich denn in ein sanftes Hinausschieben geraten, über das Sie sich schwerlich mehr gegrämt haben können als ich selbst.

Ihr Brief waren *Sie*. Sie standen vor mir sprechend, lachend, wie immer vom Ernst in den Spaß springend, mit Schleiern spielend wie Diplomaten – kurz Clara war der Brief – die Doppelgängerin.

Einzige Doppelgängerin – aber was verlangen Sie? Sie wollen Ihre Wünsche anbringen und mich geradezu zu einem Miesnick machen. Bedenken Sie – täte Florestan nicht von allem das Gegenteil – tränke Eusebius weniger bayrisches Bier, bliebe irgend ein andrer Bündler nicht noch sitzen, wenn andere längst fort wären usw., so wäre ich eben der, der ich nicht bin. – Dennoch habe ich mir Ihren Katechismus zierlich abgeschrieben und unter Wasser, d. h. in Noten gesetzt – Sie sollten aber die Musik hören! – Eine Litanei ist's aus Dis-moll ...

Dieser Brief fällt, wie gesagt, wie eine gute Sonate in drei Teile, nämlich in einen Lach-Teil, in einen Plauder-Teil, in einen Rede-Teil.
Den Lachteil haben Sie eben mit sehr verdrießlichem Gesicht herausstudiert: er gleicht dem Rosental, in dem weder Rosen noch Täler sind – ich meine, er reizt zum Weinen.

Plauderteil.
Sagen Sie, freundliche Freundin, wie ist's Ihnen im schönen Juni ergangen? Wie geht es Ihren Freundinnen, der zarten – und der feinen stolzen –? Geht jetzt Krägen geschwinder? Und Becker? Macht er noch ein so glückliches Auge, wenn er von Chopin spielen hört? Was hat Reißiger zur Rezension gesagt? Wird die Schröder bald zurückkehren? Lesen die Dresdener nur die Chronik? Fahren sie (die Dresdener) oft durch die Brückenpfeiler? Wissen Sie, daß die Leipziger sehr eifersüchtig sind, daß die Leipziger bald nach Dresden kommen dürften, um den Grund zur Jalousie wegzuräumen? Führen einen die großen langen Männer in der katholischen Kirche noch von der einen Seite auf die andere?
Und nun zu Ihnen – denken Sie gern an Leipzig? An den nächsten Anverwandten? An Günthern (vorzugsweise der „genialische" genannt)? – Dann an eine gewisse Emilie, das verständige helle liebenswerte Mädchen, welches so oft und so warm von Ihnen spricht? Dann an den Engelskopf Elisen, der leider sehr unsichtbar geworden? Dann an Stegmayer, der eine Petition an den Landtag eingereicht hat, daß man des Tages schlafen, des Nachts arbeiten möchte (ich habe sie mit unterschrieben)? Dann an Ihre Leid- und Freudenfreundin Ernestinen, diesen hellen Edelstein, der nie überschätzt werden kann? Endlich wissen Sie noch etwas von Schunke, von der Redaktion überhaupt, die fast täglich von ihrem „feierlich erwählten Mitarbeiter Clarus" spricht? Wieviel möchte ich denn über Sie von Ihnen erfahren! – Was und wie Sie singen? Das letzte weiß ich eigentlich schon. Ob Sie an den schönen Juliabenden zum Fenster heraussehen (weil ich's dann selbst manchmal tun würde) oder oft am rechten Elbufer spazieren gehen (aus dem egoisti-

schen Grund, weil er mein Lieblingsgang war)? Ob Sie viel komponieren, ob unterirdisch oder überirdisch?
Mit einem Worte ob Sie mir bald antworten werden? – Jetzt müßte eigentlich der Redeteil kommen, die ernste, forschende Partie dieser Buchstabenkomposition. Aber schwer ist's, nach so langer Trennung feierlich wie ein Pastor zu reden vom Vergangenheitsadam. Daher wird die liebe Clara, die so oft verzieh, auch diesmal eine verzeihende für die Kreuz- und Querfragen dieses Briefes sein und bleiben. Den Redeteil verschieb' ich also bis auf eine (wär' es auch nur eine zweizeilige Antwort) d. h. bis auf acht Tage. Auch könnte es leicht möglich sein, daß irgendmal jemand an Ihre Türe klopft – und wenn Sie riefen: „Herein", so wäre es kaum nötig, daß er seinen Namen nennte:
„Robert Schumann".
In großer Eile und unter großen Geschäften fertige ich noch eine Art Lexikon undeutlich geschriebener Wörter aus, die ich in Parenthesen gesetzt habe. Der Brief möchte dadurch sehr bunt und pikant werden. Der Gedanke ist so unherrlich nicht.
Adio, clarissima Cara, cara Clarissima!
recht – reichten – Nonenakkorden – zarten – einem – Jahres – Rosentals – Schokolade – war einfacher – Korrektur – gegrämt – waren – Eusebius – zierlich – reizt – helle – Juliabenden – Fenster – rechten – Pastor – Robert Schumann –

Robert an Clara
Leipzig, 1834 [o. D.]
Meine liebe und verehrte Clara!
Es gibt Schönheitshasser, welche behaupten, Schwäne wären eigentlich größere Gänse – mit ebendemselben Recht könnte man sagen, die Ferne wäre nur eine auseinandergerückte Nähe. Und sie ists auch, denn ich spreche täglich mit Ihnen (ja noch leiser, als ich gewöhnlich pflege) und weiß doch, daß Sie mich verstehen. Im Anfang hatte ich verschiedene Pläne über unsere Korrespondenz. Ich wollte z. B. eine öffentliche in der musika-

lischen Zeitung mit Ihnen kontrahieren – sodann wollte ich meinen Luftballon (Sie wissen, daß ich einen besitze) mit Briefgedanken anfüllen und bei günstigem Winde unter passender Adresse aufsteigen lassen. – Ich wollte mir Schmetterlinge einfangen als Briefträger an Sie – ich wollte meine Briefe erst nach Paris schicken, damit Sie sie recht neugierig aufmachten und dann, mehr als überrascht, mich in Paris glaubten. Kurz, ich hatte viele witzige Träume im Kopf, aus denen mich erst heute ein blasender Postillon weckte. Postillone, liebe Clara, wirken überhaupt auf mich so magisch, wie etwa der vortrefflichste Champagner. Man glaubt keinen Kopf zu besitzen, so wonnig leicht ist es einem im Herzen, wenn man sie so lustig in die Welt hineinschmettern hört. Ordentliche Sehnsuchtswalzer sind diese Trompeterstückchen für mich, die uns an etwas erinnern, was wir nicht besitzen. Wie gesagt, der Postillon blies mich aus meinen Träumen in neue hinein.

Robert an Clara
Zwickau, den 28. August 1835
Mitten unter all den Herbstfesten und sonstigen Freudenhimmeln guckt immer ein Engelskopf hindurch, der dem einer mir sehr wohlbekannten Clara aufs Haar gleicht. Wo sollte ich anfangen zu erzählen ohne englische Maschinenbogen, deren Länge bekanntlich viele Meilen fortläuft? Wo aufhören? Und wenn es wahr ist, daß das die schönste Musik ist, wo sich der Faustmantel der Phantasie um kräftige Formen schlingt, so ist unsre Fahrt eine schöne. Vom ersten Abschnitte der Reise wird Ihnen Ulex einiges mitgeteilt haben, so wenig er davon weiß, weil er eigentlich mehr gelebt wurde als lebte. Von dem andern Abschnitte wünschte ich, daß Sie alles wüßten. In meiner Phantasie steht dort in einer Ecke ein Vogelschießen, dort sieht ein großes Konzert von Schmittbach in der Rose heraus, dort wieder eine Kindtaufe bei Thierfelder in Schneeberg (geringfügiger Sachen wie des Rattenfangs, der Kartoffelschmäuse, Bierdithyramben, Landreisen, gar nicht zu erwähnen). Ich habe gedacht,

nur in Leipzig gäbe es Menschen – zu meinem freudigen Erstaunen entdeckte ich auch woanders welche ... Wie haben wir oft an Sie gedacht, und ich müßt irre werden an allen sympathetischen Einflüssen, wenn ich nicht mit Recht behauptete, Sie auch an uns.

Wie es Ihnen ergangen sein mag, ich weiß es nicht, aber ich weiß es: – Früh Rosental, nachmittag Rosental, abends Kintschy. Wie würden Sie uns beneiden (wenn Sie das überhaupt könnten), wenn wir unsere Himmelskarten dagegen ausbreiteten: Früh auf einem Berge im Sonnenblau gebadet, nachmittag in einem Tale geschlafen, abends bergauf, bergab geflogen, ein schönes Weib am Arme, Therese, auf der Reuters Auge in stiller Verehrung zuweilen ruht. Emilien möchte ich malen, man wird in ihrer Nähe leiser und sinnender, während Therese aufregt und die Sinne gefangennimmt. Beide Grazien lassen die jüngere grüßen. Tausenderlei habe ich Ihnen noch zu sagen; vielleicht kann ich es Dienstag früh, wo wir uns nach langer Trennung wieder sprechen werden. Für heute Ihnen, dem Vater, der Mutter und allen versammelten Davidsbündlern meinen Herzensgruß. Sie wissen, wie lieb ich Sie habe und somit adieu
Robert Schumann
P. S. Es ist schön, daß ich Ihnen gerade an Goethes Geburtstag schrieb.

Clara an Robert
Leipzig, am 1. September 1835
Eben wand ich mich wie ein Wurm durch Ihre Sonate, welche zwei Herren aus Hannover gern hören wollten, als ein Brief an mich kam, und woher, dachte ich? Da las ich Zwickau. Sehr überrascht war ich, denn als Sie hier weggingen, gaben Sie mir nicht viel Hoffnung zu solch einem Brief. Zwei Stunden lang hab ich ihn studiert, und doch sind noch einige trotzige Wörter da, welche durchaus nicht in meinen Kopf wollen.

Wie es mir ergangen ist, wußten Sie doch nicht, denn das Rosental ist ganz in Verfall gekommen, da ich, seitdem Sie weg sind, sehr wenig hinausgekommen bin. Die Ursache davon ist mein großer Fleiß. Sie werden lächeln, doch es ist wahr. 1. Habe ich meine Partitur beendigt; 2. die Stimmen alle selbst ausgeschrieben, und das in zwei Tagen; 3. schrieb ich die Variationen in F von mir zum Druck ins Reine, sowie auch meinen *Danse de Fantômes* (Doppelgängerchor) und *Une nuit de Sabbat* (Hexenchor). Das Konzert habe ich angefangen zu instrumentieren, abgeschrieben hab' ich es aber noch nicht. Das Tutti habe ich ein wenig geändert.

Sie haben eine sehr schöne Himmelskarte ausgebreitet, doch beneide ich Sie nicht darum, denn nächstens würde dieser Neid am Ende auch auf Sie übergehen, da ich auch eine vielversprechende im Hintergrund habe: 1. kommt Moscheles und bleibt einige Tage hier, gibt auch vielleicht Konzert; 2. ist Mendelssohn gestern hier angekommen, und 3., raten Sie, kommt, O Freude! Ihr Ideal – Francilla Pixis! Nun, zieht das nicht?

Beide Grazien, welche Sie mir mit so viel Poesie geschildert, laß ich herzlich grüßen, besonders *Therese*. Sie trugen mir Grüße an Ihre auserwählten Untertanen auf, doch ausrichten konnt' ich sie nicht, da sie, wie es getreue Untertanen zu tun pflegen, mit ihrem Beherrscher gegangen sind, um mit ihm *Freud* und *Leid* zu teilen. Dem Beherrscher, welchen Sie wohl kennen werden, schicke ich durch Sie viele Grüße von mir, sowie auch von der Davidsbündlerschen Florestanschen Sonate, welche sich sehr darauf freut, noch am Ende ihrer Zaubertöne einige Erleichterung, „anstatt Fis-Dur H-Moll", zu erhalten. Ihre
                                                               Clara Wieck
Ihre Mutter bitte ich vielmals von uns allen zu grüßen.

Robert an Clara
          Auf der Zwickauer Post abends nach 10 Uhr
                        13. Februar 1836
Der Schlaf stand mir in den Augen. Schon seit zwei Stunden warte ich auf die Eilpost. Die Wege sind so zerstört, daß ich vielleicht erst um 2 Uhr fortkomme. – Wie Du vor mir stehst,

meine geliebte, geliebte Clara, ach so nah dünkt es mir, als ob ich Dich fassen könnte. Sonst konnte ich alles zierlich in Worte bringen, wie stark ich jemanden zugetan; jetzt kann ich's nicht mehr. Und wüßtest Du's nicht, so würde ich Dir es nicht sagen können. Liebe Du mich nur auch recht, hörst Du, – ich verlange viel, denn ich gebe viel.

Mein heutiger Tag war von mancherlei bewegt – ein offnes Testament meiner Mutter, Erzählungen von ihrem Sterben. Hinter allem Dunkeln steht aber immer Dein blühend Bild und ich trag alles leichter.

Auch darf ich Dir wohl sagen, daß meine Zukunft jetzt um vieles sicherer steht. Zwar darf ich nicht die Hände in den Schoß legen und muß noch viel schaffen, um das zu erringen, was Du kennst, wenn Du zufällig an dem Spiegel vorbeigehst – indes wirst auch Du eine Künstlerin bleiben wollen und keine Gräfin Rossi, d. h. Du wirst mittragen, mitarbeiten, Freud und Leid mit mir teilen wollen. Schreibe mir darüber.

In Leipzig wird mein erstes sein, meine äußern Angelegenheiten in Ordnung zu bringen; mit den innern bin ich im Reinen; vielleicht daß der Vater nicht die Hand zurückzieht, wenn ich ihn um seinen Segen bitte. Freilich gibt es da noch viel zu denken, auszugleichen. Indes vertrau ich auf unsern guten Geist. Wir sind vom Schicksal schon füreinander bestimmt; schon lange wußt ich das, aber mein Hoffen war nicht so kühn, Dir es früher zu sagen und von Dir verstanden zu werden.

Was ich Dir heute kurz und abgerissen schreibe, will ich später Dir deutlicher erklären. Am Ende kannst Du mich gar nicht lesen, – nun dann wisse nur, daß ich Dich recht unsäglich liebe.

Es wird dunkel in der Stube. Passagiere schlafen neben mir. Draußen stöberts und schneits. Ich aber will mich recht tief in eine Ecke bergen, mit dem Kopf in das Kissen und nichts denken als Dich. – Lebe wohl, meine Clara.

Dein Robert

Robert an Clara
Am 13. August 1837

Sind Sie noch treu und *fest*? So unerschütterlich ich an Sie glaube, so wird doch auch der stärkste Mut an sich irre, wenn man gar nichts von dem hört, was einem das Liebste auf der Welt. Und das sind Sie mir. Tausendmal habe ich mir alles überlegt und alles sagt mir: Es muß werden, wenn wir wollen und handeln. Schreiben Sie mir nur ein einfaches Ja, ob Sie Ihrem Vater gerade an Ihrem Geburtstage (zum 13. September) einen Brief von mir selbst geben wollen. Er ist jetzt gut gegen mich gesinnt und wird mich nicht verstoßen, wenn Sie noch für mich bitten.

Dies schreib ich gerade am Tage Aurora. Wäre es, daß uns nur eine Morgenröte noch trennte. Vor allem halten Sie fest daran: *es muß werden, wenn wir wollen und handeln.*

Von diesem Briefe sagen Sie gegen niemanden; es könnte sonst alles verdorben werden.

Vergessen Sie also das „Ja" nicht. Ich muß erst diese Versicherung haben, ehe ich an etwas Weiteres denken kann.

Alles dies meine ich aus voller Seele so, wie es dasteht, und unterschreibe es mit meinem Namen

Robert Schumann

Clara an Robert
Leipzig, den 15. August 1837

Nur ein einfaches „Ja" verlangen Sie? So ein kleines Wörtchen – so wichtig! doch – sollte nicht ein Herz so voll unaussprechlicher Liebe, wie das meine, dies kleine Wörtchen von ganzer Seele aussprechen können? Ich tue es und mein Innerstes flüstert es Ihnen *ewig* zu.

Die Schmerzen meines Herzens, die vielen Tränen, konnt' ich das schildern – o nein! – Vielleicht will es das Schicksal, daß wir uns bald einmal sprechen und dann – Ihr Vorhaben scheint mir riskiert, doch ein liebend Herz achtet der Gefahren nicht viel. Also abermals sage ich „Ja!". Sollte Gott meinen achtzehnten

Geburtstag zu einem Kummertag machen? O nein, das wäre doch zu grausam. Auch ich fühlte längst *„es muß werden"*, *nichts* in der Welt soll mich irre machen, und dem Vater werd ich zeigen, daß ein jugendliches [Herz] auch standhaft sein kann.
sehr eilig.

Ihre Clara

Clara an Robert

Den 19. August

(In großer Eile)   Lieber Robert!
Nur ein paar Worte schick ich Ihnen durch meine treue und verschwiegene Nanny. Gestern hört ich, die Cholera sei hier und nun mußt ich schreiben, meine Besorgnis stieg mit jeder Minute. – Schonen Sie sich ja – um meinetwillen – bedenken Sie, was ist mein Leben ohne Sie? ...
Auch noch ein Rat, sprechen Sie nicht mit Vater eher von dem, was uns betrifft, als bis Sie zu meinem Geburtstag schreiben. Er ist sehr gut auf Sie, doch muß alles mit Ruhe geschehen. Meine Sehnsucht Sie zu sehen, zu sprechen ist unbeschreiblich – findet sich Gelegenheit, tue ich es Ihnen kund. Heute morgen war ich fest entschlossen, ich wollte zu Ihnen, mein Geist war schon vorausgeeilt, doch plötzlich hielt es mich fest – ich sah Ihr Fenster, eine Träne quoll aus meinen Augen, ach wie war sie so heiß und schwermütig, das Herz voll Gefühlen ging ich zu Haus.
Glücklich macht mich jetzt der feste Glaube an Ihre Liebe – mein Herz, mein Alles schicke ich Ihnen durch den Ring.
Haben Sie mir etwas zu sagen, so sagen Sie es meiner Nanny; so wahr ich Sie liebe, so wahr ist sie verschwiegen.
Meine Unruhe sehen Sie aus dieser Schrift. – Bald hoff ich sehen wir uns. Seien Sie um Gotteswillen ganz verschwiegen. Auf ewig

Ihre Clara

Clara an Robert
                    Leipzig, den 2. September 1837
L. R. Viel hab ich Sie zu fragen und doch nicht eine Minute des
Alleinseins. Darum möge Nanny mir zur Feder dienen – tut sie
doch gar gern alles, wenn es für mich ist.
Mein Herz ist zu voll – so voll, daß ich nichts weiter sagen kann
als
                                        Ihre Clara

Clara an Robert
                    Leipzig, am 8. September 1837
L. R. Hiermit schick ich Ihnen den Brief wieder, der auf Vater
jedenfalls nur einen günstigen Eindruck machen kann. Doch
eines gefällt mir bei der Sache nicht – Ihre Abwesenheit. Bleiben Sie hier, so antwortet Ihnen sicherlich der Vater sehr bald,
besonders wenn Sie ihn dringend um baldige Antwort bitten.
Bitte, bitte, bleiben Sie. Über Näheres sprechen wir uns, so alles
glücklich geht ...
Ach, wie werd ich zittern, wenn Vater den Brief liest!! – ich
baue auf seine Liebe zu Ihnen und mir ...
                                        Clara

Robert an Clara
                                [13. September 1837]
Sie aber, liebe, liebe Clara, möchten nach dieser schmerzvollen
Trennung alles, was ich Ihren Eltern geschrieben, in Liebe un-
terstützen und da fortfahren, wo meine nicht mehr ausreicht.
                                        Ihr R. S.

Robert an Clara
                            Am 18. September 1837
                    Liebe Clara!
Die Unterhaltung mit Ihrem Vater war fürchterlich. Diese Kälte, dieser böse Willen, diese Verworrenheit, diese Widersprüche

– er hat eine neue Art zu vernichten, er stößt einem das Messer mit dem Griff in das Herz ...
Was denn nun, meine liebe Clara? Ich weiß nicht, was ich anfangen soll. *Gar nicht*. Mein Verstand geht hier zunichte und mit dem Gefühl ist ja vollends nichts anzufangen bei Ihrem Vater. Was denn nun, was denn nun?
Vor allem waffnen Sie sich, und *lassen Sie sich nicht einmal verkaufen* ...
Ich traue Ihnen, *ach von ganzem Herzen* und das erhält mich auch aufrecht – aber Sie werden *sehr stark* sein müssen, mehr als Sie ahnen. Hat Ihr Vater doch selbst die fürchterlichen Worte zu mir gesagt: „ihn erschüttere nichts." Fürchten Sie alles von ihm; *er wird Sie zwingen durch Gewalt*, kann er es nicht durch List. Fürchten Sie alles!
Ich bin heute so tot, *so erniedrigt*, daß ich kaum einen schönen guten Gedanken fassen kann; selbst Ihr Bild ist mir zerflossen, daß ich mir kaum Ihr Auge denken kann. Kleinmütig, daß ich Sie aufgäbe, bin ich nicht worden; aber so erbittert, so gekränkt in meinen heiligsten Gefühlen, so über einen Leisten geschlagen mit dem gewöhnlichsten. Hätte ich nur ein Wort von Ihnen. Sie müssen mir sagen, was ich tun soll. Es wird sonst alles Spott und Hohn in mir und ich gehe auf und davon. Sie nicht einmal sehen zu dürfen! Wir könnten es, sagte er, aber an einem dritten Ort, in aller Gegenwart, recht zum Spektakel für alle. Wie das alles so erkältend ist, so nagend! Auch schreiben dürften wir uns, wenn Sie reisen! Das war alles, was er bewilligte ...
Vergebens suche ich nach einer Entschuldigung für Ihren Vater, den ich doch immer für einen edlen menschlichen Mann gehalten. Vergebens suche ich in seiner Weigerung einen schöneren, tieferen Grund, etwa den, daß er fürchte, Sie würden als Künstlerin einbüßen durch ein frühzeitiges Versprechen an einen Mann, daß Sie überhaupt noch zu jung wären u. dergl. Nichts von dem – glauben Sie mir, er wirft Sie dem ersten Besten zu, der Geld und Titel genug hat. Sein höchstes dann ist Konzertgeben und Reisen; darüber läßt er Sie bluten, zerstört mich in meiner Kraft, mitten im Drang Schönes zu tun auf der Welt; darüber lacht er Ihrer Tränen aller.

Ihr Ring sieht mich jetzt so lieb an, als ob er sagen wollte, schmäle doch nicht so auf den Vater deiner Clara – dreimal sagten Sie neulich fest, fest; ich horchte auf, es kam so recht aus der Tiefe Ihrer Seele. – Clara, ich bin so etwas worden durch jenen Tag – wenn ich heute schwach bin und Ihrem Vater wehe getan [habe], so sind Sie mir nicht böse! Und doch habe ich recht.
Aber die Augen frisch auf das Ziel gerichtet. Sie müssen durch Ihre Güte jetzt alles vermögen, und dringen Sie so nicht durch, durch Ihre Stärke. Ich kann fast gar nichts als schweigen, mit jeder neuen Bitte an Ihren Vater müßte ich ja eine neue Kränkung erwarten. Strengen Sie sich jetzt an, was zu tun ist. Ich folge wie ein Kind ... Ach wie geht mir's doch im Kopfe herum; ich möchte lachen vor Todesschmerz. Der Zustand kann nicht lange so dauern – dies hält meine Natur nicht aus. ...
Tröste mich, bitte Gott, daß er mich nicht in Verzweiflung untergehen läßt. Ich bin angegriffen an der Wurzel meines Lebens.

[Am Nachmittag]
Verloren ist nichts, glaube ich; aber gewonnen haben wir auch wenig genug. Meine Briefe ärgern mich jetzt. In acht bis zehn Wochen wäre es besser gewesen. Es liegt jetzt viel daran, daß wir ruhig und vorsichtig fortschreiten, das sehe ich. Am Ende muß er sich doch einmal in den Gedanken fügen, Sie zu verlieren. Sein Trotz scheitert an unserer Liebe; *es muß werden*, meine Clara ...
Benehmen Sie nur Ihrem Vater seine vielen schiefen Ansichten.
Als ich ihn fragte, ob er denn nicht glaube, daß wir die seligsten Menschen von der Welt würden, so gab er mir das zu – und dennoch war nicht weiter zu kommen.
Weiter sagte er, wir brauchten viel mehr, als wir dächten, und nannte eine enorme Summe. Wir haben gerade so viel, *wie hundert der angesehensten Familien hier. Lassen Sie sich das nicht ausstreiten.* Dann sagte er, „Sie würden dann oft im Stillen weinen, wenn wir nicht große Assembleen gäben u. s. w." Clara ist das wahr? Und nicht zum Lachen?

Etwas Begründetes konnte er und kann er nicht vorbringen. Unser gutes Recht, die Vernunft, die auf unsrer Seite ist, schützt uns ...

Treibt er uns auf's Äußerste, d. h. erkennt er uns nach anderthalb oder zwei Jahren noch nicht an, so müssen wir unser gutes Recht suchen ... *Dann traut uns die Obrigkeit.* Verhüte der Himmel, daß es einmal so weit kommen könne. ... Lassen Sie mir bald ein paar Worte zukommen – besänftigend und gut. Viel klarer und schöner als diesen Morgen, wo ich den andern Brief schrieb, stehen Sie jetzt vor mir und Ihr dreimaliges „fest" klingt mir wie vom blauen Himmel herunter.

Und ehe ich heute Abschied von Dir nehme, mein geliebtes Mädchen, so schwöre es mir noch einmal *bei Deiner Seligkeit,* daß Du Mut hast, die Prüfungen, die uns auferlegt sind, mutig zu bestehen, wie ich es auch im Augenblick tue, indem ich die beiden Finger meiner rechten Hand zum Schwur aufhebe. Ich lasse nicht von Dir. Verlasse Dich auf mich!

Und so helfe Gott und so bleibe ich ewig Dein

Robert

Auf Ihr *Ehrenwort,* daß ich diesen Brief unverzüglich zurückerhalte.

Clara an Robert

Leipzig 1837

Roberts Handschrift: „Am 26. September gelesen unter tausend Freuden."

Zweifeln Sie noch an mir? Ich verzeih es Ihnen, bin ich doch ein schwaches Mädchen! ja schwach: aber eine starke Seele hab ich – ein Herz, das fest und unveränderlich ist. Dies sei Ihnen genug, um jeden Zweifel zu unterdrücken.

Bis jetzt war ich immer sehr unglücklich, doch schreiben Sie mir ein Wort der Beruhigung unter diese Zeilen und ich werde sorglos in die weite Welt hinausgehen. Vater hab ich versprochen heiter zu sein und noch einige Jahre der Kunst und der Welt zu leben. So manches werden Sie von mir hören, mancher Zweifel wird sich bei Ihnen regen, wenn Sie dies oder jenes erfahren, doch dann denken Sie – alles das tut sie ja für mich! Könnten Sie jemals wanken? Nun, – so hätten Sie ein Herz gebrochen, das nur einmal liebte.

Clara

(Außen:) Öffnen Sie, dann aber schicken Sie mir diese Zeilen zurück. Tun Sie es um meiner Ruhe willen.

Robert an Clara
Leipzig 1837 [o. D.]

So himmlische Worte gibt man nicht zurück. Bei mir ist es ja auch sicher. Und nun kein Wort mehr vom Vergangenen und das Auge ruhig und fest auf das eine Ziel unseres Lebens gerichtet! Mir aber vertraue, meine geliebte Clara, und diese tiefste Überzeugung meiner Stärke stärke auch Dich in allen Prüfungen. Meine letzte Bitte, ehe Du von mir gehst, – wie Du mich im Stillen wohl manchmal genannt, gib mir jetzt das inniger verknüpfende Du. Bist ja meine heißgeliebte Braut und später einmal – diesen Kuß noch – Adieu.

Dein Robert

Robert an Clara
Leipzig 1837
Heute, am 3. Oktober

... Soll ich Dir und Deinem Vater auf der Reise manchmal schreiben? Ich weiß kaum mehr, wie ich mich zu benehmen habe.

Du wirst noch manches von diesem harten Manne dulden müssen. Deshalb fühle Dich aber nie unglücklich; sei heiter, Du hast mein Herz und mein Wort – auch ich bins – und weiß, daß Du mir treu bleibst.

Halte Banck immer von Dir fern. Er trübt das reinste Wasser. –

Es könnte kommen, daß wir einmal eine Zeit lang gar nichts voneinander hörten – daß unsere Briefe von Deinem Vater aufgefangen würden – daß man mich vielleicht sogar bei Dir an-

schwärzt. Daß man Dir dann sagte, ich hätte Dich vergessen usw. – *glaube niemals daran*. Die Welt ist böse, wir wollen aber rein hervorgehen. – Wenn ich alle zwei Monate auf einen Brief von Dir rechnen könnte, diese Gewißheit würde mich sehr beruhigen. – Ist das zuviel verlangt?
In drei Stunden soll ich Dich sehen: Ich habe so eine Angst. Es ist das letztemal – vielleicht für ewig.
Mache Dir keine Gedanken, daß wir uns gegen den Willen Deines Vaters schreiben und sehen: er benimmt sich danach. Gestehe niemals etwas davon; ohne kleine Lügen ist es noch bei keinem Paar abgegangen. Wir sind keine Kinder mehr und dürfen uns nicht alles gefallen lassen.
Also heute abend soll ich meine Clara sehen.

Clara an Robert

Leipzig 1837
(Am 4. Oktober 1837 abends erhalten.)
Lieber Robert, die Briefe hab ich gelesen. Der Schmerz über die Kränkungen vom Vater, das Glück, *ein so edles Herz* als das Deine zu besitzen – mit einem Worte alle meine Gefühle drohen mich zu erdrücken. Für mich leide ich nicht, nur für Dich.
Ich bin so bewegt heute, daß ich keinen Gedanken fassen kann. Auch mir hat der Schmerz die Wurzel meines Lebens angegriffen, doch bist Du ruhig, so bin ich glücklich. – Doch nun eine Antwort, die mir schwer wird; ich kann Dir nicht heimlich schreiben ... Finde ich einmal ganz sichere Gelegenheit, so benutze ich sie gewiß, doch fest versprechen kann ich es *durchaus nicht*. Die Tränen treten mir in das Auge, daß ich *Dir* das schreiben muß. – Schreibe nur an mich und Vater ganz ungeniert (und recht oft) als Freund – Freund? ach welch kaltes Wort! Sind wir uns doch beide einander mehr und das ist genug!
Ich bin gefaßt auf alles, auf das Schlimmste ... Jetzt bin ich stark geworden durch Dich – *Dein Herz, Dein edler Stolz* hat auch mir ein Selbstgefühl gegeben.

Ach, wie ist doch gestern abend schnell verflossen, so viel wie ich Dir noch zu sagen hätte. Ich schwebe immer zwischen Weinen und Lachen. Die Hand zittert, das Herz schlägt so allgewaltig, nur jede Minute Dir entgegen. Was soll ich noch sagen? Der Allmächtige, der Gütige möge Dir unaufhörlich zuflüstern, was ich so *innig* fühle und nicht auszusprechen vermag.
Willst Du mich noch einmal sprechen, so ist heute abend zwischen halb sieben und halb acht Uhr Gelegenheit wie gewöhnlich in Reichels Garten.

Robert an Clara

Leipzig, den 7. Oktober 1837

Heute habe ich nun wieder gar keine Gedanken als Dich oder Deinen Vater, der sich so roh zeigt. Wie Du springe ich immer vom Lachen ins Weinen. Welche fürchterliche Nacht, die vergangene. Wie mir der Kopf brannte, wie die Phantasie mich von Klippe zu Klippe führte, daß ich immer zu stürzen drohte. Ich mache mir Vorwürfe über meine Unzufriedenheit..., habe ich doch das Wort eines edlen und starken Mädchens... Ich bin schwächer, als ich gedacht hatte...

Robert an Clara

Am 9. Oktober

Dein „guten Abend" gestern, Dein Blick, als wir uns vor der Türe sahen, ich will es nie vergessen. Also diese Clara, dachte ich, dieselbe ist dein – *ist dein*, und du kannst nicht zu ihr, ihr nicht einmal die Hand drücken. Ob im ganzen Saal jemand war, der sich meinen Seelenzustand nur denken konnte? Kaum Du. Ich war tot und selig zugleich, müde zum Umsinken und fast jeder Tropfen Blutes eine Fieberwelle! Wie soll das werden? Vetter Pfundt brachte mir noch einen „herzinnigen" Gruß von Dir – darauf schlief ich sanfter als die vorigen Nächte. Aber glaub mir – ich bin recht krank, recht sehr krank; ein Schlag und ich falle um.

Was raubt mir auf einmal die Kraft zur Arbeit? Phantasiere ich am Klavier, so werdens Choräle, schreib ich, so geschieht's ohne Gedanken – nur einen möchte ich überall mit großen Buchstaben und Akkorden hinmalen

Clara

Robert an Clara

Leipzig, den 11. Oktober 1837
... Du solltest heute einen Brief von mir bekommen. Einiges darin hätte Dich schmerzen müssen, und so lies es lieber später ..., später, wenn Dich und mich die Zeit beruhigt. Du hast mich zum Nachdenken über mich durch viele Deiner Reden aufgefordert. – Wo sollte ich anfangen? Dachte ich doch, Du kenntest mich, nähmest den ganzen Menschen hin mit seinen Fehlern und mit dem, was an mir gut ist, dachte ich doch, Du liebtest mich. Und eine Lüge, die man Dir über mich sagt, so klein und gemein, daß ich Dir gar nicht antworten konnte, bestimmte Dich ... zu reden – gerade jetzt, einen Tag nachher, wo Du mir alles versprochen, Du mir alles gewährt. Es sieht so kalt aus, was ich da geschrieben habe, und doch ist es aber so ... – Du sagtest neulich, ich wäre besser daran, da ich allein bleiben könnte, mich von anderen zurückzuziehen, – aber auch recht vergraben kann ich mich, recht vergraben in den Schmerz. – Du hast recht, ich *verdiene* Dich nicht, aber deshalb darfst Du nicht kränken, mich irre machen an mir selbst, einen bis zur Krankheit schwermütigen Menschen, der schon so viel um Dich gelitten, nicht noch scheuer ... machen. Verlaß mich nicht, Du einziges Mädchen. Ich klammere mich an Dir fest, gibst Du nach, so ist es um mich geschehen ...

Clara an Robert

Leipzig 1837
(Erhalten Sonnabend abends, d. 11. Oktober, den Tag vor der Abreise)
... Überhaupt muß ich jetzt wieder viel hören, was ein zartfühlend Herz verwundet, tief schmerzt. Mutter meint, Du seist

falsch – Falsch? Ach Gott, sollte Deine Clara ihren Robert nicht besser kennen?

Schreib nur immer *direkt* an Vater, nicht durch die Mutter. Vertraue ihr ja nicht, wenn Du sie etwa besuchst. Es tut mir leid, daß ich es sagen muß, aber glaub mir, sie meint es nicht so, wie sie spricht; ich hab es jetzt oft erfahren.

Solltest Du mich hintergehen können? Könntest Du Dir dies jemals verzeihen, meine unbeschreibliche Liebe so belohnt zu haben?

Fühl ich mich doch so mutig, alles zu ertragen, hab ich doch vom Vater heut alles angehört, ohne auch nur eine Minute an Dir zu zweifeln – mein Glaube steht unerschütterlich! – Wer weiß, welch glänzende Aussichten sich mir noch darbieten werden, doch alledem entsage ich mit Freuden, denn was helfen mir alle Reichtümer mit einem gebrochenen Herzen? Mich kann nur Liebe beglücken. Nur für Dich lebe ich, alles will ich Dir geben ...

Nun muß ich mich trennen von dem was mir das Liebste. Leb denn wohl – keine Minute, wo ich nicht Deiner gedenke.

Deine *treue* Clara

(Auf der Rückseite des Briefes von Schumanns Hand:) Ich bin tot und selig zugleich – Dein Brief gestern, der Zorn über Deinen Vater, der Abschied, die ganze vergangene Zeit, Deine Güte, Deine Hoheit, so reich bin ich. Aber verließest Du mich einmal, nun so breche alles zusammen. Verlasse Du mich nur nicht.

Robert an Clara

[16. Oktober 1837]

Ich küsse Dich für Deinen letzten Brief – wie der mich gestärkt und gehoben! Wie sollst Du einmal glücklich bei mir sein.

Gestern abend um 9 Uhr dachte ich an Dich – Dein Gedanke mit der bestimmten Stunde ist schön. Zum erstenmal seit vielen Wochen habe ich recht laut geweint – und mir war's, als müßtest Du das fühlen – ein unsäglich schönes Gefühl der Nähe hatte ich.

Den Eindruck, den Dein letzter Brief auf mich gemacht, will ich Dir mit Worten nicht beschreiben, aber mit Taten.

Clara an Robert

Prag, Freitag d. 3. Nov. 1837, abends 9 Uhr.
(Schumanns Handschrift: Dienstag, am 7. erhalten)

Warum Dein Stillschweigen? Seit beinahe 3 Wochen hab ich nun nichts von Dir gehört – das ist schmerzlich. Warum keine Antwort auf Vaters Brief, den er Dir *ohne mein Wissen* geschrieben? Nanny weiß um alles, was Vater tut, denn ihr vertraut er, sie hat mich aber zu lieb, um mir nicht alles zu sagen. – Was sagst Du zu Vaters Brief, wirst Du ihm antworten? – Nur eine Zeile schreibe mir B. C. D. E. sind die Buchstaben. Laß die Adresse von Dr. Reuter (den ich grüßen lasse) schreiben, der Vater könnte sich auf der Post die Briefe zeigen lassen und Deine Hand erkennen. Ende nächster Woche, Donnerstag oder Freitag, frag ich nach, – laß mich nicht vergebens fragen. – Am vorigen Sonntag reisten wir von Dresden ab. Wie war doch der Morgen so schön, die Elbe so klar, der Himmel, der sich darin abspiegelte und die Sonne – sie blickte mich so freundlich an, als wollte sie tröstend zu mir sagen, „trag mir Deine Grüße auf, ich richte sie ihm treulich aus". Konnt ich mir doch so lebendig vorstellen, wie sie schüchtern durch den Park in Dein Fenster geschienen – hat sie Dich nicht erinnert an eine gewisse –?
Mein Gemüt ist jetzt sehr bewegt, den Vater zu sehen, wie er unglücklich ist, wenn er daran denkt, mich einmal zu verlieren – ich fühle Pflichten gegen ihn und muß Dich doch so unendlich lieben! – Er meint, ich würde Dich vergessen, vergessen? Das Wort macht mich schaudern! Er kennt nicht die Stärke eines liebenden Herzens. – Ach, die Worte mangeln mir doch so sehr, ich fühle so mächtig und vermag so wenig auszusprechen – eine innere Stimme muß es Dir sagen – –
Mit Gewalt muß ich mich nun von Dir trennen – mein Geist trennt sich nie; der Knoten ist jetzt fest geschlungen, *ich reiß ihn nie!* – Was mein sehnlichster Wunsch jetzt ist weißt Du – also eine Zeile

Deiner treuen Clara

Robert an Clara
L. am 8. November 1837. Früh morgens
Eine Zeile willst Du nur? Du sollst mehr haben, wiewohl etwas in mir sehr böse auf Dich sein wollte und Du es auch verdientest. Daß Du es so lange aushalten konntest und stillschweigen, hätte ich nicht gedacht, an Deiner Stelle auch nicht gekonnt, da Du immer Briefe an mich zu bringen weißt, ich aber nicht an Dich. Was ich in den letzten Tagen gelitten habe – still davon. Da kam er gestern, Dein Brief. Mir war es, als wär ich da einem großen Unglück entgangen. Er ist kurz, aber er ist von Dir und ein Teil von Deinem Herzen – habe Dank dafür. – Dein Vater hat mir geschrieben – hier hast Du ungefähr den Inhalt: „Sie sind ein vortrefflicher Mann, aber es gibt noch vortrefflichere – ich weiß eigentlich nicht, was ich mit Clara vorhabe, aber es steht mir jetzt nicht an. Herz? was geb ich aufs Herz etc. ..."
– Zwei Stellen schreib ich Dir noch wörtlich ab: „ehe ich zwei solche Künstler zusammen bürgerlich und häuslich unglücklich und beschränkt sehe, opfere ich lieber meine Tochter allein auf eine oder die andere Weise" und dann die herrlichen Worte: „Und muß ich meine Tochter schnell anderweitig *verheiraten*, so könnten Sie nur allein die Ursache sein." Dies letzte, meine liebe Clara, war entscheidend und entschieden genug. – Was kann ich auf den Brief tun? Nichts als schweigen entweder oder ihm die Wahrheit sagen – mit einem Worte, es ist aus zwischen uns – was hab ich noch mit solchem Mann zu schaffen. Schlimm ist es freilich – und ich weiß nicht wie das werden soll. Wirst Du auch ausdauern? *Wird so eine Stimmung, wie an jenem letzten Dienstag noch einmal* über Dich kommen? Ich muß Dir etwas sagen, nimm es mir nicht übel, Du geliebtes Mädchen! An jenem Abend hast Du mir doch einiges gesagt, was Du nicht gesollt hättest, weil es Dich selbst unglücklich macht und mich dazu. – Bist Du nicht glücklich in meinem Besitz? Hast Du nicht die Überzeugung, das glücklichste Weib zu werden, hast Du diese nicht – so zerreiß es lieber jetzt noch, das Band. Alles geb ich Dir noch zurück, auch den Ring. Freust Du Dich aber meiner Liebe, erfüllt sie Dein ganzes Herz, hast

Du auch alles recht erwogen, meine Fehler, meine Unarten, genügt Dir das Wenige, was ich Dir sonst bieten kann, wenn's auch keine Perlen und Diamanten sind – nun so bleib es beim Alten, meine treue Clara! Dann aber geb ich Dir *nie* etwas zurück, entbinde Dich Deiner Verpflichtungen gegen mich *niemals* und will *alle* Ansprüche geltend machen, die mir Dein Jawort und Dein Ring verleihen. Wie viel habe ich Dir heute noch zu sagen. – Wo soll ich nur anfangen!
Also von meinem Leben während der drei letzten Wochen! Sie waren recht frisch und schön. Habe viel gearbeitet und fuhr bei jedem Klingelzug in die Höhe, ob es nicht der Briefträger – da er mir rein gar nichts bringen wollte, so sank ich in den letzten Tagen ordentlich zusammen.
... Auch zur Arbeit fehlte die Lust – nun es ist vorbei, und das Herz schlägt wieder im alten raschen Lauf.
... Über unsere Zukunft hab ich viel nachgedacht; ich will Dir bald darüber schreiben, über einige Pläne, wie sich einzurichten wäre, über Besänftigung Deines Vaters, über tausenderlei anderes. Sehr traurig macht mich, wenn ich Deine Briefe hintereinander lese und sehe, wie Deine Hoffnung immer mehr sinkt – Laß das nicht weiter gehen! Du kannst recht gut Deinen Vater lieben und mich auch, – aber *verheiraten* darfst Du Dich durchaus nicht lassen; das leide ich nicht, hörst Du, Clara, Mädchen?
...
Sonst nannte ich Dich oft im Scherz „Braut" – weißt Du noch? – jetzt muß ich's nun büßen, und es wird uns noch manche Träne kosten.
Du schreibst mir aber doch gar zu wenig in Deinem Brief, nichts von dem, was Ihr vorhabt, nichts von Dir selbst.
... Im Grunde solltest Du mir alle Tage schreiben; da das aber nicht geht, so wenigstens doch einige Male im Jahr – ich bat Dich um 6 Briefe – Du schlugst es mir wirklich ab; jetzt bitte ich Dich aber um zwölf und die wirst [Du] mir schon schicken im Jahr, nach so glücklichem Vorgang des gestrigen, wo jetzt schon einer auf den Monat kommt. Im Ernst, liebe Clara, schreibe doch manchmal an mich – ich heiße – wohne in – ...
In dem Brief kannst Du auch sagen, daß, allen Erfahrungen

nach, Künstlerinnen (namentlich gute, große) selten länger als ein Jahr, höchstens drei Jahr, denselben Glücklichen geliebt hätten, daß es aber zum Glück auch Ausnahmen gäbe, unter welchen namentlich Klavierspielerinnen anzutreffen wären etc.
Ich werde den Morgen unaufhörlich gestört und kann nichts Ordentliches denken und der Brief muß fort.
... Dein Brief hat mich so froh gemacht, daß ich es Dir gar nicht aussprechen kann. Verliere den Mut nicht, meine liebe und herrliche Clara.
... Bewahre, was ich Dir schrieb, im Herzen: „Zweifeln ist schon Untreue, Glaube halber Besitz" – das andre wird unser gütiger Geist, der uns schon bei unsrer Geburt füreinander bestimmt, zu einem glücklichen Ende führen.
Daß Du alle meine Briefe sicher aufhebst, daß ich Dein heiliges Ehrenwort habe, daß Du Deinem Vater (wie in einer schwachen Minute in Dresden) die Briefe nie zeigest, daß Du nie vergessen mögest, wie Du Dir eben so nahe stehst wie Deinem Vater, dem Du schon so viel Freuden bereitet und er Dir Deine schönsten Jahre nur zu Schmerzensjahren, daß Du mich selbst nie vergessen mögest – darum bitte ich Dich noch heute.
Grüße die treue Nanny tausendmal; es war hübsch von ihr, als ich ihr beim Abschied sagte, sie möchte sich einen so guten Mann wie sie verdiente von der Reise zurückbringen, sagte sie, nein, sie bleibe bei Dir – das war hübsch von ihr. Es soll ihr einmal recht wohl gehen – vielleicht bei uns.
Vergiß abends neun Uhr niemals; ich bin da bei Dir, wie ja immer. Lebe wohl, Du teures Mädchen.

Dein R.

Clara an Robert

November 1837
Prag, Sonntag d. 12. abends

Lieber Robert, Dein Brief hat mir eine unaussprechliche Freude gemacht, ich bekam das Zittern im ganzen Körper vor Freude, als mir ihn Nanny einhändigte. Doch nun erlaube mir erst ein wenig zu zanken und Dir zu sagen, daß Du ein ungenügsamer Mensch bist. Erst wolltest Du in 8 Wochen einen Brief haben, dann in 4 Wochen, und nun schreib ich Dir in 3 Wochen und Du beklagst Dich! – Ich glaub fast, Du willst mich schon ein wenig im voraus die Herrschaft des Mannes fühlen lassen – schon gut, ich denk, wir werden uns vertragen. – Aber was schreibst Du da von Hoffnungen sinken? Hast Du *den* Sinn aus meinen Briefen gezogen? ach Robert, das schmerzt! Leb ich ja doch *nur in einer* Hoffnung, nur *ein* Gedanke begeistert mich in meinem Tun und Treiben, und Du kannst so etwas sagen, nein – *schreiben?* – Laß das nicht weiter gehen! – Und nun, was das *verheiraten* betrifft, das ist allerdings bedenklich. Wenn nun so ein *Diamant* käme, der mich so blendete, daß ich Eusebius, Florestan und wie sie sonst noch heißen vergäße und Du läsest am Ende in Zeitungen „Verlobung des Fräulein Clara Wieck mit dem Herrn von Perlenschnur oder Diamantenkrone" – Im Ernst aber, bin ich ein kleines *Kind*, das sich zu dem Altar führen läßt wie zur Schule? Nein, Robert! Wenn Du mich *Kind nennst,* das klingt so lieb, *aber, aber* wenn Du mich *Kind denkst,* dann tret ich auf und sage: „Du irrst!" Vertraue mir vollkommen. Hab ich Dir nicht einmal geschrieben „Die Not bricht Eisen"; hilft nichts mehr, so such ich Ruhe in liebenden Armen. Nun noch – was wollt ich doch gleich? Ich meine den Ring. Also Du wolltest mir ihn wiedergeben? Hm, das wäre halt zu schauen, will mal überlegen! – Du lächelst? *ich auch* – eben schaut der Mond herein „schönen Gruß" – nun, nicht wahr, lieber Robert, wir lassen es beim Alten, und Du nennst mich fortan Deine treue Clara, nie anders.

Von meinem Leben willst Du also wissen, so höre! Heute habe ich im Konservatorium Konzert gegeben (die Konzerte sind hier des Theaters wegen um Mittag 12 oder nachmittags 5 Uhr) und bin 13mal gerufen worden. Mein Gott, das war ein Enthusiasmus, wie mir noch nicht vorgekommen. Du kannst Dir denken, ich wußte gar nicht was tun; immer mußt ich wieder aus meinem Schlupfwinkel heraus, und nun die Knixchen, die ich so herzlich schlecht mache! Der Gedanke an Dich begeisterte mich so beim Spiel, daß das ganze Publikum mit begeistert

wurde. Schon Gratulationsbriefe und Besuche habe ich heute bekommen – die Leute sind hier wie närrisch. – Doch sieh an die Uhr, wie spät es ist, und ich, die ich heute der Ruhe so sehr bedarf, plaudere so lange! ach könnt ich doch immer so plaudern! –
So denn gute Nacht und hörst Du, den *Dienstag* hab ich allerdings gesprochen von „schönen Worten" etc., glaub mir, ich wollte Dich nicht verwunden ... doch möcht ich Dir den Rat geben, wohl das Eine und das Andere, doch nicht *Alles* zu vergessen, was ich Dir am *Dienstag* gesagt. Nun träume recht viel Schönes, von einem Mädchen, das so treu geliebt hat wie keines.

Clara an Robert
Freitag, d. 17., Nachmittag
Endlich nach beinahe 8 Tagen komm ich dazu, Dir wieder ein paar Worte zu schreiben. Glaub nicht, daß das so leicht ist, denn bei unverschlossener Tür muß ich Dir schreiben, da Vater sehr bös ist, wenn er das Zimmer verschlossen findet. Und nun sein Verdacht; denk Dir, er hat zur Nanny gesagt, „ich weiß schon meinen Pfiff, wie ich erfahre, ob Clara an Schumann geschrieben, lange bleibt es nicht vor mir verborgen." Am besten Du adressierst Deinen nächsten Brief an einen Herrn, meinetwegen „*Herrn Julius Kraus, poste restante*" nach Wien versteht sich. Laß aber ja *immer* die Adresse von Dr. Reuter schreiben... Eben lese ich, was ich Dir am Sonntag geschrieben und mir fiel ein, Du könntest meine scherzhaften Zeilen mißverstehen; doch nimm ja alles recht ernst und dann meine *inständigste* Bitte, erwähne nichts mehr von *Zweifel,* das verwundet mich tief! Hab ich doch das Bewußtsein der schönsten und standhaftesten Liebe. Baue so fest auf mich, *wie ich auf Dich* – dann ist uns kein Hindernis zu groß, wir bieten allem Trotz, wenn nicht höhere Mächte sich zwischen uns stellen.

Clara an Robert
Den 19., Sonntag
Heute war der Abend, wo ich mir vorgenommen, Dir recht viel zu schreiben, da kommt so ein schmachtender Courmacher und verdirbt mir den ganzen schönen Abend ... Du wirst erraten und lächeln! – Auch noch ein Enthusiast ist hier, der mich mit jedem Blick zu verschlingen droht, und setz ich mich an das Klavier, so ist es vollends aus, dann mach ich mich jedesmal auf eine Umarmung gefaßt; glücklicher Weise steht, wie Du weißt aus alten Zeiten, immer ein Stuhl an meiner Seite, auf den er zuerst fällt ... Aber nun ein schrecklicher Schwätzer, das ist Tomaschek, der wütend auf Dich ist, weil Du Dreyschock (seinen Schüler) getadelt hast. Mich ärgert nichts mehr, als daß ich denen von Deinen Kompositionen vorgespielt. Tomaschek versteht sie nicht oder er will sie nicht verstehen. – Ich hab mich mit ihm gestritten um Bellini, Spohr (Du kennst meine Schwäche), Mozart etc.: als er mir nun sagt, Gluck sei der erste Komponist der Welt und ich verstünde die wahre Musik nicht, so sagte ich: „Wenn ich werde einmal eine alte Jungfer sein, dann werde ich auch über Gluck schmachten – jetzt will ich noch allem Schönen in der Kunst leben und fühle mich glücklich, daß ich nicht einseitig bin." Er ging – und kam nicht wieder.
... Mutter schrieb, daß Du das Lied von Mendelssohn wünschtest, doch Du wirst mich nicht ungefällig nennen, wenn ich es Dir abschlage. Das Lied möcht ich gern für mich behalten, es ist mir wert. Mendelssohn hat ja wenigstens noch 50 Lieder ohne Worte im Kopf, wovon er Dir aufschreiben kann ...
Gestern war mein 2tes Konzert, beinah 600 Zuhörer, ohngeachtet der ganze Adel noch nicht hier ist, und abermals ein Beifallssturm. Saphir und Uffo Horn waren auch im Konzert, und Saphir hat (wie er mir gesagt) gleich einen Bericht in den Humorist geschickt, was in Wien viel zu bedeuten hat ...
Woher willst Du denn wissen, daß ich Deine Davidsbündlertänze nicht leiden mag? Bis jetzt bin ich noch nicht dazu gekommen, mich ihnen zwei Stunden allein in Ruhe zu widmen und die braucht man. Solch eine Schrift zu entziffern ist nur mir

vorbehalten. Nun gute Nacht, der Tee ist eiskalt, das Zimmer wird immer kälter, ich aber immer heißer.

Clara an Robert

Den 24. abends. Freitag
Morgen reisen wir mit dem Kurier nach Wien ab. Du erhältst diesen Brief Montag und nun laß ich Dir 8 Tage Zeit, da kannst Du *viel* und *deutlich* schreiben! Nanny sagt eben, meine Augen seien seit dem Abend, wo ich 2 Stunden über Deinem Brief studiert, so trüb geworden. Sieh, was Du verschuldest. Auch von Deinen Plänen vergiß mir nicht zu schreiben, denn das interessiert mich sehr.
– In diesen Tagen hab ich wieder viel nachgedacht über mein Verhältnis und muß Dich doch auf etwas aufmerksam machen. Du vertraust auf den Ring? mein Gott, das ist nur ein äußeres Band. Hatte Ernestine nicht auch einen Ring von Dir, und was noch mehr sagen will, Dein Jawort? und doch hast Du das Band zerrissen. Also der Ring hilft gar nichts ...
Auch ich hab über die Zukunft nachgedacht und das *recht ernstlich*. Das Eine muß ich Dir doch sagen, daß ich nicht eher die Deine werden kann, ehe sich nicht die Verhältnisse noch ganz anders gestalten. Ich will nicht Pferde, nicht Diamanten, ich bin ja glücklich in Deinem Besitz, doch aber will ich ein sorgenfreies Leben führen und ich sehe ein, daß ich unglücklich sein würde, wenn ich nicht immerfort in der Kunst wirken könnte, und bei Nahrungssorgen? das geht nicht. Ich brauche viel und sehe ein, daß zu einem anständigen Leben viel gehört. Also, Robert, prüfe Dich, ob Du im Stande bist, mich in eine sorgenfreie Lage zu versetzen. Bedenke, daß, so einfach ich erzogen bin, ich doch nie eine Sorge gehabt und nun sollte ich meine Kunst vergraben müssen – –
... Gestern hab ich zum letzten Mal im Theater gespielt und wurde (dem Gesetz zuwider) 4mal nach jedem Stück hervorgerufen. Ich spielte mein Konzert und die Variationen von Henselt; es war so voll, wie sich wenige zu erinnern wissen. Ich sollte durchaus noch hier bleiben, doch es zieht mich nach

Wien. Ich bin sehr traurig, wenn ich so in eine fremde Stadt ganz unbekannt komme und nun die vielen Gedanken, die meinen Kopf durchkreuzen. Ach Gott, mir könnte das Herz springen. Schreib ich Dir einmal binnen 4 Wochen nicht, so sei mir nicht bös, dann ist gewiß der Mangel an Zeit schuld, und abends kann ich doch nur schreiben. *Abende* werd ich in Wien nicht viele für mich haben – da muß ich der großen Welt leben. Mehr kann ich nicht schreiben, denn es ist spät. Der Brief ist sehr langweilig – Du wirst fürlieb nehmen, er ist ja doch in lauter Liebe geschrieben

von Deiner Clara

Den 3. oder 4. frag' ich in Wien auf der Post nach einem Brief von Dir. Nicht wahr, Du bist mir nicht bös? Ach Gott, ich weiß gar nicht was ich will, mir ist, als hätt' ich Dir etwas getan.

Robert an Clara

L. den 28. November 1837

Zuerst von der wichtigsten Stelle Deines Briefes, die, wo Du sagst, *daß Du nie die meine werden könntest, wenn sich die Verhältnisse nicht noch ganz anders gestalteten.* Der Geist Deines Vaters hat dabei hinter Dir gestanden und diktiert; indes Du hast sie geschrieben und hast Recht an Dein äußerliches Glück zu denken. Wir müssen also darüber ganz in's Klare kommen. Das Eine betrübt mich, daß Du mir erst jetzt einen Einwand machst, den Du mir schon da, als ich Dir meine Verhältnisse offen auseinandersetzte, hättest machen sollen, weil es mir sonst gewiß nicht in den Sinn gekommen wäre, Deinem Vater überhaupt zu schreiben, wo Du selbst noch so viel Bedenklichkeiten hast.

Was ich Dir also über meine Reichtümer früher und dann Deinem Vater schrieb, verhielt sich und verhält sich noch jetzt so. Es ist nicht glänzend, aber so, daß mir manches Mädchen, manches schöne und gute auch, die Hand darauf geboten und gesagt hätte „wir müssen es zusammennehmen, aber Du sollst an mir eine gute Hausfrau finden etc. etc." – Du dachtest damals viel-

leicht auch so – Du denkst jetzt anders – überhaupt meine Sinne wollen mir manchmal vergehen.
Zur Sache.
Kommt keine Hand aus den Wolken, so wüßte ich nicht, wie sich mein Einkommen in kurzer Zeit so steigern könnte, wie ich es Deinetwegen wünschte. Du kennst die Art meiner Arbeiten, Du weißt, daß sie nur geistiger Natur sind, daß sie sich nicht wie Handwerksarbeiten zu jeder Tageszeit machen lassen ... Daß ich ausdauern kann habe ich bewiesen; nenne mir einen jungen Menschen meines Alters, der sich eine so große Wirksamkeit in so kurzer Zeit erschaffen. Daß ich diese noch erweitern möchte, mir noch mehr verdienen, versteht sich von selbst und kann auch nicht ausbleiben; ob dies aber so viel betragen wird, daß es Deinen Wünschen entspricht, wie Du sie vielleicht hast, glaube ich nicht; dagegen ich mir auch mit gutem Gewissen zutrauen kann, in etwa zwei Jahren eine ja zwei Frauen ohne große Sorgen, aber freilich auch nicht ohne immer dabei fortzuarbeiten, zu erhalten.
Liebe Clara, die letzte Seite Deines Briefes hat mich recht auf die Erde versetzt, und ich möchte alle Spießbürger umarmen. Du hättest es aber auch romantischer ausdrücken können; jedes Wort wird mir schwer, das ich darauf antworten muß ... Wie gesagt, Dein Vater führte die Feder; die Kälte jener Zeilen hat etwas Mörderisches ... Und nun auch, daß Du so gar wenig von meinem Ring hältst – seit gestern habe ich Deinen auch gar nicht lieb mehr und trag ihn auch nicht mehr. Mir träumte, ich ginge an einem tiefen Wasser vorbei, da fuhr mirs durch den Sinn und ich warf den Ring hinein – da hatte ich unendliche Sehnsucht, daß ich mich nachstürzte – ... Morgen davon mehr, vielleicht bin ich da anders ... Glaubst Du, ich hätte jemanden einen *Ring* gegeben oder geben können ... nein, da weist einem die Hand aus dem Grabe, sagt man – nein, meine Clara, ein Ring bindet zwar nur äußerlich, er bindet aber fürs *Leben*. So gab ich Dir meinen, in diesem Sinne nahm ich Deinen.
... Morgen mehr, das Blut rollt mir wie Feuer im Kopf und meine Augen sind trüb vom Gram über Dich. Leb aber wohl.

Robert an Clara

Am 29. (November 1837)
Daß man sich so quälen kann wegen ein paar hundert Silberstücke, die uns noch jährlich fehlen! Aber freilich, sie müssen da sein. Du (weißt) was ich habe; ich brauche es für mich zur Hälfte. Reicht die andere Hälfte nicht für Dich, so (wirst) Du Dir ja auch Einiges erwerben. Es kommt freilich ganz (darauf) an, wie man sich einrichtet und da sollst Du gleich wissen wie ich hin und hergedacht. Am liebsten möchte ich meine jetzige unabhängige Stellung noch einige Zeit behalten, ein hübsches Haus nicht weit von der Stadt haben – Dich bei mir – arbeiten – selig und still mit Dir leben. Deine große Kunst würdest Du natürlich pflegen, wie immer, doch weniger für alle und des Erwerbs wegen, als für einzelne Auserlesene und unseres Glückes halber. Dies alles, wenn Du so wolltest. Ein solches Leben erforderte keinen großen Aufwand. Ob Du dabei ganz glücklich wärest und es in der Dauer bleiben würdest, weiß ich nicht und Du selbst nicht; man verändert sich, Zufall und Schicksal verderben oft das schöne Spiel, anderes mischt sich darein. Doch wäre mir, wie gesagt, ein solches Leben das liebste; ich könnte Dir alles mit noch schöneren Farben ausmalen, daß Du mir ans Herz fallen und sagen würdest, „ja Robert, so laß uns leben". – Tue Dir das selbst, wenn Du mich liebst.
Ein anderes wär es nun, Du wünschtest Dich der großen Welt erhalten; auch das wäre mir recht; ich dächte, wir ließen da unser Haus auf drei Monate einsam stehen (so lange könnte ich in jedem Jahre weg, vorausgesetzt, daß ich die Zeitschrift fortredigieren wollte) und reisten, [in deutsche Städte weniger oder gar nicht] da einmal nach Paris, einmal nach London – Du hast überall Namen, ich Freunde und Verbindungen die Menge – kurz Ehre und Verdienst könnte nicht ausbleiben und wir zögen mit Schätzen reich beladen wieder in unser Haus, das uns freilich zur Zeit noch fehlt. Leipzig würde da der Mittelpunkt sein, von wo aus wir in beiden Lebenseinrichtungen, in letzterer als Sonnen, in ersterer mehr als Monde unsere Strahlen verbreiteten nach außen. – – – Gesetzt nun, es stände uns dieses Leben nicht mehr an ... was würdest Du wohl antworten,

wenn ich Dich eines Morgens einmal so anredete: liebe Frau, ich habe ohne Dein Wissen einige ausgezeichnete Symphonien und andere wichtige Geschichten komponiert und überhaupt ganze Adlerhorste von Reisen im Kopf, wo es denn auch Dich nach Kronen und Lorbeeren zu gelüsten scheint, wie wär es, wir packten unsere Diamanten zusammen und zögen und blieben *ganz* in Paris? – Du würdest das mir antworten „nun, das ließe sich hören" – oder – „aber höre", – oder „wie Du willst", – oder „nein laß uns hier, mir gefällts so" – und ruhig würde ich dann wieder an meinen Schreibtisch gehen und redigierte wie früher.
O schöne Bilder, daß euch niemand in Trümmer schlagen möchte! Daß ich einmal an Deinem reichen Herzen glücklich wäre! Diese kummervollen Nächte um Dich schlaflos hingebracht, diese Schmerzen ohne Tränen – sie müssen einmal vergolten werden von einem gütigen Gott. Laß mich jetzt eine Minute ruhen. –
Freilich habe ich nun die Rechnung sehr ohne den Wirt gemacht, d. h. ohne Deinen Vater. Hier aber kannst Du allein handeln, ich vor der Hand nichts tun ...
Dies bringt mich auf die Stelle meines Briefes, wo ich von „Ansprüche-geltend-machen" schreibe. Daß ich aus unserem Bund keinen Rechtsfall machen werde, brauche ich Dir nicht zu sagen. Denkst Du, ich würde Einspruch tun, hättest Du einen Glücklicheren gefunden, den Du liebtest und der Dich, so weit sich das voraussehen läßt, ganz glücklich machen könnte? Nein, dazu lieb ich Dich zu sehr, wenn ich auch zugrunde ging und dann wäre ich ja auch zu stolz dazu, wie Du mich in gewissen Fällen kennst ...
Du sagst etwas hart, ich hätte das Band mit Ernestinen *zerrissen*; das ist nicht wahr; es ist in gehöriger Form mit beider Seiten Einwilligung aufgelöst. Was aber diese ganze dunkle Seite meines Lebens anlangt, so möchte ich Dir ein tiefes Geheimnis eines *schweren psychischen Leidens,* das mich früher befallen hatte, einmal offenbaren; es gehört aber viel Zeit [da]zu und umschließt die Jahre vom Sommer 1833 an. Du sollst es aber noch erfahren einmal und hast dann den Schlüssel zu allen mei-

nen Handlungen, meinem ganzen sonderbaren Wesen. Für jetzt rufe ich Dir die Worte zu, die ich neulich zum Schluß eines trefflichen Buches las: „Ein Tor ist, wer sich auf sein Herz verläßt – *aber richtet nicht*". –
Also noch einmal, Dein Ja und das äußere Band dafür, der Ring, bindet Dich allerdings; ... zwingen kann Dich aber niemand und ich am allerwenigsten, daß Du mir treu bleibst. Bist ja ein gottesfürchtiges Mädchen und weißt das alles. Hast mich aber selbst durch Deine seltsame Äußerung darauf gebracht. –
... Clara, das schmerzt so, daß wir unsere schönste blühende Jugend ohne einander verleben müssen. Überall wo ich hinhöre, sagt man mir von Deinem schönen Wesen, lobt man Dich und ich kann Dich nicht sprechen, nicht hören, nicht lernen von Dir, mich nicht Deines Geistes freuen – und Du hast auch nichts von mir, als vielleicht ein paar Dir werte Erinnerungen, den ersten unvergeßlichen Abend unsrer Wiedervereinigung im September – und vielen Schmerz sonst, und den Ring, der Dir nicht mehr etwas wahre Freude macht, wie Du im letzten Brief sprichst auf dieser häßlichen letzten Seite – – freilich die erste dagegen! Man glaubts kaum, daß sie von demselben Mädchen sein kann – Du bist so leidenschaftlich und verständig, so mißtrauisch und gut, liebst so warm und kannst dabei auch erzürnen; kurz der ganze Dienstagabend bist Du mit seinem Mondschein, den Freudentränen, der Hingebung. Und freilich im Häubchen kannst Du mir getrost den Pfeil um und um drehen im Herzen, ich zucke nicht – im Häubchen – setz es manchmal auf und denk dabei, so hat er Dich am liebsten. Mein „Kind" hast Du verstanden: ich sprach es so innig aus, so ganz von Dir erfüllt. Auch was Du über die Äußerung Deines Vaters schreibst, ... ist schön von Dir. Ich schreibe Deinen Namen immer mit einem Widerwillen in der Zeitschrift und möchte immer gleich hinterdrein setzen: Das ist meine Geliebte, über die sich nichts sagen läßt und um die ihr euch ganz und gar nicht zu bekümmern habt ... Möchtest Du mich denn nicht einmal wieder hören? Du weißt, ich nehme oft so kuriose Mittelstimmen, woran ich zu erkennen bin, und Du standest oft daneben und sahst auf meine Hand und ich in Deine Augen.

Wir habens früher zu gut gehabt. –
Mit meinem Leben in den letzten Wochen bin ich gar nicht zufrieden; die Trennung von Dir, der Schmerz über so manche Kränkung beugen meinen Geist oft nieder und es geht mir dann nichts von der Hand – dann brüte ich oft stundenlang vor mich hin, seh Dein Bild an, das vor mir hängt und denke, wie das alles enden wird – Richte mich manchmal durch einige Worte auf. – Dann widerts mich oft zusammen über solche Lappalien von schlechten Kompositionen zu schreiben – ich komme mir dann wie ein Demant vor, den man zu nichts brauchen wollte, als zum Zerschneiden von gemeinem Glase. Nenn mich nicht eitel wegen des Vergleiches – es liegen aber noch einige Symphonien in mir, auf die ich stolz bin. Also sprich mir manchmal in Liebe zu, ... daß ich Kraft und Vertrauen behalte. Ich könnte vielleicht mehr fürs Geld arbeiten, aber auch flüchtiger und mittelmäßiger; das eigentliche Schaffen hat seine genauen Grenzen; man kann nicht immer schöpfen vom Edelsten, es bleibt sonst ganz aus.
Viel hab ich Dir noch zu sagen. Zuerst die Frage, wenn Dein Vater hinter unsre Briefe käme, was würdest Du tun? Antworte mir *bestimmt* darauf. Laß Dir nicht bange machen, wenn er etwa vom Enterben und dergl. spricht – Dein Herz kann er Dir nicht nehmen. Dann hast Du ja auch eine Mutter. Will er Dir einmal Gewalt antun, so ist ja das die natürlichste Zuflucht. Aber ich meine, ob Du, wenn er etwas erfährt, mir dennoch schreiben wirst? Ließest Du Dich wieder einschüchtern, wie in Dresden, [wo] Du *gar nichts* von Dir hören – Clara zu einem zweitenmal suchte ich Dich nicht wieder, nie wieder. Nicht wahr, das verdenkst Du mir nicht! Sei also auf Deiner Hut mit den Briefen! Laß nicht auf den Busch schlagen! Wie traurig alles. –
Sei mir recht heiter auf Deiner Reise! Deine Nachrichten wie sie Dich aufgenommen haben, freuen und schmerzen mich, der ich ja alles gern mit ansehen möchte.
... Spielst Du Dein Konzert immer auf eigenen Antrieb? Es sind Sterne von Gedanken im ersten Satz – doch hat er keinen ganzen Eindruck auf mich gemacht. Wenn Du am Klavier sit-

zest, kenne ich Dich nicht – mein Urteil ist ganz eine Sache für sich.
Chopin ist bedenklich krank, wie ich gestern hörte von Mendelssohn; wir waren bei Voigt's mit Taubert, David und d. A. – Die Laidlaw schrieb mir aus Posen vor acht Tagen; sie hat mich im Herzen, glaub' ich. Zum Abschied gab sie mir eine Locke, daß Du's nur weißt. Eifersüchtig kannst Du wohl gar nicht sein; ich möchte Dich doch genauer kennen.
Zum 29sten und 30sten Dezember erwarte ich Briefe von Dir *... oder mache mir den heiligen Abend zu einem und schreib bis dahin.*
... Ich küsse Dich in inniger Liebe – Adieu mein Fidelio ... und bleib so treu wie Leonore ihrem Florestan Deinem
Robert

Clara an Robert
Wien, Mittwoch d. 6. Dezember 1837
So groß meine Freude war bei Empfang Deines Briefes, so groß mein Schmerz bei Lesung der ersten Seite – konntest Du mich so kränken, mir so bittere Tränen entlocken? Ist es Robert, der mich so verkannte, der meinen Worten so einen unschönen Sinn unterlegte – hab ich das verdient? Ja! ich weiß, daß Dir noch viele schöne und vielleicht auch so gute Mädchen als ich zu Gebote stehn und bessere Hausfrauen als man von einer Künstlerin es glaubt – ja ich weiß es, aber schön ist es nicht, daß Du mir, die nur für Dich und in Dir lebt, so einen Gedanken mitteilst, daß in Dir, wenn Du mich wahrhaft liebst, so ein Gedanke aufkommt ... Du glaubst, ich trage noch unerreichbare Wünsche in mir? Ich habe nur zwei Wünsche, Dein Herz und Dein Glück. Könnt ich ruhig sein, müßte sich Dein Herz mit Sorgen erfüllen um meinetwillen? Könnt ich das unedle Verlangen in mir tragen, Du solltest Deinen Geist zu einem Handwerk machen, damit ich könnte meinem Vergnügen nachgehen? Nein, so unedel denk ich nicht; vielleicht lernst Du mich später noch mehr kennen. Meine Phantasie kann mir kein

schöneres Glück vorstellen, als der Kunst fortzuleben, aber im Stillen, um Dir und mir manche angenehme Stunde dadurch zu verschaffen. So stimmten wir denn ganz überein, ich falle Dir an das Herz und sage: „Ja, Robert, so laß uns leben!" Glaubst Du, ich liebe nicht auch schwärmerisch? Oh ja, ich kann auch schwärmen, aber das Schwärmen hört wohl auf, wenn Sorgen unsere Herzen erfüllen, dann würdest Du Dich erst *recht* auf die Erde versetzt fühlen. Ich seh ein, es gehört auch zu einem einfachen Leben viel – zweifle jedoch nicht, daß sich alles finden wird. Ich habe ein festes Vertrauen, Dein Ring sagt es mir täglich: *„Glaube, liebe, hoffe".*

Clara an Robert

Dienstag, d. 12., abends [1837]
Endlich bin ich einmal wieder abends zu Haus und kann nun ein wenig mit Dir plaudern. Ich bin hier viel ausgebeten und sehr freundlich aufgenommen. Ich hab die Leute in einen Enthusiasmus versetzt, der mir zuweilen unbegreiflich wird – ich muß doch wirklich nicht übel spielen, daß ich auf den Thalberg so ehrenvoll hier bestehe! – Mit etwas Herzklopfen sehe ich meinem ersten Konzert entgegen. Wien ist übrigens ganz anders, als man im Ausland sagt. Es gibt hier große Musikkenner und der kunstsinnigsten Dilettanten unzählige. Von Chopin kennt man alles und versteht ihn, doch Henselt kennt man wenig, lernt ihn aber jetzt durch mich kennen und erstaunt zu hören, daß der Henselt 3 Jahr hier gelebt ... Mendelssohn ist fast ganz unbekannt, seine Lieder ohne Worte liegen unangetastet in den Musikhandlungen – hier singen sie nicht! Seine Sommernachtstraum-Ouverture hat man aufgeführt, doch sie hat gänzlich mißfallen ... Ich wollte im ersten Konzert etwas von ihm spielen, doch darf ich es nicht eher wagen, als bis ich das Publikum auf meiner Seite habe ... Deine Kompositionen finden an dem Professor Fischhof einen großen Beschützer, besonders seit er einiges von mir gehört. Er ist Dein einziger Freund – sonst alle Deine Feinde, man darf Deinen Namen

kaum nennen, so sind sie wütend und warum? Wegen Döhler und Thalberg... Deine Zeitung bekomme ich gar nicht zu lesen.
Heute, den 13., sagte mir Fischhof: „Ich habe einen Brief von Schumann" und es zuckte mir durch alle Glieder, wie jedesmal, wenn ich Deinen Namen höre. – Die schrecklichste aller Fragen ist immer die: „Wer ist denn eigentlich der Schumann, wo lebt er, spielt er Klavier?" – Er komponiert. – „Wie sind seine Kompositionen?" Da möcht ich auch wie Du sagen: „Das ist ein Mensch, um den Ihr Euch ganz und gar nicht zu bekümmern braucht, der auch so hoch steht, daß Ihr ihn gar nicht begreift und der sich mit Worten gar nicht beschreiben läßt etc." Ich mußte heute in Deinem Briefe einige Worte ausstudieren, die Fischhof nicht lesen konnte. Wie wohl tat mir die Hand und als ich Deinen Namen unten stehen sah, da wurde mir so wohl und weh um's Herz – ich hätt mögen weinen aus Schmerz, aus Freude! – Ach Robert, glaub mir, ich hab manche trübe Stunden! Kein Vergnügen ist für mich vollständig, denn Du bist ja nicht dabei! Wieviel freundliche Worte muß ich mit den Leuten reden und fühle nichts dabei als den Gedanken an Dich.

Clara an Robert

[15. Dezember 1837]

Gestern war endlich der langersehnte Tag – der Tag, der über mich entscheiden sollte. Den Erfolg kann ich Dir nicht schildern. Fischhof hat Dir, wie er mir gesagt, etwas darüber berichtet. Ich kann nicht gut darüber schreiben... Doch aus dem, was ich Dir vom Vater schrieb, richte ja nicht streng über ihn; er hat jetzt nie zu mir geredet, daß ich von Dir lassen soll, weil er weiß, daß mich das kränkt und verstimmt und mir das Konzertgeben, Üben erschwert – er meint sein Brief hat alles zerstört...
Doch schmerzlich ist es mir, wenn Du auf Vater einen Stein werfen willst, weil er für seine vielen mir gewidmeten Stunden nur einen kleinen Lohn verlangt. Er will mich glücklich wissen,

meint das durch Reichtum zu erreichen, kannst Du ihm zürnen? Er liebt mich ja über alles und würde mich, sein Kind, nicht verstoßen, wenn er säh', daß nur Dein Besitz mein Glück begründen könne, also verzeih ihm, aus Liebe zu mir, seine natürliche Eitelkeit. Denke, daß er nur aus Liebe zu mir so an Dir gehandelt. Du liebst mich ja auch und beglückst mich, wenn Du ihm vergibst, von Dir möcht ich ihn nicht verkannt wissen – jeder Mensch hat seine Fehler, ich und auch Du, wenn Du es mir nicht übel nimmst! – – ...
Nun aber noch eine Frage, sei mir aber nicht bös, lieber Robert. Ich kenne Dich doch ganz genau, aber das eine – warum vermeidest Du jede Gelegenheit, meiner in Deiner Zeitschrift zu erwähnen? ... Vater ist jetzt sehr unglücklich durch den Gedanken, daß ich Dich liebe. Er kann nicht so recht zärtlich mit mir sein, gleich wird er wieder kalt bei dem Gedanken, daß mein Herz noch für einen andern Menschen schlägt; er kann sich nicht denken, daß ich glücklich mit Dir werden könnte, denn er sagt „tut Schumann nicht einmal jetzt in diesen Verhältnissen etwas für die Clara – sollte er es etwa tun, wenn er verheiratet ist?" Ich könnt' noch mehr schreiben, doch weiß ich, es verwundet Dich und darum nichts mehr. Du bleibst Robert und ich Clara – Alles übrige muß schweigen. Doch nun – Dein Geheimnis macht mich sehr besorgt um Dich – Robert, wie soll ich das verstehn? – –

Clara an Robert
                                        Wien, 20. Dezember 1837
Ein paar Zeilen zu dem Fest, was so viele glücklich feiern, wir getrennt – und doch vereint. Möchtest Du das Fest recht zufrieden und glücklich verleben. Ich bin in der Fremde und feiere es doch in der Heimat – meine Heimat ist bei Dir.

                                                  Deine Clara

Clara an Robert

Den 21. [Dezember 1837]
Heute war mein zweites Konzert und abermals ein Triumph. Unter Vielem fand mein Konzert die beste Aufnahme. Du fragst, ob ich es aus eigenem Antriebe spiele – allerdings! Ich spiele es, weil es überall so sehr gefallen und Kenner wie Nichtkenner befriedigt hat. Jedoch ob es mich befriedigt, das ist noch sehr die Frage. Meinst Du, ich bin so schwach, daß ich nicht genau wüßte, was die Fehler des Konzertes? Genau weiß ich es, doch die Leute wissen es nicht und brauchen es auch nicht zu wissen. Glaubst Du, ich würde es spielen, wenn es überall so wenig ansprache als in Leipzig? Überhaupt, wenn man hier gewesen, möchte man nie mehr nach dem Norden gehen, wo die Menschen Herzen von Stein haben (Du bist natürlich ausgenommen). Hier solltest Du einmal einen Beifallssturm mit anhören. Die Fuge von Bach und das Finale der Henselt'schen Variationen mußte ich wiederholen. Kein schöneres Gefühl, als ein ganzes Publikum befriedigt zu haben.
Das war ich. – Nun zu Dir ... Viel Spaß hat mir die Stelle in Deinem Brief gemacht, wo Du schreibst „und so zögen wir beladen mit Schätzen wieder in unser Häuschen ein". Ach mein Gott, was denkst Du, Schätze sind mit der Instrumentalkunst *jetzt* nicht mehr zu erlangen. Wie viel muß man tun, um ein paar Taler aus einer Stadt mitzunehmen. Wenn Du um 10 Uhr abends bei Poppe sitzest oder nach Hause gehst, muß ich Ärmste erst in die Gesellschaften und den Leuten für ein paar schöne Worte und eine Tasse warm Wasser vorspielen, komme um 11 bis 12 Uhr todmüde nach Haus, trinke einen Schluck Wasser, lege mich nieder und denke, was ist ein Künstler viel mehr als ein Bettler? Und doch, die Kunst ist eine schöne Gabe! Was ist wohl schöner, als seine Gefühle in Töne kleiden, welcher Trost ist in trüben Stunden, welcher Genuß, welch schönes Gefühl, so manchem eine heitere Stunde dadurch zu verschaffen! Und welch erhabenes Gefühl, die Kunst so treiben, daß man sein Leben dafür läßt! – Das Letzte und alles Übrige habe ich heute getan und lege mich zufrieden und beglückt nieder. Ja glücklich bin ich – und werd es aber erst vollkommen sein,

wenn ich Dir an das Herz fallen kann und sagen „nun bin ich Dein auf ewig – mit mir, meine Kunst."

Robert an Clara
Leipzig, den 22. Dezember 1837
Mitten unter den tausend Stimmen, die Dir jetzt freudig zurufen, hörst Du vielleicht auch eine, die Dich leise beim Namen nennt. – Du siehst Dich um – und ich bin's. „Du hier, Robert?" fragst Du mich. – „Warum nicht – weich' ich doch nie von Deiner Seite und folge Dir überall, wenn auch von Dir nicht geseh'n." ... Und die Gestalt schwindet wieder zurück. Aber Liebe und Treue bleiben sich gleich.
Täglisbeck sagte mir, daß Du ihm die Sonate vorgespielt, der alte Vieuxtemps sprach vom Carnaval, den er von Dir gehört. – Hat mich herzinnig gefreut. Zum öffentlich Spielen paßt wirklich nichts von meinen Sachen allen; doch in den Phantasiestücken eines „In der Nacht" und eines „Traumeswirren"; sie werden bald erscheinen, dann sieh' sie Dir an. – Ich bin so verlassen und einsam auf meiner Bahn, daß ich Dich, die Du mich immer so leicht und gern verstanden, oft rufen und fragen möchte. *A propos*. Liszt hat einen großen recht richtigen Artikel über mich in der französischen Zeitung geschrieben; der Aufsatz hat mich sehr gefreut und überrascht. Siehst Du Liszt in Wien, so grüße ihn dafür mit einem recht schönen Blick. –
Mit Vieuxtemps war ich oft zusammen; eine Künstlernatur, wie alle Bedeutenden auf den ersten Blick in die Augen fallend, dabei außerordentlich bescheiden.
Bei der Novello war ich neulich einmal, wir sprachen französisch – ist doch kaum deutsch ein Wort aus mir zu bringen, also blutwenig vom Allergewöhnlichsten. Sie hat sich hier sehr beliebt gemacht – übrigens ein blühendes Mädchen, wie ihre Stimme. Außerdem sind eine Menge junger Genies angekommen, die mich oft besuchen; ich befinde mich wohl unter Jüngeren, obgleich ich, sonderbar genug, Zeit meines Lebens immer Ältere mir zu Freunden erwählt ...
Bei diesen Zeilen erinnere sich meine geliebte Braut an
ihren Robert

Clara an Robert

Am Christabend [1837]
Wie sollt ich den Christabend schöner feiern, als mich mit Dir zu unterhalten? Ich war heute sehr traurig, keinen Christbaum erblickt mein Auge. Wo magst Du jetzt sein? Ob Du recht glücklich bist? Doch ja – Dir brennt ja der Baum der Liebe! – ... Ein Gedanke hat mich heut beschäftigt: wie wird es in drei Jahren um uns stehen? Vielleicht hast Du dasselbe auch gedacht? – Heute hast Du ein paar Zeilen von mir erhalten ...
Den 7. [Januar 1838] ist mein drittes Konzert und Dienstag (übermorgen) spiel ich bei der Kaiserin. Eine Aufnahme habe ich hier gefunden, die mich entschädigt für die Kränkungen, die mir im Norden widerfahren ... Von einer sehr zarten Aufmerksamkeit gegen mich, hast Du vielleicht schon gehört. *Schubert* hat nämlich unter mehreren Stücken ein Duo vierhändig hinterlassen, was *Diabelli* jetzt gedruckt und mir gewidmet haben. Dies erschütterte mich sehr, ich kann mir kaum selbst sagen warum. Es ist doch eigen, wie reizbar ich jetzt bin, ich komme mir zuweilen sentimental vor.
Mit Fischhof hab ich öfters vierhändig gespielt, doch spielt er nicht – er schlägt das Klavier. Diese ungarische Phantasie, könnt ich sie nur einmal wieder mit Dir spielen! – Nur einmal Dich wieder phantasieren hören. Glaub mir nur, ich hab Dich wirklich recht lieb. –
Die arme Laidlaw dauert mich – sie trägt Dich im Herzen? Das wundert mich nicht. Du möchtest mich also gern noch näher kennen? Was soll ich Dir antworten? Sag ich „ich bin eifersüchtig", so belüge ich Dich, und sag ich, „ich bin nicht eifersüchtig", so glaubst Du Dich belogen. So mußt Du Dich wohl noch ein wenig gedulden.
... Liszt ist noch nicht hier, wird aber täglich erwartet. Doch denk Dir, wer gestern angekommen – Eichhorn mit 3 Söhnen, noch ein 10jähriger Cellist ist dazu gekommen ... Mir scheint doch, daß aus dem Ältesten nicht viel geworden ... Es ist nun so mit den Wunderkindern, es wird nicht viel aus ihnen – so wie es mit mir auch nicht gar viel geworden. – In meinem nächsten Konzert spiele ich Beethovens Sonate F-moll und nächstens

vatim auch Deinen Carnaval. Sind die Phantasiestücke nicht bald fertig? ... Gern, lieber Robert, hätt ich Dir zu Weihnachten ein kleines Andenken von meiner Arbeit geschickt, doch wende ich meine Zeit nicht besser an, wenn ich Dir schreibe?

Clara an Robert
Den 26., 11 Uhr

Es ist zwar schon spät, doch noch ein Paar Wörtchen. Eben bin ich von der Kaiserin gekommen, esse einen Teller Wassersuppe und will diesen Brief schließen. Obgleich sich der Kaiser, die Kaiserin u. a. mit mir unterhalten haben, glaubst Du nicht, daß ich mich doch lieber mit Dir unterhalte?
... Was wird noch alles mit mir vorgehen? Nach Pest und Graz sollen wir auch kommen.
... Vater hat gestern wieder zu Nanny gesagt, „wenn Clara Schumann heiratet, so sag ich es noch auf dem Totenbett, sie ist nicht wert, meine Tochter zu sein." Robert, schmerzt das nicht? Meine Empfindungen lassen sich nicht beschreiben; doch alles will ich ja leiden, wenn es für Dich ist – ich teile Dir dies bloß mit, weil es mein Herz zu sehr bewegt, als daß ich es Dir verschweigen sollte.
... Ich bin ganz außer mir, wenn ich den Vater abends noch zanken höre, wenn mich seine Flüche aus dem Schlafe stören, und ich nun höre, daß sie mein Liebstes betreffen... Meinen Vater hab ich gar nicht mehr so lieb, ach Gott, ich kann nicht so recht von Herzen zärtlich sein und möchte doch so gern – es ist ja mein Vater, dem ich alles danke. Mein höchster Wunsch – vielleicht wird er mir auch noch befriedigt und dann wollen wir uns lieben ungetrübt.
... Auf Deine Frage, ob ich mich durch Vater wieder einschüchtern lassen werde, die Antwort: Nein, nie mehr! ...

Deine getreue Clara

Robert an Clara

Sylvesternacht 1837, nach 11 Uhr
Schon seit einer Stunde sitze ich da. Wollte Dir erst den ganzen Abend schreiben, habe aber gar keine Worte – nun setze Dich zu mir, schlinge Deinen Arm um mich, laß uns noch einmal in die Augen sehen, – still – selig –
Zwei Menschen lieben sich auf der Welt. – Eben schlägt es drei Viertel. – Die Menschen singen von ferne einen Choral – kennst Du die zwei, die sich lieben? Wie wir glücklich sind – Clara, laß uns niederknien! Komm meine Clara, ich fühle Dich – unser letztes Wort nebeneinander dem Höchsten – – –

Robert an Clara

Am Ersten, morgens 1838
Welcher himmlische Morgen – die Glocken läuten alle – der Himmel ganz golden blau und rein – Dein Brief vor mir – Also meinen ersten Kuß, meine geliebteste Seele! –

Robert an Clara

Am 2. [Januar 1838]
Wie glücklich hast Du mich durch Deine letzten Briefe gemacht, schon durch den am heiligen Christ. Alle Namen möchte ich Dir beilegen und doch weiß ich kein schöneres Wort, als das kleine deutsche „lieb" – aber mit besonderem Ton will das gesprochen sein. Also liebes Mädchen – ich habe geweint vor Glück, daß ich Dich habe und frage mich oft, ob ich Deiner würdig bin. Was des Tages doch alles in einem Menschenhaupte und im Herzen vorgeht! Sollte man doch glauben, sie müßten zerspringen. Diese tausend Gedanken, Wünsche, Schmerzen, Freuden, Hoffnungen, wo kommen sie alle her – und so geht es tagein, tagaus, und nimmer Ruhe. Aber gestern und vorgestern, wie hell sah es da in mir aus – was hast Du mir alles geschrieben, welch schöne Gesinnung überall, wie treu und fest, und wie

innig Dein Lieben. Du, meine Clara, könnt ich Dir doch etwas tun zuliebe. Die alten Ritter hattens doch besser, die konnten für ihre Geliebten durchs Feuer gehen, oder Drachen tot machen – aber wir Jetzigen müssens hellerweise zusammensuchen, unsre Mädchen zu verdienen, und weniger Zigarren rauchen oder sonst – Aber freilich lieben können wir auch trotz den Rittern und so haben sich, wie immer, nur die Zeiten verändert und die Herzen sind immer dieselben.
Hunderterlei habe ich Dir zu schreiben, Großes und Kleines. Könnte ich es nur recht schön und ordentlich – aber meine Handschrift verzieht sich immer undeutlicher und ich hätte Angst, wenn das mit dem Herzen zusammenhinge. Freilich habe ich auch meine fürchterlichen Stunden, wo mich selbst Dein Bild verlassen will – wo ich mir Vorwürfe mache, ob ich mein Leben so weise angewandt, als ich es hätte sollen, ob ich Dich Engel an mich hätte fesseln sollen, ob ich Dich auch so glücklich machen kann als ich möchte – und daran, an solchen Fragen und Zweifeln hat wohl das Benehmen Deines Vaters gegen mich schuld. Der Mensch hält sich leicht für das, für was man ihn hält. Muß ich nach allem, wie dein Vater an mir gehandelt, da nicht zu mir sagen, „bist Du denn so schlecht, stehst Du so niedrig, daß jemand Dir so begegnen kann?" Gewohnt leicht zu überwinden und Schwierigkeiten zu besiegen, an das Glück, an die Liebe gewöhnt und wohl auch dadurch verzogen, weil mir so vieles leicht wurde in der Welt, werde ich nun zurückgewiesen, beleidigt und verleumdet. In Romanen las ich sonst viel dergleichen, aber daß ich selbst einmal ein Held eines solchen Kotzebueschen Familienstückes würde, dafür hielt ich mich zu gut. Hätte ich Deinem Vater etwas zuleide getan, nun dann könnte er mich hassen; aber daß er aus gar keinem Grund auf mich schmäht und mich, wie Du selbst sagst, haßt, das kann ich nicht einsehen. Aber es wird auch an mich die Reihe einmal kommen – und dann soll er sehen, wie ich ihn und Dich liebe. [Denn ich will es Dir nur ins Ohr sagen, ich liebe und achte Deinen Vater seiner vielen großen und herrlichen Seiten wegen, wie, Dich ausgenommen, ihn sonst niemand hochhalten kann, es ist eine ursprüngliche angeborene Anhänglichkeit in mir, ein

Gehorsam, wie vor allen energischen Naturen, den ich vor ihm habe. Und das schmerzt nun doppelt, daß er nichts von mir wissen will. Nun – vielleicht kommt noch der Friede und er sagt zu uns „nun so habt Euch".] – Dein Brief, wie der mich gehoben und gestärkt hat, Du kannst es gar nicht glauben... Du bist eine gar prächtige Jungfrau und ich habe vielmehr Ursache auf Dich stolz zu sein, als Du auf mich – da hab ich mir denn auch vorgenommen von neuem, Dir alles an den Augen abzusehen, daß Du, wenn Du es mir auch nicht sagst, doch denken sollst immer „das ist doch ein guter Mensch, Dein Robert und du besitzest ihn ganz und er liebt Dich unaussprechlich" – Wahrhaftig, das sollst Du denken, so weit soll es mit uns kommen. Ich sehe Dich immer im Häubchen vor mir den letzten Abend ... und wie Du mich Du nanntest ... Clara, ich hörte nicht, was Du sprachst als das „Du" – weißt Du es nicht mehr?

Dann sehe ich Dich noch in vielen Formen, in denen Du mir unvergeßlich bist – einmal während unserer Trennung, im schwarzen Kleid, als Du mit Emilie List in's Theater gingst – das hast Du gewiß nicht vergessen – das fühlt ich an mir ... dann auch einmal im Thomasgäßchen mit dem Regenschirm, wo Du mir jählings auswichst – dann einmal nach dem Konzert, wie Du Dir den Hut aufsetztest, es war zufällig, daß wir uns gerade in die Augen sehen konnten, in Deinen sah ich viel schöne Gedichte und alte ewige Liebe – dann stelle ich mir Dich oft in der letzten Zeit vor, in allen Sitzungen und Stellungen – nur wenig sah ich Dich an – aber Du hast mir doch unbeschreiblich gefallen ... ach ich kann Dich gar nicht genug loben Deinetwegen und Deines Geschmacks halber, den Du an mir Menschen gefunden hast – aber verdienen tu ich Dich nicht.

Also Henselt war da; ich mag gar nicht scharf über ihn nachdenken, um mir nichts vom schönen Eindruck, den seine ganze Erscheinung auf mich gemacht, zu verkümmern. Unser erstes Sehen, ich kann es sagen, war das wie zweier Brüder. So kräftig, natürlich und derb von Gestalt hatte ich mir ihn nicht vorgestellt, und seine Worte und Urteile entsprechen dieser äußeren Haltung. Nun sind wir aber von Stunde zu Stunde inniger geworden, daß ich eigentlich gar nichts Rechtes von ihm weiß, als daß ich ihm überaus gut bin. Doch muß ich Dir sagen, daß er als Spieler *alle Erwartungen übertroffen* hat, die ich mir nach Euren Äußerungen über ihn gemacht. Er hat wirklich oft etwas Dämonisches, etwa wie Paganini, Napoleon, die Schroeder – dann kam er mir auch oft wie ein Troubadour vor, weißt Du, mit einem schönen Barett mit großen Federn darauf. Seine Bedeutung wuchs in meinen Augen von Stunde zu Stunde; nur einige Male, wo er sich zu sehr schon angestrengt im Spielen, traf ich ihn schwächer, im Ganzen aber steigerte er sich bis zum Augenblick, wo wir Abschied nahmen, und schüttete die Musik noch einmal wie aus Eimern. – –

Robert an Clara

Am 3. Januar [1838]

... Ich bin so ein ungeduldiger, unzufriedener, unausstehlicher Mensch manchmal, überhaupt hältst Du mich für viel zu gut – Dir gegenüber. Könnte ich nur wieder so recht fromm sein wie sonst als Kind – ein recht selig Kind war ich da, wenn ich mir Akkorde zusammensuchte auf dem Klavier, oder draußen Blumen; die schönsten Gedichte und Gebete machte ich da – ich war selber eines. Nun wird man aber älter. Aber ich möchte mit Dir spielen, wie Engel zusammen tun, von Ewigkeit zu Ewigkeit ...

Wie weit wir noch vom Ziele sind? – Es wird Dir noch manche schwere Stunden machen, manchen Kampf kosten – nun ich habe ein gepanzertes, starkes Mädchen, auf das man sich *verlassen* kann, das weiß ich. Deine Hand, Clara, an meine Lippen drücke ich sie...

Es ist heute wieder so wonniger blauer Himmel, schon seit vier Tagen, fast wie im Frühling warm; das war ein Neujahrsmorgen, wie ich noch keinen angetreten, so glücklich, nüchtern mit mir aufs reine – denn es war ein schweres wichtiges Jahr, dieses 1837. Hast Du auch recht nachgedacht, alles noch einmal überwogen? Deine Zukunft hast Du in meine Hände gelegt – hältst Du mich noch wert, dazu würdig? Wirst Du es durchführen?

Frage mich das alles auch mit fester Stimme, wie am Altar sage ich „ja".

Wie viel ich Dir noch aus der verhüllten Zeit zu erzählen habe! Etwas Spaßhaftes noch. Ich weiß nicht, warum ich an meinem letzten Geburtstag glaubte, Du würdest an mich schreiben. Da nun nichts kam, dachte ich, nun willst Du Dir aber die erste beste Frau nehmen und möglichst schnell, es wird ihr (Dir) wohl einerlei sein, aber du (ich) bist ihr doch wenigstens zuvorgekommen. Nun hatte ich schon in den Konzerten winters zuvor ein bildhübsches Mädchen gesehen, im ganzen Saale die, die Dir am ähnlichsten sah und, wie ich erst später erfuhr, auch Clara hieß. Kurz, ich machte die ernsthaftesten Anstalten zur Hochzeit und dachte, bekommst du die rechte nicht, so doch ihr Ebenbild, ging also oft auf das Dorf, wo sie wohnte (sie ist die Tochter eines Gerichtsdirektors) – sagte zu mir, die Welt ist so breit und weit, Claras gibt's viele – kurz, wollte mich an Dir rächen – ach mein banger Wunsch war, da ständest Du wieder vor mir mit sehnenden Armen, flogst auf mich zu ... sahst mir so trübsinnig in die Augen, „es muß werden" klang es da zum ersten Male wieder hell in mir, im Juni war das. Alles flüsterte mir wieder zu „sie läßt nicht von dir, bleib ihr nur treu" – welche Zeit dann zum 12. August. Du holdselige, Du schönste aller Bräute, ich habe Dich doch wirklich auch recht lieb ...

Robert an Clara

                       Donnerstag, am 4. [Januar 1838]
... Erschrocken bin ich beinah, was Du mir sagst „bald sind wir in Leipzig"; ich fürchte mich ordentlich vor Euch. Geht denn nicht, daß Du in Dresden oder sonst wo bleibst – denk Dir nur, wenn Du Mittag im Rosental sitzest, Du an dem Tisch, und ich fünfzig Schritte davon – das ist ja gar nicht mehr zu tragen ... aber wird es nicht anders mit uns und Du kommst hierher, *so freue ich mich gar nicht*. Sehen freilich möchte ich Dich wohl einmal. Bist Du wohl wieder um ein paar Linien größer geworden? Bist ein schönes Mädchen, und ich kann es

Deinem Vater eigentlich nicht verdenken, daß er was auf Dich gibt. Und dann wie Du sprichst – Du verdunkelst mich doch zu sehr. – Aber höre ich bin auch etwas geworden: 1) hat die Euterpe hier Ehrenmitglieder gemacht und ist in einem Anfall von Raserei auf folgende Zusammenstellung geraten: Kalliwoda, Berlioz, Fink und mich ... dann aber hat mich auch der Niederländische Verein in Rotterdam dazu gemacht ...
– Heute war der Graf Reuß bei mir und fragte mich, ob es denn wahr wäre, daß Du verlobt seist – es war mir nicht recht, daß er nicht wußte, was, wie ich gemerkt habe, die ganze Welt weiß, daß wir uns nämlich lieb haben ... Chopin wußte die Dresdener Geschichte auch, haarklein, und hat sie Stamaty in Frankfurt auf der Reise nach Paris erzählt.
Höre, – zu Ostern bekomme ich einige Tausend Taler Geld von Eduard und Karl – da ist's denn möglich, daß ich mir (unter Zuziehung Sachverständiger – versteht sich) so ein kleines Museum baue, mit drei Stuben oben und ebensoviel unten – Der ganze Bauriß und Plan steht schon in meinem Kopfe fertig – Härtel's Haus ist nichts dagegen, gegen die Gemütlichkeit in unserm, das träumerische Dunkel in der einen Stube mit Blumen am Fenster, oder die hellblaue mit dem Flügel und Kupferstichen – wir wollen uns nur recht lieben und treu bleiben ...
Du wirst mich so leise führen, wo ich es bedarf – wirst mir sagen, wo ich gefehlt und auch wo ich etwas Schönes geleistet – und das will ich auch gegen Dich – Du sollst Bach in mir, ich Bellini in Dir lieben – wir werden oft vierhändig spielen – abends phantasiere ich Dir in der Dämmerung vor und Du wirst dazu manchmal leise singen – und dann fällst Du mir recht selig an das Herz und sagst „so schön hab ich mir es nicht gedacht".

(Später nach 9 Uhr)
Nun aber zu Deinem Briefe. Du tust mir ein ganz klein wenig Unrecht, in einigem. Soll ich mich verteidigen? Ich vermeide jede Gelegenheit, daß etwas über Dich in der Zeitschrift gesagt würde? Das kann nicht Dein Ernst sein ... Berichte aus Prag und Wien hab ich erst seit 14 Tagen ... der aus Prag ist gut gemeint, aber schrecklich hölzern – ich ändere und mildere

wohl hier und da, aber am Urteil ändere ich in der Hauptsache selten, das darf ich nicht, siehst Du das ein, Du Goldmädchen? – Dann muß ich ja auch das *Ganze* im Auge haben – wollte man nur den bedeutendsten Künstlern von Stadt zu Stadt folgen, denke welcher Raum gehört dazu.
Nun will ich Dir aber freilich etwas gestehen – nach dem, wie sich Dein Vater gegen mich gezeigt, schiene es mir nicht fein, sondern – wie soll ich sagen? – zudringlich und dienermäßig (bedientenmäßig wollte ich schreiben), wenn ich mich nun zerrisse, mir durch öfteres Erwähnen Deines Namens mich in seiner Gunst höher zu stellen – das habe ich nicht Ursache – er würde sich doch nur die Hände reiben und lachend sagen „glaubt der mich *dadurch* zu gewinnen?" – Clara, liebe Clara, was Du mir bist, wie hoch ich Dich halte, mit welcher Ehrerbietung ich immer von Dir gesprochen, das weiß ich am besten, weißt auch Du ... aber daß ich Deinen Vater, der sich seit lange gar nicht mehr für mich interessiert, der alles, was ich Fehlerhaftes habe, heraussucht, mich bei Dir herabzusetzen, und nichts von dem in mir wissen will, was er freilich selbst nicht hat – daß ich ihm dafür etwas zu Gefallen tun soll, das habe ich bei Gott nicht nötig; ich liebe ihn, aber ich beuge mich nicht vor ihm, keinen Zoll und will Dich nicht erbetteln. Er hat mir schon einmal einen Brief geschrieben, und darin Worte, wo, wenn mich einmal der Höchste fragte, ob ich auch das verziehe, und er mich darum bäte, ich eine Weile anstehen würde – ich schwieg darauf, ach nur weil er *Dein Vater* war, mußte ich so erbärmlich sein und darauf schweigen. Das ist *einmal* geschehen, – das zweite Mal könnte ich's nicht und sollte ich Dich auch dadurch verlieren. Mein Herz ist sanft und gut, das kannst Du mir glauben – das hat noch seine angestammte Reinheit, wie es aus der höheren Hand einmal gekommen – aber alles kann ich nicht dulden, und da könntest Du dann leicht sehen, daß ich auch Tatzen habe. Was ich da schreibe, verzeih es mir; es kann Dich nicht kränken – Du bleibst mein, nicht wahr, und ich Dein ... und da kann es wohl nicht schlimm um mich stehen; da bin ich geborgen, da ruhe ich wie unter Engelsflügeln unter Deinem heiligen Schutz.

Robert an Clara
Den 5. Januar 1838
Clärchen, was ich eigentlich niemals leiden konnte, wenn man Dich so nannte, heiß ich Dich heute zum erstenmal. Und warum denn? Weil ich neulich die Musik zum Egmont gehört hatte und darauf den Goetheschen noch einmal las. In meinem ganzen Leben bin ich nie von Musik so ergriffen worden als an jenem Abend, ich schämte mich beinahe, als ich merkte, daß mir die holden Tränen immer über die Backen liefen. Aber welche Musik auch. – Kennst Du sie genau? Ich will Dir doch das schöne Lied herschreiben:

>Freudvoll und leidvoll,
>Gedankenvoll sein,
>Hangen und Bangen
>In schwebender Pein,
>Himmelhoch jauchzend,
>Zu Tode betrübt,
>Glücklich allein ist
>Die Seele, die liebt.

...

Und ich weiß gar nicht, wo das hinaus soll, denn ich fühle, daß ich Dich täglich mehr und mehr liebe.

Robert an Clara
Am 5. [Januar 1838] abends
... Wie ärgerlich, daß ich wieder gestört wurde, ein alter Heidelberger Freund war es, Dr. Weber aus Triest... Denke Dir, ich sagte ihm neulich, als er mich fragte, warum ich so nachdenklich wäre, „ach 10 000 Taler fehlen mir und ich hätte ein Mädchen, das ich liebte und glücklich machen möchte" ... darauf sagte er „ist es nichts weiter, so will ich Dir sie geben" etc. etc. ... Und das war nicht etwa sein Scherz – er hat mich sehr lieb – wir nennen uns Du – ich sagte nichts darauf, als daß ich nicht vergessen würde, was er gesagt hätte, wenn es Not täte.
...Wegen des Geheimnisses sorge Dich nicht, meine geliebte Clara – es ist meine innere Leidensgeschichte und verlangt eine Darlegung meines zartesten Lebens – sorge Dich nicht – aber

das kannst Du wissen, daß Du mich ganz heilen, ganz glücklich machen kannst – bleib mir nur treu und sprich manchmal ermutigend und mit Liebe zu mir, der so leicht zu Boden zu drücken und wieder aufzurichten ist.

...Also der Kaiser hat mit Dir gesprochen? – Hat er nicht gesagt, „kennen Sie Signor Schumann?" Und Du hast geantwortet „Majestät, ein wenig." – Aber sehen hätte ich Dich doch mögen. Wirst Du etwas K.K.liches werden? Spiele doch manchmal ein wenig schlechter, damit sie's nicht gar zu toll machen – mit jedem Beifallssturm schiebt mich Dein Vater einen Schritt weiter von sich – bedenke das! Ach nein! Wie gönne ich Dir diese Lorbeerkränze – aber freilich auch tausend machen noch keinen von Myrten – den setze ich Dir allein auf in Dein schönes schwarzes Haar. – – –

... Die Davidstänze und Phantasiestücke werden in acht Tagen fertig – ich schicke Dir sie, wenn Du willst. In den Tänzen sind viele Hochzeitsgedanken – sie sind in der schönsten Erregung entstanden, wie ich mich nur je besinnen kann. Ich werde Dir sie einmal erklären...

Und nun zum Schluß – sechs glückliche Tage habe ich gehabt, wo ich an Dich schrieb – nun wird's wieder still und einsam und dunkel...

Auf immer und ewig

Dein Robert

Clara an Robert

[Wien, 18. Januar 1838]
Mein lieber, lieber Robert!

Nenn ich Dich doch von ganzer Seele so, und möchte Dich noch ganz anders nennen! – Wie schön hast Du mir diesmal geschrieben, es waren nicht Worte, nein – es waren zarte Blumen, die Du mir gestreut; die schönsten Lorbeerblätter, sie kommen immer von Dir.

... Aus einem großen Irrtum muß ich Dich reißen. Du tust Vater sehr Unrecht, wenn Du sagst, er rede alles Schlechte von Dir und zählte mir immer Deine Fehler auf; das tut er nicht, im

Gegenteil, er spricht zu jedermann mit dem größten Enthusiasmus von Dir, läßt mich von Dir vorspielen, hat neulich eine große Gesellschaft (worunter auch die größten Dichter Wiens) gebeten und bloß um den Carnaval zu hören; auch hat er gesagt, ich sollte nächstens (ich gedenke nämlich im Februar 3 Matineen mit Merk und Mayseder zu geben) ... Deine Toccata und Etudes symphoniques spielen.

... ja groß, unendlich groß ist meine Sehnsucht, Dich wieder zu sehen, und doch auch so groß meine Abneigung nach Leipzig zu kommen ... Ich kämpfe unaufhörlich mit mir selbst, mein Sinn steht mir zuweilen, ich weiß nicht wo. Auch ich kenne keinen herzzerreißenderen Anblick, als Dich im Rosentale in einer Laube sitzen zu sehen, von Vater und Mutter beobachtet, gleichgültig scheinen zu müssen – gleichgültig gegen Dich! Nein, das ist nicht zu ertragen. Nichts hab ich in Leipzig, was mir nur einige Zerstreuung bieten könnte, nicht einmal Emilie kommt wieder ... und ich soll nun da allein sitzen mit meinem Gram und meiner Sehnsucht, in der Nikolaistraße, zwanzig Schritte von Dir und doch so ferne!

... Du sprichst von „meiner nicht würdig sein?", ach Robert, denke doch, daß nur Liebe mich beglückt ... Eine Griseldis möcht' ich sein (so wie Du ein Ritter), Dir meine Liebe beweisen zu können. Neulich sah ich die Rettich als Griseldis ... Ich mußte unaufhörlich weinen und als ich nach Hause kam, hörte es noch immer nicht auf; ich war unbeschreiblich erregt... Gewiß hast Du die Rettich diesen Sommer in Leipzig gesehen. Sie ist eine liebenswürdige Frau und eine von den wenigen Schauspielerinnen, die sich auch für andere Künste interessieren. Ich bin öfters bei ihr – ich glaub, sie hat mich auch nicht so ganz ungern.

Denken kann ich es mir übrigens, daß es die Leute mir ansehen, daß ich Dich lieb habe, wenn sie mich von Dir sprechen oder spielen hören. Ach, könnt ich es doch sagen den Leuten, wie unzertrennlich wir sind, welch schönes Band der Liebe uns bindet! Nun, die Zeit wird noch kommen, wo ich mich vor den Vater stellen werde und sagen: „die Zeit ist um, zwei Jahre verflossen; Du siehst mich noch ganz dieselbe vor Dir, mit derselben Liebe und einer ewigen Treue, also laß Dein Herz erweichen und versage uns nicht das Schönste – den väterlichen Segen". Sollt er aber seine Zusage verweigern, so weiß ich, was ich tue. Dir bleib ich – mein Glaube steht fest *"es muß werden!"* Verstößt er mich – wie schrecklich dieser Gedanke – so wird mir der Himmel Kraft und Mut verleihen, daß ich standhaft bleibe und mir verzeihn – verzeihn? Was ist denn mein Verbrechen – die Liebe! Ach mein Gott, was muß der Mensch nicht erdulden um der Liebe willen! Doch ich werde einen schönen Lohn finden *in Dir*.

Clara an Robert

Den 21. [Januar 1838]

Das war ein schwerer Tag für mich, aber auch ein schöner. Es war heut mittag mein viertes Konzert, wo ich von Liszt und Thalberg spielte, um auch die verstummen zu machen, welche immer noch glaubten, ich könne Thalberg nicht spielen. 13mal ward ich gerufen, was selbst dem Thalberg nicht widerfahren. Dazu kam wohl auch, daß das Publikum allgemein indigniert war über einen Aufsatz, der, von dem ehemaligen Stiefelputzer Beethovens, Herrn Holz, ausgehend, behauptete, ich verstände nicht Beethoven zu spielen. Nun kannst Du Dir den Lärm denken... Du wirst diesen Enthusiasmus nicht begreifen können, da Du gar nicht weißt, was ich eigentlich leiste und was nicht; da Du mich als Künstlerin überhaupt viel zu wenig kennst. Doch glaube ja nicht, daß ich Dir deswegen gram, im Gegenteil macht mich das glücklich, daß ich weiß, Du liebst mich nicht um meiner Kunst willen, sondern wie Du mir einmal auf ein kleines Zettelchen schriebst, "ich liebe Dich nicht, weil Du eine große Künstlerin bist, nein, ich liebe Dich, weil Du so gut bist". Das hat mich unendlich gefreut und das hab ich auch *nie* vergessen.

Clara an Robert

Den 23. [Januar 1838] 10 Uhr
Welche Sehnsucht hab ich wieder mich mit Dir zu unterhalten; den heutigen Abend hatte ich dazu bestimmt, da kommt der Dir bekannte Courmacher und bleibt 2 Stunden hier. Du kannst Dir meinen Ärger denken. Während mein Geist fortwährend mit Dir beschäftigt ist, muß ich die fadesten Schmeicheleien anhören – ich schwebe in anderen schöneren Sphären...

Clara an Robert

den 24. [Januar 1838]
Eben habe ich mich am Klavier mit Dir unterhalten, es ist 8 Uhr. Vater wird wohl nicht mehr kommen, und eile denn fortzufahren, wo ich aufgehört; d. h. ich gebe Dir erst wieder einen Kuß... Nun muß ich Dir doch aber auch gratulieren zu den Ehrentiteln und Dich warnen, daß Du ja nicht zu stolz wirst!? Was meinst Du da von „etwas K. K. werden?" Das ist ja nicht möglich. Längst schon wär ich Kammervirtuosin der Kaiserin (sie hat mich sehr gern, wie mir ihre Kammerfrau gesagt; letztere ist die bekannte Cibbini, die unter dem Namen Kotzeluch sehr viel komponiert hat) geworden, doch zwei große Hindernisse sind im Wege, erstens bin ich Lutherisch, und zweitens keine Untertanin. Das wär freilich ein Glück für mich gewesen – denn das ist der beste Paß, der beste Empfehlungsbrief. Denk Dir, im letzten Konzert hat man mich bekränzen wollen, doch die Herren haben gemeint, zu sehr die Gegenpartei zu reizen, und haben es wie sie sagten verschoben. Dies wäre mir auch fatal gewesen, denn meine Verlegenheit wäre sicher groß gewesen und meine Rührung nicht weniger. Den schönsten Kranz wirst Du mir aufsetzen – den Myrtenkranz, und dann will ich keine anderen Kränze, keine Lorbeeren, ich geb sie Dir alle für die Myrte.
Eben fällt mir etwas ein – freilich ein prosaischer Gedanke – doch das bekümmert mich. Du machst Dir Sorgen um meinet-

willen und das solltest Du nicht. Warum willst Du Dir trübe Stunden machen um ein paar Taler? Ich bitte Dich, schreib mir nur nicht mehr davon, es geht mir jedesmal durch und durch ... Ich mache mir Vorwürfe, daß ich Dir einstens in trüber Stunde, in einer Stunde, wo – ich kann es kaum glauben – der Verstand seine Macht auf mein Herz auszuüben schien, daß ich Dir da so prosaische Worte schrieb. Nicht wahr, Du trägst mir das nicht nach? Du liebst mich deshalb nicht weniger? Glaub mir, mein Vertrauen zu Dir ist groß; der Himmel wird uns nicht verlassen; bist Du ja fleißig und ich auch! *Ich zweifle und wanke nicht* einen Augenblick, mein Schicksal in Deine Hände zu legen, Du bist edel, gut und wirst mich also beglücken. Dein schöner Stolz hat mich wieder sehr überrascht (Vaters wegen), Du bist wirklich ein Mann im schönsten Sinne des Wortes ... Hast Du das Gedicht von Grillparzer gelesen? Und kennst Du die Komposition dazu von Vesque? Letzterer ist ein Beamter, aber in der Musik sehr talentvoll und komponiert Opern etc. – Ist es denn nicht möglich, daß Du Deine Zeitung einmal in Wien herausgibst? Könnten wir nicht hierherziehen? In Leipzig würde ich doch immer verkannt leben – doch ich lebe recht gern da, wo es Dir gefällt, es war nur so ein Vorschlag. Hübsch wäre so ein kleines Häuschen in Leipzig auch. Deine Ausmalung der Zukunft war sehr schön, ach so reizend! –
... Dieser Brief wird sehr lang, doch Du nimmst es mir nicht übel, ich kann mich noch gar nicht von Dir trennen, ich möchte mich zu Tode schreiben. Siehst Du, ich soll mich nicht tot schreiben, denn eben unterbrach mich ein Freund von uns, ... der mir sehr viel von der Ehe gesagt, wie man sich prüfen müsse, daß nicht nach einem halben Jahre das Eine zu *dem* Fenster, das Andre zu *dem* hinausschaute. Das werden wir doch nicht tun? Wir wollen in unserem Häuschen ja nur ein Fenster bauen lassen. Heut' hast Du mir wieder eine Freude gemacht durch die Überschickung der Chopinschen Sachen. Unter allem hat mir die letzte Mazurka einen schönen Eindruck gemacht. Sie ist so poetisch, so frisch, nicht so arm an Erfindung, wie die meisten seiner neueren Kompositionen, und bezeichnet so ganz besonders in den letzten 6 Takten den schwärmerischen Mond-

schein-Mensch ... Sind Deine Phantasiestücke noch nicht fertig? Sind wir noch hier, so schicke sie mir lieber wieder durch Fischhof und *ohne Brief* an mich ... Schreib mir ein hübsches Wort unter die Phantasiestücke, es würde mich sehr freuen und Vater sieht doch, daß Du immer noch derselbe bist, ohngeachtet seines Briefes.
Dein letzter Aufsatz über Kalliwoda etc. hat mir sehr gefallen, er war so, wie soll ich sagen, so mit Lust, nicht so aus *muß* geschrieben; nur mit Bennett kommen wir nicht überein. Du sagst in einem früheren Aufsatz „wer Bennett nicht erkennt, ist ein ungebildeter Mensch"; also hältst Du mich auch dafür? Oder Du meinst vielleicht, das ist nur so ein Kind, das nicht viel versteht; ... das mag sein, aber wie kann ein Robert Schumann, der so eine Sonate, solche Etüden, solch einen Carnaval geschrieben, der so *hoch erhaben* über einem Bennett steht, so etwas sagen, ihn mit einem ... [Mendelssohn] vergleichen? ... Gern, wär es mir möglich, liebt ich, so wie Du Bellini in mir, ich Bennett in Dir, es geht aber nicht; dafür will ich aber auch den Bach in Dir lieben, daß Du Dich nicht beklagen sollst. Ich möchte Dich doch einmal eine Fuge spielen hören, säuselst Du da auch so schwärmerisch? Überhaupt könnt' ich Dich doch nur einmal wieder phantasieren hören, *sehen!* schon damals, als Du um 7 Uhr abends am Klavier saßest, sprachen mir Deine Töne so aus der Seele, schon da hätt' ich Dich oft umarmen mögen und sagen „ach Robert Du spielst doch gar so schön und gerade so, wie ich es mir eben denke", hätt' ich gedurft; jetzt darf ich es im Geiste und werde es künftig, wenn ich erst Dein geliebtes Weib bin, in Wahrheit tun. Du lächelst über mich, doch auch ich beschäftige mich ja so viel mit der Zukunft und mein einziger Wunsch ist, ich könnte, was ich jeden Morgen denke, 2 Jahr schlafen, könnte all die tausend Tränen, die noch fließen werden, überschlafen. Dummer Wunsch! Ich bin nun manchmal so ein albern Kind. Weißt Du, als Du mir vor zwei Jahren am Weihnachtsabend die weißen Perlen schenktest, so sagte die Mutter „Perlen bedeuten Tränen!" Sie hatte recht, sie folgten nur allzubald. Die Zeit jetzt vor zwei Jahren kann ich noch gar nicht vergessen, das war doch zu grausam und geschah

doch nur, um unsere Liebe noch mehr zu befestigen. Ich sagte auch neulich zum Vater „ich bin Dir sehr dankbar, daß Du alles so gestaltet hast, denn dadurch hat meine Liebe noch einen viel schöneren, mehr standhaften Charakter angenommen; je mehr Hindernisse, desto größer meine Liebe." Der gute Becker, dem ich alles danke, der mir wie ein Stern in dunkler Nacht kam, ihm möcht ich so gern mein glühend feurig Herz eröffnen. Schreibst Du an ihn, so schreib ihm einen einfachen aber herzlichen Gruß von mir. –

... Den 11ten geb ich mein fünftes und den 18ten mein sechstes, mein Abschiedskonzert. Im fünften spiel ich Mendelssohns H-moll Capriccio und *quatre Etudes symphoniques* von einem gewissen Robert Schumann.

... Doch denk Dir in den Wirtshäusern hat man Torte à la Wieck, und alle Enthusiasten von mir gehen dahin und essen von der Torte. Neulich war sie in der Theaterzeitung angezeigt mit der Bemerkung, es sei dies eine ätherisch hingehauchte Mehlspeise, die sich den Essern von selbst in den Mund spiele. Ist das nicht zum Lachen?

Clara an Robert

Den 30. [Januar 1838] früh

... Nun ist's aus mit der Mußezeit; heut morgen, die ganze Woche bin ich keinen Abend zu Haus und will nun den Schluß machen. Wer weiß, ob ich es bald wieder so gut habe, daß ich Dir so lang schreiben kann.

– Deinen Carnaval werd ich noch einmal vor einer Anzahl Kennern spielen.

Adieu denn, mein lieber, lieber, guter – Robert.

Robert an Clara

Leipzig, den 6. Febr. 1838

Meine liebe Clara,

Wo soll ich nur anfangen, Dich zu herzen und zu küssen für Deinen Brief. Wie glücklich war ich in den vorigen Tagen, so

jung, so leicht, als sollten mir Flügel aus den Schultern rollen, die mich zu Dir trügen. Antworten wollte ich gleich; aber vor Träumen und Sinnen und Musizieren, inwendigem, dacht ich gar nichts, und ging nur in der Stube auf und nieder und sagte manchmal „das Herzekind", „mein Kind" und sonst wenig.
... Ich weiß nicht, wer mir verwehren könnte, Dir noch einmal so viel zu schreiben als Du mir. Am liebsten möcht ich es mit Musik – denn das ist doch die Freundin, die alles am besten ausrichtet, was innen steht. Da habe ich Dir denn auch so entsetzlich viel komponiert in den letzten drei Wochen – Spaßhaftes, Egmontgeschichten, Familienszenen mit Vätern, eine Hochzeit, kurz äußerst Liebenswürdiges – und das ganze Noveletten genannt, weil Du Clara heißt und „Wiecketten" nicht gut genug klingt.
– Eben bekomme ich die „Phantasiestücke" von Härtels und einen hübschen Brief mit Bitte um neue Kompositionen – den will ich lieber gleich beantworten. – Adieu für eine Stunde...
Wegen Wien stimmen wir ganz zusammen ... da habe ich schon längst nachgesonnen. Wir reden darüber noch ausführlich.
... Alle Blätter sind von Dir voll – ich gehe deshalb täglich ins Museum und suche nach den Wiener Artikeln. Das war ja vorauszusehen. Du schreibst, ich wüßte eigentlich gar nicht, was Du als Künstlerin leistetest. Halb hast Du recht, halb aber auch sehr unrecht; es mag jetzt alles vollendeter noch, eigentümlicher und reicher entwickelt sein – aber übrigens kenne ich mein schwärmerisches Mädchen so genau von alters her – durch Berge hindurch zu hören bist Du. Das Grillparzersche Gedicht *ist das schönste überhaupt,* was je über Dich geschrieben ist; da kam mir wieder der Stand des Dichters so göttlich vor, der's Rechte trifft mit so wenig Worten, für alle Zeiten gültig. Mendelssohn war gerade bei mir, als ich's bekam; er sagte dasselbe. „Schäferkind" – „senkt die weißen Finger" – wie so zart alles; man hat, sieht Dich vor sich. Auch beim Publikum nützen Dir diese wenigen Zeilen mehr als alle diese Wiestschen Aufsätze, denn vor dem reinen Dichter hat der gemeine Mann selbst eine Scheu; ... er traut ihm, widersetzt sich ihm nicht. Kurz – das

Gedicht hat mich glücklich gemacht – und könnte Dein Geliebter und überhaupt ein Liebender singen und dichten, so hätte er [es] so machen müssen. Aber daß es wieder jemand in Musik setzt, ist unpoetisch und hebt die ganze Wirkung auf. Ein wahrer Komponist hätte das schon gar nicht unternommen. Aber Mädchen wie Du, verleiten einen wohl auch zu Verkehrtem; – sie machen einen aber auch wieder *gut*, wie Du es bist, meine Clara, die mich dem Leben wiedergegeben hat, an deren Herzen ich mich zu immer höherer Reinheit aufziehen lassen will. Ein armer geschlagener Mann war ich, der nicht mehr beten konnte und weinen achtzehn Monate lang; kalt und starr wie Eisen war das Auge und das Herz. Und jetzt? Wie verändert alles, wie neugeboren durch Deine Liebe und Deine *Treue* ... Mir ist's manchmal als liefen in meinem Herzen eine Menge Gassen durcheinander und als trieben sich die Gedanken und Empfindungen drinnen wie Menschen durcheinander und rennen auf und nieder, und fragen sich, „wo geht es hier hin?" zu Clara – „wo hier?" – zu Clara – Alles zu Dir!
... Hast Du die Davidstänze (ein silberner Druck ist dabei) nicht erhalten? Ich habe sie Sonnabend vor acht Tagen an Dich geschickt. Nimm Dich ihrer etwas an, hörst Du? sie sind mein Eigentum ... Was aber in den Tänzen steht, das wird mir meine Clara herausfinden, der sie mehr wie irgend etwas von mir gewidmet sind – ein ganzer Polterabend nämlich ist die Geschichte und Du kannst Dir nun Anfang und Schluß ausmalen. War ich je glücklich am Klavier, so war es als ich sie komponierte. – Daß Du von den Etüden spielst, freue ich mich sehr; aber ich denke, es verstimmt Dich, wenn Du damit nicht den Beifall erhieltest, den Du gewohnt bist – und das kann nicht möglich sein, daß sie dem Publikum zusagen könnten. Neulich las ich im Goethe-Zelterschen Briefwechsel von Zelter, wie er bei einer ähnlichen Gelegenheit sagt: „Es ging ihm wie jemanden, der zum erstenmal den gestirnten Himmel ansieht: – man wird nicht klug daraus", – da habe ich doch sehr lachen müssen. So wird es auch nach den Etüden sein, die nun vollends nur wenig von einem gestirnten Himmel haben.
Im Duo von Schubert habe ich geschwärmt, kann es aber für

kein Klavierstück halten, obgleich ich Dein Originalmanuskript mir habe holen lassen von Deiner Mutter.
Höre, eine Bitte habe ich. Willst Du denn nicht unsern Schubert besuchen? Und Beethoven? Und nimm einige Myrtenzweige, binde je zwei zusammen und lege sie ihnen aufs Grab, wenn es geht – dabei sprich leise Deinen Namen und meinen aus – kein Wort weiter – Du verstehst mich.

Robert an Clara
Leipzig, den 11. Februar 1838
Mein holdes, geliebtes Mädchen, nun setze Dich zu mir, lege Deinen Kopf ein wenig auf die rechte Seite, wo Du so lieb aussiehst, und lasse Dir manches erzählen.
So glücklich bin ich seit einiger Zeit, wie fast nie vorher. Es muß Dir ein schönes Bewußtsein [sein], einen Menschen, den jahrelang die fürchterlichsten Gedanken zernagt, der mit einer Meisterschaft die schwarzen Seiten aller Dinge herauszufinden wußte, vor der er jetzt selbst erschrickt, der das Leben wie einen Heller hätte wegwerfen mögen, daß Du diesen dem hellen frohen Tag wiedergegeben hast. Mein Innerstes will ich Dir offenbaren, wie ich es noch niemandem gezeigt habe. Du mußt alles wissen, Du mein Liebstes neben Gott.
Mein eigentliches Leben fängt erst da an, wo ich über mich und mein Talent klar geworden, mich für die Kunst entschieden, meinen Kräften eine wirkliche Richtung gegeben hatte. Also vom Jahre 1830 an. Du warst damals ein kleines eignes Mädchen mit einem Trotzkopf, einem Paar schöner Augen, und Kirschen waren Dein Höchstes. Sonst hatte ich niemanden als meine Rosalie. Ein paar Jahre vergingen. Schon damals um 1833 fing sich ein Trübsinn einzustellen an, von dem ich mich wohl hütete mir Rechenschaft abzulegen; es waren die Täuschungen, die jeder Künstler an sich erfährt, wenn nicht alles so schnell geht, wie er sich's träumte. Anerkennung fand ich nur wenig; dazu kam der Verlust meiner rechten Hand zum Spielen. Zwischen allen diesen dunkeln Gedanken und Bildern hüpfte mir

nun und allein Deines entgegen; Du bist es, ohne es zu wollen und zu wissen, die mich so gar eigentlich schon seit langen Jahren von allem Umgang mit weiblichen Wesen abgehalten. Wohl dämmerte mir schon damals der Gedanke auf, ob denn Du vielleicht gar mein Weib werden könntest; aber es lag noch alles in zu weiter Zukunft; wie dem sei, ich liebte Dich von jeher so herzlich, wie es unser Alter mit sich brachte. Viel anderer Natur war die Liebe zu meiner unvergeßlichen Rosalie; wir waren gleichaltrig; sie war mir mehr als Schwester, aber von einer Liebe konnte nicht die Rede sein. Sie sorgte für mich, sprach stets zu meinem Besten, munterte mich auf, kurz, hielt große Stücke auf mich. Und so ruhten denn meine Gedanken am liebsten auch auf ihrem Bilde aus. Dies war im Sommer 1833. Dennoch fühlte ich mich nur selten glücklich; es fehlte mir etwas; die Melancholie, durch den Tod eines lieben Bruders noch mehr über mich herrschend, nahm auch noch immer zu. Und so sah es in meinem Herzen aus, als ich den Tod von Rosalien erfuhr. – Nur wenige Worte hierüber, – – in der Nacht vom 17. zum 18. Oktober 1833 kam mir auf einmal der fürchterlichste Gedanke, den je ein Mensch haben kann, – der fürchterlichste, mit dem der Himmel strafen kann – der, „den Verstand zu verlieren" – er bemächtigte sich meiner aber mit so einer Heftigkeit, daß aller Trost, alles Gebet wie Hohn und Spott dagegen verstummte. – Diese Angst aber trieb mich von Ort zu Ort – der Atem verging mir beim Gedanken, „wenn es [? unleserlich] würde, daß du nicht mehr denken könntest" – Clara, der kennt keine Leiden, keine Krankheit, keine Verzweiflung, der einmal so vernichtet war – damals lief ich denn auch in einer ewigen fürchterlichen Aufregung zu einem Arzt – sagte ihm alles, daß mir die Sinne oft vergingen, daß ich nicht wüßte, wohin vor Angst, ja daß ich nicht dafür einstehen könnte, daß ich in so einem Zustand der äußersten Hilflosigkeit Hand an mein Leben lege. Entsetze Dich nicht, mein Engel Du vom Himmel; aber höre nun, der Arzt tröstete mich liebreich und sagte endlich lächelnd, „Medizin hülfe hier nichts; suchen Sie sich eine Frau, die kuriert Sie gleich." Es wurde mir leichter; ich dachte, das ginge wohl; Du kümmertest Dich dazumal wenig um mich, warst auch auf dem Scheidewege vom Kind zum Mädchen – Da nun kam Ernestine – ein Mädchen, so gut, wie die Welt je eines getragen – Die, dachte ich, ist es; die wird dich retten. Ich wollte mich mit aller Gewalt an ein weibliches Wesen anklammern. Es wurde mir auch wohler – sie liebte mich, das sah ich – Du weißt alles – die Trennung, daß wir uns geschrieben haben, uns Du genannt usw. Es war im Winter 1834. Als sie nun aber fort war, und ich zu sinnen anfing, wie das wohl enden könne, als ich ihre Armut erfuhr, ich selbst, so fleißig ich auch war, nur wenig vor mir brachte, so fing es mich an wie Fesseln zu drücken – ich sah kein Ziel, keine Hilfe – noch dazu hörte ich von unglücklichen Familienverwicklungen, in denen Ernestine stand und was ich ihr allerdings übelnahm, daß sie mir es so lange verschwiegen hatte. Dies alles zusammengenommen – verdammt mich – ich muß es gestehen, ich wurde kälter; meine Künstlerlaufbahn schien mir verrückt; das Bild, an das ich mich zu retten klammerte, verfolgte mich nun in meine Träume wie ein Gespenst; ich sollte für's tägliche Brot wie ein Handwerker nun arbeiten; Ernestine konnte sich nichts verdienen; ich sprach noch mit meiner Mutter darüber und wir kamen überein, daß dies nach vielen Sorgen nur wieder zu neuen führen würde.

Am 11. [Februar 1838], nachmittags
... Denke wie ich erschrocken gestern: der Graf Reuß, der mich oft besucht, kommt gestern sehr lebhaft eingetreten, daß er mir etwas mitzuteilen habe, was mich interessieren würde. Also er habe einen Cousin, den Fürsten [S.], der ganz in Dir schwärme etc., mit einem Wort, es handle sich um nichts weniger, als daß Du Kammervirtuosin werden solltest und daß der Fürst nahe daran wäre, es vom Kaiser zu erlangen. Nun frage er (Reuß) mich, ob dem vielleicht sonst etwas entgegenstünde, ob Dein Vater ein ehrlicher Mann wäre etc., der Fürst müsse das wissen etc. Ich hielt wohl an mich und sagte, das wäre das größte Glück (von andern größten sagte ich nichts mehr, als auf den Backen mit einiger Röte stand), Dein Vater wäre der bravste Mann, und er sollte seinem Cousin möglichst zureden. Liebe

Clara, vielleicht bist Du es nun schon und willst nichts mehr wissen wollen von mir – aber freuen täts mich doch sehr, Deinetwegen, Deines Vaters halber, der eine Estafette vor Freuden fortschickt nach Leipzig, und endlich aber wegen Leipzig. Du hast ganz recht, daß sie Dich hier gar nicht zu schätzen wissen, wie Du es verdienst, und ich bin gleich dabei, wenn sich in Wien später etwas findet, wonach ich mich schon umtun will. Jetzt aber schreibe mir, hast Du als Kammervirtuosin irgendwelche Verpflichtungen? Mußt in Wien bleiben? Ich glaube nicht – es ist wohl nur ein Ehrentitel, wie ihn Paganini und die Pasta haben. Besser wäre es nun freilich, wenn Dich die Königin von England, die jetzt einen alten Orden für Frauen wiederhergestellt, zur Ritterin dieses Ordens machte, den schönsten, den Töchter halsstarriger Väter bekommen können. – Die Ritterinnen können nämlich ohne Zusage der Eltern heiraten ... Also bis dahin bringe es! Und dann will ich sagen, meine Clara ist die erste Künstlerin der Welt, wenn sie's nicht schon überdies wäre! Hier muß ich doch einiges einschalten, was ich von Dir halte – viel. Nur zweimal hab ich Dich in zwei Jahren gehört ... es ist mir aber vorgekommen, als wäre es das Vollendetste, was man sich nur denken kann; wie Du die Etüden von mir gespielt hast, vergesse ich Dir nicht; das waren lauter Meisterstücke, wie Du sie hinstelltest – das Publikum kann das nicht zu würdigen verstehen – aber einer saß darin, wie dem auch das Herz pochte von andern Gefühlen, im Augenblick verneigte sich doch mein ganzes Wesen vor Dir als Künstlerin.

... Daß es Dir nicht einerlei ist, ob Du gehörig anerkannt wirst oder nicht, sieht ganz einer echten Künstlerin ähnlich ... Diesmal hast Du aber alles geschlagen; das seh ich in jeder Zeile – und auch daß sie Deine Persönlichkeit anführen ... tut mir so behaglich im Herzen. Ach, wenn ich nur nicht verrückt werde vor Freude, Du bist eine gar zu ausgezeichnete Person. Heute früh so ernst, jetzt so heiter auf einmal. So bin ich nun, immer aber liebend. Gestern früh hatte ich mich einmal wieder so in die Zukunft hineinphantasiert. Ich brannte noch Licht früh, schrieb, im Ofen knisterte es, und draußen regte es sich kaum vom Schlafe – auf einmal saßest Du neben mir, nähtest an einer Arbeit, warst um mich besorgt, bis ich Dir endlich (ordentlich) die Hand gab und (laut) sprach: „Du machst mich doch zu glücklich, Frau", drauf schlugst Du Dein Auge auf, neigtest Dich zu mir und sagtest mit so glänzenden Augen „ist's denn auch wahr?" – Werden wir es denn noch so lange aushalten können? Willst Du mich nicht entführen? Das sag' ich Dir – hat es bis zum 8 ten Juni 1840 noch nicht in den Zeitungen gestanden, daß die und die etc., so heirate ich die andere Clara und überlasse Dich Deiner gerechten Verzweiflung. – – Meine Herzens-Clara, Du hast mich darüber in Deinem Brief so sehr beruhigt, daß ich gar nicht in Dich dringe und so lange warte, wie Du willst. – Wenn Du mir nur gut bleibst! Eines will ich Dich aber fragen: ich möchte doch Deinem Vater ein paar Zeilen antworten, so gleichgültig geschrieben, daß er davon merkt, ich lasse nicht von Dir, und ich wüßte es, daß Du mir treu bleiben würdest. Dann möcht ich ihm (verzeih mir meinen Stolz) auch merken lassen, daß ich nicht glaube, er könne Dich zum Altar wie zur Schule führen (Deine eigenen Worte) – schreib' mir darüber, denn es müßte bald geschehen.

Das eine möchte ich Dir noch sagen, daß an eine Einwilligung Deines Vaters nicht zu denken ist, bevor er nicht mit Dir in Paris und London gewesen. Da meine ich denn, Du könntest schon jetzt daran denken, wie das einzurichten ist, daß Ihr gerade 1838 mit Paris und 39 mit London fertig würdet.

A propos – ich möchte wohl auch gern bald nach Paris – was meinst Du dazu? – auf zwei Monate. Der Brief von Simonin de Sire hat mich sehr gefreut – überhaupt sehe ich mit Freuden, wie sich meine Kompositionen hier und da Bahn brechen – ich schreibe jetzt bei weitem leichter, klarer und, glaub ich, anmutiger; sonst lötete ich alles lotweise aneinander und da ist vieles Wunderliche und wenig Schönes herausgekommen; indes auch die Irrtümer des Künstlers gehören der Welt, wenn es gerade keine Häßlichkeiten sind. Seit 4 Wochen habe ich fast nichts als komponiert, wie ich Dir schon schrieb; es strömte mir zu, ich sang dabei immer mit – und da ist's meistens gelungen. Mit den Formen spiel ich. Überhaupt ist es mir seit etwa anderthalb

Jahren, als wär ich im Besitz des Geheimnisses; das klingt sonderbar. Vieles liegt noch in mir. Bleibst Du mir treu, so kommt alles an den Tag; wo nicht, bleibts begraben. Das Nächste, ich mache 3 Violinquartetten.

Robert an Clara

Am 12. Februar [1838]

Könnte ich doch gleich mit zwei Händen schreiben heute – denn ich werde kaum fertig mit allem, und der Brief muß fort.
Ich schickte Dir einiges von meiner Handschrift aus früheren Zeiten, ein kleines Andenken, wirf mir es nicht weg – ich fand es unter den Papieren meiner Mutter und der zukünftige große Kalligraph blickt schon jetzt aus jedem Buchstaben. Übrigens wirst Du dabei die Bemerkung machen, daß ich schon schreiben können, als Du noch gar nicht auf der Welt warst, – um wie vieles ich daher – klüger sein muß als Du. Überhaupt wird es Dir schwerlich gelingen, das berühmte Instrument über mich zu handhaben, ich werde Dich Wildfang zu bändigen wissen. Beste Madame Schumann, werde ich manchmal sagen: Sind Sie nur nicht gleich Feuer und Flamme und außer sich. Namentlich was Bennett betrifft – da hab ich mir schon alles ausgesonnen. Hörst Du gar nicht auf, so unterbreche ich Dich auch einmal und sage mystisch: „hörst Du nichts? – ein verworrenes Zischen und Sausen – wahrhaftig von der Küche her". – Ach meine Eier, meine Eier, rufst Du und husch bist Du zur Tür hinaus. Im Kochen wirst Du in Wien auch keine großen Fortschritte machen – Du wirst mir manchmal kuriose Gerichte auftragen, z. B. Beefsteaks mit vielem guten Willen etc. Ich kann vor Lachen nicht weiter schreiben – ... Daß Du meine Kompositionen gern spielst, mag ich wohl glauben. Geht Dir es wie mir, wenn ich von Dir spiele, ich denke da „das ist aus dem Herzen Deiner Clara, aus demselben Herzen, das Dich liebt" – heilig ist es mir dann zumute. Überhaupt fühl ich doch, daß ich noch keine grauen Haare habe, und schwärme mein gehörig Teil

noch. Aber schieb die Hochzeit nur nicht zu lange hinaus, ich bitte Dich, vortrefflichste Braut Du.
... Neulich abends hab ich sogar gespielt bei Gr. Reuß (ein Dutzend Gräfinnen waren da) ... ihr und der Fürstin Schönburg durft ich es nicht abschlagen – da spielte ich ihnen denn und säuselte – es ist aber schwerlich durch die großen Hauben durchgegangen – es ging ihnen wie jemanden, der zum erstenmal den gestirnten Himmel etc. (siehe letzten Brief) – sie lobten und wurden nicht klug daraus. Die Fürstin... fragte mich was über Dich aus und ob es denn wahr wäre, daß Du nicht schreiben könntest – da kam ich denn in ein gewisses Feuer, daß sie sich's gewiß gemerkt hat. Jetzt will ich Dir sogar ein Lobgedicht halten auf Deine Briefe – wo hast Du denn das gelernt? – Dein Ausdruck, Deine Wendungen, der Bau der Sätze, man könnte es gleich drucken lassen – auch hab ich mir das vorgenommen und Du wirst ehestens in der Zeitung lesen:
           Briefe von C. W. an R. S.
„Ein einfaches Ja verlangen Sie, ein so kleines Wörtchen – so wichtig! Doch sollte nicht etc."
Und da werden diese einfältigen Leipziger Damen wohl sehen, daß Du das daß vom das unterscheiden kannst (wenn sie es überhaupt selbst könnten).
... Nun noch eine Seite voll Fragen und dann zum Abschied. Haben sie denn noch kein Bild von Dir in Wien? Nimm Dir ja den besten Zeichner, daß endlich einmal die Welt erfährt, wie Du siehst... Dein Ring ist mein Kleinod – seh ich ihn an, so ist mirs wie im stillen festen Hafen, der Himmel glänzt – man kann den Anker sehen, so hell ist die Flut. Wie – trägst Du meinen Ring? Und an der rechten Hand? *A propos*, hast Du noch keine Körbe ausgeteilt in Wien? Wird der Fürst keinen haben wollen? Sage Du nur allen „ich heirate nie, ich habe den nicht bekommen können, den ich wollte" und man wird Dich in Ruhe lassen. Vor Deinem Vater grauset mir doch manchmal – er ist ein eiserner blutiger Charakter; er wird Dir mit seinem Fluch drohen – wirst Du dann noch standhaft bleiben? – Jetzt sah ich Dein dunkles Auge – lauter Liebe wars. Du bleibst mein – ich fühl es.

Schreib' mir, wie Dir die Phantasiestücke und Davidsbündlertänze gefallen – aufrichtig, nicht wie Deinem Bräutigam, sondern wie Deinem Manne, hörst Du? Die „Traumeswirren" denk' ich, kannst Du mit „Des Abends" einmal öffentlich spielen. „In der Nacht" scheint mir zu lang. Schreib mir auch, wie die Wiener die Etüden aufgenommen haben – hörst Du? Ich hab niemanden, mit dem ich über meine Kunst jetzt sprechen könnte. Du bist mir allein.
In den Davidstänzen schlägt es zuletzt zwölf, wie ich entdeckt habe ...
– Laß mich es Dir nochmals in den einfachsten Worten sagen: wie Du mich glücklich machst, muß Dich selbst glücklich machen. Und so grüß Dich Gott und behalte mich lieb, Deinen
Robert

Clara an Robert
Wien, d. 2. 3. 1838 (9 Uhr)
... So lieb waren Deine letzten Briefe, so heiter wie der schönste Frühling. So heiter kenn ich Dich ja gar nicht! – So fröhlich Du jetzt, so betrübt bin ich. Es macht mich ganz traurig, daß ich heute erst, wo ein langer Brief an Dich schon auf der Post sein sollte, anfangen kann – es ist zum Weinen! ... Nirgends gehe ich hin, auf keinen Ball, wenig ins Theater, und doch keine freie Minute mehr! Fast den ganzen Abend ist der Vater zu Haus und ist er nicht da, so kommt der Fürst (mein ehemaliger Nachbar), der einen vermaledeiten Bedienten hat, welcher den ganzen Tag am Fenster sitzt und Achtung gibt, wenn ich allein zu Hause bin. Ihr Männer seid doch glückliche Leut, Ihr braucht Euch nichts von den Mädchen gefallen zu lassen! Bis jetzt glaubt ich, er achte mich, doch gestern setzte er seiner Unzartheit die Krone auf – mit ihm hab ich abgeschlossen.
... Das Spiel drängt sich so aufeinander, daß ich mein Leben wirklich nicht genieße. Neulich hab' ich das erste Auftreten im Theater glücklich überstanden; es war so voll, daß mehrere hundert Menschen das Haus wieder verlassen mußten, was hier

noch nie da war. Ich begreif nicht, woher das kommt und zwar noch dazu am letzten Faschingstag, wo die Wiener die Nacht hindurch förmlich rasen (ein nobles, sittsames Tanzen kennt man hier gar nicht). Ich weiß wohl, daß ich gut spiele, aber woher ich den Enthusiasmus erweckt, das weiß ich nicht. – Auf Bällen war ich nicht außer auf drei Privatbällen ... Eigen ist es, ich liebe gar nicht junge Herren. Die sind alle so fad, so geistlos, mit einem Worte, es gibt doch nur einen Robert. Mit jedem Jahr wird mir das Tanzen gleichgültiger, doch zur Leidenschaft würde es werden, könnt ich immer mit Dir tanzen. Einmal konnt ich Dich bei Stegmayers dazu bewegen, das war aber auch ein Walzer, glaub mir, ohne Scherz, ich vergeß ihn nicht. Nie sah ich seit der Zeit tanzen, daß mir nicht der Walzer einfiel; wie schön tanztest Du, so ruhig, so nobel, gerade so wie Du bist.

Clara an Robert

D. 3. [März 1838], 9 Uhr

Eben war Fischhof hier und spielte mit mir das Oktett von Mendelssohn, eine wahrhaft großartige Komposition, die man hier aber gar nicht verstanden hat. Seine Gegner haben sich darüber lustig gemacht und gemeint es sei *Schmarrn* (ein Wiener Ausdruck) ... Man sollte diese Leute mit ihren eigenen Kompositionen verbrennen. Vorher spielte ich Fischhof einige Deiner Phantasiestücke, die ihm außerordentlich gefielen. Meine Lieblingsstücke sind die Fabel, Aufschwung, des Abends, Grillen und das Ende vom Lied. Auch die Davidstänze gefallen mir sehr wohl ... doch soll ich Dir aufrichtig gestehen, sie gleichen oft zu sehr dem Carnaval, der mir das Liebste von diesen kleineren Piècen ... Ich lieb ihn über alle Maßen und schwärme darin, wenn ich ihn spiele. Daß Du mir so prachtvolle Exemplare geschickt, ist mir gar nicht lieb. Warum machst Du Dir erst solche Kosten? Ist es von Dir, so ist es mir lieb und wär es auf Löschpapier. Übrigens meinen schönsten Dank. Auf die zweite Sonate freue ich mich unendlich, sie erinnert mich an

viele glückliche und auch schmerzhafte Stunden. Ich liebe sie, so wie Dich; Dein ganzes Wesen drückt sich so klar darin aus, auch ist sie nicht allzu unverständlich. Doch eins. Willst Du den letzten Satz ganz so lassen, wie er ehemals war? Ändere ihn doch lieber etwas und erleichtere ihn, denn er ist doch gar zu schwer. Ich verstehe ihn schon und spiele ihn auch zur Not, doch die Leute, das Publikum, selbst die Kenner, für die man doch eigentlich schreibt, verstehen das nicht. Nicht wahr, Du nimmst mir das nicht übel?... Du bist ja so fleißig, daß einem die Sinne schwindeln. Quartetten willst Du schreiben? Eine Frage, aber lache mich nicht aus: kennst Du denn die Instrumente genau? Ich freue mich sehr darauf, nur bitte, *recht klar*. Es schmerzt mich gar zu sehr, wenn die Leute Dich verkennen ... Doch zur Hauptsache. Heut sprach ich viel mit dem Vater von Dir und da sagte er mir, er wäre gesonnen ganz freundlich mit Dir zu sein, wenn wir zurückkämen; Du solltest ganz wieder unser Hausfreund werden ... Er hätte von Dresden aus heimlich an Dich geschrieben und zwar, daß er *in Leipzig nie* seine Einwilligung gäbe, jedoch gewiß, wenn wir in eine andere größere Stadt zögen und ich habe ihm versprochen, ... daß ich *nie* in Leipzig bleiben würde, doch aber *keinen andern* als Dich je lieben könnte. Er gab mir seine Einwilligung und schrieb sie in mein Tagebuch.
... Doch das Wichtigste hab ich Dir noch nicht gesagt. *In Leipzig entschließ ich mich durchaus nicht zu leben unter diesen Umständen*. Bedenke, lieber Robert, in Leipzig kann ich durch meine Kunst nicht einen Dreier verdienen und auch Du müßtest Dich zu Tode arbeiten, um das Nötige, was wir brauchen zu verdienen. Das würde Deinen Geist niederdrücken und um mich? Das ertrüg ich nicht. Nein, laß es uns machen, wie ich Dir sagen werde: Wir ziehen hierher, oder Du gehst vorher, gibst Deine Zeitung an Diabelli, Haslinger (eine sehr honette Handlung) oder Mechetti, ein junger rüstiger, unternehmender Mann. Erstlich wird Dir Deine Arbeit hier noch einmal so gut bezahlt, zweitens bist Du sicher weit mehr anerkannt und geachtet als in Leipzig und drittens, welch angenehmes *billiges* Leben ist hier, natürlich verhältnismäßig zur Größe der Stadt.

Welch schöne Umgebungen! und dann bin ich gleichfalls weit mehr angesehen als in Leipzig, eingeführt bei dem höchsten Adel, beliebt bei Hofe und beim Publikum. Jeden Winter kann ich ein Konzert geben, welches mir 1000 Taler trägt (mit Leichtigkeit) bei den hohen Eintrittspreisen, die man hier hat ... Dann kann ich, will ich, jeden Tag eine Stunde geben, das trägt wieder das Jahr hindurch 1000 Taler und Du hast 1000, was wollen wir mehr? ... Mit einem Worte, wir können hier das glücklichste Leben führen, während wir in Leipzig nur verkannt sind und Leipzig auch keine Stadt ist, wo ein Geist wie Du bestehen kann, sondern wo Du nur in Sorgen leben würdest und wo Du mich auch nicht lieb behalten könntest, denn Du würdest des Lebens überdrüssig werden. Glaube nicht etwa, daß ich übertrieben habe; alles was ich Dir geschrieben, hat mir der Vater heute eine Stunde lang auseinandergesetzt ... Sogar sagte er „will Schumann nicht gern lange Zeit in Wien ohne Dich sein, nun so werd ich ihm auch das tun, daß ich mit Dir nach Wien gehe". Du siehst hieraus, daß der Vater ganz gut ist, also sei ja nicht kalt gegen ihn, er will uns wohl. –
... Das sieht er wohl ein, daß ich *nie* mein Herz einem andern verschenke, und meine Hand ohne das Herz verschenken – das tut ein Vater wie der meinige nicht.

Clara an Robert
        Den 4. [März 1838], 9 Uhr
... Jetzt bin ich immer unzufrieden mit mir, trotz des stürmischen Beifalls. Je größer der Beifall, desto unzufriedener bin ich mit mir selbst, denn die Ansprüche vermehren sich mit dem Beifall. Dieser kann mich nie stolz machen, auch keine Titel. Mich könnte nur eines stolz machen – Du! – Mit dem Titel glaube ja nicht, was die Leute sagen, es ist nichts wahr, denn die Religion ist ein unbesiegbares Hindernis ...
Heute waren einige Kenner, auch Fischhof bei uns, um die Phantasiestücke und die Sonate zu hören, was mich wieder ganz glücklich gemacht. Alles gefiel ihnen und ich schwärmte

wieder. Ersteres hat mir heute unendlich und um vieles besser gefallen als gestern. Die Fabel, die Grillen und Warum? Diese Frage ist so reizend und spricht so zum Herzen, daß sie einem die Antwort gar nicht zuläßt. Das „Ende vom Lied" ist das schönste was je ein Lied genommen; es erinnert mich stellenweis lebhaft an Zumsteeg. Die Sonate ist doch aber auch gar zu schön. Einer meinte, es kämen Stellen darin vor, wo man sich vor Dir fürchten könne – ich fürchte mich nicht. – – – Die *Etudes symphoniques* hab' ich nicht gespielt, zu meinem großen Verdruß. Denk Dir, es traf sich so unglücklich, daß alle übrigen Solis aus *Moll* gingen und da mußt ich nachgeben.

... Das Reisen ist mir sehr langweilig jetzt, ich sehne mich doch sehr nach Ruhe; wie gern möcht ich komponieren, doch hier kann ich durchaus nicht. Früh muß ich üben und spät bis abends haben wir Besuche; dann ist mein Geist völlig erschöpft, was Du auch aus meinen Briefen sehen mußt; denn die zeigen oft Spuren von gänzlicher Leerheit des Kopfes – doch das Herz möchtest Du immer erkennen; denn das bleibt unangetastet von den Begebenheiten des Tages.

Mir geht es wie Dir, in meinem Herzen sind auch lauter solche Gassen, doch sie sind noch kleiner und sind deren noch mehr. Kaum hat sich mein Geist eine Weile in der einen umgesehen, so stößt er wieder auf eine andere und so geht es ins Unendliche. Ich kann nicht bei einer Idee bleiben, gleich kommt eine andere – nur Du trägst die Schuld, ich weiß nicht, was das werden soll. Ich tröste mich immer damit, daß ich ja ein Frauenzimmer bin, und die sind nicht zum Komponieren geboren.

Clara an Robert

Den 8. [März 1838]

Ich mache nun bald, daß ich hier fortkomme, denn die Besuche von all den Schmachtenden, das ist zu arg. Daß Du mich liebst begreif ich, weil ich Dich so sehr liebe, aber warum mich die andern lieben, das weiß ich nicht; ich bin kalt, nicht hübsch (das

weiß ich auch) und nun die Kunst? Die ist es auch nicht, denn unter meinen Verehrern sind die meisten keine Kunstkenner. – Aber was soll ich sagen? Ist das derselbe Herr Schumann, der vor 3 Jahren durchaus vor seinen intimsten Freunden nicht spielte und jetzt bei Graf Reuß sich unter dem Geräusch der seidenen Kleider in die Tiefen der Tonwelt versenkt und phantasiert? Also so ein liebenswürdiger Mensch bist Du geworden? ... Doch Spaß beiseite, es freut mich wirklich, daß Du nicht gar so sehr Deinen Launen nachhängst! Sicher hast Du Dir dadurch wieder viele Herzen gewonnen und das freut mich.
Du wolltest wissen, wie es 1837 in meinem Herzen aussah? Du meinst, ich hätte ein Geheimnis vor Dir? Das ist nicht Dein Ernst, das sind noch Phrasen aus der Vorzeit. Alles werd ich Dir erzählen, einstweilen aber sag ich Dir, daß mein Herz den Winter in Berlin ein mehr ruhiges war, doch aber jedesmal unruhig schlug, wenn ich Deinen Namen hörte oder von Dir spielte. Es gab in den 2 Jahren einige Tage, wo meine Melancholie keine Grenzen kannte ... als wir einmal abends in der Wasserschenke waren, wo Du an unserm Tisch vorbeigingst. Ach Robert, ... da hätt ich mögen unter der Erde liegen, mir wurde ganz unwohl, ein heftiges Zittern bekam ich und das dauerte den ganzen Abend, und abends im Bett, da hätt ich weinen mögen, doch es ging nicht, nur zu Gott betete ich, was, weiß ich nicht. Die Wirkung des Gebetes kannt ich früher nicht – jetzt kenn ich sie. –
Mein Bild ist vollendet, auch ähnlich, doch geschmeichelt. Morgen spiel ich im Theater zum 2ten Male, den 18ten im Konzert zum Besten der Universitätswitwen, den 25sten zum Besten der Bürger und am 6. April (wenn wir noch hier sind) bei Merk mit ihm und Mayseder ein Trio. Ich hab Lust fortzureisen, denn es treibt mich, ich bin auf einmal so unruhig. Morgen hat sich meine Gegenpartei vorgenommen, mich auszuzischen, doch ich bin ein gepanzertes Mädchen, wie Du selbst gesagt. Nimm mir nur nicht übel, daß ich so fürchterlich schlecht geschrieben. Doch stelle Dir vor, daß ich stehe, und das Blatt auf der Kommode liegt, worauf ich schreibe. Bei jedem Mal Eintunken in das Tintenfaß lauf ich in die andere Stube.

... Einen Reisebrief kann ich Dir nicht schreiben, doch noch ein paar Zeilen vor unserer Abreise.
Nun leb wohl, schreib mir wie immer in lauter reiner Liebe so wie ich Dir eben. –
Mein Geist ist immer bei Dir.

Robert an Clara

Leipzig, den 17. März 1838

Wo soll ich denn anfangen, Dir zu sagen, was Du aus mir machst, Du Liebe, Herrliche Du! Dein Brief hat mich aus einer Freude in die andere gehoben. Welches Leben eröffnest Du mir, welche Aussichten! Wenn ich manchmal Deine Briefe durchgehe, so ist mir es, wie es wohl dem ersten Menschen gewesen sein mag, als ihn sein Engel durch die neue junge Schöpfung führte, von Höhe zu Höhe, wo immer eine schönere Gegend hinter der schöneren zurückschwindet, und ihm der Engel nun sagt „dies alles soll Dein sein". Dies alles soll mein sein? Weißt Du denn nicht, daß es einer meiner ältesten Liebeswünsche ist, daß es sich einmal fügen möchte, eine Reihe Jahre womöglich in der Stadt zu leben, wo das Herrlichste in der Kunst und gewiß auch durch viele Schönheit von außen, in zwei Künstlerherzen hervorgerufen worden, wo Beethoven und Schubert gelebt haben? Alles was Du mir in so lieben treuen Worten geschrieben, leuchtet mir ein, daß ich gleich fort möchte. – – –
... Also Deine Hand, es ist beschlossen, reiflich von mir bedacht, mein sehnlicher Wunsch, unser Ziel – Wien. Einiges lassen wir zurück, ... das Vaterland, unsere Verwandten und zuletzt Leipzig im besonderen, was doch eine respektable Stadt ist – der Abschied von Theresen und meinen Brüdern wird mir einen schweren Tag machen – endlich der von der Heimat, denn ich liebe diese Scholle und bin ein Sachse an Leib und Seele. So auch Du, bist eine Sächsin, mußt Dich von Vater, Brüdern trennen – es wird wie Abend- und Morgenglocken durcheinander tönen, wenn wir zusammen gehen werden, aber

die Morgenglocken sind die schöneren – und dann, Du ruhst an meinem Herzen, dem glücklichsten – *es ist beschlossen, wir gehen!*
... Nun wäre nur noch die Liebe und das Vertrauen Deines Vaters zu gewinnen, den ich so gern Vater nennen möchte, dem ich so vieles zu verdanken habe an Freuden meines Lebens, an Lehren – und auch an Kummer – und dem ich nichts als Freude machen möchte in seinen alten Tagen, daß er sagen soll, das sind gute Kinder. – Kennte er mich genauer, er würde mir manches an Schmerzen erspart haben, mir nie einen Brief geschrieben, der mich um zwei Jahre älter gemacht hat – nun, es ist verschmerzt, verziehen – er ist *Dein* Vater, hat Dich zum Edelsten erzogen, möchte Dir das Glück Deiner Zukunft auf der Waage abwägen, Dich ganz glücklich und gesichert wissen, wie er Dich schon immer treu geschützt hat – ich kann nicht mit ihm rechten – gewiß will er Dein Bestes auf Erden. [Ich will es Dir nur in's Ohr sagen: ich liebe und achte Deinen Vater seiner vielen großen und herrlichen Seiten wegen, wie, Dich ausgenommen ihn sonst niemand hochhalten kann; es ist eine ursprüngliche, angeborne Anhänglichkeit in mir, ein Gehorsam, wie vor allen energischen Naturen, den ich vor ihm habe. Und das schmerzt nun doppelt, daß er nichts von mir wissen will. Doch – vielleicht kommt noch der Friede und er sagt zu uns: nun so habt Euch! –]
Was Du mir von ihm schreibst, daß er mit Dir ruhig zu unsern Gunsten gesprochen, hat mich überrascht, innig beglückt.
Schreibst mir wohl ein paar Worte, was ich zu erwarten und wie ich mich zu verhalten habe. Dann bin ich auch nicht ganz klug, was er in Dein Tagebuch geschrieben. Schreib es mir doch wörtlich... verzeih mir meinen Argwohn – will mich vielleicht Dein Vater nur von Leipzig forthaben? Ich will Dir sagen, ich möchte nicht gern meine Existenz in Leipzig aufgeben, bevor ich Deiner nicht erst durch ein Wort von ihm sicher wäre...
Deshalb bleibt aber Wien immerhin schon von jetzt an mein Ziel...
Dies nun alles mit andern Worten ausgedrückt, so hast Du vor mir eine wahre Himmelskarte ausgebreitet, die wohl auch ihre

Nebel hat, aber des heitersten Lichtes die Fülle, daß ich gar nicht hineinschauen mag ohne Entzücken. Ein neuer Wirkungskreis ruft auch neue Kräfte hervor. Du sollst Deine Freude an mir haben, wie ich mich an Deinem Anblick kräftigen und immer mehr veredeln will. Auch die Sorgen werden nicht ausbleiben; die Zeit streicht vom schönen Gedicht der Jugend eine Zeile nach der andern hinweg – uns aber bleibt denn doch unsere Kunst, und – *über alles,* die Jugend der Liebe.

[Sonnabend nachmittag]
... Ich habe erfahren, daß die Phantasie nichts mehr beflügelt als Spannung und Sehnsucht nach irgend etwas, wie das wieder in den letzten Tagen der Fall war, wo ich eben auf Deinen Brief wartete und nun ganze Bücher voll komponierte – Wunderliches, Tolles, gar Freundliches – da wirst Du Augen machen, wenn Du es einmal spielst: überhaupt möchte ich jetzt oft zerspringen vor lauter Musik. Und daß ich es nicht vergesse, was ich noch komponiert. War es wie ein Nachklang von Deinen Worten einmal, wo Du mir schriebst „ich käme Dir auch manchmal wie ein Kind vor" – kurz, es war mir ordentlich wie im Flügelkleide und hab da an die 30 kleine putzige Dinger geschrieben, von denen ich etwa zwölf ausgelesen und „Kinderszenen" genannt habe. Du wirst Dich daran erfreuen, mußt Dich aber freilich als Virtuosin vergessen – da sind Überschriften wie „Fürchtenmachen – Am Kamin – Hasche Mann – Bittendes Kind – Ritter von Steckenpferd – Von fremden Ländern – Kuriose Geschichte" usw. und was weiß ich? Kurz, man sieht alles und dabei sind sie leicht zum Blasen. Aber Clara, was ist denn mit Dir geworden? Du schreibst, ich solle Quartetten machen – aber *„bitte recht klar"* – Das klingt ja wie von einem Dresdener Fräulein – Weißt Du, was ich zu mir sagte, als ich das las „ja klar, daß ihr Hören und Sehen vergehen soll" ... Und dann „Kennst Du denn auch die Instrumente genau?" – Ei, das versteht sich mein Fräulein – wie dürfte ich mir sonst unterstehen! Desto mehr muß ich Dich aber loben, daß Dir beim „Ende vom Lied" Zumsteeg eingefallen ist – es ist wahr, ich dachte dabei, nun am Ende löst sich doch alles in eine lustige

Hochzeit auf – aber am Schluß kam wieder der Schmerz um Dich dazu und da klingt es wie Hochzeit- und Sterbegeläute untereinander.
Sehr freue ich mich, daß Du die Flegeljahre liesest. Beim ersten Male halte Dich nicht zu lange bei einzelnen Stellen auf, wenn sie Dir nicht gleich klar werden. Such' erst einen Blick über das Ganze zu gewinnen, und fang' dann noch einmal von vorne an. Es ist ein Buch in seiner Art wie die Bibel, Du wirst an die Stelle kommen: „höre Walt, ich habe Dich doch lieber als Du mich. – Nein, schrie Walt, ich Dich" – da denke an mich. Schreibe mir ein hübsches Wort, wie Dir das Buch gefällt.
Wie es im Sommer werden wird, möcht ich wissen. Verständig will ich sein mit Dir, aber Hausfreund – geht nicht mehr. Eher kann keine Freude in dieses Verhältnis kommen, als bis mich Dein Vater, wenn auch nur stillschweigend und ohne daß er Dich mir verspricht, als zukünftigen Sohn vom Hause betrachtet. Täte er es, es sollte ihn nicht gereuen. Alles wollte ich ihm zuliebe tun. *Oder hat er Dir mit seinen Worten nur eine freundliche Stunde in Wien machen wollen* und vergißt wieder alles hinterdrein? Bist ja so ein herzliches Mädchen – sprichst Du wieder mit ihm von uns, so halte ihn fest, daß er später keine Ausrede machen kann. Fall ihm um den Hals und sage ihm „Lieber Vater, tu es, und bringe ihn manchmal mit, weil er nun einmal nicht von mir lassen kann."
[Später] ... Je mehr ich über Wien nachdenke, je herrlicher gefällt es mir. Im Hause eine solche Hausfrau, am Herzen ein so geliebtes liebendes Weib, der Welt eine Künstlerin, wie sie sie nicht alle Tage bekommen und das zu schätzen wissen – ich selbst jung, im neuen fröhlichen Wirken wohl angesehen – genug zu leben – die schöne Natur – heitere Menschen – Erinnerungen – Arbeit, die uns tätig und liebend erhält – manche erfreuende und ehrende Verbindungen ... Wer da nicht glücklich leben wollte – Dein Vater *muß Ja* sagen, er tut eine Sünde, wenn er es verweigerte.
... Sonst ist es, seit einem Vierteljahr schon, so stille in meinem Leben fortgegangen, wie es nur der schreiendste Gegensatz zu dem Deinigen sein kann, das mich an Deiner Stelle betäuben

würde. Ich bin frühzeitig auf, meist vor sechs Uhr; meine schönste Stunde feiere ich da. Meine Stube wird mir zur Kapelle ordentlich, der Flügel zur Orgel, und Dein Bild, nun, das ist das Altarblatt. Dann aber arbeite, komponiere [ich] bis elf Uhr, wo mich meistens junge Leute besuchen, u. a. ein hübscher lebhafter Holländer Verhulst mit sehr musikalischen Augen und offenbarem Talente und sonst eine Menge anderer, – dann geht es auf das Museum, dann zum Mittagstisch in die Allee nach Hause – ruhe aus, denke an mein Liebstes, dann ans Klavier wieder oder den Arbeitstisch – abends meistens zu Poppe, da es mich zu dürsten anfängt, auch nach menschlicher Gesellschaft, die man nun einmal nicht entbehren kann. Von neun Uhr bin ich schon wieder zu Haus, wo mirs immer am besten gefällt – sage Deinem Bild eine gute Nacht – vertiefe mich ... in die Zukunftsträume ... so lebe ich glücklich, still und gut, denn alles kommt von Dir und geht wieder zu Dir zurück. Willst Du mich anders? ... Wüßtest Du, wie wert mir Deine Ansichten sind über alles, was auch nicht gerade die Kunst angeht, wie mich Deine Briefe geistig erfrischen – schreibe mir daher von dem, was um Dich vorgeht, von Menschen, Sitten und Städten – Du hast ein gutes Auge und ich folge Dir so gern und Deinen Betrachtungen. Man darf sich auch nicht zu sehr in sich und seine Interessen versenken, wo man sonst den scharfen Blick für die Nebenwelt verliert. Sie ist so schön, so reich, so neu, diese Welt. Hätte ich mir das früher öfters gesagt, so wäre ich weiter und hätte schon mehr gewirkt.

... Daß Du jetzt nicht komponieren kannst, wundert mich nicht, da es so lebhaft bei Euch ein- und ausgehen mag. Zum Schaffen, und daß es einem gelingt, gehört Glücklichsein und tiefe Einsamkeit. Das erstere bist Du vielleicht, da Du ja weißt, wie ich es bin; aber da ist immer noch nichts komponiert, was Nachdenken und Fleiß fordert. Gewünscht hätte ich, Du lerntest den Fugenbau, da es ja in Wien gute Theoretiker gibt – versäume das nicht, wo sich wieder einmal Gelegenheit findet; es erfreut und bringt immer vorwärts. Bach ist mein täglich Brot; an ihm labe ich mich, hole mir neue Gedanken – „gegen den sind wir alle Kinder" hat, glaube ich, Beethoven gesagt.

Warum spielst Du denn immer nur die Fuge in *Cis*?
Du hast wohlgetan, meine Etüden nicht zu spielen; das paßt nicht für's Publikum, und dann wäre es lahm, wenn ich mich hinterdrein beklagen wollte, es hätte etwas nicht verstanden, was für solchen Beifall nicht berechnet, und nur um seiner selbst willen da ist. Ich gestehe aber auch, daß es mir große Freude machen würde, wenn mir einmal etwas gelänge, daß, wenn Du es gespielt hättest, das Publikum wider die Wände rennte, vor Entzücken; denn eitel sind wir Komponisten, auch wenn wir keine Ursache dazu haben. Über die Davidsbündlertänze gehst Du mir sehr flüchtig hinweg; ich meine, sie sind *ganz* anders als der Carnaval und verhalten sich zu diesem wie Gesichter zu Masken. Doch kann ich mich auch irren, da ich sie noch nicht vergessen. Das eine weiß ich, daß sie unter Freuden entstanden sind, während jene oft unter Mühe und Qual.
Auf die Quartetten freue ich mich selbst; das Klavier wird mir zu enge, ich höre bei meinen jetzigen Kompositionen oft noch eine Menge Sachen, die ich kaum andeuten kann; namentlich ist es sonderbar, wie ich fast alles kanonisch erfinde, und wie ich die nachsingenden Stimmen immer erst hinterdrein entdecke, oft auch in Umkehrungen, verkehrten Rhythmen etc. Der Melodie schenke ich jetzt große Sorgfalt, wie Du wohl findest; auch da kann man durch Fleiß und Beobachtung viel gewinnen. Aber freilich meine ich unter Melodie andere als italienische, die mir nun einmal wie Vogelgesang, das heißt anmutig zu hören, aber inhalt- und gedankenlos vorkommt.
... A propos, wie wirst Du Dich nennen: Wieck-Schumann, oder umgekehrt oder nur Clara Schumann – wie schön das sieht, *als müßte es so sein*.

Robert an Clara
                    Montag, den 19. März [1838]
Mein herziges Mädchen, könnte ich doch nur ein Wort finden, das alles zusammenfaßt, was Du mir bist – da gibts aber keines. – Verehre ich Dich ja – laß es mich sagen – wie ein höheres

Wesen, kenne Dein Herz und meines. Und dann wie wirst Du mich durch Deine Kunst beglücken! Wenn ich Dir einmal sagte, ich liebte Dich nur, weil Du *so gut,* so war es nur halb wahr – denn es hängt alles, gehört und stimmt alles zusammen bei Dir, daß ich mir Dich gar nicht ohne die Kunst denken kann – und da lieb ich eines mit dem andern.

... Und nun zum Schluß, meine *liebe, gute* Clara. – Antworte mir bald, wenn auch nur eine Zeile zur Beruhigung – hörst Du – das schadet mir wahrhaftig sonst zu viel ... Was hat Dir denn der Fürst getan, daß Du ihn nicht mehr leiden willst? Schreib mir's doch; das interessiert mich.

... Du schreibst mir immer von Kennern, auch daß man ja eigentlich für die Kenner komponiere – ei, Clara, das sind gerade die dümmsten – im Quartett bei David kann man sie zusammen sehen. Du verstehst mich wohl, wie ich es meine.

... Bis ins Grab und darüber hinaus
                                                    Dein Robert

Clara an Robert
                                                    Wien, den 3. 4. 1838
Ich bin zwar sehr ermüdet von der Reise, doch nie zu müde mit Dir, mein lieber Robert, oder da ich nun ja auch eine Wienerin geworden mein herzallerliebstes Schatzerl, zu plaudern; ging es nur immer so!

... Du wirst fragen, wo ich war; so wisse denn, ich war in Ungarn, in Preßburg, um den unendlichen Einladungen hier zu entgehen und auszuruhen, doch mit dem letztern lief es darauf hinaus, daß ich während 4 Tage Aufenthalt in Preßburg zweimal im Theater spielen mußte, und übermorgen muß ich nun noch einmal auf ausdrücklichen Wunsch des Kaisers in der Burg spielen. Es ist das letzte Mal in Wien. Du siehst, wie sehr ich mich hier anstrengen muß, ich bin aber auch jetzt immer so müde, so des Spielens überdrüssig und doch, weiß der Himmel, spiel ich öffentlich, so spiel ich immer mit derselben Begeisterung. Gestern war wieder einmal ein Lärm im Theater! Ich wünschte nur, Du könntest einmal das hiesige Publikum sehen, die Leute haben doch wirklich italienisches Feuer. Konzerte für die Pesther sind unendlich und immer zum Erdrücken voll. Ein Sperrsitz kostet übermorgen 10 Gulden Münz, ein Stehplatz 5 Gulden und eine Loge 50 G. M. und alles ist bereits schon weg. Nun aber unsere Hauptsache. Erstlich muß ich Dich doch recht herzinnig küssen um Deiner lieben herrlichen Briefe, sie sind immer mein schönster Lohn nach so großen Anstrengungen. Weinen möcht ich aber auch, daß es nun so mit einem Mal aufhört, denn wir reisen binnen 14 Tagen jedenfalls ab nach Graz, wissen aber nicht, wie lang wir dort bleiben, auch weiß ich nicht, ob ich in München spiele oder nicht, da uns Lachner einen schlechten Begriff von München gemacht; Du siehst, daß ich Dir nun gar keinen Ort wegen eines Briefes bestimmen kann, und das macht mich ganz untröstlich, vielleicht jetzt lange nichts von meinem lieben guten Robert zu hören! Doch höre! Schreib nur wieder einen *recht sehr* langen Brief, laß alle Tage etwas hinzukommen und bei der nächsten Gelegenheit schreib ich Dir Gewißheit und Du schickst alsdann den Brief. Ich bitte Dich, sei mir nicht böse, daß der Brief so kurz wird, doch denke, es ist zehn Uhr und ich schreibe voll Herzensangst stehend in meiner Kammer. Denn Sonntag mußt Du den Brief haben, glaub nicht, daß ich es übers Herz brächte, Dich noch einmal warten zu lassen. Von Graz aus erhältst Du von mir einen ausführlichen Brief, wo ich Dir auf vieles in Deinem letzten antworten werde.

... Heute im Wagen haben wir von Dir gesprochen und ich hab ihm [Vater] abermals gesagt, er könnte zu mir reden, was er wolle, ich ließe *nie* von Dir und sage ich es Dir auch jetzt wieder, meine Liebe zu Dir ist grenzenlos, willst Du heute mein Leben, so geb ich es für Dich.

In 4 – 6 Wochen sind wir in Leipzig; wie wird unser erstes Wiedersehen sein – ach Gott, da könnt ich weinen, lachen – werden wir uns denn einmal wieder allein sprechen? Gott weiß es! ... Verzeih mir diese faslige Schrift – ich kann nicht anders. Doch schnell

Deine Clara

Ja, ja Deine Clara ist gar eine – ich weiß gar nicht, was ich will.
– Leb wohl mein lieber Robert.

Robert an Clara
Leipzig, den 13. April 1838

Herrlich ist's bei mir und in meiner Stube. Der Himmel wolkenleer, die Sonne wie gebadet in blau, im Park regt und bewegt es sich, wo mag denn jetzt mein Mädchen sein? – Also heute über zwei Jahre, will's Gott, bist Du mein Weib – hörst Du? Klingt das nicht wie himmlische Musik in mir? Schlägt Dir nicht das Herz dabei so hoch wie mir? Wenn wir nur nicht sterben am großen Glück.
Jetzt aber bedauere mich! Was soll ich abends tun! Den ganzen Tag sitze ich allein und verlange des Abends nach einem leichten Gespräch und nach einer Umgebung, die mir keine Fesseln anlegt. In Soireen, Familien gehn – ich habe es versucht. Clara, ich habe etwas zu Edles im Herzen, als daß mir dies glatte ... Wesen gefallen könnte, und nun in Leipzig, wo eigentlich kein feines Talent zur Geselligkeit zu Hause ist. Sie kommen mir alle so eckig vor, diese Leute, diese Mädchen so gewöhnlich – und mit wenigen Ausnahmen. Anders wird es sein, wenn ich dann in Wien mit Dir in Gesellschaft gehe, da habe ich Dich. Übrigens bedaure mich, wenn ich bedenke, daß ich schon zehn Jahre in Leipzig und kein Haus kenne als Eures, denn Voigts sind kaum zu rechnen. Bei der Devrient wohne ich nun zwei Jahre und war dreimal drüben, da hast Du mich in Lebensgröße.
Daß Du mit so großen Ehren in Wien bestehst, erhebt mich auch sehr. Und nun die letzte Ehrenbezeugung, die erste wahrhaftige, die Du verdienst, es hat mich ganz beglückt. Es ist schön, mein ich, daß Du einen Mann vielleicht einmal bekommst, der ... auch ... Dich zu schätzen versteht, in Deiner Kunst nämlich. Selten lobte ich Dich, weil mir das früher nicht zukam, später wirst Du es mir wohl manchmal an den Augen

angesehen haben, wie Du mir gefällst. Denn ich spreche nicht gern viel über Musik. Aber viele Seligkeiten danke ich Dir. Übrigens kann ich Dir sagen, meine Herzens-Clara, ich habe gar keine Angst wegen uns, falls nun uns ein unerwartetes Unglück träfe. Wir haben etwas gelernt, und das ist der reichste Brautschatz. Nun aber werden auch Sorgen kommen, vielleicht große, daß wir nicht übermütig werden und in den Himmel wachsen, auch sind wir beide Künstlernaturen, und namentlich ich oft so sensibel, daß mich alles Rauhe beleidigt, so namentlich nach angestrengtem Komponieren, wo ich jeden Hauch empfinde. – Mit Entzücken und Dank gegen das hohe Wesen, das mein Herz wie das Deine in meine Hände vielleicht zu legen beschlossen hat, sehe ich in die Zukunft; es ist mein höchster Zweck auf dieser Welt der, Dich glücklich zu machen in meinem Besitz. Gestern und heute ging es mir gar nicht gut, ich konnte weder recht arbeiten, noch auch faul liegen. Es ist Sehnsucht, was mich lähmt. Kannst Du Dich besinnen, als Du einmal in Gohlis begeistert ausriefst: „Ei, die große Ente", eine Gans für selbige haltend. Und nun wir sehr darüber lachten, Du weinerlich sagtest: „Wie kann ich denn wissen, was Gans und was Ente ist, wenn es mir niemand sagt." Da waren wir freilich geschlagen. Nicht ohne herzliches Behagen denke ich daran. Auch daran, wie ich Dir plötzlich aufgab, mir ein Wort zu nennen, das mit dem F anfing, und Du auf Pfannkuchen, gerade auf dieses, fielst. Wir haben viel dummes Zeug gemacht – vorzüglich in Dresden –, aber selige Tage waren's doch. Ob sie wieder kommen?

Robert an Clara
Leipzig, 14. April 1838, Sonnabend vor Ostern
Zuerst will ich nun meinem lieben und treuen Mädchen recht Glück wünschen zu der neuen Würde. – Zwar habe ich drei der albernsten Tage gefeiert nach Deiner Ernennung, und versuchte zu schweben, zu fliegen (nach einem Kapellmeistertum, nach einer Krone) – endlich aber zog ich mich wieder in mein Herz zurück, sah mich darin um, und fand, daß es auch so gut ist, daß Du mir auch so gut bleiben wirst. Clara, Herz Du, Du ältester

Liebling meiner Seele – meine Liebe ist Deiner wert – Du machst mich zu einem Kinde – wie ein Seliger wandle ich unter den Menschen. –

... So hundertlei hab ich Dir zu sagen und es ist mir wie der Frühling draußen süß und zum Zerspringen ... Clara, die wichtigsten Dinge gibt's zu erwägen – denn wir kommen wahrhaftig gar nicht vom Flecke und es scheint, ich bekomme nie eine Frau, wenn es von der abhinge.

Also: Daß Dein Vater wieder zu murren und kn[urren] anfängt hat mich wieder recht grollig gegen ihn gemacht. Ich fange an, ihn für einen Philister zu halten, der ganz in materiellen Gedanken und Interessen verknöchert ist, der ganz fühllos worden, der die Jugendliebe wie eine Art Kinderkrankheit, wie Masern etc. betrachtet, die jeder Mensch überstehen muß und sollt er dabei auch zugrunde gehen. Dazu nun einen Übermut, weil Du mit so großen Ehren bestanden hast. –

... Es ist so menschlich, daß ... jetzt wieder oft ein Haß gegen ihn in mir aufsteigt, ein so tiefer Haß, der sich neben der Liebe zu seiner Tochter freilich sonderbar ausnimmt. Wie er aber so viele Mal zurückgenommen hat, was er versprochen, wird er es auch noch öfters tun – mit einem Worte, ich warte nicht auf ihn, wir *müssen selbst handeln.* Also höre, mein Clärchen – *ich will so bald wie möglich nach Wien* und warte auf Dein Jawort dazu – Seitdem ich mich fest entschieden und mir das Schöne Deines Planes in die Augen leuchtet, brennt es mir wie unter den Füßen ... Da habe ich denn eine wichtige Frage, über die Du mich beruhigen mußt. Also ganz abgesehen von der Einwilligung Deines Vaters, getraust Du Dich, mir einen ohngefähren Zeitpunkt unserer Vereinigung anzugeben? Ich denke, wenn wir den bis Ostern 1840 (jetzt über zwei Jahre) festsetzen, so hättest Du alle Pflichten eines Kindes erfüllt, brauchtest Dir, auch wenn Du Dich mit Gewalt trennen müßtest, keine Vorwürfe zu machen. Wir sind dann mündig, Du hast den Bitten Deines Vaters, über zwei Jahre lang noch zu warten, nachgegeben – von einer Probe unserer Treue und Ausdauer kann keine Rede sein, da ich *nie* von Dir lasse ... Also gib mir Deine Hand: *jetzt über zwei Jahre* heißt das Losungswort ...

Sonnabend nachmittag [14. April 1838]
... Aber, Clara, diese Musik jetzt in mir und welche schönen Melodien immer! Denke, seit meinem letzten Brief habe ich wieder ein ganzes Heft neuer Dinge fertig. „Kreisleriana" will ich es nennen, in denen Du und ein Gedanke von Dir die Hauptrolle spielen und will es Dir widmen – ja Dir und niemanden anders – da wirst Du lächeln so hold, wenn Du Dich wiederfindest. Meine Musik kommt mir jetzt selbst so wunderbar verschlungen vor bei aller Einfachheit, so sprachvoll aus dem Herzen, und so wirkt sie auch auf alle, denen ich sie vorspiele, was ich gern und häufig tue jetzt! Wann wirst Du denn neben mir stehen, wenn ich am Klavier sitze – ach, da werden wir beide weinen wie die Kinder – das weiß ich – das wird mich überwältigen. – Nur heiter, mein Herz! Deine teure, schlanke Gestalt steht mir ja immer zur Seite und bald, bald bist Du ja mein. – Erzählen will ich Dir doch von neulich nacht. Ich wachte auf und konnte nicht wieder einschlafen – und da [ich] mich dann immer tiefer und tiefer in Dich und Dein Seelen- und Traumleben hineindachte, so sprach ich auf einmal mit innerster Kraft „Clara, ich rufe Dich" – und da hörte ich ganz hart wie neben mir „Robert, ich bin ja bei Dir". Es überfiel mich aber eine Art Grauen, wie die Geister über die großen Flächen Landes hinweg miteinander verkehren können. Ich tue es aber nicht wieder dieses Rufen; es hatte mich ordentlich angegriffen.

[14. April 1838]
Die Phantasie von Liszt war das Außerordentlichste, was ich je von Dir gehört. Spiel' ihm die Toccata und die Etüden vor, die er noch nicht kennt, mach ihn auch auf die Paganini-Etüden aufmerksam. Die Kinderszenen werden wohl bis zu Deiner Ankunft fertig; ich habe sie sehr gern, mache viel Eindruck damit, wenn ich sie vorspiele, vorzüglich auf mich selbst. Das nächste im Druck sind dann Phantasien, die ich aber zum Unterschied von den Phantasiestücken „Ruine, Siegesbogen und Sternbild" und „Dichtungen" genannt habe. Nach dem letzten Wort suchte ich schon lange, ohne es finden zu können. Es ist

sehr edel und bezeichnend für musikalische Kompositionen, denke ich. – – – –
Geduld wirst Du aber schon manchmal haben müssen, und oft mich auszanken. Fehler habe ich manche, aber weniger als sonst. Manches Gute hat unser langes Wartenmüssen auch; es wird so manches abgetan sein, was bei Andren in die Ehe fällt. Eben sehe ich, daß Ehe ein sehr musikalisches Wort ist und zugleich eine Quinte ...
Aber zu meinen Fehlern – einen unausstehlichen habe ich, daß ich nämlich den Menschen, die ich am meisten liebe, meine Liebe oft dadurch zu beweisen glaube, indem ich ihnen vieles zum Possen tue. So z. B. liegt vielleicht lange ein Brief zur Beantwortung vor mir. Du wirst sagen: „lieber R. beantworte doch diesen Brief, er liegt schon so lange". Glaubst Du, ich täte es? Nein, ich bringe noch allerlei liebenswürdige Entschuldigungen vor etc. etc. Dann habe ich noch einen sehr schelmischen Fehler – nämlich ich bin einer der größten Verehrer von schönen Frauen- und Mädchengesichtern – ich kann da ordentlich schmunzeln, und schwimme gleichsam in Lobeserhebungen über Euer Geschlecht. Wenn wir also manchmal durch Wien's Straßen wandeln, und es begegnet uns was Hübsches, daß ich ausrufe: „Nein Clara! sieh' nur dieses Götterkind, und so etwas," so erschrick nicht und schelte nicht.
... Jetzt sieh' Deinen alten Robert – ist er nicht noch der Läppische, der Gespenstererzähler und Erschrecker? Nun aber kann ich auch *sehr* ernst sein, oft tagelang – und das kümmere Dich nicht – es sind meist Vorgänge in meiner Seele, Gedanken über Musik und Kompositionen. Es affiziert mich alles, was in der Welt vorgeht, Politik, Literatur, Menschen; über alles denke ich nach meiner Weise nach, was sich dann durch die Musik Luft machen, einen Ausweg suchen will. Deshalb sind auch viele meiner Kompositionen so schwer zu verstehen, weil sie an entfernte Interessen anknüpfen, oft auch bedeutend, weil mich alles Merkwürdige der Zeit ergreift, und ich es dann musikalisch wieder aussprechen muß. Darum genügen mir auch so wenig [neuere] Kompositionen, weil sie, abgesehen von allen Mängeln des Handwerks, sich auch in musikalischen Empfin-

dungen der niedrigsten Gattung, in gewöhnlichen lyrischen Ausrufungen herumtreiben. Das Höchste, was hier geleistet wird, reicht noch nicht bis zum Anfang der Art meiner Musik. Jenes kann eine Blume sein, dieses ist das um so viel geistigere Gedicht; jenes ein Trieb der rohen Natur, dieses ein Werk des dichterischen Bewußtseins. Dies alles weiß ich auch nicht während des Komponierens und kommt erst hinterher – Du wirst wohl wissen, wie ich's meine, die Du auf solcher Höhe der Leiter stehst. Auch kann ich nicht darüber sprechen, wie überhaupt über Musik nur in einzelnen Sätzen, aber ich denke wohl darüber nach – kurz, sehr ernst wirst Du mich zuweilen finden, und gar nicht wissen, was Du von mir denken sollst. Sodann darfst Du mir nicht zu sehr aufpassen, wenn ich komponiere – das könnte mich zur Verzweiflung bringen – auch ich verspreche Dir, nur sehr selten an Deiner Türe zu lauschen – – nun, das wird ein rechtes Dichter- und Blütenleben geben – wie die Engel wollen wir zusammen spielen und dichten und den Menschen Freude bringen ...
Zu Mendelssohn bin ich wenig gekommen, er wohl mehr zu mir. Er bleibt doch der eminenteste Mensch, der mir bisher vorgekommen. Man sagt mir, er meine es nicht aufrichtig mit mir. Es würde mich das schmerzen, da ich mir einer edlen Gesinnung gegen ihn bewußt bin und sie bewährt habe. Sage mir es aber gelegentlich, was Du weißt; man wird dann wenigstens vorsichtig, und verschwenden will ich nichts, wo mir etwa übel nachgeredet wird. Wie ich mich als Musiker zu ihm verhalte, weiß ich auf's Haar und könnte noch Jahre bei ihm lernen. Dann aber auch er einiges von mir. In ähnlichen Verhältnissen wie er aufgewachsen, von Kindheit zur Musik bestimmt, würde ich Euch samt und sonders überflügeln – das fühle ich an der Energie meiner Erfindungen. Nun, jeder Lebensgang hat sein Besonderes, und auch über meinen will ich mich nicht beklagen. Mein Vater, ein Mann, den Du verehren würdest, wenn Du ihn nur gesehen hättest, erkannte mich frühzeitig, und hatte mich zum Musiker bestimmt; doch die Mutter ließ es nicht zu; später hat sie sich oft aber sehr schön über meinen Lebensübergang und zwar *für* ihn ausgesprochen ...

Sonntag früh [15. April 1838]
... Dich im Sommer zu sehen, darauf verzichte ich beinahe. Habe ich es zwei Jahre lang verschmerzen müssen, geschehe es auch noch zwei. Was ist es, daß wir uns einige Minuten abstehlen müssen, unter Todesangst zwei zerstreute Worte hervorzubringen – nein, ich will Dich ganz, Tage lang, Jahre und Ewigkeiten lang. Bin kein Mondscheinritter mehr. Also verlangst Du sehr nach mir, so komme ich wohl; sonst aber *lassen wir es,* es führt zu weiter nichts ... zu meinem Weibe will ich Dich, mein heiliger ernster Wille ist es.
Mit allem andern hab ich abgeschlossen ...

Sonntagnachmittag [15. April 1838]
... So manches möchte ich von Dir wissen, aber ich sehe, wie schwer Du mir auf alle meine Fragen antworten kannst. Deinen letzten Brief rechne ich Dir sehr hoch an; glaube mir das. Was mich anlangt, so schreib' ich Dir doch gar zu gern. Zeit habe ich die Fülle. Und weißt Du warum? Weil ich seit Neujahr um 9 Uhr zu Bette gehe und schon 5 Uhr aufstehe – das geht dann von der Hand. Und dann wie wohl befinde ich mich körperlich, daß ich ordentlich meine Kraft und Jugend fühle. Das ist ein göttlich Ding, dieses nüchterne arbeitsame Leben. Ja, ich glaube – und dies Geständnis soll Dir merkwürdig sein – meine Melancholie ist gar nicht so weit her und war nur Folge des Sitzens in die Nacht hinein. So heiter kann ich sein. Aber freilich bist Du es, der Engel der Freude, der mich jetzt unter seinen Flügeln hält ...

Montag, gegen Abend [16. April 1838]
... Meine älteste Erinnerung an Dich reicht bis zum Sommer 1828. Du maltest Buchstaben, versuchtest zu schreiben, während ich am A-Moll-Konzert studierte, und sahst Dich oft nach mir um. Wie heute weiß ich's.
Von einem Irrtum muß ich Dir sagen, den freilich auch viele andere und wohl auch Du selbst mit mir geteilt, daß mich nämlich Dein Vater schon vor vielen Jahren als Mann für Dich erziehen wollen und ausgelesen. Vielleicht hat er nie daran ge-

dacht. Aber er zog mich so vor allen vor, ließ uns namentlich im Sommer 1835, wo er noch viel hätte verhindern können und wo er die in uns immer wachsende Liebe merken mußte, so lange gewähren, daß ich es auch da noch glaubte.
Wie wenig Herzenskenntnis hat hier Dein Vater gezeigt. Wir, seit Jahren täglich viele Stunden zusammen, durch die Kunst so innig verwachsen, durch Geistesähnlichkeit, im schönen Altersverhältnis zueinander, durch den tiefsten Herzenszug einander angehörig, durch tausend Küsse, die Erinnerung vieler seligen Stunden und jetzt durch Ring und Wort verbunden – und Dein Vater will uns trennen – nein, meine Clara, ich fürchte nichts mehr und will Dich mir erringen unter dem Schutze der höheren Hand, die uns bis zu dieser Stunde vereint hat ... meine Geduld ist erschöpft. So einem Philister will ich wohl Herr werden. Und behandelt er mich, wenn er von Dir anfängt, nicht mit dem größten Respekt und spricht er von Dir wie von einem Glück, das ich gar nicht verdiene, so soll er mich kennen lernen. Er braucht mir nicht zu sagen, wer Du bist – ich weiß es ohne ihn.

Osterdienstag [1838]
... Sonderbar ist's aber, wenn ich Dir so viel schreibe wie jetzt, kann ich nicht komponieren; Du empfängst da die Musik ...

[22. April 1838]
Über sechs Monate haben wir uns nun nicht gesehen, wann wird das enden? Von mir hätte ich Dir nur heiteres zu sagen, bis auf die letzten Tage, wo ich krank vom Arbeiten und Sorgen um Dich – Dein Brief ist herrlich –, die Blumen von Beethovens Grab hast du mir vergessen ...

Am 25. [April 1838], Mittwoch früh
Gestern hatte ich den ganzen Tag gelb vor den Augen – auf den Bäumen, an der Wand, überall sah ich Briefträger – und es kam wieder nichts. Wie traurig mich das gemacht. Abends ging ich in's Freie, wie jetzt täglich einige Stunden, nach Connewitz zu,

weil es der Weg ist, der mich am häufigsten an Dich erinnert. Die Wolken hatten wunderhohe Alpen gedichtet, täuschend ähnlich – da dachte ich, „das sind die Träume der Jugend – aus der Ferne schienen sie sicher und fest gegründet – in der Nähe zergeht es in Nebel. Wenn uns nur eines bleibt, dachte ich dann weiter – da ging die Sonne unter und ich dachte an Dich, daß Du wiederkehren wirst wie sie."

Mittwoch, den 9. [Mai 1838], nachmittags 4 Uhr
Eben erhalte ich Deinen Brief, meine Geliebte, und will Dir nur sagen, daß ich viel um Dich gelitten in den letzten Tagen und daß Dein liebevoller Brief mir alle Sorgen verscheucht hat. Nun soll gleich meiner fort, daß Du ihn morgen erhältst – Ist es möglich, daß Du mir so nahe wärst? ...
Nun Adieu, meine geliebte Clara – ich bin der Alte und immer

Dein Robert

Robert an Clara
Leipzig, den 10. Mai, Donnerstag
... Nun, mein schwärmerisches Mädchen, hast Du nicht einen schwärmerischen Bräutigam und ganz zum Kaufmann geschaffen? Aber die Prosa muß erst ab und weg, und dann wollen wir schon fliegen. Ich schwärme weiter: Wegen des bayrischen Bieres habe keine Angst um mich – überhaupt was denkst Du von mir? Pfui, *ich wäre nicht wert, daß man mich ansähe*, wenn ich, dem sich ein so gutes und herrliches Mädchen anvertraut, kein ordentlicher Mann sein wollte und nicht alles über mich vermöchte. Was denkst Du denn von mir? Diese einfachen Worte mögen Dich beruhigen für immer.
... Nun auch wegen des Sehens und Sprechens hier. Laß es uns nur vor meiner gänzlichen Abreise nach Wien *einmal* – sonst nicht. Ich lasse mich nicht erweichen. Wo und Wie, darüber später ... Ich würde wohl außer mir sein vor Freude, wenn Du einmal in meine Stube trätest, was ich Dir wohl zutraue, daß

Du kämest – ich bitte Dich aber, meine gute Clara, *laß Dich dazu nicht hinreißen* – es könnte Dir zu übel von Deinem Vater ergehen, es könnten Dich Menschen bei mir sehen: also Deine Besuche kann ich jetzt nicht annehmen; „das ist ja ein verzweifelter Bräutigam", wirst Du sagen.
Erfülle mir meine *inständige* Bitte und bleibe *gleich* in Dresden, oder gehe sobald als möglich hin. Deine Gegenwart hier würde mich, glaub ich, in allen meinen Plänen und Arbeiten lähmen – es würde mich *ganz unglücklich* machen – stell es Deinem Vater vor, wie natürlich Dein Wunsch wäre – gib ihm Dein Ehrenwort, mich nicht in Dresden sehen zu wollen, wie ich Dir hiermit meines gebe, Dich nicht heimlich aufzusuchen (es müßte denn sein, ich ginge für immer fort nach Wien). Aber *schreiben* – das versprich ihm nicht, daß wir das ließen – wir schreiben uns womöglich täglich, denke ich. Dein Vater nennt mich phlegmatisch? Carnaval und phlegmatisch! – Fis-moll-Sonate und phlegmatisch! – Liebe zu einem solchen Mädchen und phlegmatisch! Und das hörst Du ruhig an? Er spricht, ich habe sechs Wochen nichts in die Zeitung geschrieben – erstens ist das nicht wahr, zweitens wäre es auch so, weiß er, was ich sonst gearbeitet habe; endlich, wo soll denn der Stoff herkommen immer? Ich habe bis jetzt an die achtzig Druckbogen eigener Gedanken in die Zeitschrift geliefert, die anderen Arbeiten der Redaktion gar nicht mitgerechnet, habe nebenbei zehn große Kompositionen in zwei Jahren fertig gebracht – Herzblut ist dabei – dabei täglich mehrere Stunden strenge Studien in Bach und Beethoven, und viel eigene gemacht – eine große Korrespondenz, die oft sehr schwierig und ausführlich, pünktlich besorgt – bin ein junger Mann von 28 Jahren, ein Künstler raschen Blutes und trotzdem seit acht Jahren nicht über Sachsen hinausgekommen und still gesessen – habe mein Geld zusammengenommen, kenne keine Ausgaben für Gelage, für Pferde, und gehe still meinen Weg nach Gohlis wie sonst – und dieser Fleiß, diese Einfachheit, diese Leistungen finden keine Anerkennung bei Deinem Vater?
Man möchte gern immer bescheiden sein, aber die Menschen lassen es schon gar nicht zu; also habe ich mich einmal auch

selbst gelobt; Du weißt nun, was Du von mir zu halten hast, und wie Du dran bist.
... Es ist mir manchmal unerklärlich, wie Du so still und kräftig aufgewachsen und Dir eine so schöne Gesinnung bewahrt hast – ich sprach oft mit Mendelssohn über dieses Rätsel ...
Unsere schönsten Jahre müssen wir nun wohl ohne einander leben, die schöne Zeit des Brautstandes – o, ich könnte toll werden auf den, der Schuld daran.
... Deine Bescheidenheit über Liszt hat mich gerührt, Du Engelskünstlerin Du! Bedenke doch auch, daß er ein Mann ist, zwölf Jahre älter als Du, und immer in Paris unter den größesten Künstlern gelebt hat. Er schrieb mir einen sehr herzlichen Brief, den ich Dir gelegentlich schicken will; er wird Dir Freude machen.
So lebe denn wohl, Du mein allerliebster Schatz, Du Licht und Freude meines Lebens – sei ruhig – bleibe stark – ich habe keine Worte weiter – küsse Dich in herzlicher Liebe und Treue
Dein Robert

Clara an Robert

[12. Mai] 1838
Sonnabend, Maxen, nachts 11 Uhr

Wirst Du es wohl glauben, mein guter lieber Robert, daß ich hier in Maxen an Dich schreibe? Und doch ist es so. Mit welchem Gefühl ich mein Vaterland begrüßt, kannst Du Dir nicht vorstellen, und wie ich mich gefreut habe von Dir auf der Post ein paar Zeilen zu finden und ach vergebens! ...
Nun denk Dir, Montagabend fahr ich ein in den Toren Leipzigs – das Herz pocht mir ungestüm, voll von Gefühlen aller Art ...
Auf Deine Komposition bin ich sehr begierig. Morgen spiel ich Dein Albumblatt für die Majorin – sie ist lieb, gut. Alle haben Dich sehr lieb.
Viel hab ich mit [Dir] zu reden und komme gar nicht los – Ich jammere nach einem Brief von Dir – hast Du meinen nicht?

Clara an Robert
Leipzig, den 20. Mai 1838
Unendlich viel Mühe kostet es mir, daß ich einen Augenblick gewinne, Dir, mein herzinnigst geliebter Robert nur eine Zeile zu schreiben. Seit ich wieder hier bin, hab ich meinen heitern Sinn wieder ganz verloren, doch nicht etwa den Mut, alles zu ertragen. Mein Herz ist jetzt so schwer und doch durch Deinen Brief so freudig erregt ...
Fragt mich jemand, ob ich Dich schon gesehen habe, dann treten mir die Tränen in die Augen – Du bist mir so nah, und doch kann ich Dich nicht sehen ... ich schwebe im Himmel und bin doch wieder nachher so unglücklich, daß ich Dich nicht gleich umarmen kann, Dich, der mir alles ist, in dem mir eine andere Welt aufgegangen ... Du bist das Ideal von einem Manne, was ich immer im Herzen trug, der Himmel ließ es mir in Wirklichkeit erscheinen, und ich soll es besitzen, Dich soll ich mein nennen? Und doch es *soll*, es muß sein!
... Dein Entschluß, nach Wien so bald zu gehen, ist schön, ich halt es nicht aus, wenn Du hier bist und ich soll Dich nicht sehen.
... Aber nun eine Sorge, die nämlich, daß es Dir am Ende gar nicht in Wien gefällt, ... das wäre mir schrecklich, wenn ich Dich in Wien nicht zufrieden wüßte.
... Ach müßt ich mich doch nie trennen; ich bin so melancholisch, daß mir das Herz springen möchte vor Sehnsucht nach Dir, mein lieber, teurer unbeschreiblich geliebter Robert.

Clara an Robert
Leipzig, den 2. Juni 1838
Eine Minute bin ich allein – ich benutze sie gleich, Dir mein großes Entzücken über die letzten Briefe auszudrücken.
... Nun aber eins! Du weißt ja, daß ich nur darin, 1840 *bei Dir* zu sein, schwärme ... Denkst Du vielleicht, ich besinne mich noch anders? O nein, das kannst Du nicht denken, wenn Du mich liebst. Und zweifle ich etwas daran, so glaub mir, ist es,

möcht ich sagen, Demut; ich denke immer, warum willst Du auf so großes Glück Anspruch machen? Und doch, ich flehe täglich um Erfüllung meines liebsten, meines höchsten Wunsches! Also Lieber, 1840 *bin ich bei Dir, es mag kommen, wie es will, baue auf mich, zweifle nie an mir* ... Sehr schön wäre es, wenn Therese die ersten Wochen unserer Verheiratung bei uns wäre, sie könnte mir dann vieles lehren, was ich zu Haus nicht lernen kann, da mich der Vater nicht anders als am Klavier sehen kann. Wie gern bekümmerte ich mich zuweilen um die Wirtschaft, doch da werd ich ausgelacht ...
– Dein Urteil im Brief über den Vater war etwas hart, aber doch *wahr* – gern liebt ich ihn so sehr, doch er verleidet mir es oft ... Lächerlich ist es mir, daß Vater durchaus nicht daran glaubt, daß Du würdest nach Wien gehen – er wird erstaunt sein! ...

Clara an Robert

Den 3. [Juni 1838]

Spaßhaft ist es, daß heute die Mutter zum Vater gesagt „glaub mir, die bleibt nicht fest". Nun, die sollen's sehen. Ich nicht fest bleiben! ...

Clara an Robert

Leipzig [8. Juni 1838]

Wie betrübt bin ich, daß ich Dich, mein Lieber, mit gar nichts überraschen kann – was in meiner Seele vorgeht und welch schöne Wünsche ich Dir sende, Du weißt es! Ach mein Gott, warum kann ich Dir heut den guten Morgen nicht selbst zuflüstern? nun in 2 Jahren mit Gott und mit glücklichem Herzen. Ob ich Dich heute seh, weiß ich nicht; ich bitte Dich, mein guter Robert, sei nicht traurig, ich bin ja bei Dir und feiere mit Dir das schönste aller Feste.
Ich finde keine Worte mehr –

Deine treue Clara
D. 8. morgens.

Clara an Robert

[Den 8. Juni]

Sei punkt 9 Uhr vor unserem Fenster; winke ich mit einem weißen Tuch, so gehe langsam hinauf nach dem *alten* Neumarkt, ich komme dann nach, und geh mit Dir, da ich die Mutter bei ihrer Mutter abhole. *Winke ich nicht, so ist sie nicht gegangen.* Du kannst auch etwas vor 9 kommen. Geh aber ganz langsam, weil ich mich dann erst zurechtmachen muß. Du kannst ja auch einmal wieder umdrehen.

C.

Robert an Clara

Leipzig, am 20. Juni 1838

Es drängt mich so sehr, Dich zu sehen, Dich an's Herz zu drücken, daß ich ordentlich traurig bin – und auch krank. Ich weiß nicht, was mir fehlt – und doch ich weiß es, Du fehlst mir. Überall seh ich Dich, in meiner Stube gehst Du auf und nieder mit mir, Du liegst in meinen Armen und nichts, nichts ist wahr. Krank bin ich. Und wie lange wird dies alles währen. Es steht alles so schreckhaft still jetzt. Ich möchte gleich auf und davon und suche doch Dich nur und weiß auch wo Du bist und kann Dich doch nicht finden. Ach verzeih meine Clara, daß ich Dir vorklage – es wird wohl anders werden und der Mut wieder kommen. Nur einen Gruß wollt ich Dir heute schreiben; vieles hab ich Dir noch zu sagen – und die Hauptsache, es muß *eher* mit uns werden, Du mußt eher zu mir kommen. Nenne mich nicht ungenügsam und ungestüm. Aber jede Minute später ist ja wie gestorben. Ich trage es nicht so lange mehr.

Heute wollt ich fort, nach Grimma zu und weiter. Es wird aber wohl nichts, ich habe keine Energie und mache mir auch Vorwürfe, daß ich dann nichts arbeite. Könnten wir uns nur einmal ruhig sprechen – ein paar Stunden lang.

Nur einen Gruß wollt ich Dir ja sagen – den wirst Du verstehen – Adieu, ich bin Dein eigen für immer.

R.

(In Claras Handschrift): Ich küsse Dich mein herzinnigst geliebter Robert – leb wohl, und denke zuweilen an Deine Clara, die nichts denkt als Dich. –
(In Roberts Handschrift): Am zweiten Juli zurückerhalten, den Tag ihrer Abreise nach Dresden.

Clara an Robert

Dresden, d. 3. Juli 1838

Da sitz ich nun so hier im Gartensalon und denke, wo mag wohl jetzt mein guter Robert weilen? Denkt er wohl an Dich? Ist er heiter oder traurig? – So denk ich nun unaufhörlich, daß ich's kaum ertrage! Und welch schwerer Abschied gestern! Sah Dich, 2 Schritte von mir, konnte mich nicht aus dem Wagen in Deine Arme werfen! Du guter Mensch warst so weit gegangen, um Deine Clara noch einmal zu sehen? ... Wie Du so einherkamst, da war es mir als sollt ich in Ohnmacht sinken vor Schmerz, mir wurde ganz schwarz vor den Augen, und wie ich Dich dann nicht mehr sehen konnte, dann machte sich mein Herz Luft und die Tränen flossen, daß ich nicht wußte, wie sie verbergen. Das Gefühl war unbeschreiblich!!!

Die ganze Nacht dacht ich unaufhörlich an Dich, der Mond schien so hell – genug davon, ich kann nicht sagen was und wie.

... Mutter sagte neulich zur Nanny: „Ich möchte wissen, ob Clara nicht an Schumann schreibt und wir werden schon Mittel und Wege finden, das zu erfahren." Mir schauderte ... ich bitte Dich um alles willen, *sei vorsichtig*, das Unglück wäre schrecklich. *Laß die Briefe nicht liegen, sprich nicht etwa einmal etwas, was ich Dir geschrieben.* –

... Grüße Reuter vielmals und ermutige ihn in seinem Tun für uns, sag ihm, daß er ein gutes Werk verrichte an ein paar guten Kindern. Lach mich nicht aus, es ist aber so.

... Nun leb wohl Du, der beste aller Menschen, der geliebteste, mein Alles, meine Welt. –

Robert an Clara

Leipzig, Mittwoch den 4. Juli 1838
Meine geliebte Clara!
... Heute kann ich Dir nur wenig danken ... Wir mir's war, als ich Dich das letztemal sah – den Wagen fortrollen sah – eine Staubwolke darüber – es ist mir wie Dir gegangen; die Sonne tat meinen Augen so weh. Solche Liebestränen hatte ich noch nicht gekannt. Seit 14 Tagen war ich krank, kränker als Du glaubst, als ich gesagt habe, seit gestern geht es aber besser und heute hab ich den ganzen Tag gearbeitet und freudiger an die Zukunft gedacht. Weißt Du – es war auch Seelenkrankheit ... Um meine Vorsicht ängstige Dich nicht, mein gutes Mädchen; ich bin wie Du, und klug geworden. Doch hast Du zu viel Angst ... Nein – schreib nur durch Reuter immer; der ist treu wie Deine Nanny, ich kenne ihn nicht anders.
Gestern früh traf ich – Deine Eltern im Rosental. Dein Vater sah aus wie eine gespannte Pistole – ich mußte lachen über ihn.
... Wie denk ich Deiner oft; hab ich Dich doch nie so innig geliebt; oft treten mir die Tränen in die Augen und lauter Liebe und Dankbarkeit gegen Dich Gütige Du. O bleib mir immer auch recht treu und hold und glaub immer an mich Deinen allertreuesten

Lebensgefährten R.

Robert an Clara

Leipzig, Donnerstag früh, den 5. Juli 1838
Nach Deinem Brief gestern hab' ich zum erstenmal seit langer Zeit wieder recht frohe Stunden gehabt. Das Leben ist wieder in mich gekommen; ich fühl die Sonne, das Grün der Bäume draußen und innen klingen viele Melodien.
Alles Schöne über Dich meine geliebte Freundin und Schwester Braut – könnte ich Dir nichts als Freude machen einmal, ich bin es ja, der Dein junges Herz zuerst die Schmerzen kennen lehrte. Noch neulich schrieb ich in mein Tagebuch „vergiß nie, was

Clara um Dich getragen" – und ich will es Dir nicht vergessen und will Dir alles an den Augen absehen. Nachdem ich Dich nun so ein paar Mal gesehen und gesprochen, kann ich Dir doch gar nicht sagen, wie Du mir ganz unbeschreiblich wohlgefallen hast – mir deucht, es ist alles so fest und so gediegen an Dir; wenn ich Dich ansah, war es mir, als flüsterte mir mein Genius zu „auf die kannst Du Dich verlassen."

... Woher kommt aber so plötzlich Deine große Angst vor Entdeckung? ... Fürchtest Du aber Deinen Vater jetzt schon so, wie wirst Du Mut haben, ihm später entgegen zu treten, wenn es *gilt*? Nun ich vertraue *Dir so ganz* ... Nun wird es bald ein Jahr, daß wir uns versprochen haben. Ich dächte, wir schlügen noch auf ein Jahr ein. Hier hast Du meine Hand; Dein Ring ist rein und unberührt. Ich bleibe Dir treu.

Clara an Robert

Maxen, d. 8. 7. 1838
Mein teurer Robert!

Wie mich Deine beiden Briefe gefreut, das kannst Du Dir gar nicht denken... Du fragst, warum ich so ängstlich bin? Bin ich es um meinetwillen? Nein, bloß Deinetwegen. Was kann mir der Vater tun, wenn er es erfährt, nichts! Doch seine ganze Wut fällt dann auf Dich und das könnt ich nicht ertragen; ist es doch schon jetzt so, daß ich zuweilen den schrecklichen Gedanken habe, ich liebte Vater nicht mehr so, wie ich sollte; muß denn das aber nicht bittere Gefühle erwecken, muß das nicht bis auf's Tiefste verwunden, wenn man sein Liebstes, wenn ich meinen Robert (ist es denn möglich) geringschätzt, verkannt, verhöhnt sehe? – Lieber Robert, ich habe einen Brief, den ersten hierher, vom Vater erhalten, das war schmerzlich, das hat mir so weh getan, tagelang hat's an mir genagt, daß ich's gar nicht vergessen kann. Denke, wieviel schlimmer es wäre, wenn Vater das alles wüßte; doch kommt die Zeit, dann baue *aber auf mich! Ich folge Dir nach Wien.* Schwer wird mir die Trennung vom Vater werden, viel werd ich kämpfen müssen, *doch die Liebe gibt mir*

Kraft zu allem. Ist die Zeit da, *dann auch ich.* Vater verstößt mich vielleicht, ach mein Gott, wie schrecklich, sollt es wirklich so weit kommen? Gott im Himmel wird mir dann verzeihen – es ist ja nur die Liebe.

... Vater will nach München und Holland, ich aber habe keine Lust, mich in den kleineren Städten herumzutreiben, und zöge es vor, nach Paris und London zu gehen, jetzt wo ich noch jung bin ... Was könnt ich noch Besseres tun als reisen? Das läßt mir doch die Zeit etwas schneller vergehen bis zu dem ersehnten Jahr ... Vater holt mich sicher bald ab. Er schreibt in jedem Brief, der Kuchengarten, Felsche etc. seufzten nach mir.

... Nun wir wollen recht viel aneinander denken, und gleich jetzt geb' ich Dir die Hand auf Erneuerung unserer Verlobung. Auch Dein Ring blieb rein, und nur berührt von Deinen Küssen. Wie doch die Zeit vergeht! Also ein Jahr sind wir nun bald verlobt?

... Wie macht einen die Liebe auch so empfänglich für alles Schöne; die Musik ist jetzt ein ganz anderes Ding für mich als ehemals. Wie selig, wie sehnsüchtig stimmt sie, es ist unbeschreiblich. Ich könnte mich aber zuweilen aufreiben am Klavier, mein Herz macht sich Luft in den Tönen und welche Sympathie, auch Du liebst das Gretchen so sehr? Ich spiele es immer und möcht vergehen dabei, mir ist, als sei ich das Gretchen, als wären es meine Worte. – Ach wie schön ist doch die Musik, so oft mein Trost, wenn ich weinen möcht; das hab ich doch dem Vater zu danken, und werd es *nie* vergessen.

... Vater glaubt und hofft sicher, Ernestine werde Einspruch tun. Vater wird alles tun, um sie dazu zu bereden; *das ängstigt mich fürchterlich!* Der Gedanke macht mir ganz den Kopf wirr. Ich bitte Dich, schreib mir darüber *aufrichtig.* –
Sei mir nicht böse, daß ich Deine Stirne auf ein paar Minuten trübte, ich konnt's aber nicht mehr länger bei mir behalten. Ich bin so unaussprechlich glücklich in Deiner Liebe und dieser Gedanke! –

... Daß Du auf Vater so bös bist, verzeih ich Dir gern, da ich weiß, daß Du ebensoschnell alles vergißt, wenn er gut gegen uns würde. Dein Herz ist so gut, daß ich so etwas gar nicht übel nehmen kann. Ich bin seine Tochter, und werd ich doch zuweilen bitter gestimmt, die ich Vater so sehr liebe! Glaub mir, er ist gut, und glaubt ja mein Bestes zu tun ... Hart ist er wohl zuweilen sehr und kennt nicht die Liebe, die wir für einander hegen, Zartgefühl in diesem Punkte auch nicht – glaub mir übrigens, wenn ich erst bei Dir bin, so wird er schon nach und nach gut auf mich, er liebt mich ja zu sehr, um mich auf immer von sich zu stoßen. Sei nur ganz ruhig, mein Robert, er liebt auch Dich, er will es sich nur nicht gestehen. – Ich küsse Dich nochmals, Du mein herzigster Robert. –

Robert an Clara
        Robert Schumann und Clara Wieck
 empfehlen sich auf's Neue als Verlobte – nur auf *diesem* Wege
                        Leipzig, d. 13. Juli 1838
Verzeihe dem Kinde oben. Eigentlich schrieb ich es in einer seligen Zerstreuung nur für mich, es gefiel mir aber gar so gut, daß ich es meiner Clara zeigen mußte.
Von den vergangenen Tagen nur weniges: Das Zukünftige ist immer wichtiger.
Dein Vater hat allerdings mit Dr. Reuter gesprochen, und will mit Feuer und Schwert gegen unsere Liebe ... R. hat ihm aber im Gegenteil jeden einzelnen Punkt *widerlegt*, wie Du Dir denken kannst. Was er alles vorgebracht hat, hat er Dir selbst gewiß auch schon mehr als zu viel gesagt: „Wir wären zwei starrsinnige Naturen, die nicht zusammenpaßten etc. – Ich täte gar nichts zu meinem Vorteile – Du würdest es nicht aushalten – kurz, es ginge nicht." ... Daß er nun aber alles heraussucht, Dich abzubringen, trau ich ihm wohl zu – und so der wahrhaft komische Schreckschuß wegen Ernestines Einspruch.
... Glaub mir, E. ist viel zu stolz, zu edel und gut, um an so etwas zu denken. Das kann nur Deinem Vater einfallen. – Also meine gute Clara, da fürchte nichts mit Deiner heftigen Phantasie ... am Ende kommt auch noch die Laidlaw und wer weiß sonst wer und der ganze Don Juan wäre fertig ...

Denke am Klavier an mich; wie sonderbar, seit Du weg bist, kann ich wieder komponieren; und die ganze Zeit Deines Hierseins ging es nicht. Doch darf ich gar nichts anfangen und muß meine ganze Muße der Zeitschrift und dem Fortziehen von hier zuwenden. Der Abschied wird mir schwer werden.
Adieu mein Mädchen, Adieu, Adieu, Adieu!

Clara an Robert
         Von Dresden, den 14. Juli 1838,
            Sonnabend früh
... Dein Brief traf mich gestern in einer Stimmung, die ich nicht beschreiben kann; ich dachte so an alles, dachte, wie schwer es Dir werden würde, von Leipzig zu gehen und war nicht weit entfernt, mir Vorwürfe zu machen, daß ich die Schuld sei, Dich aus einer Gewißheit rißse und Du Dich am Ende nicht belohnt fändest! ... und doch ist es nötig, es führt ja zu unserem Ziel, das Einzige was ich hab!
... Eben war Dr. D. bei mir, den mir Vater als einen höchst geistreichen, liebenswürdigen Mann schildert. Ich find es nicht, kanns nun mal nicht helfen, verliebe mich nun einmal nicht! Ich weiß, Vater wünschte es gar zu sehr ... doch 's geht nicht! – Sonderbar ist es, es gefällt mir jetzt kein Mann mehr, ich bin tot für alle, nur für einen leb ich – für meinen Robert!

            Dienstagabend. Eilig
... Vater ist da ... heut habe ich wieder viel Schmerzliches verschlucken müssen.
... Adieu, tausend Küsse von Deiner treuen Braut Clara.

Clara an Robert
           Dresden, d. 26. Juli 1838
Mein Robert wird mir nicht böse sein, daß ich so lange nicht schrieb, doch leider habe ich jetzt keine Minute für mich bis abends 11 Uhr, und kann auch keinen Brief sicher auf die Post

bringen, was mich ganz untröstlich macht. Recht lange konnt ich mich nicht mit Dir unterhalten, hab aber unendlich viel an Dich gedacht und an unsere Zukunft, die so schön vor uns liegt.

... Immer mehr fühl ich es, daß mein Leben nur für Dich ist, alles ist mir gleichgültig außer der Kunst, die ich in Dir finde; Du bist meine Welt, meine Freude, Schmerz, alles, alles.

... Ich vernehme Vaters Stimme im Garten, das reißt mich aus meinem schönen Traum –

Clara an Robert

D. 28. [Juli 1838]

Pauline ist wieder da, und wir leben von früh bis abends am Klavier. Sie hat mir gestern das Lied für Dich aufgeschrieben und Du bekommst es bei der nächsten Gelegenheit. Es ist sehr schön. –

Clara an Robert

D. 29. [Juli 1838], abends

Eben hab ich den Vater zur Post gebracht ... Seine Wut auf uns hat jetzt die höchste Spitze erreicht, und wo er kann, schüttet er sein Herz aus und sagt, was er schon immer gesagt. *Laß uns nicht wanken, mein Robert – treue Liebe wird belohnt. An mir hast Du ein starkes Mädchen!* ... Dieser Gedanke begleite Dich nach Wien ... sei ich in Holland oder in Paris, oder in London, so glaube immer, daß Dein Mädchen bei Dir ist, nicht Saus und Braus läßt mich Dich einen Augenblick vergessen. Alle Lords von London und alle Kavaliere von Paris könnten mir zu Füßen liegen, so ließ ich sie alle liegen und eilte zu dem einfachen Künstler, zu dem lieben herrlichen Menschen und legte ihm mein Herz zu Füßen ...

Clara an Robert

Dresden, Montag d. 30., Nachmittag
Ich kam mit Garcias zu Haus und fand ein Paket, ich sah die Hand, die Worte „gedruckte Musikalien ohne Wert" – die müssen von Robert sein, dacht ich und umarmte in meiner Freude gleich Pauline. Gleich setzt ich mich an das Klavier ... und spielte nun. Wie ich entzückt war, kannst Du nicht glauben; wie schön sind die Sachen, wie humoristisch so vieles, dann wieder mystisch. Ich muß es freilich noch öfter spielen, um es ganz genau schätzen zu können ... Was mir am besten daraus gefallen, kann ich Dir eigentlich noch nicht sagen, denn ich hab's in solch einer Aufregung gespielt, daß mir allemal das Letzte, das ich eben gespielt, das Schönste erschien. Erstaunt bin ich vor Deinem Geist, vor all dem Neuen, was darin – überhaupt weißt Du, ich erschrecke manchmal vor Dir, und denke, ist es denn wahr, daß das Dein Mann werden soll? Mir kommt wohl zuweilen die Idee, daß ich Dir nicht genügen könnte, doch liebhaben könntest Du mich deswegen immer! – Pauline hätte mich können bewegen, meine Kunst als Künstlerin niederzulegen, wenn nicht der Vater um mich war und mich zurückführte auf das, was ich kann, und daß nicht ein Mensch soviel Talente haben kann wie der andere. Nun, ich verstehe doch wenigstens alles und Deine Musik, das ist schon beglückend für mich ...
... Für heute sage ich Dir Adieu ... Sagen kann ich Dir weiter nichts mehr als daß ich Dich sehr lieb habe, lieber als Du es weißt. Das weißt Du alles schon und ich wiederhole meinen Kuß – er sagt Dir alles und auch daß ich bin Deine treue Braut C ... Sch ..., so will ich mich nennen, wenn Du's erlaubst.

Robert an Clara

Leipzig, Mittwoch früh 9 Uhr. D. 1. August 1838
Erschrick nur nicht meine Clara über den kurzen Brief heute. Ich war die Tage her so schrecklich traurig, krank und angegriffen, daß ich dachte, meine Auflösung wäre nahe. Dein Brief hat mich wieder gehoben ...

Von Diabelli noch keine Antwort, dagegen von Vesque, der mir schreibt, daß ich sobald als möglich kommen möchte, wenn die Zeitung vom 1. Januar in Wien erscheinen sollte. Die Verhandlungen wegen der Konzession nähmen viel Zeit weg. Darauf habe ich denn mein Logis zu Michaelis aufgekündigt und will bis 2. Oktober fort.

An Deinem Vater hängst Du mit großer Liebe und bist mir desto verehrungswürdiger. Aber Clara, wenn Du mich aufgäbest seinethalben! Ein Schauder überläuft mich. Verzeih mir, ich bin noch so krank.

... Spohr war da und bei mir. Da hab ich mich wieder einmal in einem Meisterantlitz baden können.

Was sind Deines Vaters Pläne? Warum macht er sich und andern solche schwere Tage! Wie glücklich und still und zufrieden könnte er mit uns leben!

Was studierst Du jetzt? – Sonderbar, wie ich Dich mir noch ganz genau denken kann, wie Du spielst, den besonderen Ton, der Dir so eigentümlich. Aber daß Du mir nichts komponieren willst, da muß ich Dich doch recht auszanken? – Es kommen Leute. Adieu!

Robert an Clara

Leipzig, den 3. August 1838

Guten Tag, mein liebes Mädchen! Bist Du denn wieder glücklich angekommen? Bist Du mir noch gut? Und ich habe Dir nicht entgegen kommen können mit meinem liebenden vollen Herzen!

... Jetzt haben wir, seitdem wir uns lieben, nun schon sechs schwere Abschiede gehabt. – Und nun, will es Gott, nur noch einen Abschied – sieben sind viel – und die Liebenden, die so viel überstehen, werden endlich gekrönt mit der Myrtenkrone – nicht wahr?

... Es wird alles gut von mir besorgt werden, daß die Zeitung nicht leiden soll. Also ... *sei nur in allem recht ruhig*, mein Clärchen; Egmont hat noch ganz andere Schlachten geschlagen.

... Meine Kreisleriana spiele manchmal! Eine recht ordentlich wilde Liebe liegt darin in einigen Sätzen, und Dein Leben und meines und manche Deiner Blicke. Die Kinderszenen sind der Gegensatz, sanft und zart und glücklich, wie unsere Zukunft. Da komme ich aber in's Plaudern –
Ganz glücklich bin ich in Deiner Liebe
R.

Clara an Robert
Mittwoch, am 15. August 1838
... Seh ich Dich vielleicht morgen, oder Sonnabend, oder Dienstag? Heute warst Du recht kalt! Warst Du mir bös? – In Liebe küß ich Dich
Deine Clara

Deine Noveletten sind doch herrlich. Ich schwärme darin – ist Dir wohl nichts Neues! – Bei Dir singt's jetzt so schön, das ist wahr, Dein ganzes Herz tut sich einem auf in all den schönen Melodien – „Sei mir gegrüßt!" – kennst Du das Lied? Ich liebe es sehr.

Robert an Clara
Leipzig, d. 21. August 1838
Schon immer wollte ich Dir schreiben; aber es ist kein schöner Klang in mir, der Dich erfreuen könnte. Dein Vater vergällt mir das ganze Leben. Alles tritt er mit Füßen ... was hat er wieder Beckern vorgelogen? Und Du verteidigst mich wohl gar nicht?
... Genug davon; aber bis in den Traum verfolgen mich diese Beschimpfungen alle.
... Überhaupt hast Du jetzt einen ganz unausstehlichen Bräutigam; vom Eusebius ist gar nichts mehr in mir. Ach, einen Blick von Dir ... und das Herz vertraut wieder und glaubt wieder. Da tue denn dazu, daß wir uns bald sehen können ...
– Bist Du mir *sehr* gut??

Clara an Robert

Donnerstag, d. 22. August 1838

Liebster Robert, Du bist ein guter, aber auch ein böser Mensch, und das ist wahr, Eusebius hat sich ein wenig von Dir entfernt. Ist es Dein Ernst, daß Du schreibst, ich verteidige Dich wohl gar nicht, so ist das sehr kränkend, denn ich sollte meinen, Du müßtest mich wohl genug kennen, daß ich nicht ruhig alles über Dich ergehen lasse, im Gegenteil auf Leben und Tod streite, fängt der Vater einmal zu mir von Dir an, was jetzt selten direkt geschieht. Es war auch nicht Dein Ernst, nein, nein, Du bleibst mein milder Eusebius. Auf Vaters Beschimpfungen achte nicht mehr, es ist nicht wert, sich darum zu kränken, und Du mußt daran denken, daß sich das alles noch ändern wird, Vater wird Dich achten lernen *müssen*. Ich finde ganz recht, daß Du ihm nicht freundlich zuvorkommst, doch müssen Dich so kleinliche Verleumdungen und Beschimpfungen nicht berühren, die nur aus Rachsucht entstehen – am besten, Du hörst sie gar nicht, man sollte Dir sie gar nicht mitteilen, was ich auch nie tun werde.

Fischhofs Brief hat mich unendlich gefreut... tue nur alles, wie er Dir sagt, die Sache wird schon gehen, nur Geduld... Stoß ihn ja nicht vor den Kopf und logiere bei ihm, bis Du ein Logis gefunden; er würde es Dir *nie* verzeihen, schlügst Du ihm das ab! Du wirst Dich bei ihm wohlbefinden, Du findest eine Junggesellenwirtschaft und solltest das doch ja noch recht genießen, denn ist die Frau einmal da, dann ist's aus!... Du armer Mann! ... Vesque kann Dir allerdings, wie er sagt, viel nützen, ist auch ein liebenswürdiger Mann. Ach ja, ich denke, Du wirst schon Freunde finden. Graf Sedlnitzky war ein Beschützer von mir und scheint mir ein guter Mann, und hat viel Macht. Er kann alles streichen, was er will und alles stehenlassen. Er ist es, der alle Blätter erst durchliest, ehe sie gedruckt werden dürfen.

... Eben fällt mir ein, daß Fischhof ja auch eine hübsche Schwester hat, da wirst Du doch bei ihm bleiben? –

... Jetzt Adieu, mein Lieber. Laß mir sagen, ob Du mich Sonnabend um 11 Uhr sprechen willst. Mit der größten Ungeduld

Deine Clara

Clara an Robert

Donnerstagnachmittag, den 30. August [1838]

Lieber Robert, ... Vater will auf einmal nicht mit nach Paris und meint, ich solle allein dahinreisen, wozu ich auch fest entschlossen bin, jedenfalls *muß* ich hin. Er glaubt vielleicht, mich von Dir abzubringen, wenn er spricht „entweder Du läßt von Schumann, oder wir bleiben zu Haus den ganzen Winter!" ... Oh in welch einem Irrtum seid Ihr Leutchen! – Sie wissen nicht, wie fest wir aneinander gebunden. Adieu, mein Robert! –

Deine C.

Robert an Clara

Ende August [1838]

Mein herzliebes Mädchen, noch ein paar Worte durch unsern lieben Becker. Ich bin heute so romantisch, komme mir ordentlich verklärt vor, als säß ich auf dem Regenbogen, der eben am Himmel stand, und könnte alle kleinen Schmerzen und Kleinlichkeiten der Welt unter mir vorüberziehen sehen und lassen. Das sind schöne Tage ganz von Deinem Bild erfüllt. Mit Dir träum' ich und lebe da. Bleib mir nur recht gut – oft verdiene ich, daß Du mich schiltst ein wenig, aber gewiß öfters, daß Du mich nennst, wie ich mich am liebsten nenne,

Deinen Robert

Robert an Clara

Leipzig, Freitag den 31. August 1838

Also Konzert willst Du geben – und wieder ohne meine Erlaubnis? Ob ich wohl in das Konzert gehe! Bist Du böse, wenn ich nicht komme? ... Freilich ist es eine Art Eitelkeit, wenn ich nicht hingehe – Du verstehst mich – aber der Schmerz, Dich holde Künstlerin so sitzen zu sehen, nicht neben Dir stehen zu können, wenn Du spielst, Dir manchmal ein schönes Wort zuflüstern zu dürfen – der ist auch groß. Doch wie gesagt, *immer wie Du willst;* siehst Du mich gern, so komme ich.

... Wegen Paris – so würde ich an Deiner Stelle nicht so tun, als

läge Dir viel daran, würde nicht viel davon sprechen. Dein Vater bleibt sicher nicht zu Hause den ganzen Winter. Allein reisen kannst Du aber nicht; erlaube es auch nicht (ich nämlich) – Du würdest am Ende unverrichteter Dinge wieder zurückkommen. – Verzeih den Scherz – ich dachte Dich mir eben so allein mit Nanny im Wagen sitzen auf der großen Straße nach Paris – verzeih, ich komme immer tiefer ins Lachen – ich traue Dir aber zu, daß Du's tust. Aber ernstlich, sprich nicht zuviel davon! Dein Vater kann nicht ein Vierteljahr leben, ohne daß er von Dir liest, und darin gebe ich ihm auch recht. (Im Konzert stecke meinen Ring an; ich will aufpassen, wenn ich dort bin.)
Du verwehrst mir doch nicht, daß ich alle Abende von ¼ 10 bis ½ 10 Uhr an Deinem Fenster auf und abgehe – und höre ich Dich spielen, so soll mir das ein gutes Zeichen sein und ich gehe *zweimal* auf und nieder ...

Clara an Robert

Freitagmittag
[Von Schumanns Hand: am 1. September 1838]
... Warst Du gestern bei unserem Fenster vorbeigegangen? Alwin meinte Dich gesehen zu haben. Hast Du vielleicht etwas von Deiner Novelette gehört? – Wie schön ist der Gesang in der Mitte – Eusebius spricht viel darin, kommt nicht bald das ganze Werk? – „Fremde Leute, fremde Länder" sind doch auch gar zu schön! Der Anfang (mehr kenne ich nicht davon) ist hinreißend. Deine Musik ist so ganz eigen, sie erfaßt einen, als sollte man darin untergehen und dann wieder versetzt sie in die schönsten Träume; könnt ich's doch nur aussprechen, wie mir oft dabei zumute wird.
... Während Du diese Zeilen liest, so horch auf, da wirst Du ein leises Flüstern vernehmen, leicht wirst Du erraten, daß es ist

Deine treue Eusebiana

Robert an Clara
Am 8. September 1838
Ist es denn möglich, daß ich Dich heute das letztemal hören soll, zum letztenmal als Mädchen? – Ein süßer Schauer kommt über mich. Oder vielleicht auch zum allerletzten Mal? Das steht in den Sternen, an uns ist die Treue und das Handeln. Heute vorm Jahre gaben wir uns zum erstenmal wieder die Hand, mit welchen Hoffnungen, weißt Du? Und heute? Hundert Menschen stehen zwischen uns gedrängt, Du weißt kaum, wo ich bin; manchmal könnte ich aufschreien gleich vor Schmerz. Nun geht bald der Vorhang ganz nieder – und dann ist es nur die Zukunft, die stark erhalten kann – Heute ist mir wieder so öde zumute – gestern und vorgestern ging ich an Deinem Fenster vorbei, dachte, Du solltest kommen – kaum Licht sah ich, nicht einmal einen Schatten. Wie das Gewitter war, stand ich eine halbe Stunde Deinem Haus gegenüber – und Du fühltest nichts? Denkst gar nicht mehr an mich! Weißt wohl gar nicht, daß ich in wenig Tagen fortgehe? Dann vermag mich Deine Stimme nicht mehr zu erreichen; dann höre ich sie lange, lange nicht mehr, diese schöne klare Stimme ... Ach des Verstandes alles, was ich jetzt stündlich, minütlich aufbieten muß. Möchte Dir so gern in lauter Musik schreiben. Aber es ist auch echte Liebe, die alles recht überlegt und *besonnen* dem Ziel immer näher rückt. Das ist besser, als Entführen und Schmachten – nicht wahr? ...
Bleib es also dabei, daß ich den 22sten fortreise, ich gehe über Zwickau, Schneeberg, dann nach Freiburg einen Tag zu Becker, und über Dresden nach Prag, da bleib ich vielleicht 1–2 Tage und schreibe Dir ...
... Adieu ... Wann sprechen wir uns??

Robert an Clara
Den 9. September [1838]
Noch ist es mir wie ein Traum, was ich gestern alles gehört und was um mich vorging. Es war ein Gemisch von Zorn und Seligkeit, das mich ordentlich aufreiben wollte; recht in's Dunkel

hatte ich mich versteckt, um niemanden in's Auge sehen zu dürfen. Du hast mich gewiß auch nicht gesehen, obgleich ich es so sehr gewünscht; ich aber sah Dich immer, wie auch den Ring an der linken Hand am zweiten Finger – wie der strahlte. Und nun will ich Dich auch recht herzen um alles, was Du mir gestern zu hören gabst, recht herzen will ich Dich – ja das war meine Clara mit ihrem schönen Herzen und ihrer ganzen großen Kunst. Herrlich hast Du gespielt. Die Menschen verdienen Dich gar nicht. Und auch zu mancher Betrachtung hast Du mich angeregt, als Du so allein dort saßest, als Du alles wie eine Meisterin genommen und bewältigt, und als die Leute dann über Dich sprachen, als ob das gar nicht anders sein könnte. Dann dachte ich, es ist wohl ein großes Glück, ein solches Mädchen sein nennen zu dürfen; aber stände mir der Himmel bei, daß wir die nicht brauchten, die Dich nur hören, um Dich dann loben zu *müssen*. – Mit einem Wort, Du bist zu lieb, zu hoch für ein Leben, was Dein Vater für das Ziel, für das höchste Glück hält. Welche Mühen, welche Wege, wieviel Tage um ein paar Stunden! Und das wolltest Du noch lange ertragen, als Deinen Lebenszweck betrachten können. Nein, meine Clara soll ein glückliches Weib werden, ein zufriedenes, geliebtes Weib. – Deine Kunst halte ich groß und heilig – ich darf gar nicht daran denken, an das Glück, das Du mir alles damit machen wirst – aber brauchen wir's nicht notwendig, so sollst Du keinen Finger rühren, wenn Du es nicht willst, vor Leuten, die nicht wert sind, daß man ihnen Tonleitern vorspielt – nicht wahr, mein Mädchen, Du mißverstehst mich nicht – Du hältst mich für einen Künstler, der Dich der Kunst erhalten zu können glaubt, ohne daß wir gerade große Konzertreisen machen, ja einen recht innigen Musikmenschen wirst Du in mir finden, dem es einerlei, ob Du einmal ein wenig eilst oder anhältst, oder ein paar Grade feiner spielst – wenn's nur immer recht von innen herausströmt – und das ist bei Dir ... Noch viel wollte ich Dir heute sagen; aber ich bin so erregt und will in meine Träume gehen und nichts denken als Dich.
Adieu, Du Aller-Allergeliebteste, Du Herzensschatz, Du gute gute Herzens-Clara Du, Dein bin ich und nur Dein.

Robert an Clara

September 1838, Sonntag früh 7 Uhr
Mein lieb Clärchen!... Wie Du mich gestern gewahr wurdest, das Entzücken; ich hatte Dich schon die ganze Zeit angestarrt, Du suchtest mich im Schiff, glaub ich – endlich, endlich! – da fühlte ich recht, wie wir uns liebten – blind sehen könnte ich mich an Dir, und recht aufgepaßt hab' ich auf alles, was Du angabst. Du gefällst mir ganz unendlich, Du liebes teures Mädchen Du! Nun ist's bald aus: Heut über acht Tage liegen schon Berge zwischen uns... Mache nur, daß wir uns bald sehen; wir müssen noch eine Stunde zusammen sprechen, diese schöne Erinnerung mußt Du mir mitgeben auf meinen Weg, und ja auch Deinen Segen darfst Du nicht vergessen.
... Wegen Deiner Reise möchte ich Dir doch auch schreiben, was ich darüber denke. Du gut Mädchen willst uns noch etwas erwerben; das sieht wohl auch Dein Vater und wird gesagt haben, daß er nicht dazu da wäre, für mich zu arbeiten, worin er im Grund recht hat. Wenn Du ihm nun sagtest, Du wolltest das Geld gar nicht – würde ihn das beleidigen? Dann kämst Du zur Reise, brauchtest nicht den ganzen Winter hier zu bleiben und später würde Dir, was Du verdient hättest, doch wieder zugute kommen. Für die ersten Jahre habe ich ja genug, auch wenn wir Unglück hätten, gar nichts verdienen könnten. Ich weiß, daß Du über solche Dinge selbst viel nachdenkst, mein liebes Mädchen... Wär ich nur recht reich – verzeih mir – wenn man ein Wesen so sehr liebt wie ich, so wünscht man das manchmal. Andererseits finde ich es manchmal recht hübsch, daß ich kein Rothschild und daß wir zusammen ein wenig arbeiten und denken müssen. Ich hab kein Grauen; vier Hände fest vereint bringen schon etwas fertig.
... Adieu, Du Gute Liebe. Dein treuer

Robert

Robert an Clara
                                                     Zum 13. September 1838
Nenne mich nur ein Kind, daß ich, wie diese an Neujahr oder am Christabend ihren Eltern tun, mir den zierlichsten Bogen ausgelesen, an diesem schönen Tag für Dich etwas darauf zu schreiben. Geben möcht ich Dir heute vieles und Dich mit Blumen überschütten und Dir die Augen zuhalten und Dich fragen, ob Du den Schelm wohl errätst. Es gibt Schelme, die Tränen im Auge haben an so ernstem Tage, und es gibt neunzehnjährige Jungfrauen, die das vom Herzensgrund verstehen. Drum will ich Dich junge Braut nur noch ein wenig necken und Dir in Gedanken ein Häubchen aufsetzen und will mich zwei Jahre vorwärts denken, wo ich Dir in der Frühe den ersten Kuß auf die Lippen drücken und Dir sagen darf, der Himmel segne Dich, geliebtes Weib, und alles, was Du im Herzen trägst. Ach liebe mich nur immer so wie ich Dich, und sei so glücklich dabei wie Dein
                                                                     Robert

Clara an Robert
                                           Den 18. September 1838, Dienstagabend.
... Auf die Kreislerianen freue ich mich sehr – traurig jedoch werd ich sie empfangen, als wär es die letzte Gabe – doch nein! Weg mit diesen Gedanken, der Himmel wird uns wieder vereinen und inniger als je! – Du bist mir doch nicht bös, lieber Robert, daß ich Dir so trübe Gedanken mitteile, sie vereinigen sich mit den Deinen und das ist doch schön! Könnt ich mich nur aussprechen, die tausende von Gefühlen!
Der Himmel weiß, wenn ich bei Dir bin, da ist mir alles genommen, ich kann Dir nichts von alledem sagen, was ich mir vorgenommen, Dein Anblick raubt mir alle Geistesgegenwart. – Das Gedicht las ich eben wieder, wie schön es ist, so heimisch ist der Schluß und weißt Du – ich glaube das Traumbild kommt von ...
... Nun mein Alles, schlaf wohl und träume ein wenig auch von mir. Alle Abende bete ich für Dich, dann küß ich Deinen Ring und dann entschlaf ich in dem Gedanken an Dich.

Robert an Clara
Leipzig, am 19. September 1838

Wie Du mich gestern zu bleiben batest, glaube mir nur, da hätte ich Dir immer um den Hals fallen mögen und sagen, „das versteht sich, daß ich bleibe". An der Art wie jemand bittet, läßt sich recht auf sein Gemüt schließen – und Du bittest so schön und lieb. Nun horch, mein Clärchen, was ich mir in der Nacht ausgedacht: ich reise Freitag nach Zwickau und Schneeberg, erwarte bis Dienstag früh einen Brief in Z., worin Du mir auf die Stunde bestimmst, wenn Dein Vater fortgeht von hier, komme dann Mittwoch früh im strengsten Incognito hier an, bleibe Mittwoch und bis Donnerstagabend 6 Uhr und dann auf die Post gleich nach Dresden und fort ... Bist Du es so zufrieden? Hier sage ich den andern, ich reise auf 14 Tage nach Haus ...

... Dein Brief gestern abend noch, wie mich der erfreut hat ... Was Du mir vertraut wegen Deines Vermögens, danke ich Dir, meine liebe Clara. Sichere Du soviel wie möglich, ich kann nicht gut darüber urteilen ...

Fühle ich anders recht, so darf Dir Dein Vater nicht vorenthalten, was Du Dir *durch Deinen Fleiß* gespart; auch meine ich, ist er zu edel, liebt Dich viel zu sehr, als daß er sich darüber nicht mit Dir vergleichen sollte. – Er läßt es Dir, auch wenn Du Dich gegen seinen Willen von ihm trennst. Aber, wie gesagt, ich bin nicht klar, Du wirst schon alles ganz gut machen; mich betrachte dabei wie ganz außer dem Spiel.

– Das Engelskind in der Zeitschrift gefällt mir auch, vorzüglich, da ich vielleicht selbst der Verfasser bin. – Es weiß es niemand und ich schäme mich auch vor Dir ein wenig – aber eitel sind wir Poeten sämtlich, ich hätte Dir es nicht lange verschweigen können ... verzeih mir nur, Deinem Troubadour – ich knie vor Dir und Du beugst Dich herab mit einem Kuß und sprichst: „Stehe nur auf, lieber Ritter – Du bist auch heute am Visier zu erkennen" ...

Gott wie Du mich gleich heiter machst, mir liebliche Bilder zuführst ... Adieu, bleibe recht ruhig und gefaßt.

Von ganzem Herzen Dein   Robert

Robert an Clara
Sonnabend aus Zwickau, den 22. Sept. 1838
Gott grüß Dich, meine geliebte Braut – mit welcher Sehnsucht hab ich Deiner die ganze Nacht gedacht und hier unter meinen Verwandten, die so stolz sind auf ihre künftige Schwägerin und Schwester. Das beglückt, die Zustimmung der Geschwister zur Herzenswahl.
Warst Du es denn wirklich, die mir nachgesprungen kam, die Grimmaische Gasse; ja das war mein liebend Mädchen; es hat mich so gerührt dieser letzte Gruß.
... Hier gibt es schwere Abschiede, von meinen Kindheitsbergen, von tausend geliebten Stellen, und endlich von den Gräbern meiner lieben Eltern, die ich noch besuchen will.
Glücklicher noch hoffe ich alles wiederzufinden – mit Dir am Arme als meinem Weibe.
... Adieu denn, geliebtes Mädchen; unser letztes Sehen war himmlisch; welch liebes Weib Du sein wirst... In treuer Liebe

Dein Robert

Clara an Robert
Sonnabend früh 7 Uhr, den 22. Sept. 1838
Mein lieber Robert. Fürerst den Morgenkuß aus der Ferne, während Du mit Therese beim Kaffee sitzt, ach könnt ich doch bei Euch sein! – Wie freute ich mich, Dich in der Post gestern zu sehen, aber ich zitterte auch. Gestern früh Punkt 9 Uhr stand ich lange vor Deinem Fenster, der Vorhang war heruntergezogen und Du fühltest nichts? Recht weh wurde mir, als ich so dachte „dies der letzte Morgen, dies das letztemal, daß die schöne Morgensonne durch dieses Fenster seine Stirn bescheint!"...

Robert an Clara

1838, den 24. Sept. Montag früh
Eben erhalte ich Deine Zeilen, mein liebes, liebes Mädchen, und Du mußt doch gleich auch wissen, wie es mir geht. Wir leben schon wie mit Dir zusammen ... Wie denke ich Deiner, so wehmütig, so glücklich. Ich dachte hier einiges zu schaffen und arbeiten; höre aber nur immer Deine Stimme und Abschiedsmusik; ich leide viel, aber schön; es sind Tränen auf Blumen ...
In ganz großer Liebe Dein
Robert

Robert an Clara

Dresden, den 29. Sept. 1838
Mein geliebtes Mädchen – wo anfangen heute nach so schweren Stunden, so viel Neuem und Ungewohntem, was alles sich in so wenig Stunden ereignet.
Daß ich nach Maxen gereist, dank ich Dir von Herzen ... Sie haben Dich alle so herzlich lieb; ich war ganz glücklich. Morgen von Prag aus ausführlich. In zwei Stunden geht es fort ...
Gott – ich hoffe so sehr – ich meine es so gut mit Dir – Du bist sein Liebling – er wird mir auch Kraft geben zu dem, wofür er mich ausgesucht aus so vielen Millionen. Die Zeit drängt – doch nimm einen Herzenskuß aus meinem lieben Vaterland ...
Nun muß ich mich losreißen von meinem Liebsten, adieu, Du mein herzallerliebstes Mädchen, adieu – sei so glücklich wie ich in Deiner Liebe.
Dein Robert

Robert an Clara

Prag, den 1. Oktober 1838, Montag früh
Meine geliebte Braut, der schöne gute Himmel oben in seiner Bläue und Milde macht mich ganz glücklich. Wärst Du doch

bei mir, sähest mich jetzt, wo manchmal in meinen Augen zu lesen ist – rechtes Vertrauen auf den guten Geist, der uns bis jetzt beschützt – heitrer Mut, Ergebung in's Geschick, das uns so lang auseinanderführt, um uns dann fester wieder zu vereinen – das Glück Deiner Treue, Deines festen Ausharrens – der Gedanke an manche Zurückgelassene – dies alles steht vielleicht in meinen Augen – ...
Recht viel möcht ich Dir schreiben heute; ich war so lange in der Stube eingefangen und komme mir nun manchmal wie ein Kind vor, dem alles neu, vorzüglich die Sterne, die vielen am Himmel, und die Bäume und alle die andern fremden Menschengesichter. Schon früher, vor zehn Jahren, war ich in Prag, in einer sonderbaren Übergangszeit vom Empfinden zum Denken; ich weiß gar nichts mehr fast von jener Zeit – nun seh ich erst, was das für eine einzige Stadt ist mit den hundert Türmen, den fernen Gebirgen, dem hohen Schloß oben und alten grauen Erinnerungen.
Gestern in aller Frühe kam ich an, wie Du Dir vielleicht auch ausgerechnet hast ...
... Gehe doch noch auf ein paar Wochen nach Maxen; Du bedarfst wohl auch so einer heitern Umgebung, mein Clärchen, und denke dort recht meiner; ich habe nichts als das getan, ich sah Dich überall – und diese Gegend, dieser Segen überall.
Hier haben sie mich ebenfalls recht freundlich aufgenommen – Du bist immer das zweite Wort ...
Man hat mir hier wieder sehr bange gemacht vor der Wiener Zensur und überhaupt, wie schwer es sei, die Konzession zur Zeitschrift zu erlangen. Vergiß ja nicht, meine liebe Clara, *sobald es Dir möglich*, an die Cibbini zu schreiben; schicke den Brief erst an mich. Auch hier wurde mir die Cibbini als höchst einflußreich genannt.
– Morgen früh (Dienstag) geht es nun nach Wien, unserer neuen Heimat zu, wenn es der gute Himmel so will. Verhehlen kann ich mir freilich nicht, wie jetzt erst die *kleinsten* Berge überstiegen sind; nun, verlaß Dich nur auf mich; ich bin stolz auf Dich und werde danach arbeiten ...
Grüße mir die gute Nanny; sag ihr, wie mir ihr Abschied, so

kurz er war, so innig vorgekommen ist; ich betrachte sie, wie zu uns gehörig schon.
Du meine gute Clara, sei recht glücklich und heiter. Nimm mich nicht nach der Minute jenes fürchterlichen Abschieds; es war zu viel an einem Tage, was ich zurückließ; ich bin Mann und will es zeigen ...
                                              Dein treuer Robert

Clara an Robert
                                          Leipzig, den 1. 10. 1838
    Mein lieber Herzens-Robert,
Deinen Brief, Rosen, Blümchen, Oblaten, alles hab ich erhalten, geküßt, ach Gott, es war ja alles von Dir! ...
... Ach ... Robert, das war viel zu ertragen, und als ich Dich da in der Post sah – ich sah Dich kaum, der Boden wankte unter mir, das wußte ich, daß Du mich noch recht freundlich ansahst, nicht wahr? Der Mond schien so schön, so friedlich, lange sah ich ihn an, gedankenlos, doch nein, ganz versunken in Dich, Du standest vor mir, mit Tränen in den Augen, ach Gott, das war zu erschütternd, ich vergesse es noch nicht! –
Jetzt viele Hauptsachen: Neulich schrieb der Vater einen Brief, der schrecklich war; ich also antwortete und schrieb einen ernsten, ruhigen, aber dabei freundlichen Brief, worin ich ihm meine Pläne aufrichtig schrieb und ihm sagte, ich hätte zu allem Mut und Kraft. Darauf schrieb er mir heute – wer hätte das geglaubt, das ertrag ich doch kaum, den Schmerz der Trennung von Dir und auch noch Vaters Härte – er habe an Dich geschrieben, dann an Ernestine, von der er ein schriftliches Zeugnis verlangt, daß sie Dich ganz freigibt; er wolle seinen Namen nicht geschändet wissen. Dann schrieb er, ich solle die Nanny von mir lassen, denn ich brauchte sie nicht mehr, denn mit Reisen sei es aus, ich müßte jetzt andere Sachen lernen, wie hart! ... Ferner: sollt ich jetzt wenigstens die Pflichten gegen meine Mutter erfüllen und ihr von unserer Verheiratung an die Zinsen meines Kapitals geben ... Gern schick ich ihr zuweilen

etwas, doch das geht ja nicht; erst wollte der Vater nicht, daß ich etwas schicken sollte, und jetzt will er auf einmal alles! – Ich glaube, das ist alles bloß, um mich abzuschrecken. Nanny laß ich diesen Winter noch nicht von mir.
Nun eine Bitte, lieber Robert: *Schreib mir ganz aufrichtig, ob Ernestine gewiß keinen Einspruch tun kann?* ... Soll ich ihr schreiben, doch nein, das tu ich nicht, ich weiß nicht, wo mir der Kopf steht. Was soll ich nur diesen Winter tun?
... Ich muß fort von hier und werde gehen, der Himmel wird mich beschützen! Ach Robert, wohin wird es noch kommen! Vater will gar nichts mehr von mir wissen und ich habe nur eine Hoffnung, einen Schutz – Dich mein guter Robert! Von allen Seiten wird auf mich gestürmt von Dir zu lassen, ich soll das schönste Leben führen – nein, *das ist nicht möglich.* Dich lassen, ohne Dich leben, dazu habe ich keine Kraft – mir zittert die Hand so, daß ich kaum die Feder halten kann. Was haben diese Tage mir für Kummer gemacht! Du hast Dich doch nun gefaßt und bist glücklich in Prag angekommen? Mein Gebet, das täglich, stündlich zum Himmel geht, wird doch erhört werden!
In Maxen, nächsten Sommer müssen wir uns sehen. Meine Sehnsucht nach Dir ist unbeschreiblich, geht über alles Denken. Bleib mir nur so treu, wie ich Dir; Deine Worte das letztemal: „Wir wollen zusammen leben und sterben", die waren so ganz aus meiner Seele gesprochen, ja, mein Robert, das wollen wir und wir werden glücklich sein.
... Vater kann noch gar nicht vergessen, wie Du ihn behandelt habest, nachdem er Dich eingeladen, seiest Du nicht gekommen. Zweimal hat er in seinem Brief unterstrichen „nie geb ich meine Einwilligung". Was ich also befürchtete, ist eingetroffen, ich muß es ohne seine Einwilligung tun, ohne den väterlichen Segen! Das ist schmerzlich! Doch was tue ich nicht für Dich, Alles! Alles! –
... Ich sage Dir nun nichts weiter mehr, als was Du schon weißt, daß ich Dich sehr liebe, unendlich, mit ganzer Seele! Ich küsse Dich in Liebe, Deine Clara bis in den Tod.

Robert an Clara
Wien, Sonntag früh, den 7. Oktober 1838
Grüß Dich Gott, mein teures Mädchen, aus unserer neuen Heimat. Ach, sie ist mir noch keine, da Du darin fehlst ... Schon Freitagabend fühlte ich ein Heimweh, eine Niedergeschlagenheit, wie sie irgendein Verbannter haben kann ... Vieles warf sich mir im Kopf herum – ... Doppler bringt mir einen Brief mit einer Aufschrift auf der Adresse, die ich nicht kenne. Ich brech ihn auf – er war von Deinem Vater im Kotzebueschen Väterstil; ich will Dir ihn abschreiben nachher ...
Nun schmachtete ich nach einem Brief von Dir und ging zur Post; nichts war da; ganz niedergebeugt war ich, gehe dann zu Hause – da bringt mir Fischhofs Mutter Deinen Brief. – Was soll ich Dir sagen, so weit von Dir entfernt, wo in der Zeit, in der Briefe hin- und hergehen, so viel und Schreckliches vorgehen kann. Nichts als auf Dich mich verlassen kann ich; Du hast schon so viel Energie gezeigt, daß Dich nichts schrecken wird, was noch kommt.
... Also höre: Verlangt Dein Vater Deine Entfernung, so gehe; von Deinem Kampf, dem Zwiespalt in Deinem Herzen zwischen Dankbarkeit gegen Deinen Vater und Anhänglichkeit an mich kann ich mir eine Vorstellung machen; tröste Dich damit, daß Du alles getan, wozu ein Kind verpflichtet, daß Du alles in Güte und Liebe versucht – und denke, wieviel auch edle Mädchen dasselbe haben tun *müssen*, wozu Dich jetzt Dein Vater treibt. – *Gerade in diesem Augenblick ist für uns zu gewinnen;* vielleicht bist Du energisch gewesen und hast es bereits getan. – Du siehst und sagst es selbst, daß er *nie* einwilligen wird; daß Du also mit Gewalt los mußt – so reiß Dich schon jetzt los *bei der ersten Gelegenheit,* suche sie sogar; dies Leben darfst Du nicht fortführen; es untergräbt Deine Gesundheit; Du hast auch Verpflichtungen gegen Dich; gehe schon jetzt, in diesen Tagen, morgen von L. fort. Aber wohin? Meine arme duldende Clara – sieh mir doch einmal ins Auge – Wohin? Ach, zu mir noch nicht – aber auf den Weg zu mir, entweder zur Serre oder zu Theresen ... Zu Theresen wäre der kühnste Schritt, dem schnell andere folgen müßten. Darüber nachher ...

Fühlst Du Kraft in Dir zu Paris und glaubst Du dort, Dir im Winter etwas erübrigen zu können, so gehe dahin; *ich vertraue Dir über alle Maßen;* tue wie Du glaubst, daß es Dir am wenigsten Opfer kostet.

Nun höre, meine gute Clara: Zu einem oder dem anderen brauchst Du doch auch Geld ... Mit diesem Brief zugleich geht einer an Dr. Günz in Leipzig ab, bei dem Du zu jeder Zeit 1000 Gulden erheben kannst; Günz weiß ziemlich alles von uns; noch beim Abschied sagte er zu mir in einem Ton, den ich ihm nicht vergesse: „verlangen Sie von mir was Sie wollen, ich tue alles für Sie und C." ... Zögere also nicht, meine Herzensschwester, wenn Du es brauchst; das Geld ist in Deinen Händen besser bewahrt als in meinen.

... Deinem Vater *antworte ich erst auf seinen Brief,* sobald ich einmal von Sedlnitzky die Gewißheit erhalten, hier bleiben zu können; Du sollst mit meinem Schreiben zufrieden sein.

... Also nur noch das Hauptsächlichste heute. Morgen und übermorgen schreibe ich Dir aber unausgesetzt, so daß Du morgen Montag über 8 Tage wieder einen Brief erhältst mit meinen Gedanken und Erfahrungen. Ich bin allerdings in eine ganz neue Sphäre gekommen, wo alles wie Hund und Katze aufeinander. Wie großkünstlerisch ist unser L. dagegen, doch darüber morgen.

... Dein Brief an die Cibbini – wie soll ich Dich denn noch nennen, Dich braves treffliches Mädchen. Er hat mich gerührt und selig gemacht. Ich mag gar nichts weiter darüber sagen.

... Adieu bis morgen ... Bleib fest und treu, mein gutes Mädchen; ich liebe Dich sehr.

Robert an Clara

Wien, den 8. Oktober 1838

Meinen Brief aus Prag wirst Du glücklich erhalten haben. Viel möchte ich Dir mitteilen, meine geliebte Clara, viel Ernstes und Lustiges, was sich auf der Reise begeben.

Der Himmel hatte das schönste Blau angetan, die Erde hätte sich drin spiegeln mögen. Rechts und links sah ich mich viel um. Du warst unter noch weit zweifelhafteren Verhältnissen denselben Weg gereist; keine Minute, wo ich nicht deiner gedacht. Dazwischen nun der Gedanke an die nächsten wichtigsten Schritte, an den vorhergehenden Abschied, die Hoffnungen auf das Gelingen, ein Gefühl von Selbstkraft – es war mehr als eine Reise – mein ganzes Leben trennt sich in zwei Hälften, der Himmel leite alles zum Glück und zur Ruhe, denn lange könnte ich solches Zerwürfnis nicht ertragen.

... Reiseunglücke hatte ich die Menge; als einen rechten Schüler habe ich mich da gefunden. Nicht allein, daß ich ohne Mütze in Wien angekommen, die ich zwölf Meilen vor Wien in der Nacht vom Kopfe verloren, sondern ich konnte auch letzteren selbst einbüßen. Auf einer Station hinter Prag war mir nämlich die Post davongefahren; ich nach, was ich laufen kann; schon verließen mich die Kräfte; niemand hörte, bis ich endlich den zweiten Eilwagen erreiche und auf die Stiege des Kutschenschlages springe, mich da anzuhalten. Kaum einige Sekunden in dieser entsetzlichen Stellung (der Wagen ging im Galopp) als der Schlag, den ich angefaßt, aufspringt – wie ich mich oben erhalten, weiß ich nicht, wäre ich aber gefallen, so wars um mich geschehen.

... Wo ich in Prag, wo ich hier hinhöre, Du kannst nicht glauben, wie lieb man Dich hat; über Deinen Vater allein ziehen alle her, ich brauche diesen gewöhnlichen Ausdruck; weil er das in diesem Maße nicht verdient, am wenigsten von Leuten, die kaum seinen Rock zu beurteilen vermögen, geschweige was darunter ist.

Die Prager jungen Musiker haben mir viel Spaß gemacht; sehr gutmütige Seelen, sämtlich, die aber immer von sich sprechen und ihren Idyllen und sonstigen Leistungen und sich sehr loben ...

Soviel sehe ich, daß die Zeitung in ganz anderer Weise hier redigiert werden muß – zu ihrem Schaden und zu dem aller ehrlichen Leute.

Und ob ich überhaupt die Erlaubnis erhalte, ist wohl auch noch die Frage. Sinne schon jetzt darüber nach, was wir dann tun! Soll ich mich Haslingern vertrauen? Er benimmt sich sehr gut und freundlich; gestern hat er mir wunderschöne Havanna-Zigarren geschickt. Gesagt habe ich ihm aber noch nichts von meinen Plänen; mit Fleiß, man darf nicht gleich alles verlangen. In den nächsten Tagen wird es sich aber entscheiden. Heute geh ich zu Fürst Schönburg und Sedlnitzky, der mich anzunehmen versprochen. Du erhältst gleich Nachricht, sobald ich Dir etwas Gutes melden kann.

Vesque ist mir nun der Liebste von allen. Einiges Unglück ist es, daß gerade seine Oper jetzt gegeben wird, die manches Artige enthält, aber ein Mischmasch von Wollen und Nichtkönnen, und von Können und Nichtwollen, ich meine in allen möglichen Arten und Stilen geschrieben ist. Er nennt es selbst einen Versuch.

... Und Du Arme sitzest, während ich mich wenigstens zerstreuen konnte, vielleicht weinend in Deiner Kammer, bist vielleicht schon nicht mehr in Vaters Hause – Du hohes liebliches Mädchen Du – werde ich es Dir vergelten können?

... Etwas lächeln mußte ich, als ich in Deinem Briefe las, sie hätten Dir versprochen, „Du solltest das schönste Leben führen, wenn Du von mir ließest". Sie werden Dir wohl schöne bunte Kleider anziehen und Dich um die Stadt führen und Apfelsinen zu essen geben. Das nennen sie schönes Leben.

... Ich hatte mir es so schön gedacht; ich glaubte, Dein Vater sähe aus diesem Schritt, wie es mir Ernst ist, unsere Zukunft zu sichern, und würde alles ruhig hingehen lassen, und wenn ich eine Stellung gewonnen, mir Dich in Güte geben. Nun hat er aber das tödlichste und feindseligste Geschütz aufgezogen ... Noch einmal – ich kann nichts anderes sagen, trenne Dich schon jetzt von ihm. Ein Mädchen arm, klein und einfältig, hätte man nicht so behandeln dürfen – geschweige Dich, für deren Herrlichkeit ich gar keinen Ausdruck mehr finden kann.

– Leb wohl, *handle, handle,* unwandelbar Dein Robert

Clara an Robert

Abends, den 8. 10.1838

Mein lieber Robert, eine Minute bin ich allein und benutze sie gleich, Dir endlich wieder sagen zu können, wie lieb Du mir bist ... und Dich zu fragen, ob auch ich Dir immer noch so lieb bin! Ach ja, mein Robert liebt mich noch, das weiß ich. Wo mag er jetzt weilen, ob im Theater, oder ob im Kaffeehaus beim Kärntnertor, oder vielleicht am Klavier, träumend von schönen Zeiten, die da kommen sollen? Ach, wie sehne ich mich einmal mit Dir vierhändig zu spielen, wie wir es ehemals öfter taten ... Der Vater war eine ganze Stunde zu Haus, nun ist es 9 Uhr, die Mutter kommt, und ich konnte Dir wieder nichts schreiben! Ich könnte weinen, nicht ein Stündchen allein! ...

Clara an Robert

Den 10. [Oktober 1838]

... Einstweilen hat der Vater eine kleine Reise nach Dresden beschlossen, um dort einmal wieder ein Konzert zu geben; später will er mit mir nach München – dann bewege ich ihn doch vielleicht, mit mir nach Paris zu gehen. Seit er von Dresden zurück ist, haben wir noch kein Wort von der Sache gesprochen; ich habe mir vorgenommen, mit Güte zu versuchen, was ich mit Gewalt ganz gewiß nicht erlange, und will das durchführen ...

Clara an Robert

Den 17. [Oktober 1838]

... Sehr gerührt hast Du mich aber auch, mein Herzens-Robert, durch Deinen so festen Willen, daß ich fortgehen soll; es ist mir lieb, daß ich in jedem Falle weiß, wo mich hinwenden, und das Geld brauch ich nicht ... Ich will nicht wünschen, daß ich es brauche; so viel Schmerzen mir mein Vater gemacht, so möcht ich doch nicht gerne von ihm, ehe nicht die Zeit da ist, wo ich Dir mein Versprechen gegeben hab.

... Recht große Sorgen mach ich mir jetzt um Dich! Dir gefällt es nicht in Wien, und ich fühle es immer mehr, daß es Dir nicht gefallen kann, und welche Sehnsucht Du nach unserer Musik haben mußt ... und ich bin an allem schuld! ... Gefällt Dirs durchaus in Wien nicht, so glaube nicht, daß ich unglücklich wäre, wenn ich nicht in Wien leben könnte, o nein, ich geh mit Dir, wohin Du willst und in den Tod! –
... Schreib mir doch irgendeine Adresse, die ich nehme, wenn ich Dir auf der Reise schreibe, unter Deiner getraue ich mir nicht zu schreiben, da Vater gesagt hat, in jeder Stadt würde er neue Maßregeln zu ergreifen wissen.
... Morgen ist nun das dritte Konzert, doch mir ist's immer noch so öde im Saal, immer sehe ich mich um, ob sich nicht etwa die Tür öffnet, doch plötzlich werd ich aus meinem Traum gerissen, etwa durch die Voigt, welche mich fragt, ob ich nichts weiß, ob Du glücklich in Wien angekommen bist! Ach wie wünschte ich, Du könntest morgen mit, diese herrlichen Klänge aus Egmont hören. Das Lied von Clärchen, wie schön ist es, und die Ouverture wie groß – ich kann mich oft gar nicht fassen bei solcher Musik. Was ist doch Musik für eine Wohltat für mich, so oft die Tröstung, wenn der Schmerz so groß ...

Clara an Robert

Den 21. [Oktober 1838] abends
Reuter seh ich gar nicht mehr ... Neulich, als er einmal bei uns gewesen war, setzte mich der Vater nachher gleich zur Rede, was Reuter gewollt hätte, und der Mutter mußte ich jedes Blättchen zeigen, was ich in meinen Taschen hatte; das empörte mich ganz fürchterlich, doch ich überwand mich und ließ mir nichts davon merken. Nota bene, lieber Robert, wenn Du an Vater schreibst, wollte ich Dir raten, es nicht eher zu tun, als bis Du irgend etwas ausgerichtet in Wien und dann, glaub ich, imponierst Du ihm weniger durch Trotz als durch die größte Ruhe ... Das weißt Du ja alles besser wie ich, ich wollte Dich nur daran erinnern, denn im letzten Brief warst Du sehr hitzig.

Wie mache ich es nur, daß ich Dir auf der Reise bis Paris einmal schreiben kann? und wie bekomme ich von Dir Briefe? ... Bis Weihnachten bleiben wir wahrscheinlich noch hier, machen in acht Tagen einen Abstecher nach Dresden, wo ich Dir nun gewiß 14 Tage nicht eine Silbe schreiben kann, da die Mutter mitreist; Reuter hebt mir unterdes die Briefe von Dir auf.
Alle Sonntage haben wir jetzt Musik, einmal bei Mendelssohn, dann bei David, bei uns etc. Da wird gespielt, was jeder mitbringt; nächsten Sonntag spiele ich bei David das Trio F-Moll von Prinz Louis. Neulich war auch Verhulst bei uns und brachte ein eben komponiertes Andante aus seinem neuen Quartett mit, was mir außerordentlich gefiel und von vielem Talent zeugte.
Ich spiele jetzt sehr schlecht, so mit wenig Beherrschung und so unsicher, das ist schrecklich, ich fühle es und kann es doch nicht ändern.

Robert an Clara
                        [Wien, 23. Oktober 1838]
Wien entzückt mich, wahrhaftig seit vielen Jahren genieße ich zum erstenmal wieder. In der Natur ergehe ich mich so gern und was gibt es hier alles zu schauen, jetzt noch so schön im letzten Schmuck des Herbstes ... Manchmal scheint's mir, als hab ich diese vorigen acht Jahre wie im Gefängnis gelebt, ohne daß ich es gewußt hätte ... Aber damit will ich mein liebes Leipzig nicht etwa schelten, wo andererseits alles wieder *geistig* freier atmet; nur für das Auge und den schönen heitern Lebensgenuß bietet es nichts, was sich mit hier vergleichen könnte. Auch mit den Menschen hoffe ich gut auszukommen, obgleich ich Dir gestehe, daß es mir manchmal wirklich vorkommt, als hätte ich einige Bildung. Ausnahmen gibt es natürlich auch, und da will ich Dir Deine liebe Rettich nennen, die ich vorgestern besucht, und in deren Hause ich mich einzuwohnen gedenke. Sonst bin ich überall mit Herzlichkeit, sogar mehr Auszeichnung aufgenommen, als ich Anspruch machen kann ...
Mit der Zeitungsangelegenheit steht es so, wie ich gedacht, daß

es kommen würde. Mit Haslingern konnte ich mich nicht vereinigen; er wollte unumschränkter Eigentümer des Blattes werden, Friesen nicht die Kommission für Norddeutschland lassen, was ich alles natürlich nicht eingehen konnte. Ein Hauptgrund war auch sein musikalischer Anzeiger, da er Castelli und Seyfried aus Rücksichten nicht gleich fortschicken kann, was ich auch einsehe. So wandte ich mich denn an Gerold, ein vortrefflicher alter würdiger Mann, der die Ztschr. für Friesens Rechnung besorgen wird und seinen Namen als Verleger auf den Titel setzt. Der Zensurenverwalter, an den er sich in der ganzen Angelegenheit wenden wird, ist im Augenblick auf Urlaub und kommt erst in 4–5 Tagen zurück, wo dann alles, wie Gerold hofft, bis Neujahr in Ordnung kommen wird...
In 5–6 Tagen kommt dann auch die Cibbini zurück, von deren Verwendung ich hoffe, daß mir dann höheren Ortes keine großen Schwierigkeiten gemacht werden. So steht es denn recht gut, meine Clara, und ich hoffe auf schönes Leben, das uns hier in der Zukunft erwartet.
Von all diesen Plänen, und wie weit sie gereift sind, weiß nur Vesque. Lickl möchte ich noch nicht vertrauen, da ich ihn erst noch genauer kennenlernen muß. Im übrigen scheint mich L. lieb zu haben und tat mir schon viele Gefälligkeiten. Der Anblick seiner Frau frappierte mich im ersten Augenblick – bis ich endlich fand, daß sie etwas von Dir hat; ich konnte mich gar nicht von ihr trennen, und sagte es dann auch Lickl, dem die Ähnlichkeit schon längst bekannt war. Ich habe aber die Frau sehr gern und werde sie manchmal besuchen.
L. will mich in diesen Tagen bei Bankier Walther und dem hessischen Gesandten „aufführen". Du wärst auch oft dagewesen. Schreib mir darüber. Überhaupt will ich Dir etwas von mir vertrauen, ich bin sehr gern in vornehmen und adeligen Kreisen, sobald sie nicht mehr als ein *einfaches* höfliches Benehmen von mir fordern. Schmeicheln und mich unaufhörlich verbeugen kann ich aber freilich nicht, wie ich denn auch nichts von gewissen Salonfeinheiten besitze. Wo aber schlichte Künstlersitte geduldet wird, behage ich mich wohl und weiß mich auch wohl leidlich auszudrücken. Und hier muß es wohl sein, daß

mir der Umgang, der anhaltende mit bedeutenden Künstlern gut zustatten kommt. Eine leise Verbeugung, ein einzelnes geistreiches Wort eines guten gebildeten Künstlers schlägt sogar alle Kniebeugungen und Sprachgeläufigkeiten eines Hofmanns in die Flucht. Mit dem ganzen Vorigen wollte ich Dir nur sagen, daß es mir in der Zukunft wohl Freude machen wird, mit Dir hierhin und dorthin zu gehen, wenn Du es von mir verlangst. Und das andere wirst Du alsdann schon machen, da ich vollends recht gut weiß, daß Du wie eine Fürstin sein kannst, wenn es darauf ankommt. Wie man hier noch von Dir spricht, wie Du geliebt und verehrt bist – ich will Dich nicht eitler machen als Du schon bist. Aber kommen wir nach Wien, ich kann Dir eine gute Aufnahme versprechen.

Robert an Clara

[24. Oktober 1838]
Daß Du Dich mit Deinem Vater wieder verständigt, weiß ich nicht, was ich dazu sagen soll. Ihr seid auch – verzeih mir – wie ein paar Kinder zusammen. Du weinst, er tobt – und dann ists wieder beim Alten, und wir kommen nie vorwärts. Auf seinen Brief habe ich ihm geantwortet, kurz und kalt und stolz. Du weißt vielleicht davon; er muß wirklich aufhören mit seiner Kleinlichkeit; ich lasse mir gar nichts mehr gefallen, ich werde ihm die Wahrheit sagen wie sichs gehört.
... Du stehst mitten innen mit Deinem guten Herzen – und es bekümmert mich oft. Aber daß er, was Du im Herzen hast, so wenig achtet, daß er in Dich wühlt ... in die Blüte Deiner Jugend reißt, daß man es Dir ansieht – das leiden wir wohl zu lange. Es wird nicht möglich sein, daß Du ihm und mir zugleich angehörst, einen wirst Du lassen müssen, ihn oder mich.

Robert an Clara

Donnerstag, den 25. [Oktober 1838]
Die vorige Seite durchstreiche, wenn Du willst, sie ist recht unwirsch. Dein Vater hat die Schuld. Jetzt aber wieder freundlich, mein Clärchen ...

Manches habe ich in dieser Zeit gesehen von Menschen und Dingen, mich mit den hiesigen Verhältnissen vertraut gemacht, überallhin gespürt, wo ich für uns etwas zu finden glaubte. – Es fehlt durchaus nicht an Sinn für Gutes, aber an Gemeinsinn und Zusammenwirken. Die kleinlichen Koterien müssen auseinandergesprengt, die verschiedenen Parteien einander näher gebracht werden; dies aber auf offene ehrliche Weise. Mittel hat Wien ebenfalls eine Fülle, wie wohl keine andere Stadt; aber es fehlt ein Oberhaupt wie Mendelssohn, der sie verschmölze und beherrschte. Auch lassen sie sich hier gern leiten, horchen aufmerksam zu, wenn es recht vorgebracht wird, ja einzelne unter den Besseren hoffen förmlich auf einen Messias, dem sie gleich selbst Krone und Zepter anbieten würden. So gäbe es denn sicher hier für die Zeitung viel zu tun, aber ein großes Hindernis ist wieder die Zensur. Du glaubst nicht, wie weit es damit gekommen, was die alles tilgen kann. Von allen Seiten höre ich es, auch Haslinger sagte mir in dieser Beziehung: „Sie werden es bereuen, hierher gekommen zu sein; denken Sie an mich."

Robert an Clara

[26. Oktober 1838]

Am Theater ergötze ich mich außerordentlich, am Orchester, den Chören und den Einzelnen. Die Lutzer ist eine Theaterprinzessin: ihre Knixe kann ich nicht ausstehen und ihre Zerknirschtheit, wenn sie schön gesungen; denn singen kann sie und kann atmen für zwei. Aber wie gesagt, zur Frau möcht' ich keine solche. Die Gentiluomo ist ein reizendes Weib und in Vesques Oper zum Küssen wahrhaft. Wild halte ich doch für den genialsten Künstler am Kärntnertortheater.
... Auch die Taglioni sah ich noch. Sie hat mich, ich will nicht sagen entzückt, aber eigens beseligt; sie regt mich so sehr auf als sie beruhigt; dabei ganz eigentümlich und doch alles natürlich, alles neu und doch bekannt. Sieh, das ist das Geheimnis!
Von Beethovens und Schuberts Grab ein paar Blumen hier – auf Beethovens Grab fand ich noch eine Feder und noch dazu aus Stahl; ist das nicht schön?

Clara an Robert

[5. Nov. 1838]

... Es braucht ja nicht 1840 erzwungen zu sein, geht es da nicht, nun so warten wir noch ein halbes Jahr. Mein Herz sagt mir das nicht, das glaubst du gewiß, doch meine Vernunft, denn nicht ich, sondern auch Du würdest Dich so unglücklich fühlen, müßten wir uns kümmerlich und nur zur Not behelfen ...
Vielleicht kann ich mir diesen und nächsten Winter noch etwas verdienen, dann geht ja alles nach unserm Wunsche. Sei mir nur nicht bös, das ich einen so vernünftigen Ton angenommen habe, doch glaube mir, mein Herz hat schon viel gelitten bei dem Gedanken, daß ich 1840 noch nicht zu dir könnte! *Vom Kapital laß ich Dich nicht anreißen*, einmal ist es getan, und man hört nicht mehr auf es zu tun, es finden sich dann immer wieder neue Gründe; nein das geht nicht, dann will ich lieber mein Herz an der Sehnsucht nach Dir ein halbes Jahr länger verzehren lassen. Alles wird sich finden, verzweifle nicht, mein lieber, lieber Robert, wir haben schon viel ertragen, uns ist kein Schmerz unüberwindlich.

Robert an Clara

[Wien, 13. Nov. 1838]

... Daß Du mir meine letzte Hoffnung so plötzlich in Trümmer schlägst, hatte ich nicht erwartet ... Dachte ich doch mit Dir wenigstens ganz im Reinen zu sein ... und nun legst Du die Stirne in Falten und sprichst von „Sorgen der Zukunft" ... und hast mich so sehr entmutigt und erschlafft in meinem Tun und Denken, daß ich gleich fort möchte wieder von hier ... Hättest Du doch die Zeit ruhig herankommen lassen, den grünen Zweig, an dem ich mich festhielt, nicht schon jetzt weggezogen ... Dahin bringen wir es nicht, daß wir allein von unsern Zinsen leben könnten. Aber wir haben zusammen ein hübsches Vermögen, wo tausend andere Paare auf die Knie fallen und danken würden, wir haben Kopf und Hände, um doppelt und dreifach zu erwerben, was wir brauchen, aber Du möchtest nun durchaus eine Millionärin sein, wo ich Dich dann aber nicht möchte ... Clärchen, wie würdest Du die Eltern nennen, die ihrem Kinde zu Weihnachten einen schönen Christbaum und schöne Geschenke versprechen und es nun am Weihnachtsabend in eine dunkle Kammer führten und es darin einsperrten? Sieh, so hast Du es mit mir gemacht; hast mir Belohnung versprochen, wenn ich mich hübsch aufführte und vertröstest mich dann auf unbestimmte Zeit auf 1850 oder 60, wo ich dann längst im Grabe liege.

Clara an Robert
Maxen, Sonntag, den 25. 11. 1838, abends 9 Uhr
Todmüde zwar noch vom gestrigen Konzert, doch nie zu müde, Dich zu herzen und zu küssen. Deine beiden ersten Briefe haben mich so sehr gefreut, doch der letzte um so mehr geschmerzt. Da hast Du mich recht bitter gekränkt, was ich nicht verdient. Ich hatte Dir das bloß geschrieben in der Absicht, Dich zu beruhigen und Dir zu versichern, daß ich mich in jedes Schicksal fügen und mich auch, erforderten es die Umstände, noch ein halbes Jahr gedulden würde. Du hast mich falsch verstanden. – – Vertraust Du so wenig meinem Worte, daß Du glaubst, ich werde es brechen? Das weißt Du, daß ich 1840 zu Dir komme, ich habe es Dir versprochen *und verspreche es Dir hiermit nochmals* ...
Mein guter, teurer Robert, behalte mich ja lieb, ich verlasse ja um Deinetwillen alles, das Liebste außer Dir, meinen Vater, ich will Dir folgen ohne Vaters Einwilligung – das ist viel für ein fühlend Herz, hart – *aber ich vertraue Dir,* mein Leben liegt dann nur in Deiner Hand und Du wirst mich glücklich machen ...

Heute bin ich hier herausgefahren und auch schon spazieren gegangen an der großen Linde. Die Winterlandschaft machte sich so schön – sie hat doch auch ihren Reiz! Wie wunderschön

nahm sich der Schnee auf den Tannenzweigen aus – ach, ich dachte so an Dich! Du fragtest mich, ob ich Sinn für Naturschönheiten hätte, den dank ich Dir, der Liebe zu Dir; es ist eigen, seit ich Dich liebe, lieb ich auch die Natur. Früher war meine Liebe noch zu kindisch und mein Sinn überhaupt noch nicht reif für Auffassung des Schönen, doch jetzt ist es anders und werde ich mich erst an Deinem Arme der Natur freuen können, dann werd ich noch reineren ungetrübteren Genuß haben; jetzt trübt mich immer noch Dein Fernsein. Seit Du fort bist, leide ich fortwährend an Herzdrücken und Kopfweh ... Zwei Konzerte hab ich nun glücklich hier überstanden, gehe morgen nach der Stadt, und dann Mittwoch nach Leipzig zurück. – Ich reise erst nach Weihnachten fort und dann höchstwahrscheinlich direkt über Kassel, Frankfurt nach Paris ...
Vaters schneller Entschluß zur Reise hat wohl erstens den Grund (in) einer ihm sehr leicht zu verzeihenden Eitelkeit, und zweitens allerdings das, was Du schon vermutet, er glaubt, ich vergesse Dich in Paris, in London ... Ich will ihnen allen beweisen, daß es *auch noch treue Liebe gibt* ...
Ich werde wohl einmal im Gewandhaus spielen müssen und tue es mit gutem Mut, denn wer vor dem Dresdener Publikum gestanden, der hat erfahren, was Kälte heißt. Ich machte hier zwei gute Konzerte, doch liegt mir weniger am Gelde als an dem Bewußtsein, ein ganzes Publikum befriedigt zu haben, was man hier aber nicht erfahren kann, da das Publikum nicht weiß, ob eine Hand rühren. Man sagt, daß der Beifall, den ich hier erhalten, außerordentlich gewesen sei – nun, da Gnade dem, der mittelmäßiger Künstler ist.

Robert an Clara
        Wien, den 1. Dezember 1838, Sonnabend früh
... Du bist es doch, von der ich alles Leben empfange, von der ich ganz abhängig bin. Wie ein Knecht möchte ich Dir oft von weitem folgen und Deines Winkes gewärtig sein. Ach, laß es Dir nochmals sagen, es komme wie es wolle – aber wer einmal

meine Augen schließt, dem will ich es noch einmal zuflüstern, „nur Eine hat mich im Leben so ganz beherrscht, so ganz in sich hineingezogen in ihr innerstes Wesen, und diese Eine hab ich auch immer über alles verehrt und geliebt"...
Hast Du meine kleinen Gedichte bekommen? Nun sieh, da steht alles drinnen, wie ich es meine. Du bekommst nun einmal einen Dichter zum Mann und Du hast ihn ja erst selbst dazu gemacht. Also verzeih mir.
Es wird immer finsterer draußen, inwendig immer heller. Meine kleinen Gedichte hebe mir auf – die ersten seit vielen Jahren sind es. Haben sie Dir ein Lächeln abgewonnen? ... Ich lese jetzt Mozarts Biographie von Nissen; mir ist aufgefallen, wie Du als Kind viel Ähnlichkeit mit ihm hattest ... Dein letzter Brief hat mich wieder glücklich gemacht; Du kennst den Ton, der mich bändigt. Mit Liebe wirst Du immer alles von mir erlangen können. Du bist zu gut, zu gut für mich. Oft bete ich für Dich, wünsche alles Schöne auf Dich herab. So lebe wohl, Du meine Geliebteste.

              Dein Robert

Robert an Clara
  Kleine Verse an Clara von R. Sch.
               Wien 1838

Nachfolgende Gedichte waren auf 4 zusammengehefteten mit feinen Vignetten verzierten Bögelchen zierlich geschrieben:

    An eine gewisse Braut,
  die durchaus keinen Zwanziger zum Manne will

Eine Braut über zwanzig, ein Bräutigam über dreißig –
Aus Grün wird Reißig
Ein Bräutigamstand über fünf Jahre
Bringt bald auf die Bahre.

Lorbeeren der Künstlerin
Nicht übel stehn:
Myrte dem Mädchen
Über alles schön.

Ich hab' eine gute Braut –
Wer ihr in's Auge schaut,
Auf Weibertreue baut.

Treue hat niemals Reue.

Egmonts Geliebte Klärchen hieß –
O Namen wundersüß!

Klärchen Schumann
Ein Engel den Namen ersann.

Wir sind getrennt
Wie zwei Sterne am Firmament:
Der eine folgt dem andern nach
Bei Nacht und bei Tag.

Eine Clara soll meinen Namen zieren
Und wenn wir zusammen musizieren,
Die Engel im Himmel muß es rühren.

Wie wir uns lieben,
Man such es weit und breit,
Sie glaubt mich zu betrüben,
Wenn sie erfreut.

Wir haben viel gelitten
Und dies und das:
Den rauhen Blättern inmitten
Erblüht die Ananas.

Sie läßt mich lange warten,
Eh' sie mich ganz beglückt:
Die lange treue harrten,
Die Myrte doppelt schmückt.

Doch nicht zu lang –
Es macht mich bang.
Das Herz wird alt,
Der Mensch wird kalt.

Zürnt Florestan,
Schmieg Dich an Eusebius an!

Florestan den Wilden,
Eusebius den Milden,
Tränen und Flammen
Nimm sie zusammen
In mir beide
Den Schmerz und die Freude!

Eifersüchtig wohl Florestan ist,
Doch voller Glauben Eusebius
Wem gibst Du am liebsten den Hochzeitskuß?
Der Dir und sich am treusten ist.

Und willst Du den Pantoffel schwingen,
Hast Du mit zweien zu ringen
Wer wird dann siegen,
Wer unterliegen?

Dann führen wir großmütig Dich zum Thron,
Stellen uns zur Linken und zur Rechten.
Und willst Du den einen ächten,
Weisest Du auch den andern davon?

Oft gönnt' ich einen Blick Dir mir in's Innere
Und sah, wie Du beglückt an Deinem Blick.
Nicht wahr, was Du gesehn in diesem Innern,
Es warf etwas von Deinem Selbst zurück.

Doch wenn ich Dir alles enthüllte –
Du sähest auf finstre Gebilde,
Gedanken, schwer und trübe –
Frage nicht! Glaube, liebe!

Möchte mich an Dich schmiegen,
Dir am Herzen liegen:
Vielleicht sagtest Du dann:
Das Innigste, das Gott ersann,
Ist ein guter Mann.

Nimm mich nicht zu oberflächlich,
Auch nicht zu genau!
Nicht übereilig, nicht gemächlich
Wünsch ich mir eine Frau.

Im Ofen knistert's,
Der Abend graut,
Und innen flüstert's:
Wann kommst Du, Braut?

Als Du noch ein klein Mädchen schier,
Ich oft des Abends an Deiner Tür
Als Gespenst gekleidet kam —
Du schriest und wolltest nichts von mir wissen,
Ach könnt ich doch jetzt als Gespenst zu Dir,
Du erkenntest mich, flüstertest zu mir,
„Du lieber vermummter Bräutigam,
Und vor allem laß Dich küssen!"

Oft gaben wir uns auch Rätsel auf,
Doch kam von uns niemand darauf,
Was umwärts gelesen die Stadt der Welt
Roma für eine Bedeutung erhält —
Einstweilen die verkehrte Stadt
Zwischen uns sich aufgestellt hat —
Und wir auf weichen Lippenbrücken
Kußbotschaft hin und herüber schicken.

Auch sahst Du mal Gans für Ente an
Wie sich doch alles ändern kann!

„Du böser Mann, vergiß sie doch,
Die alten Zeiten!"
„Warum? Laß sie doch manchmal noch
Die seligen vorübergleiten!"

Nun küsse mich, Du holde Braut,
Laß Dirs noch einmal sagen:
Was oben im Himmel zusammengetraut,
Wird unten sich auch vertragen.

Zusammenleben und Sterben
War mein letztes Wort –
Es war wie ein Abschied
Von hier nach dort –
Du blicktest mich an treuinnig,
In einem fort –
Zusammen leben und sterben
O selig Wort.

Ja stirbst Du einstens, will ich fort
Mit Dir hinab zur dunklen Erde
Und zeigst mich dann dem Gütigen dort
Den Schuldbewußten die Verklärte.

Robert an Clara

Montag, den 3. Dezember 1838
... Bei Herrn von Sonnleithner habe ich einen hübschen Abend verlebt; man gab den Judas Makkabäus von Händel; auch lernte ich da Kiesewetter und Grillparzer kennen. Ein Baron Pasqualati gefällt mir ebenfalls wohl; er hat einmal Konzerte gegeben, wo er der einzige Zuhörer und ihm jedes 300 fl gekostet hat. Einen jüngeren Menschen, einen Bennett, habe ich noch nicht finden können, und ich muß meine besten Gedanken für mich behalten. Thalberg wohnt zu weit von mir; so ist es gekommen, daß wir uns seit vier Wochen nicht gesehen. Heute abend treffe ich ihn bei Dessauer; morgen reist er fort über Leipzig nach Berlin. In seinen Konzerten hat er sehr schön gespielt; doch, weißt Du, fehlt seinen Kompositionen alle eigentliche Lebenskraft. Im Vertrauen, liebe Clara, Du bist mir zehnmal lieber als Künstlerin, und so denken gar viele hier. Unglücklich fühle ich mich manchmal und hier gerade, daß ich eine leidende Hand habe. Und Dir will ich's sagen: es wird immer schlimmer. Oft hab' ich's dem Himmel geklagt und gefragt: „Gott warum hast Du mir gerade dieses getan?" Es wäre mir hier gerade von so großem Nutzen; es steht alle Musik so fertig und lebendig in mir, daß ich es hinhauchen müßte, und nun kann ich es nur zur

Not herausbringen, stolpere mit einem Finger über den andern. Das ist gar schrecklich und hat mir schon viele Schmerzen gemacht.
Nun, ich habe ja meine rechte Hand an Dir, und Du schone Dich ja recht, daß Dir nichts widerfährt. Die glücklichen Stunden, die Du mir bereiten wirst durch Deine Kunst, ich denke oft daran. – Bist Du denn auch noch recht fleißig? Gewiß, und auch glücklich in Deiner Meisterschaft, und wirst es vielleicht noch mehr, wenn Dir immer jemand zuhört, der Dich versteht, der Dir folgen kann durch Höhe und Tiefe. Und wie geht es mit dem Schreiben und Komponieren?
... Eines möchte ich Dir raten, *nicht zuviel zu phantasieren;* es strömt da zu viel ungenützt ab, was man besser anwenden könnte. Nimm Dir immer vor, alles gleich auf das Papier zu bringen. So sammeln und konzentrieren die Gedanken sich mehr und mehr. Freilich weiß ich, was Dir vor allem fehlt, ein Stück schön abzuschließen – Ruhe und Ungestörtheit. Vielleicht bringt auch diese die Zukunft einmal ...
Komponiert hab' ich hier nur sehr weniges; mir ist's, als könnt' ich's gar nicht mehr. Ich kenne aber das an mir, und es kommt dann um so stärker. Verweichlichen soll mich Wien nicht, das glaube ich Dir versichern zu können.
Am Burgtheater ergötze ich mich oft, es kostet freilich viel, die Pech ist nach meinem Sinn, die könnte ich heftig lieben, die Reichel hat wundervolle Augen und weiß es. Künstler an Künstler steht auf diesem Theater. Die Rettich ist seit vielen Wochen krank; ich bin deshalb nicht hingekommen.

Clara an Robert
Leipzig, Freitag, den 7. 12. 1838
Wie soll ich Dir nur meine Freude ausdrücken über die schönen Verse? ... Ich könnte nicht satt werden, es zu lesen, so lieb, so gut, ach, so ganz, wie Du bist, seh ich Dich vor mir!
... Seit beinah 14 Tagen bin ich zurück und war noch *nicht eine* Minute allein, dies die erste, die ich auch schnell benutze ...

Anfang Januar reise ich fort, mit einer Französin – ach, ich möchte doch lieber Nanny mit mir nehmen, sie dauert mich so sehr, daß mich's manche Träne im Stillen kostet.
... Wie kannst Du mir aber anempfehlen, die Verse von Dir ja aufzubewahren? Ist das Dein Ernst? Ehe Deine Empfehlung kam, waren sie längst unter schönstem Verschluß. Sie sind mir unendlich lieb, ich verliere sie ja gar nicht aus dem Gedächtnis.

Clara an Robert
Sonntag, abends, den 16. 12. 1838
Das sind vielleicht die letzten Zeilen, die Du in diesem Jahre von mir erhältst – jetzt sind wir nun bald unserem Ziele wieder um ein Jahr näher gekommen und übers Jahr, so der Himmel es will, feiere ich dies Fest zum letzten Male ohne Dich, mein guter Robert.
... Wie gern machte ich Dir eine kleine Freude, wär es nur nicht gar so weit! Am Ende hast Du auf der Maut Unannehmlichkeiten, wenn ich Dir etwas sende? Und was könnte Dir wohl Freude machen? Wie ich an Dich denke, das weißt Du, und mir kommt alles so prosaisch vor, als paßte nichts für Dich. Ja, könnt ich selbst kommen und zu Dir sagen: Hier bin ich! Das tät ich doch gar zu gern!
... Hast Du den Kalender von 39 gesehen? Aurora hat sich zwischen uns gestellt, uns zu vereinigen – das scheint mir nicht ohne Vorbedeutung! – Wer weiß, wie es heut übers Jahr steht! Noch einen Gruß muß ich Dir heute senden. Eine ganze Kleinigkeit folgt mit – es ist nicht der tausendste Teil von dem, was ich Dir geben möchte.
[Dazu ein kleiner zierlicher Bogen:] Innigsten Kuß – den innigsten, den ich Dir noch je gegeben! Feire das Fest recht glücklich – uns leuchtet ja beiden ein schöner Hoffnungsstern, schöner als alle Christbäume der Welt – der verlöscht nicht, nur laß uns einander fest und treu lieben. Mein Herz spricht noch so vieles, unnennbares! Ich liebe Dich ja – das weißt Du und somit alles! –
Unwandelbar bis in den Tod! – nein – ewig.

Robert an Clara

Wien, den 18. Dezember, Mittwoch 1838

Gott grüß Dich, mein herziges Mädchen. Du hast Frühling um mich gemacht und goldne Blumen gucken mit den Spitzen hervor, mit andern Worten, ich komponiere seit Deinen Briefen, ich kann mich gar nicht lassen vor Musik. Hier hast Du mein kleines Angebinde zum heiligen Christ. Du wirst meinen Wunsch verstehen. Weißt Du noch, als Du mir vor drei Jahren am Weihnachtsabend um den Hals fielst? Manchmal war es, als erschräkest Du vor Dir selbst, wenn Du Dich mir so hingabst. Aber jetzt ist es anders und Du ruhest still und sicher an meinem Herzen und weißt, was Du besitzt. Du meine Liebe, meine traute Gefährtin, mein holdes zukünftiges Weib – wenn ich nun in zwei Jahren die Türe aufmache und Dir alles zeigen werde, was ich Dir geschenkt, eine Haube, vieles Spielzeug, neue Kompositionen, dann wirst Du mir noch ganz anders um den Hals fallen und einmal über das andere ausrufen „wie hübsch, wer einen Mann und vorzüglich wie Dich einen hat." Und ich werde dann Deiner Freude gar keinen Einhalt tun können und Du wirst mich dann in Dein Zimmer führen, wo Du aufgeputzt und beschert, Dein Bild in Miniatur, eine Schreibtafel zum Komponieren, einen zuckernen Pantoffel, den ich gleich esse und vielerlei; denn Du beschenkst mich viel mehr als ich Dich und ich kenne Dich darauf. Das Glück! Dann werden wir immer stiller, der Christbaum brennt immer schwächer und Küsse sind unser Gebet, daß es immer so bleiben möchte, daß uns der gute Gott zusammen erhalte bis an das Ende.

In diesem Jahr wird es noch freilich traurig um mich sein; ich werde mir manche Melodie summen, ich werde manchmal an das Fenster gehen und hinauf zu den Sternen sehen, wie sie funkeln, ich werde den ganzen Abend bei Dir sein ...

Mit einem jungen Menschen, den ich vor kurzem kennengelernt habe, einem reinen unverdorbenen Gemüt, habe ich vor, den Abend zuzubringen. Ich bin froh, jemanden gefunden zu haben, der mich leicht versteht und in dem ich reiche Anlagen vermute. Er ist aus Liebe zur Musik seinen Eltern davongelaufen; er sinnt und denkt nichts als Musik. Er wird sich später

auszeichnen, wie ich hoffe. Seither bin ich immer recht froh und fleißig gewesen. Dieser junge Mensch hat mit schuld, dann aber vorzüglich Deine beiden letzten Briefe, die mich so sehr beruhigen und im Innersten beglückt haben. Habe Dank, meine geliebte Clara für alles, was Du mir armen Künstler tust.
... Wolle mich der Himmel so zufrieden erhalten ... Nur wenn ich lange nichts von Dir erfahre, fangen die Kräfte mich zu verlassen an. Dann kommt die Melancholie. Es ist, als hüllten und packten sie mich in lauter schwarze Tücher und Gewänder; ein unbeschreiblicher Zustand.
... Tausend Adieu, Du liebe Gute!
Vergiß Deinen Robert nicht.

Clara an Robert

Mittwoch, d. 26. 12. 1838

Schönsten Dank, mein lieber Robert, für Dein schönes inniges Geschenk! – es war das Schönste, was Du mir senden konntest, denn es kam aus Deinem Herzen. Sonderbar ist es, daß ich eine gleiche Idee hatte, jedoch nicht zu rechter Zeit damit fertig wurde, sonst hätte ich es Dir geschickt – es war eine kleine Romanze. Dein Brief war so lieb und Du schriebst mir von Deiner jetzigen Heiterkeit, doch Robert, sieh mir mal recht gerade ins Auge, ist das wirklich wahr? Schriebst Du das nicht bloß, um mich heiter zu stimmen? – Das Fest ging sehr still bei uns vorüber, doch in mir tobte es und das Herz wollte mir springen. Morgen ist es drei Monat, daß Du abreistest – ach das war ein schrecklicher Tag! Solchen Schmerz hatte ich nie gefühlt. –
Thalberg ist gestern angekommen und hat heute 2 Stunden hier gespielt und uns aus einem Erstaunen in das andere versetzt; er kann sehr viel und mehr als wir alle (außer Liszt), da hast Du wohl recht, und wär ich nicht eine Dame, so hätte ich längst der Virtuosität Adieu gesagt, doch so beruhige ich mich noch ein wenig – mit den Damen nehm' ichs doch allen auf. Thalberg ist ein liebenswürdiger Künstler und gefällt mir viel besser als damals in Wien.

... Morgen gibt Dreyschock aus Prag Konzert, der zwar viel Fingerfertigkeit, aber *keinen* Geist hat, und auf eine schreckliche Weise vorträgt. Er machte großes Furore im Gewandhaus – er imponierte durch die Schnelligkeit – Thalberg steht hundertmal höher.

Vor meiner Reise nach Paris wird mir Himmel-Angst; wenn ich so einen wie Thalberg und Liszt gehört habe, da komme ich mir immer so nichtig vor, und da bin ich unzufrieden mit mir, daß ich weinen möcht! Hätte ich nur genug Kraft und könnt ich mich nur aufraffen, ich müßte viel mehr noch leisten, aber die Liebe, die spielt mir zu sehr mit, ich kann nun einmal nicht einzig und allein der Kunst leben, wie es der Vater verlangt, nur erst durch Dich lernt ich die Kunst lieben und daher kommt es, daß ich oft zuviel anderes denke – Du weißt schon, was ich sagen will.

... Nun kommt bald die schreckliche Französin; ich kann gar nicht an die Trennung von Nanny denken, die einzige, die mich verstand ... Herzinnigsten Kuß von Deiner getreuen
Clara
Verzeih meine Eile. Nicht so flüchtig ist meine Liebe.

Robert an Clara
Wien, den 28. Dezember 1838
... Übermorgen schicke ich meinem lieben Mädchen, was ich heute nicht alles aufschreiben kann vor Herzensfreude ... Eben hab ich (heute erst) Deinen heiligen Brief und alles bekommen ... Die vielen Neuigkeiten und schönen Sachen haben mich verwirrt gemacht wie ein Kind, das nicht weiß, woran zuerst zu denken.

Später
Ist es möglich, daß ich Dich noch mehr liebe und verehre als früher, so ist es jetzt mit einer Herzensheiterkeit, mit so anschmiegender, ich will es nennen, Frommheit gedenke ich Deiner, so wie es Dein treues Herz versteht. Könnte ich Dir nur immer auch Freudiges schreiben! Aber es steht jetzt wieder al-

les so still, daß mir wohl manchmal bangt, wie das werden wird. Die Erlaubnis zur Zeitschrift hab ich noch immer nicht. Wie oft bin ich bei dem Regierungsmann, den die Sache angeht, immer tröstet er mich ... liebe Clara! Soll ich dennoch in Wien bleiben? Unterricht suchen? Verdienen können wir uns gewiß hier mehr als in irgendeiner anderen deutschen Stadt, und es wird sich mit der Zeit auch immer mehr finden. Dies wäre aber auch das einzige, was mich für Wien entscheiden läßt. [Immer sollten] sie sagen von uns, daß wir ein paar Künstlerseelen sind und unberührt von dem gemeinen Treiben. Ob meine Augen trüb sind von meinem vielen Denken und Sorgen, daß ich vielleicht schlimmer sehe als andere, will ich Deinetwegen wünschen, das eine weiß ich, Wien ist ein Krähwinkel gegen Leipzig. Daß ich dies sage und denke, darüber sorge Dich nicht im geringsten, meine liebe Clara, es ist dem Menschen gut, daß er neue Verhältnisse kennenlerne und dann ist es ja wieder die schöne Natur, die uns für so vieles entschädigt. Die Feiertage vorher waren so still vorbeigeschlichen, ich zürnte nicht, daß ich nichts von Dir sah ... Du bist ein herziges Kind, wer sich auf Dich verläßt, kann ruhig schlafen. Den heiligen Abend war ich mit dem jungen Menschen, von dem ich Dir neulich schrieb, aufgeblieben, um in die Metten um Mitternacht in St. Stephan zu gehen, es war mir alles wie im Traum, ich dachte viel an Dich, ich glaube, ich habe gebetet. Sonst geht es hier ziemlich still zu. Von Musik wenig Bedeutendes. Ich verleb oft ganze Tage am Klavier, bin aber unglücklich, nichts fertig zu bringen – weiß ich, woher das kommt. Wohl zwanzig Sachen habe ich angefangen – ich wollte dem Stück, das ich Dir schickte, noch elf dazu passende anhängen und bin nur bis in das dritte gekommen seit acht Tagen, wo ich sie sonst zu Dutzenden in wenig Stunden mache. Es macht wohl, ich bin noch nicht recht heimisch und sicher hier, es spiegelt sich nun einmal alles in m.[meiner] Musik. Nun komme aber der gute Genius bald, sonst werde ich wütend. Die Sonate in G-Moll schicke ich in diesen Tagen zum Druck, den letzten Satz habe ich hier gemacht, er ist sehr simpel, paßt aber innerlich gut zum ersten. Hast Du noch immer nichts für meine Beilagen fertig? Da ich jetzt nichts komponieren kann, solltest wenigstens Du es können. Tu's! ... Ist es Dein Ernst, daß sie [R. Laidlaw] aus meinem Konzert gespielt, das ist heroisch, – was ich ihr kaum zugetraut – Du siehst aber hieraus, *wie* sie noch an mich denken mag! Käm sie doch nach Wien! Ich wollte ihr das Konzert wieder ausstudieren, aber nein – das Mädchen ist gut und talentvoll, ich dank ihr die glücklichen Stunden im vorigen Jahr noch aus ganzem Herzen, es waren die ersten seit der Trennung von Dir, dann kam wieder die alte Sehnsucht nach meiner Clara, Mädchen, was hast Du mir schon für Gedanken und Schmerzen gekostet... Nun weiter, mein liebes Kind, und zwar zu dem Kapitel, wo ich am liebsten verweile, zu unserem Haus- und Ehestand. In meinem vorigen Briefe deutete ich Dir schon an, wie scharf ich bereits darüber nachgedacht, ja ich versprach Dir Punkt nach Punkt aufzuschreiben. Die folgenden Bemerkungen hier das Resultat langen Nachdenkens:

Für die Küche erhältst Du täglich 2 Taler (dieses ist sehr viel, frage nur Deine Mutter, die gewiß nicht mehr bekommt, und Ihr seid doch eine Menge bei Tisch). Dies tut im Jahre zusammen .	712
Eine Wohnung nehmen wir in der Vorstadt, wo es viel gesünder und heller ... auch Grünes lieb ich vor den Augen, da bekommen wir vier hübsche Stuben mit allem Dazugehörigen um	250
Einen Schneider und Schuhmacher rechne für uns beide zusammen	500
Eine Bedienung	50
Für Wäsche, Holz und Licht (das Du eigentlich mit von den 712 T. bezahlen müßtest, was ich aber nicht zugebe). Sonstige Abgaben, Zigarren, und ein Glas Bier, das Du mir manchmal anempfehlen wirst, rechne	170
Summa:	1582 Taler

... laß uns nur in der ersten Zeit recht wirtschaftlich leben. Es wird immer besser mit unserem Einkommen werden; daran zweifle mir nicht ... –

An Vesque hab ich einiges bemerkt, das mir nicht gefällt; er ist sehr eitel – und seine Kompositionen denn doch zu wässerig...
Die Heinefetter sah ich im Figaro; sie gab den Pagen, ... aber die Musik zum ersten Akt hat mich beseligt; ich habe geweint vor Lust ... Liszt kommt weder hieher noch nach Paris ... Eben unterbrach mich Hauser, der eine Stunde lang hier bei mir blieb – da geht es denn gewöhnlich über die Wiener her – Es ist lustig, ihn anzuhören und ich muß ihm meist beistimmen – Du glaubst nicht, was für Dummheit und Brutalität hier in der Musik herrscht. Daß ich jetzt vorsichtig in meinen Reden und Schriften bin, geschieht Deinetwegen. Später aber möchte ich und muß dann doch einmal in diese Winzigkeit hineinfahren, daß ihnen die Augen aufgehen sollen. Du wirst fragen, wo denn die Zeit hinkommt? Ich weiß selbst nicht, wie rasch ein Tag hier ist. Oft habe ich acht Tage nichts Notwendiges zu tun, dann kommt wieder alles auf einmal, wenn nämlich Friese schreibt und von Eingegangenem berichtet. Dann weiß ich nicht wie fertig werden. In der 1/2 der Zeitung findest Du zwei Aufsätze von mir. Noch manchen hab ich im Sinn. Oft überfällt mich aber nun einmal die Schwermut – Gott, dann kann ich ja nichts erzwingen ... Dies denn der letzte Brief in diesem Jahr, wie auch der erste (heute) an Dich war. Du bist Anfang und Ende meines Sinnens und Trachtens...

Robert an Clara
Wien, den 29. Dezember, Sonnabend 1838
Wie ich Dir schon schrieb, Du selbst wirst, wenn Du Wien in seinem nüchternen Zustand und länger kennenlernst, manches hier vermissen und manches anders finden, als Du es zu Deiner festlichen Zeit sahest. Ich mag dem Papier nicht alles anvertrauen über manches, was ich mit eigenen Augen sehe, was für winzige unbedeutende Menschen es hier gibt, wie sie sich untereinander beklatschen auf die unkünstlerischste Art, wie das meiste auf Eitelkeit und Gelderwerb, den gemeinsten, hinausläuft, wie die meisten in den Tag hinein leben und sprechen, daß man

erschrickt vor der Flachheit, wie sie so ohne *alles Urteil*, Welt, Menschen und Kunst nehmen – ich wollte Dir eine Menge Beispiele anführen und dürfte da Deine eigenen Bekannten am wenigsten schonen. Doch ist das für einen Brief zu umständlich. Nur aufmerksam wollte ich Dich darauf machen, damit Du später Dich nicht getäuscht findest. Nun denn, so müssen wir an unserm eigenen Herde unser Glück suchen und wir werden es auch finden; in unserem Hause soll das Glück herrschen, die Aufrichtigkeit und die Wahrheit ... Noch möchte ich Dir manches über mich und meinen Charakter vertrauen, wie man oft nicht klug aus mir wird, wie ich oft die innigsten Liebeszeichen mit Kälte und Zurückhaltung annehme und oft gerade die, die es am liebsten mit mir meinen, beleidige und zurücksetze. So oft habe ich mich deshalb befragt und mir Vorwürfe gemacht, denn innerlich erkenne ich auch die kleinste Gabe an, verstehe ich jeden Augenwink, jeden leisen Zug im Herzen des Andren; und doch fehle ich noch so oft in den Worten und in der Form. Du wirst mich aber schon zu nehmen wissen und verzeihst gewiß. Denn ich habe kein böses Herz und liebe das Gute und Schöne mit tiefster Seele. Nun genug, es überkommt mich nur manchmal, an unsere Zukunft zu denken, und ich möchte, daß sich unsre Herzen offen fänden wie die von ein paar Kindern, die kein Hehl haben voreinander. – In Prag soll ich gesagt haben: „eine Mozart'sche G-moll-Symphonie mache ich im Traume" – das hat ein Lügner ersonnen. Du kennst meine Bescheidenheit gegen alles, was Meister heißt.
... Ich könnte mich heute weich und traurig schreiben, ich sehne mich so heftig nach Dir, nach einem Wort von Dir. Du sprichst immer so aus klarer Seele. Deine Stimme hat etwas, wie ich es noch nie gehört; Du kannst so tiefsinnig sein in allem, was Du tust; das ergreift und rührt mich, da ich eben jetzt daran denke. Auch beschert hast Du mir, Du liebes Christkind Du; mein *Wunsch* muß da beschämt zurücktreten; indes auch er kam aus dem Herzen wie Deine Angedenken. Das Füllhorn ist wohl von Deiner eig'nen Hand? Wie magst Du dabei oft gezittert haben, daß Dich niemand überrascht – dazu denke ich mir nun das flackernde Licht, die Dämmerung in der Stube – das

liebe Bild einer treuen Braut bist Du. Und dann die Brieftasche und den Brief mit der kleinen Halskrause geputzt und den Pantoffel, auf den ich schon in meinem Briefe anspielte. Es ist mir ein inniges Vergnügen, wenn wir uns in unsern Gedanken begegnen, wie das so oft. So wolltest Du einen „kleinen Funken" haben neuester Komposition von mir, während dies schon auf dem Wege zu Dir war. Ich denke mir, solche, wenn auch leblose Sachen unterhalten sich, wenn sie sich auf der Post begegnen. „Guten Tag lieber Pantoffel" hat da mein Brief gesagt und er wieder „du kommst gerade erwünscht; sie liebt A-dur" und dann fahren sie rasch weiter.

... Das Jahr 1839 begrüß ich wie ein Wanderer die ersehnte Stadt, die schon mit den Turmspitzen aus der Ferne hervorragt – oft überfällt mich eine Ahnung, als würde ich das Ziel nicht erreichen, dann flüsterst Du wieder zu mir, dann wünschte ich mir und der Zeit Flügel – ach, ich kann es gar nicht erwarten, bis Du mein angetrautes Weib bist, Du mein holdseliges Mädchen, Du liebste Madam Schumann, Du beste Frau eines überglücklichen Komponisten – ich komme in einen so komischen Ton von Ernst und Lustigkeit und Rührung, daß ich lieber aufhöre – ich sehe Turmspitzen und Dich im Häubchen und dazu die Musik inwendig; es ist besser ich schließe ...

Clara an Robert

2. 1. 1839 Leipzig
Meinen ersten Gruß und Kuß im neuen Jahr, mein lieber Robert. Das vergangene Jahr hat uns viel Kummer gemacht, möchte das neue freundlicher für uns sein. Dein Brief am Neujahrstag kam mir wie ein Sonnenblick – ich war traurig – ich weiß nicht warum.

... Meine Reise liegt schwer vor mir – wie wird es mir gehen? Der, der mich so oft beschützt, wird mich doch jetzt nicht verlassen! – Ich reise allein mit der Französin. Vater kann wegen seiner Geschäfte nicht fort und hat auch gesagt, er käme *nicht* nach Paris und warum? Weil er es für seine Pflicht hält, nichts zu tun, was mich meinem Ziele näher bringen könnte, und das würde er doch, reiste er mit, denn da würde ich mehr verdienen. Obgleich ich *gewiß* glaube, daß er nachkommt, so muß ich sagen, daß mich die Gesinnung des Vaters (seiner Meinung nach handelt er ganz recht), geschmerzt hat und das *tief*.

Robert an Clara
                     Wien, den 2. Januar 1839, Mittwoch früh
Um Mitternacht vorgestern war ich bei Dir ... Könnte ich Dich nur eine Minute einmal sehen, nur so lange ein Kuß dauert. Dann käme mir vielleicht die Freude wieder.
... Oft mache ich mir Vorwürfe über meine Unzufriedenheit. Hab' ich nicht ein treues Mädchen, keine Sorgen für die nächsten Tage, manchen Freund, der mit Liebe an mich denkt, die Musik, die Dichtkunst und dann die Hoffnung auf eine schöne Zukunft, die feste Überzeugung Deiner Festigkeit, Deine Anhänglichkeit an mich? Und doch! Und doch! Du weißt alles, kennst mich und verzeihst mir.
Wie hast Du denn das Neujahr angefangen? Hast Du schön geträumt? Sprichst Du auch, wenn Du zu Bett gehst, gute Nacht zu mir, wie ich *jeden* Abend zu Dir? Dann nenn ich Dich mit allen Schmeichelnamen, die ich nur weiß ... dann träum ich von Dir, und wache ich auf, stehst Du wieder vor mir in Deiner Lieblichkeit. Oft vergeß ich Dich auf einige Minuten lang, so während einer Arbeit, oder dem Phantasieren am Klavier, wo ich mich selbst vergesse – dann kommt auf einmal Dein holdes Bild hervor, wie glücklich bin ich da, daß ich Dich habe, daß ich jemand habe, der mich versteht. Auch ist es eine schöne Sitte, daß sich, die sich lieben, zu Neujahr einander abbitten, was sie gefehlt haben. Eines bin ich mir schuldbewußt ... Ich habe wirklich nicht genug für Dich getan und gearbeitet, ich bin noch lange nicht fleißig genug gewesen. Entschuldige es der Himmel, der mich nun einmal so empfänglich auch für den Kummer gemacht hat. Gott – der Holzhacker, wenn ihm die Tränen über's Gesicht laufen, muß doch innehalten und sie

sich abwischen. Bin ich nicht eben so viel? Kann ich denn fröhlich arbeiten, wenn ich weinen möchte? Wie anders würde das sein, wenn mir Dein Vater nur den Schatten einer hilfreichen Hand sehen lassen.
... Deine Briefe habe ich alle bekommen ... Könntest Du mir immer so oft schreiben! Das ist allemal ein Glück solcher Brief. Du bist gut, ganz gut – verdientest ein viel Besseren wie mich – ich muß wahrhaftig noch viel mehr arbeiten – ich bin Deiner noch lange nicht würdig. Deshalb gibt das Schicksal Dich mir auch nicht.

Clara an Robert
[Nürnberg, 11. Januar 1839]
Gott sei Dank, daß ich Dir heute schreiben kann, ich hab es nicht geglaubt, denn gestern waren wir mehr denn zehnmal in Lebensgefahr; es hatte so geschneit, daß wir über die Felder und Gräben fahren mußten. Wie oft habe ich Gott gebeten, daß er uns nur diesmal möchte alles glücklich überstehen lassen ... Nun ist ja alles überstanden, und ich kann in Seelenruhe an meinen lieben guten ... schreiben. (Ich schreibe Deinen Namen nicht aus, damit ihn die Französin nicht lesen kann.) Also in Zwickau war ich und hab den Kaffee am Morgen bei Therese getrunken; ach, wie freute ich mich, meine zukünftige Schwägerin zu sehen, und sie war so gut, so freundlich, und auch Dein Bruder. –
... Nun weiter: ich kam nach Hof, und mein erstes war, zum Buchhändler Grau zu gehen und mich nach Ernestine zu erkundigen – was hörte ich da? ... Sie sei – verheiratet mit einem Grafen Zedwitz. Ich konnte es nicht glauben und schrieb deswegen gleich an sie und bat sie, mir von ihrem Schicksal mitzuteilen ... Ach, mein Lieber, wäre das wahr, noch einmal so ruhig könnten wir unser Glück genießen.
... Wie sonderbar ist es mir, mich so ganz allein, ohne männliche Begleitung in einer fremden Stadt zu befinden. Ich tat gar nicht, als sei ich so sehr unglücklich allein zu reisen, und das

brachte den Vater auf den Gedanken, ich könnte Dir geschrieben haben, hierher oder nach Stuttgart zu kommen.
Bewunderst Du nicht meinen Mut, daß ich so ganz allein mit einer mir ganz fremden Person ging? Die erste Nacht, daß ich mit ihr schlief, zitterte ich wohl ein wenig.

Clara an Robert
Sonntag, den 13. Januar 1839 nach Tisch
Ich hatte mich hingelegt, ein wenig zu ruhen – ich fühlte mich seit einigen Tagen gar nicht wohl – doch ich kann nicht, die Schreibmappe liegt vor mir, unwillkürlich zuckt meine Hand nach der Feder und schreibt „Gott grüß Dich, mein Schatzerl! – Wie geht's? Hast mich noch lieb? Ach ja; mein Eusebius ist mir treu."
... Jetzt muß ich gehen zu studieren zu übermorgen, auf einem schlechten Instrument... Seit ich hier bin, leide ich an einem unaufhörlichen Kopfweh, und das kommt bloß von den schrecklichen Instrumenten her; sie sind so schneidend, so grell, sie zerreißen einem das Ohr. Eben kommt der Kantor von Nürnberg – ach Gott, so ein Kantor. Jetzt muß ich nun enden! Einstweilen den herzlichsten Händedruck, mein lieber guter Florestan.

Clara an Robert
Den 14. [Januar 1839], Montag
... Jeden Tag, jede Stunde denke ich, daß mich der Vater plötzlich überrascht. Das Orchester hat abgesagt zu spielen und so muß ich die Caprice von Thalberg noch schnell studieren, die ich gar nicht mehr in den Fingern hab. Alle Briefchen (was so zum Konzert gehört) muß ich selbst schreiben, Freibillette herumschicken, Stimmer, Instrumententräger besorgen und dabei studieren? Das ist ein wenig viel; ich weiß nicht, wo eher anfangen und nun die vielen uninteressanten Besuche!

Clara an Robert

Den 15. [Januar 1839], Dienstag
Heute ist mein Konzerttag und doch kein Konzert. Nicht genug, daß ich beinah eingeschneit wäre, sondern auch im Wasser sitzen wir und können nicht heraus. Die ganze Stadt steht unter Wasser, indem der Fluß ausgetreten ist; niemand (in den meisten Straßen der Stadt) kann aus dem Haus, ... das Wasser steigt zusehends – das ist eine Angst. Viel Fremde sind zu meinem Konzert gekommen, doch es kann durchaus nicht stattfinden und ist auf morgen verschoben!
... Heute hab ich einigen hiesigen Musikkennern den ganzen Morgen vorgespielt ... ich war sehr begeistert, nicht durch die Umgebung, sondern durch die Musik selbst ... Nach dem Konzert will ich noch einigen die Beethoven'sche Sonate, einige Scarlatti'sche und Bach'sche Fugen und Deinen Carnaval spielen.

Clara an Robert

Dienstag, abends [15. 1. 1839]
Eben war der Musikdirektor aus Ansbach hier, ich spielte ihm vor und er war so entzückt, daß er mir keine Ruhe ließ – ich muß nach Ansbach! ...
Morgen abend nach dem Konzert geb ich noch einen kleinen Tee bei mir, wo noch einige Musikfreunde da sind, die mir viel Mühe abgenommen haben – besonders Mainberger.
... In treuer Liebe und von ganzer Seele Deine Braut.

Robert an Clara

[15. Januar 1839]
Mein geliebtes Mädchen! Welchen erhebenden Eindruck Dein Brief auf mich gemacht, kann ich Dir kaum sagen. Was bin ich doch Dir gegenüber? Als ich von Leipzig wegging, dachte ich das Schwerste vollbracht zu haben. Und Du, ein Mädchen, eine

so zarte Jungfrau, gehst allein für mich in die weite gefahrvolle Welt. Was Du diesmal getan, ist das Größte, was Du für mich getan. Seitdem ist es mir aber auch, als könnte es kein Hindernis mehr für uns geben. So durch und durch gestärkt fühlte ich mich. Dein Vertrauen, Deine Selbständigkeit werden Dir einmal belohnt werden. Du bist ein außerordentliches Mädchen, das die höchste Verehrung verdient. Freilich aber, wenn ich so des Nachts aufwache, und der Wind und Regen an mein Fenster schlägt und ich Dich mir denke, in den Wagen gedrückt, mit nichts als Deiner Kunst, so ganz allein und nur vielleicht innen von holden Bildern der Zukunft umringt, da überfällt es mich weich und rührend, und ich weiß nicht, wie ich so viel Liebe verdient. Ich selbst, wie ich Dir sagte, bin seitdem wie umgewandelt. Die Menschen müssen es mir ansehen ... Es stärkt so *moralisch*, solche Kraft seines Mädchens zu sehen. In den vorigen Tagen hab' ich so viel gearbeitet, wozu ich sonst Wochen gebrauchte. Es war, wie in der Zeit, wo wir uns versprachen, im August 37. Es geht alles so frisch von der Hand, es *gelingt*, was man unternimmt. Sieh, solche Kraft hast Du mir gegeben, meine Clara; so ein Heldenmädchen muß ja ihren Geliebten auch zu einem kleinen Heros machen ... Könnte ich Dir doch immer ein Paar Schritt unsichtbar folgen (oder auch sichtbar); wie ein guter Genius möchte ich Dich unter den Flügeln wahren, damit Dir kein Leids geschehe. Ach, Clara, wie liebt man sich doch noch ganz anders, wenn man füreinander arbeiten und opfern muß.

Robert an Clara
Den 16. Januar früh[1839]
Wüßte ich nur ein bißchen, wie es Dir ginge? Könnte ich Dir nachfliegen über die Berge. Heute tat ichs schon auf der Landkarte, die jetzt immer vor mir liegt, und sah mit Schrecken, welche ungeheure Strecke von hier nach Paris ... Aber überrascht wärst Du gewiß, wenn ich in Paris plötzlich einmal vor Dir stünde? Mir ist alles zuzutrauen. Daß Dein Vater nach-

kommt, glaub auch ich. Er mag schreckliche Langeweile ausstehen und doch auch Bekümmernis. Daß er Dich übrigens allein reisen läßt, hätte ich nicht geglaubt, wie er es auch nur hat darauf ankommen lassen wollen, weil er gewiß nicht gedacht, daß Du den Mut hättest.

... Du hast eine Symphonie in mir hervorgerufen; ich danke Dir für Deine lieben Zeilen; muntere mich manchmal auf, schüttele, rüttele. Nun, mein lieber Brief, gehe fort den weiten Weg! Tritt vor sie und sag ihr tausend selige Gedanken; sag ihr, daß sie so innig geliebt wird, wie man geliebt werden kann und daß sie mich ganz beglückt. Adieu, Gute, Liebe, Herrliche.

Robert an Clara

                   Sonnabend, den 19. Januar [1839]
Könnt ich Dich nur jetzt einmal sehen; es müssen Funken aus den Augen leuchten; Du mußt wie eine Madonna und eine Heldin zugleich aussehen. Adieu, adieu, Clara.

                                        Robert

Clara an Robert

                   [Stuttgart, 20. Januar 1839]
Recht traurig geht es mir; seit ich vom Hause fort bin, hab ich weder vom Vater noch von Nanny eine Nachricht erhalten und ach, von Dir so lange kein Wort, weiß gar nicht, wie es Dir geht! Meine Konzerte in Nürnberg und Ansbach sind glücklich vorüber (in Nürnberg habe ich mir viele Herzen erworben und der Abschied hat mir Tränen gekostet), aber es war anstrengend, 3 Nächte habe ich nicht geschlafen ...
Wie es hier gehen wird, weiß ich noch nicht. Lindpaintner, Molique, Bohrer, Schunke, alle sind nicht da ...

Clara an Robert
d. 21. [Januar 1839]
Wie immer, so war es auch hier nichts mit dem Theater, es hieß, es ginge nicht. Heute entscheidet es sich, ob ich bei Hofe spielen kann ... Was ich vom Vater denken soll, weiß ich nicht! Denk Dir, drei Briefe hat er schon von mir, und ich noch nicht einen; alle meine Hoffnung stand auf Stuttgart ... Läßt er mich so in der Fremde, ohne Nachricht, ohne alles, ich weiß nicht, was ich machen soll, ob ich allein nach Paris soll, gar nichts weiß ich! Meine Lage ist wirklich schrecklich! Kommt kein Brief von ihm, so reise ich bald ab und bin Ende Januar in Paris noch. Gott, was soll ich da allein? Nur Mut, nicht wahr, mein Robert? ... Ich glaube, er schreibt aus Trotz nicht, weil ich Mut hatte, allein fortzureisen. Ist es möglich, mein guter Robert, so schreibe ich Dir noch einmal von Paris.

Robert an Clara
Wien, 24. Januar 1839
Heute ist mir so eigen wehmütig: ein grauer Wintertag, die Straßen so still, Du auf der Wanderschaft. – Die ganze vergangene Woche verging unter Komponieren; doch ist keine rechte Freude in meinen Gedanken und auch keine *schöne* Schwermut. Vom Konzert sagte ich Dir schon; es ist ein Mittelding zwischen Symphonie, Konzert und großer Sonate; ich sehe, ich kann kein Konzert schreiben für den Virtuosen; ich muß auf etwas andres sinnen. – Sonst habe ich fertig: Variationen, aber über kein Thema: Guirlande will ich das Opus nennen; es verschlingt sich alles auf eigene Weise durcheinander. Außerdem ein Rondolette, ein kleines, und dann will ich die kleinen Sachen, von denen ich so viele habe, hübsch zusammenreihen und sie „kleine Blumenstücke" nennen, wie man Bilder so nennt. Gefällt Dir der Name?
Liebe Clara, eine Bemerkung erlaubst Du mir wohl: Du spielst oft jenen, die noch gar nichts von mir kennen, den Carnaval vor – wären dazu die Phantasiestücke nicht besser? Im Carnaval

hebt immer ein Stück das andre auf, was nicht alle vertragen können. In den Phantasiestücken kann man sich aber recht behaglich ausbreiten – doch tue nur, wie du willst! Ich denke mir manchmal, was Du als Mädchen selbst bist, achtest Du an der Musik vielleicht zu wenig, nämlich das Trauliche, einfach Liebenswürdige, Ungekünstelte. Du willst am liebsten gleich Sturm und Blitz und immer nur alles neu und nie dagewesen. Es gibt auch alte und ewige Zustände und Stimmungen, die uns beherrschen. – Das Romantische liegt aber nicht in den Figuren und Formen; es wird ohnehin darin sein, ist der Komponist nur überhaupt ein Dichter. Am Klavier und mit einigen Kinderszenen wollte ich Dir dies alles besser beweisen. Was ich jedoch überhaupt manchmal fürchte ein wenig, ist, daß wir uns oft vielleicht recht zanken werden in musikalischen Geschmackssachen, wo jeder Mensch so sehr verwundbar ist; da hab' nur manchmal kleine Nachsicht mit mir; ich kann dann oft in der Hitze so fein wie mit Glasspitzen verletzen. – Dann noch eine Bitte (ich halte einmal Vorlesungen), nenne mich bei Leibe nicht mehr Jean Paul den Zweiten oder Beethoven den Zweiten; da könnte ich Dich eine Minute lang wirklich hassen; ich will zehnmal weniger sein als andere, aber nur für mich etwas...

Die Kinderszenen sind erschienen; auch die Phantasie (von der Du nichts kennst), die ich während unserer unglücklichen Trennung schrieb und die übermelancholisch, erscheint nun bald; sie ist Liszt dediziert...

Ich bin unaufhörlich bei Dir, beschäftige mich mit nichts als mit Dir und unserer Zukunft. Dies macht mich wohl kalt, fast gleichgültig gegen andere Menschen; nun aber, was kann ich denn für mein Herz? Bin ich doch einmal mit allen Seelenfäden in Dein Sein verwebt.

Robert an Clara

Sonnabend nachmittag [26. 1. 1839]
... Die Nachricht über Ernestine ist wichtig ... Es war das Einzige, was manchmal einen dunkeln Schatten in unsere Liebe

warf. Nun, da auch dieser verflogen ist, und uns nichts mehr im Wege steht, was uns in unserm Ziel aufhalten könnte, so harre nun auch mit doppeltem Mute aus und höre meine schüchterne Bitte: laß uns unsere Verbindung so viel wie möglich beschleunigen ... Bedenke alles, auch was Goethe sagt: „Die zwei größten menschlichen Fehler sind *Übereilen und Versäumen.*" – Übereilt haben wir uns nicht, jetzt laß uns auch den andern meiden. –
... Daß Du Dich oft unwohl fühlst, wohl auch manchmal furchtsam ein wenig wirst, wie ist das doch natürlich. Ich bewundere, was Du unternommen hast. Hättest Du nur auch so viel Freude an mir wie ich an Dir ...
Du mußt ja überall erfreuen, in Deinem Geleite sind ja die guten Genien. Ich freue mich auch immer so innig, daß man in den Berichten immer Deiner als Mädchen gedenkt, wie Du so schön auftrittst und auch wie verklärt [Du] sein kannst ...

Clara an Robert
Stuttgart, den 30. Januar 1839
Ach, wie lange, lieber Robert, hab ich nicht mit Dir plaudern können und kann es auch nur jetzt wenig. Das Wichtigste nun, das mich bewegt! Nebenbei gesagt, bekam ich endlich einen Brief vom Vater, der mich nur weinen machte; denk Dir, 2 Bogen und nichts als Vorwürfe, daß ich nichts recht mache, mir bei jeder Gelegenheit Feinde mache, und ich sollte nun einmal sehen, wie ich allein fortkäme, *er käme* nicht nach Paris, zu was auch das, ich hätte ihm ja doch immer unrecht gegeben, und ich müßte doch längst eingesehen haben, daß wir nicht mehr füreinander passen etc. etc.; ich kann Dir gar nicht sagen, wie sehr mich das alles geschmerzt hat, daß der Vater nicht einmal nach 14 Tagen, die er mich nicht gesehen hatte, ein freundliches Wort für mich hatte ... Ich bekam den Brief, als ich gerade angezogen, um zu Hof zu gehen, und kannst Du Dir denken, mit welch zerrissenem Herzen ich ging.
... Nun höre also: ich machte die Bekanntschaft des Doktor

Schilling; er gewann mich lieb, schrieb viel über mich; wir waren viel zusammen und mein Verhältnis zu Dir wußte ich ihm nicht zu verbergen ... Er erzählte mir viel von seiner Zeitung ... ließ aber auch fallen, daß sie alle anderen Zeitungen niederdrücken würde (Du kannst Dir wohl denken, daß mir das fortwährend im Kopfe herumging). Er verstand mich, nahm mir beide Hände ... was glaubst Du, was er sagte? Nun, er sagte, wenn die Sache gut ausfiele (woran nicht zu zweifeln, da die größten Autoritäten daran arbeiteten), so wolle er Dich (könne die Redaktion nicht allein übernehmen) als Kompagnon oder sonst etwas, (ich hab ihn nicht recht verstanden) nehmen und von nun an solle *unser* Glück sein Streben sein. Der Gehalt ist ein ansehnlicher, ein Gehalt für uns genug! ... Ginge alles gut, so müßten wir heut über ein Jahr schon hier sein. Er ist so herzensgut, aber er sagt jedem die Wahrheit heraus – das hab ich gern! Auch unsere Korrespondenz hab' ich ihm vertraut, – bist Du bös? Er meinte übrigens, kämen wir hierher, das müßtest Du ihm erlauben, daß er mich liebte. – ... Nun aber die Hauptsache, würdest Du Dich entschließen, nach Stuttgart zu gehen? Ach, wie schön sind die Berge um die ganze Stadt herum; es ist entzückend und die Menschen von Herzen gut und teilnehmend. Mich hat man hier förmlich überschüttet mit Wohltaten etc. ...
Gestern gab ich Konzert, so voll, wie man hier sich keines erinnern kann, und desgleichen Enthusiasmus. Nachdem alles vorbei war, mußte ich noch, todmüde, den Erlkönig spielen. Ich sollte durchaus noch ein Konzert geben, doch hab' ich nicht die Zeit, und so schnell hintereinander will ich nicht gern spielen, weil es mich zu sehr anstrengt ... Nach dem Konzert ging der Doktor Schilling nebst Frau mit zu mir, und da haben wir noch bis 11 Uhr nur von Dir gesprochen. Er hat auch viel mit mir über Dich (über Deine Individualität und Deine geistigen Kräfte) gesprochen, doch hab ich jetzt nicht Zeit, das alles zu schreiben.
Bei der Königin spielte ich zwei Tage nach meiner Ankunft, und bekam einen *schönen* wertvollen Schmuck, ganz nach meinem Geschmack. Man war sehr liebenswürdig bei Hof ...

Morgen abend reise ich nach Karlsruhe, spiele übermorgen wahrscheinlich bei der Großherzogin, gehe dann nach Straßburg, bleibe dort Sonntag nacht und dann gehts nach Paris. Wie wird es mir gehen? ... Diesen Brief erhältst Du durch Dr. Schilling, sei ja freundlich in Deiner Antwort an ihn, er meint es aufrichtig – er ist auch die Veranlassung, daß ich ein junges, talentvolles Mädchen mitnehme nach Paris; sie liebt mich so sehr, daß sie ihren Eltern keine Ruhe ließ ... Sie ist ein braves Mädchen und in der ganzen Stadt geachtet. Ihr Vater ist arm ... will aber doch alles an sie wenden und rührend war es, als er zu mir kam und mir mit Tränen in den Augen sagte, „mein Liebstes, was ich habe, vertraue ich Ihnen an" – ich mußte weinen, hab das Mädchen lieb, und der Gedanke, sie vielleicht glücklich zu machen, der macht mich glücklicher als er sie selbst machen kann; ich werde mich auch mit ihr abgeben, soviel ich kann, denn sie hat Talent und Liebe zur Sache ... Ich glaube, ganz nach Deinen Gedanken gehandelt zu haben, nicht wahr, mein lieber, guter Robert? –
... Ich bin begierig, ob Vater Sehnsucht bekommen wird? Ach, ich kann nicht sagen, wie mich Vaters Brief gestimmt ... Keinen Gruß von der Mutter, ... es ist gar nicht, als hätte ich noch Eltern! Wie man Eltern haben kann und doch keine hat. Nun, mein Leben ist Dir, nur an Dich gekettet, Du bist meine Stütze, meine Hoffnung!

Deine Clara

Clara an Robert
       Karlsruhe, den 2. Februar 1839, Sonnabend früh
Ich kann nicht aus Karlsruhe gehen, ohne Dir, mein guter Robert, eine Zeile zu schreiben, ich weiß, Du freust Dich und wäre es nur ein Wort. Heute spiel ich bei Hof und morgen gehts nach Frankreich. Ach Robert, nun bin ich nicht einmal mehr mit Dir in einem Land, nicht einmal mehr Deutsch darf ich hören! Nun, mit Gott! Morgen (Sonntag), wo Du meinen und Dr. S.'s Brief bekommen mußt, und während Du liesest, bin ich auf dem Wege nach Straßburg ...

Etwas leichter ist es mir doch jetzt um das Herz, seit ich eine wahre Freundin um mich habe, die mich ganz versteht, der ich alles vertraut habe, und die das beste Mädchen in ganz Stuttgart ist. Sie liebt mich sehr – sie läßt Dir sagen, nicht eher wollte sie glücklich sein, bis ich es sei – ich muß doch nicht so übel sein, daß mich alle Leute so lieb haben...

Der Abschied von Stuttgart ist mir so schwer geworden, – ich hab' geweint den ganzen Tag, und die Berge angesehen und gedacht, wer weiß, ob Du nicht bald diese Berge mit Deinem Robert besteigen wirst, glücklich. Der Dr. Schilling ist der aufopferndste Mensch, aufrichtig, und er will unser Glück. Ich bitte Dich, lieber Robert, zeige ihm das größte Vertrauen, meines hat er. Er sagte, sollte er das Geringste sehen, daß ich nicht glücklich mit Dir werden könnte, so würde er, so wie er jetzt alles *für* uns, so dann alles *gegen* uns tun, weil er mich zu lieb hätte.

... Vom Vater hab ich noch keinen Brief weiter erhalten. Ich schrieb ihm, ich ginge mit Gott nach Paris; das, was er in Leipzig versäume, könne ich ihm freilich nicht ersetzen, und darum dränge ich auch nicht in ihn, ich hätte Mut – zu allem ... Ich sehe jetzt, daß ich ohne meinen Vater auch in der Welt dastehen kann, und es dauert ja nicht mehr lange, ich bin ja bald, bald bei Dir, und dann will ich keinen Kummer haben, nur der deinige soll der meinige sein. Der Himmel meint es doch gut mit mir, hat er mir doch jetzt wieder so eine liebe Freundin gegeben – und meinen *liebsten Freund* gibt er mir auch noch!

Tausend Küsse von Deiner treuen Braut

       Clara Schumann
       oh, welch ein Name wundersüß!

Robert an Clara

[6. Februar 1839]

Gestern bekam ich Deinen Brief aus Stuttgart. Kaum daß ich Schilling's Hand erkannte auf der Adresse, so ahnte ich, was vorgegangen war. Clärchen, Clärchen, was hast Du gemacht? Mit einem drohenden Finger sag ich Dir das und doch hast Du's so gut gemeint, glaubst immer etwas für mich tun zu müs-

sen, tust so viel, so Liebes, so Schweres – ach, Du bist ein liebenswürdiges Mädchen, hast mich wieder einmal ganz durchdrungen, daß ich gar nicht wüßte, was ich nicht alles für Dich tun könnte, – selbst mit S. mich vereinigen, obwohl erst nach einigen Kämpfen – Ich muß Dich nämlich in mancher Hinsicht aus Deinen schönen Träumen wecken, und zwar nicht durch Küsse, sondern indem ich Dich ganz sanft an einer Haarflechte ziehe, bis Du aufwachst. Die Sache ist nämlich die: S. ist ein sehr fleißiger Bücherschreiber, ungefähr wie Czerny ein Komponist... So hat er ein schlechtes Buch nach dem andern ediert, der Stoff fängt ihm an auszugehen und da ist ihm nun der Gedanke einer musikalischen Zeitung gekommen, wo er zugleich recht fechten kann und parieren auf alle Angriffe, die man auf seine schlechten Bücher zu machen sich die Mühe leider nimmt. S. als ein gescheiter, gewitzigter Mann kennt das Volk zu gut, als daß er nicht das Gewicht berühmter Namen zu schätzen, zu seinem Vorteil zu benützen wüßte... kurz, daß ich Dich ganz aus dem Traumflechten reiße – er ist ein ganz trefflicher Spekulant und fürcht ich auch, nach dem, was er bis jetzt geleistet, ein ausgezeichneter Wind- und auch Courmacher. Ich kenne *Meisterstücke* von ihm... er steht in dem *übelsten Ruf* mit seiner Bücher- und Geldmacherei – Und Du Kammervirtuosin Du, Du meine dreijährige Verlobte, Du Clara Wieck mit einem Wort kannst Dir von so einem imponieren lassen, daß Du Dich fürchtest, daß Du ihm selbst sagst, seine Zeitung würde alle andern niederdrücken, schreibst mir, „alle großen Autoritäten nähmen daran teil etc." mir, der ich gerade diese Sache aus der Erfahrung kenne und der schon auch sein Wort dazu gegeben, und wahrhaftig mit einem andern und tieferen Nachklang, als es S. jemals möglich sein wird.
... Offen gestanden, Clärchen, es hat mich ein wenig von Dir gekränkt und ich dachte, ich stünde bei Dir in mehr Ansehen, als daß Du jemals an eine Kompanieschaft mit solchem Renommisten gedacht hättest. Was soll ich dazu sagen, wenn mir ein Mann wie S. schreibt, „ich werde Sie unterstützen, wenn Sie mir versprechen, dieses Mädchen glücklich zu machen", mit andern Worten: „wenn Sie, der schon zehn Bände einer Zeit-

schrift redigiert, mir, der noch nicht angefangen hat, dies und das versprechen, so sollen Sie (ich nämlich), der jährlich 3–400 Tlr. schon an der Zeitschrift verdient, von mir (S.), der alle Jahre die drei ersten Jahre 3–400 Tlr. zusetzen muß, die Hälfte meines Einkommens bekommen – ?" Ist das nicht sehr anmaßend und obendrein albern und *ungebildet* ausgedrückt in einer solchen Angelegenheit, wo er jedes Wort auf das Feinste und Zarteste abwiegen sollte? Wo soll denn der *Gehalt* herkommen? Überhaupt, was soll eine neue Musik-Zeitschrift, die nicht aus dem Bedürfnis der Zeit hervorgeht, und vollends in Stuttgart, wo kein Musikhandel, kein Künstlerdurchzug, kein Publikum. Mir gegenüber, der ich mir zutrauen kann, den leisesten Fortschritt der Zeit zu sehen, als Komponist immer fortschreitend und, wenn auch in kleiner Sphäre, die Zukunft vorbereitend? Da muß ich lächeln, wenn der S. von meinen „geistigen Kräften" reden will, der, soweit ich es weiß, *kaum eine oberflächliche* Vorstellung von meinem Streben hat, für dessen ganzes Kunsttreiben ich nicht einen Papillon hingebe. Nenn' mich nicht widerspenstig und hochfahrend; aber ich weiß, was ich leiste und noch leisten kann und was andere. Andere wissen es aber von mir nicht, weil ich immerfort lerne, immerfort fleißig bin. Oder glaubst Du wirklich, eine von jenen „Autoritäten" könnte mir nur von weitem andeuten, wo ich vielleicht in zehn Jahren in der Komposition stehe? Keine, denn sie haben keine schaffende Kraft in sich und es wird ihnen erst klar, wenn ich schon längst darüber hinweg bin.
Nun, mein gutes, seelengutes Herz, hab' ich nicht Dir die Wahrheit recht gesagt und bist zufrieden mit mir, so zufrieden, wie ich es übrigens mit Dir bin. Es ist mir so natürlich, was zwischen Dir und S. sich vorgetragen hat – Du kamst in eine fremde Stadt, mit Deinem guten übervollen Herzen, weil Du viele Wochen Dich nicht aussprechen konntest – S. weiß schon von uns, sieht Dich, die Du an manchen Tagen so sehr bezaubernd sein kannst, verliebt sich in Dich, übrigens in allen Ehren, sieht Dir es an den Augen an und an den Lippen, die es nicht mehr zurückhalten können, fühlt sich glücklich, von solch interessantem und berühmtem Mädchen in ein Geheimnis

gezogen zu werden, meint es vielleicht auch im Augenblick aufrichtig, verspricht Dir, Dich glücklich zu machen – und Du neunzehnjährige Braut, die gar wohl weiß, wie hübsch ihr ein Häubchen steht, greifst zu mit vollen Händen und bist glücklich, daß Du nur jemanden gefunden, mit dem Du hast sprechen können wie Du denkst – kurz, Clärchen ... Du hast Dir dabei gedacht, „der ist meine und unsere ganze Hoffnung, wie hübsch, wenn man wieder einmal solchen Menschen findet, der Dich und Deinen Schatz glücklich machen will mit höchster Aufopferung etc." So hat mein Mädchen gedacht und dabei im geheimen spekuliert. Nun, Du Liebe, Holde, unbeschreiblich Holde, setze Dich mir auf den Schoß, mit Armen und Kopf mir auf die Schulter gelehnt, daß ich die Last so recht fühle, so recht weiß, wie glücklich ich bin. – Nun glaubst Du wohl, ich werde an S. einen empfindlichen kalten Brief schreiben? Wie irrst Du da – den dankendsten und freundschaftlichsten erhält er und zwar morgen schon! ...
Über sein Unternehmen kann ich freilich gar nicht urteilen, und es ist wohl überhaupt noch gar nicht reif. Er schreibt mir nur ganz vag und *wenig sagend*. Also werd ich das weitere abwarten. Nach Stuttgart ginge ich übrigens gern; ich kenne die Stadt; sie ist reizend und die Menschen viel besser und auch gebildeter als die Wiener. Endlich, was tät ich nicht Dir zu Liebe, sobald es sich mit der Würde verträgt, die man mir als Deinem künftigen Mann schuldig ist. Also vor allem Unabhängigkeit in jedweder Art ... Noch eines, S. hat, wie ich glaube, Deinen Brief an mich geöffnet; es waren außerhalb des Kuverts zwei Oblaten und auf diesem zwei Schnittchen Papier. Du siegelst niemals so. Vergiß nicht, mir darauf zu schreiben, wenn Du Dich noch entsinnst ...
Nun auch zu Deiner guten Mignon, der Du Dich angenommen. Du hast ein gutes Werk damit getan und es ist so etwas ganz nach meiner Denkungsweise. Solche Handlung wird immer belohnt auf eine oder die andere Weise; sie ziert Dich und ich liebe Dich darum. Schreibe mir, ist sie jung? Klavierspielerin? Verträgt sich das Opfer, das Du ihr bringst, mit unsern Verhältnissen? Kostet sie Dir nicht zu viel?

Clara an Robert

[8. Februar 1839]

Mein lieber Robert ... denke Dir das Unglück, Dein Brief ist da und ich kann ihn nicht haben, als gegen Vorzeigung des Passes ... Schreib mir nur im Augenblick, wenn es nur zwei Worte sind, ich komme um vor Angst, wenn ich nicht bald etwas höre. Adressiere Mlle Clara Wieck chez Mlle Emilie List, rue des martyrs No. 43, so verfehlt er mich nicht. Eben ziehe ich in ein Privatlogis, und zwar in dasselbe Haus, wo Pauline wohnt. – In einigen Tagen mehr. Ich bin untröstlich, solches Unglück! ... Hast Du alle meine Briefe? Aus Nürnberg, Stuttgart, Karlsruhe? Addio! Tausend Küsse von Deiner alten treuen

Clara

Von Emilie und Henriette viele Grüße.

Robert an Clara

[10. Februar 1839]

Hätte ich Flügel, könnte ich zu Dir, nur eine Stunde mit Dir zu sprechen. Meine Lage hier wird immer bedenklicher und es überfällt mich manchmal eine heiße Angst um den Ausgang aller dieser Verwicklungen. Du allein bist mein Trost, zu Dir seh ich auf, wie zu einer Maria, bei Dir will ich mir wieder Mut und Stärke holen ...

Nun hilf mir, ich bin wirklich ein wenig krank im Kopf vom vielen Nachsinnen und Grübeln und ich möchte jetzt Hamlet nicht lesen. Hätte ich meinen alten leichten Sinn noch, wo mir alles gelang; aber jetzt ergreift mich alles, ärgert und kümmert mich alles – es ist schwerer als ich geglaubt – das Heiraten – aber es gibt keine Wahl mehr zwischen uns – ich kann nicht mehr von Dir los – Gott hat mich verlassen, wenn Du mich verlässest – das Schreiben fällt mir heute zu schwer – verzeihe, ich kann nicht weiter, will in's Freie, es ist mir so schwer im Herzen ...

Clara an Robert

Paris, Donnerstag, d. 14. 2. 1839

– Sieh, nur Dich hab ich ja, Du sollst meine Stütze sein! Ich hab einen Vater, den ich unendlich liebe, der mich liebt, und doch hab ich keinen Vater, wie ihn mein Herz bedürfte! Sei Du mein Alles, auch mein Vater, nicht wahr, Robert? Ach, ich hab wohl Briefe bekommen, seit ich hier bin, das sind aber andere Briefe! Da ist kein liebes Wort, wie ich sie von Dir so gern höre, da sind nur kalte Ratschläge, Vorwürfe, mein Vater fühlt sich unglücklich, und das schmerzt mich – ich kann aber nicht anders. Ich glaube fest, daß meines Vaters Herz sich noch biegen läßt, und in diesem Glauben laß uns unserem Ziele immer näher kommen; sieht er uns glücklich, dann wird er auch glücklich sein – ach ja, Robert, es wird noch alles! ... Eine treue Freundin hat mir ja der Himmel jetzt auch geschenkt, die mit mir weint und mit mir scherzt ... Auch Emilie ist jetzt ganz für Dich eingenommen. –

... Hast Du dem Doktor geantwortet? Gestern bekam ich einen Brief von ihm, ich schicke Dir ihn mit ... Weißt Du, der Brief kommt mir so exzentrisch vor und ich glaube, es ist besser, nicht die ganze Hoffnung auf ihn zu setzen und das bestätigte mir Henriette.

... Ist es denn wahr, daß Du etwas über mich in die französische Zeitung geschickt? Es soll in der nächsten Nummer kommen. Ach Robert, das sollte mich doch *sehr* freuen! ... Traue hier niemandem, sie sind alle falsch.

... Ich hab einen Erard auf meinem Zimmer, der kaum zu erdrücken ist; ich hatte allen Mut verloren, doch gestern hab ich Pleyel gespielt und die gehen doch nicht so schwer. Drei Wochen muß ich noch studieren, ehe ich einen Ton vorspielen kann. Schon drei große Instrumente sollte ich jetzt auf meinem Zimmer haben – jeder will, ich soll das seine nehmen. Wenn ich nur wüßte, wie anfangen auf Pleyel zu spielen, ohne Erard zu beleidigen, der mir alle nur möglichen Gefälligkeiten erweist.

... Du siehst also, daß ich wirklich allein in Paris bin. Bangst Du für mich? Mein Vater will *durchaus* nicht kommen ... Ich hab an Frau v. Berg geschrieben, ob sie nicht kommen will,

denn ohne eine *sehr* anständige Dame kann ich in keine Gesellschaft gehen. Probst und Fechner haben mir ein paar Tage hintereinander den Kopf heiß gemacht, und wollten mich bewegen zurückzureisen. Sollte ich umsonst nach Paris gekommen sein? Der Vater gäbe etwas darum, wenn er mich nur wieder zurück hätte, doch ich gehe nicht. Vielleicht bleibe ich den ganzen Sommer hier und gebe Unterricht und ziehe zu Lists.
– Schreib mir *bald, bald*, damit ich nicht verzweifle. Jetzt hast Du schon 8–9 Briefe und ich noch nicht einen.
... Heller soll der falscheste Mensch von der Welt sein. Gott, warum sind doch die Menschen so bös, so falsch!
Ich wohne mit Pauline in einem Haus. Sie macht viel Furore. Meine direkte Adresse ist Hôtel Michadière, Rue Michadière No. 7 ...
Außer mir bin ich, Deinen Brief da zu wissen und ihn in den rohen Händen der Postsekretäre lassen zu müssen.
Adieu, Du mein Leben. –
Ich würde Dir nicht den Brief schicken, doch ich glaube, es ist gut, wenn Du ihn liest.

Robert an Clara
                Wien, den 16. Februar 1839, Sonnabend
Meine geliebte Clara, mein teures liebes Mädchen – was fang ich zuerst mit Dir an. Wie lange hast Du von mir nichts gehört. Und nun das Unglück, daß sie Dir meine Briefe nicht geben wollen. Ich schreibe Dir nachher eine Vollmacht, die zeigst Du vor mit Deinem Paß ... Es liegen *drei* Briefe auf der Post und steht so vieles darin, so viel, was Dich erfreuen wird und auch manches Trübere. Daß ich Dein schönes dichterisches Leben mit einigen dunkleren Fäden durchwebe, wirst Du es mir verzeihen? So manche Sorge hast Du schon um mich gehabt, wirst noch manche haben. Es ist in den letzten Tagen viel um mich und in mir vorgegangen. Aber erst mußt Du die drei Briefe haben; suche sie Dir *um jeden Preis* zu verschaffen ... Das eine jetzt nur, bis Ende März muß es sich mit mir entscheiden, ob

ich hier bleibe oder wohin ich gehe. Alles schreib ich Dir noch ausführlich. Du mußt mir beistehen und raten – es überfällt mich schon manchmal eine Angst – am Sonntag war sie so fürchterlich, daß ich mich Fischhof entdeckte ... Er hat große Teilnahme gezeigt. Darauf ist es mir etwas leichter worden und nun ich Deinen Brief habe, fühl ich mich so glücklich – ein Auserwählter unter Millionen. – Wenn ich Dich zum ersten Mal wieder seh, da weine ich, da schrei ich, da laß ich Dich nicht wieder los. Dann kannst Du nicht mehr von mir. Zuviel hab ich schon um Dich gelitten – aber ich weiß es genau – es steht in den Sternen oben:
Clara und Robert.

Robert an Clara
                        Wien, den 20. Februar 1839
Hast Du Mut, nach England mit mir zu ziehen? Erschrick nur nicht über die hastigen Fragen, meine Clara. Könnte ich nur eine Stunde mit Dir über alles sprechen ... Ich gebe gleich des Tags 3 – 4 Stunden, es blieb mir noch schöne Zeit zum Komponieren, ich gehörte dann ganz der Musik wieder an. Ich weiß, es ist gewagt, aber gewiß ist es auch, daß, ... wenn wir ... vier Jahre fleißig wären, wir geborgen auf alle Zeiten wären. Vielleicht gelingt es mir durch Bennett, der großen Einfluß hat, eine Professorstelle an der Akademie zu erlangen ... Das würden wir in drei Jahren doch auch zusammenbringen können und könnten uns dann in jeder deutschen Stadt ankaufen ... London wäre das Großartigste, was wir erfassen könnten; und blieben in einem großkünstlerischen Treiben ... Hättest Du dazu den Mut, so täte ich nichts als läse und spräche englisch ... ginge auf Neujahr auf drei Monate nach Paris, um Französisch gut zu lernen und dann im April nach London, – freilich, Wien ist schon traulicher, es ist mir wert geworden. Deine Kompositionen will man gewiß in Paris und London drucken, sieh zu, daß es Dir auch etwas einbringt.
Hätte ich nur die Kraft, mich ganz der Musik zuzuwenden, aber meine Zeitung dauert mich auch, sie ganz zu lassen und

untergehen zu sehen. Du siehst, in welchem Zwiespalt ich mit mir lebe ... Mein Brief ist kalt und starr heute, noch hab ich Dir keinen Kuß geben können – so geht es mir jetzt morgens oft – wie tot fühle ich mich manchmal an, und dann kommt wieder die heiße Sehnsucht nach Dir – von dieser Sehnsucht Dir ein Bild geben kann ich nicht. Am Klavier bringt sie mir manchmal einen innigen Gedanken – aber in meinen anderen Arbeiten stört sie mich recht auch oft, daß ich lauter unzusammenhängende Sachen schreibe ... Gestern spielte ich sie der Reihe nach durch, ich kann Dir nicht sagen, mit welchem Gefühl. Überhaupt war der gestrige Tag der musikalischste, den ich seit Jahren gehabt; ich glaubte, die Welt erdrücken zu können; es hörten mir einige zu, und sie waren sehr erstaunt, es floß einmal der Schmerz und die Sehnsucht ungehemmt wie aus einem Odem. An solchen Tagen wünschte ich Dich zu mir ...

Robert an Clara

[23. Februar 1839]

Noch zittere ich am ganzen Körper von solch unerhörter Frechheit, wie jedes Wort in S.'s Brief eine ist. Wir sind einer *großen Gefahr* entgangen. Wär' es ein *weniger alberner* Bösewicht gewesen, der sich unserer annehmen wollen, es wäre vielleicht um unser ganzes Lebensglück geschehen. Aber der Mann ist zu ungeschickter Don Juan. Mit ihm darfst Du in keiner Verbindung mehr stehen ... Siehst Du aber denn nicht, was der Mann mit Dir vorhat? Das ist ja der infamste Heuchler und Verführer, wie man sie nur in Romanen aufzuweisen hat. Siehst Du nicht, wie er in seinem Brief immer weitergeht, wie er die „Tränen seiner Frau" erwähnt, aus denen er sich nichts macht, wie er Dir immer näherrückt, wie er sagt, wie er die „gewöhnlichen Künstler" hasse, womit er mich meint, wie er, um Dich zu rühren, das Andenken seines „seligen Vaters" anbringt, womit er Dir zu verstehen gibt, er habe einiges Geld, um eine, ja zwei Frauen zu ernähren, und er sagt dazu, daß Dir „sein Haus und Arm" offen stände, wie er endlich nebenbei über mich „Erkundigungen einziehen will", wie er endlich ganz frech, uner-

hört frech wird „ich muß Sie *glücklich wissen; alles übrige im Leben Ihnen zu schaffen, brauchten wir wohl keinen Dritten mehr*", wie er es noch weiter treibt und schreibt „daß wir uns der Bestimmung des Himmels selbst entreißen können", womit er auf Klöster anspielt, und endlich, wie er Dir geradezu seine Hand anbietet, wenn er von G. sagt: „Haben Sie die Großartigkeit des Geschäfts gesehen, mit diesem Mann kämen wir in Verbindung" etc. und wie er endlich zuletzt seiner Sache ziemlich gewiß scheint und Dich bittet, „ihm ja *alles* zu schreiben, alles ganz genau" – Jeder Zoll ein Lump an diesem – sieh Dir diese Worte nur genau an ...˙
– Wie Du alles so gut gemeint hast zu unserm Besten, das weiß ich wohl. Aber dies sei Dir eine Warnung für alle Zeiten. Und wieder ist es bei mir zum festen Entschluß geworden, und ich bitte Dich, daß Du ihn teilst – daß wir niemanden mehr von uns und unserer Zukunft vertrauen, und wär er auch noch in weißeren Schafpelzen wie dieser Wolf, dem wir zeitig genug entgangen – also *niemanden, niemanden* mehr, hörst Du. Das glaube nur nicht, daß ich Dir irgendeinen Vorwurf machen wollte. – Wie Du mir treu bist, so kann es kein Mädchen, kein Engel im Himmel weiter sein; wie Du liebst, so kannst Du es nur, so über alle Worte edel. – Ich habe keine Worte für Dich, da müßtest Du mich manchmal in meinen heiligen Stunden belauschen, da müßtest Du mich im Traum sehen, wenn ich von Dir träume – da weiß ich nicht, was ich sagen soll – und auch das schöne Bewußtsein hab ich, daß ich *Dir auch makellos treu* geblieben bin ... Und nun die letzten Worte über jenen gemeinen Heuchler, der sein Weib verlassen will. – Nicht, daß er Dich liebt, ergrimmt mich, nicht, daß er mir feindlich gesinnt, – sondern das ist das Empörende, daß er Dich, eine Liebende, eine Braut, von der er selbst weiß, daß sie treu liebt, von dem Geliebten abtrünnig machen will – dies ist so empörend, so frech von einem, den Du kaum zehn Tage lang kennst, daß ich koche vor Wut – und dann wieder so dumm auch Dir gegenüber – mir gegenüber.
... Leid tut mir Deine Mignon, die S. dankbar sein muß, der sie Dir zugeführt hat. Du schreibst mir so Liebes von ihr, daß ich

sie wohl kennen möchte. *Hast Du sie geprüft*, so behalte sie um Dich.

... Jetzt raffe Dich auf, mein hehres Mädchen – ich weiß, Du hast das Beste gewollt, daß Du Dich ihm anvertraut – halte uns beide für nicht so arm, erkenne Deine Kraft, glaube der meinigen, kommt sie auch Deiner nicht gleich – wir haben etwas im Herzen und vom Geist, den uns niemand rauben kann – *nie* wieder an anderer Beistand gedacht! Es sei Dir eine Erfahrung für Dein ganzes Leben! Du bist so herzensgütig und unerfahren in die Nähe der Gemeinheit gekommen – ich *ahnte* alles, ich wußte an einer Empfindung für Dich, wie ich sie nie so wie in den letzten Tagen gehabt, daß Du in Gefahr warst ... Hättest Du nur seinen Brjef ordentlich gelesen und *verstündest* alles, Du müßtest Dich zu mir flüchten und sagen: „schütze mich vor diesem Bösewicht" – Ich kann es gar nicht vergessen – ich zittere am ganzen Körper ... Du gehst jetzt eine schwere Schule durch, und daß Du mir eine weise Lehrerin zurückkommen wirst, das will ich vom Himmel erbitten für Dich. Ich habe Dich in keinem meiner Briefe auf die mancherlei Gefahren aufmerksam gemacht, die Dir, so alleinstehend, hier und da nahekommen werden, ich wollte Dich nicht mißtrauisch gegen die Menschen machen, Du solltest ein so unbefangenes Künstlermädchen bleiben, wie ich Dich kenne und liebe.

... So gehe denn Deinen Weg für mich mit festem Schritte und mutig weiter; laß Dich in nichts irre machen; Du wirst belohnt vom Himmel einmal, Du bist zu herrlich! Soll ich Dir noch etwas sagen? Mit unaussprechlichem Gefühl drücke ich Dich an mein Herz. Bald hörst Du wieder von mir – ich bin heiter, fühle mich stark.

Und somit lebe recht wohl für heute

Dein Robert

Grüße Emilien herzlich. Du kannst ihr alles mitteilen. Sie wird mir gewiß recht geben.

Clara an Robert
[25. Februar 1839]
Mein Herzensrobert!
Ach wüßte ich doch nur, was mit Dir anfangen! Du hast mich mehr beglückt als jemals. Denke Dir, gestern 4 Briefe auf einmal! Sobald ich Deinen hatte, ging ich mit Emilie unter Zittern und Zagen auf die Post, zeigte meinen Paß vor und hatte die 3 Briefe. Im Posthof müssen mir die Leute meine Freude angesehen haben – ich konnte kaum reden. Und was für Briefe!
... Und nun auch gleich meinen Plan: Ich denke vielleicht, wenn es nicht gar zu schwer hält und ich bis dahin auf den Instrumenten eingeübt bin, den 9. März im Conservatoire zu spielen, und im Falle ich gefiele, ein Konzert zu geben in den Salons von Erard wahrscheinlich; dann ginge ich nach England 2–3 Monate, dann wieder zurück und bliebe den Sommer hier, um Stunden zu geben ... nach Leipzig aber so bald *keinenfalls*. Bliebe ich den Sommer hier, so würde ich bei Lists wohnen, die sich dann ein größeres Logis nehmen. Im Winter dann machte ich vielleicht einige Abstecher in andere französische Städte, gehe wieder hierher zurück und zu Ostern 1840 gehe ich nach Leipzig zurück, ordne alle meine Sachen noch, und gibt uns der Vater seine Einwilligung nicht, so komme ich nach Zwickau, Du auch, wir lassen uns trauen und reisen *sogleich* nach Wien. (Wenn Du nämlich in Wien bleibst) ...
Du meinst, ich sei nicht genug leidenschaftlich? Ach ja, ich bin es wohl und im höchsten Grade, doch, soll ich in Dich drängen, hierher zu kommen, oder sonst wohin, um daß wir uns einmal sprechen, um die schrecklichste Trennung nochmals zu ertragen? ... Ja, ich will Dich, ich muß Dich wiedersehen, dann aber, um mich nie mehr von Dir zu trennen; ich kann keine Trennung von Dir noch einmal überstehen – der Schmerz ist zu allgewaltig ...
Du fragtest mich, ob ich nicht die ersten Jahre in Leipzig leben will? Das wollte ich sehr gern, wären nur nicht meine Eltern und Verwandten da! Mit den Eltern in Zwist zu leben und in einer Stadt! Und dann ist mir das so schrecklich, daß man weder Dir noch mir die Achtung erzeigt, die uns gebührt – und

doch, siehst Du einen größeren Vorteil in Leipzig, so wollen wir auch da bleiben, mit Dir bin ich ja doch überall glücklich. Recht aufmerksam habe ich Deine Ansichten wegen der Zeitung gelesen; ich meine doch, Du solltest nach Leipzig zurückgehen, die ganze Sache in Wien kommt mir nicht vorteilhaft vor, die Koterien dort sind unausstehlich, die Zensur verdirbt vollends alles ... Warum willst Du in Wien bleiben, unter Menschen leben, die Dir nicht zusagen? Geh fort, wieder nach unserem Leipzig, da glaube ich, würden wir doch am glücklichsten sein. Und Stunden geben kann ich ja auch da, ohne mit dem Parapluie herumzugehen, wie sich Vater auszudrücken pflegt...

Daß Du soviel komponierst, freut mich unendlich und auch eine Symphonie? Ach, Robert, das ist doch gar zu schön! ... Daß ich Dich den zweiten Jean Paul und Beethoven genannt, nahmst Du mir übel? Du sollst es nicht wieder hören. Sehr recht hast Du, es ist nicht schön, solche Vergleiche zu machen – sage mir nur immer alles, was Dir an mir nicht gefällt, *es freut mich jedes Wort von Dir.*

Daß Du Stunden gibst, ist schön, doch bin ich erst einmal bei Dir, dann darfst Du das nicht mehr tun, das ist dann mein Geschäft ... Wenn Du Stunden gibst, möchte ich doch einmal hinter Dir stehen ... [Am Rande:] Den Brief durch S. hatte ich nicht mit Schnittchen zugemacht – er hat ihn erbrochen – Neugierde – Eitelkeit – Undelikatesse! –

Nun schnell Adieu, mein Herz ... Schreib mir *gleich, gleich!* Ich bitte Dich. Möge ich auch sein, wo es ist, in England, Frankreich, Amerika und selbst in Sibirien, immer bin ich Deine treue, Dich herzinnigst liebende Braut.

Clara an Robert

Donnerstag früh, den 28. 2. 1839
... Schon seit drei Tagen, mein Herzens-Robert, wollte ich Dir schreiben, doch die Abhaltungen hörten nicht auf.
... Recht viel Sorgen drücken mich jetzt und das wegen meines Aufenthaltes hier. So wie bei den Franzosen alles auf das Äuße-

re geht, so muß auch ich es fühlen. Die Leute schlagen die Hände über den Kopf zusammen, daß ich, wenn auch nicht den Vater, so doch wenigstens Mutter oder Tante bei mir hab, und alle Welt sagt mir, daß man mir nicht den mir gebührenden Respekt erzeigen würde, hätte ich nicht eine alte Dame bei mir, die mich in alle Gesellschaften begleitete, Besuche empfinge etc. ... Das ist nun eine schreckliche Verlegenheit, wo soll ich das gleich finden und wo eine Dame, der ich mich ganz anvertrauen kann und mit der ich nach London, in diese ungeheure Stadt gehen kann! Ich weiß nicht, was anfangen und will heute mit Erard darüber sprechen.
... Bis jetzt ist es mir doch allenthalben gut ergangen, und die Leute haben mich alle gern gehabt; auch hier beklage ich mich nicht ... Sonderbar ist es, daß jetzt alle hiesigen Klavierspieler und Spielerinnen Konzerte angesetzt haben! Wollen sie mich vielleicht abschrecken? Oh, ich habe Mut und muß durchführen, was ich begonnen. Bei Bordogni nehme ich wahrscheinlich Stunde ... Französischen Unterricht nehme ich auch; schlimm ist es, daß fast alle meine Bekannte deutsch sprechen, so daß Tage vergehen, wo ich nicht ein einziges französisches Wort spreche. Englisch treibe ich ein wenig mit Emilie, bin überhaupt fast immer bei Lists; Herr List nimmt sich meiner höchst freundschaftlich an. – Morgen besuche ich Bertin und Meyerbeer, den ich wohl mag ... gestern sprach ich viel von Dir mit Fräulein Parish, die ich zufällig hier getroffen, und die in Hamburg meine beste Freundin war; sie hat mir erzählt, wieviel Aufsehen Dein Aufsatz über die Hugenotten und den Paulus in Hamburg gemacht, und wie er *sehr* angesprochen – es ist aber auch wahr, der Aufsatz war wundervoll ... Kalkbrenner bat mich neulich, auch ihm von Dir vorzuspielen, denn er verstünde Deine Kompositionen noch nicht so recht – was soll man dazu sagen? Auch meinte er, er habe gehört, daß niemand Deine Kompositionen so spiele wie ich – das wäre aber auch schlimm! – Die Loveday soll nicht ausgezeichnet sein; die Laidlaw muß aber viel Fortschritte gemacht haben – am Ende hast Du sie noch lieber als mich? Ei, das möchte ich mir doch verbitten, Herr Robert Schumann. „Robert Schumann!" es ist

wahr, sonderbare Gedanken steigen in mir auf, seh ich diesen Namen und ich möchte immer noch hinzusetzen „Clara", nicht so? Wie wir doch sympathisieren! Denselben Gedanken hatte ich doch auch, wie schrecklich es wäre, zu sterben, ohne Deinen Namen zu führen und, dachte ich, sollte ich im Sterben liegen, so ließ ich mich noch sterbend mit Dir trauen. Laß mich heute mit dem Gedanken schließen – er ist doch schön! „Gute Nacht, mein Robert!" würde ich dann sagen – „wir sehen uns wieder!" Und ein Kuß von Dir würde mir die Augen schließen.

Clara an Robert ›

Freitag früh, den 1. 3. [1839]
Soeben erhielt ich einen Brief vom Vater – es schmerze ihn, mich allein in Paris zu wissen, und doch sei er überzeugt, daß es mir von großem Nutzen sein würde, und da hat er recht. Von Einnahmen kann bis jetzt noch nicht die Rede sein, denn das, was ich in Deutschland verdient, hat längst die Reise hierher gekostet, und der Aufenthalt hier ist sehr teuer, so einfach wir uns auch eingerichtet ... Laß Dich das jedoch nicht kümmern, so etwas muß man riskieren, will man in eine große Stadt gehen ...

Clara an Robert

Freitag mittag [1. 3. 1839]
Soeben bekam ich Deinen Brief, der mich wieder auf das Tiefste erschüttert hat, und auch mich drohen die Sorgen zu erdrücken. Ich kann mich so gut in Deine Lage versetzen und wäre so gern um Dich, um Dir den Kummer tragen zu helfen. Einstweilen, lieber, guter Robert, ginge ich an Deiner Stelle nach Leipzig zurück und bliebe ruhig dort; ich denke mir doch, bis Ostern 1840 auch noch etwas zu verdienen und komme *gewiß* zu Dir und kannst Du dann auf einige Monate abkommen, so reisen wir zusammen nach England und sehen, ob es zu unserm Vorteil wäre, dort zu bleiben.

... Gehst Du nach Leipzig zurück, so hast Du doch etwas Sicheres, aber in Wien gar nichts ... Deine Zeitung darfst Du nicht eingehen lassen ... Ach und so schön denke ich es mir, wenn Du wieder in Deinem Parkstübchen sitzen und arbeiten kannst ... Du wirst wieder aufleben ... In Leipzig brauchen wir kein großes Logis, können sehr angenehm in der Vorstadt leben und leben in Leipzig mehr in der Kunst als irgendwo. Nur Mut, mein Lieber! Laß uns nur immer einander ermutigen – *es geht alles.*

Clara an Robert

Freitag abend [1. 3. 1839]
Nochmals las ich Deinen Brief und muß Dir noch einiges beantworten ... Ich weiß gar nicht, lieber Robert, warum Du mir immer sagst, ich spiele nicht gern von Deinen Kompositionen, das ist recht Unrecht und schmerzt mich; eben weil ich Deine Kompositionen so sehr verehre und liebe, darum spiele ich sie nur Auserwählten. Ich sehe übrigens wohl ein, daß man mit dem Gefühl nicht immer durchkommt, und ich werde sie so viel als möglich spielen. Sieh, das ist mir so schrecklich, jemand dabei zu sehen, der nichts versteht – das bringt mich außer mir. Ich werde mich Dir so wohlgefällig als möglich zu machen suchen. Von Moscheles, Bennett und (wie heißt der Dritte?) Potter soll ich spielen? Vom ersten ungern (denn er ist trocken; ich meine nämlich die neuen Kompositionen), vom zweiten *sehr* ungern (ich kann es Dir durchaus nicht verhehlen, ich kann seine Kompositionen nicht lieben) und vom dritten? Den kenne ich noch vollends gar nicht, klingt mir auch nicht sehr hoffnungsvoll. Doch auch hierin will ich Dir so viel gefallen als möglich. Was soll ich denn von Moscheles, Bennett und Potter spielen? Schreib es mir. –
Könnte ich Dich nur einmal wieder hören! Dich hörte ich so gerne, schon als ich noch ein Kind war. Du wußtest es auch, und phantasiertest manchmal vor mir ganz allein. Erinnerst Du Dich noch, als Du in Schneeberg einmal zur kleinen Tochter von der Rosalie (Du hattest sie auf dem Schoß), sagtest „weißt

Du, wer das ist?" „Clara", sagte sie. „Nein", war Deine Antwort, „das ist meine Braut!" Ich hab *oft* wieder daran gedacht, und endlich wurde es auch so und das freut mich doch recht sehr, nicht wahr, mein Robert, Du bist es auch zufrieden? –
– Heute war ich bei Bertin und er versprach mir, sich wegen des Conservatoires für mich zu verwenden. Ich traf Berlioz daselbst, mit dem ich mich dreimal verfehlt hatte ... er sprach gleich von Dir. Er ist still, hat ungeheuer dickes Haar und sieht immer auf den Boden, schlägt immer die Augen nieder. Morgen will er mich besuchen. Im Anfang wußte ich nicht, daß er es war und erstaunte, wer der sei, der immer von Dir sprach; endlich fragte ich ihn um seinen Namen und als er ihn sagte, da bekam ich einen freudigen Schreck, der ihm geschmeichelt haben muß. Seine neue Oper hat gänzlich mißfallen ...

Clara an Robert

Paris, 7. März 1839

... Wie hast Du mein Herz verwundet, daß ich den Brief von S. nicht sehr aufmerksam gelesen, ich hätte doch nicht alles so genommen wie Du. Du kannst aber recht haben, Du hast mehr Menschenkenntnis als ich – ich habe alles genommen als in der eifrigsten Freundschaft geschrieben. – Das, was er schreibt von ‚würdig sein', hat mich allerdings auch sehr verdrossen. Bist Du es denn wirklich, der das schrieb – nun, lieber guter Robert, eine andere Seite. Tue jetzt, als hätte ich die vorhergehende Seite nicht geschrieben, sieh mich mal freundlich und lieb an und umarme mich wieder mit Zärtlichkeit, ich tue es auch ...

Clara an Robert

Paris, 10. März 1839

Die Konzerte hier sind ganz furchtbar langweilig, sie dauern drei bis vier Stunden. In Gesellschaften hier ist es kaum auszuhalten; in einem kleinen Stübchen sitzen über fünfzig Damen um das Klavier herum und benehmen sich auf die fadeste Wei-

se. Diese Frivolität, dies Nichtstun, Kokettieren, das ist unglaublich ...
Eben trägt mir Emilie (sie hat die Nacht bei uns zugebracht) und Henriette auf, ich soll Dir schreiben, daß ich ganz vorzüglich gut das Frühstück mache und mich sehr liebenswürdig dabei ausnähme! Sie lassen es sich eben beide schmecken. Du hast gewiß manchmal Angst, daß ich nicht kochen kann? Darüber kannst Du ruhig sein, das lerne ich (bin ich erst einmal bei Dir) bald. Eben sagt Emilie: Um Dir die Klavierfinger zu verbrennen! – Was mir die beiden Mädels vorschwatzen von Tee, Kaffeekochen und Gott weiß was, mit dem ich Dich Ärmsten unterhalten soll!

Robert an Clara
[Wien, 11. März 1839]
Meine liebe Clara,
Dir über acht Tage lang nicht zu schreiben, ist das recht? Aber geschwärmt hab' ich in Dir und mit einer Liebe an Dich gedacht, wie ich sie noch gar nicht gekannt. Die ganze Woche saß ich am Klavier und komponierte und schrieb und lachte und weinte durcheinander; dies findest Du nun alles schön abgemalt in meinem Opus 20, der großen Humoreske, die auch schon gestochen wird. Sieh, so schnell geht es jetzt bei mir. Erfunden, aufgeschrieben und gedruckt. Und so hab ichs gerne. Zwölf Bogen in acht Tagen fertig geschrieben – nicht wahr, da verzeihst Du mir, daß ich Dich habe ein wenig warten lassen. Nun soll aber alles gut gemacht werden, und für's erste laß Dich küssen für den Brief, den ich am Dienstag erhielt. Es ist ein schöner Ton darin und Du scheinst mir immer mehr gefallen zu wollen; kurz ich bin wieder einmal schrecklich in Dich verliebt, die andere eigentliche Liebe gar nicht mitgerechnet. Auch Dein gestriger Brief war so lieb und gut. Doch macht' ich mir über manches Vorwürfe, Dir es geschrieben zu haben. So wegen des Spielens meiner Kompositionen. Und Du wirst mich am Ende für eitel und undankbar halten; aber nein, das bin ich nicht; nur Deiner Teilnahme möchte ich gern so ganz gewiß

sein – was hab' ich denn sonst auf der Welt als Dich. So auch meinte ich es gut wegen der Kompositionen von Moscheles, Bennett etc., ich glaubte, es könne Dir von Nutzen sein. Dann aber möchte ich überhaupt schon so ein wenig Deinen Mann spielen, und Dir hier und da bedeutende Winke geben; es ist aber nicht so bös gemeint. Doch sind das alles Kleinigkeiten gegen den Hauptvorwurf, den ich mir mache, daß ich Dir nämlich viel unnötige Sorge um mich mache. Denke doch nach, was hat es eigentlich Not für uns; von den 50 ersten Künstlern Wiens sind nicht zehn, die soviel Vermögen haben als wir; von Interessen kann kein einziger von ihnen leben. Also was wollen wir mehr sein und verlangen? Wir müssen uns eben dazu verdienen und da ist kein Bangen dafür.

... Verliere ja den Mut nicht in Paris; Du bist ja kaum einige Wochen dort; man wird Dich auch ohne eine langweilige ältere Dame hinnehmen, hast Du nur einmal angefangen. Deinen Vater laß Dir ja nicht kommen, höre mich, ich bitte Dich, da ginge das alte Lied und Leid wieder los. Jetzt, nachdem Du das Schlimmste überstanden, die große Reise, die ersten Anfänge und Einleitungen in Paris, jetzt führe es auch durch.

... Was Du mir so rührend schön schreibst vom Trauen während des Sterbens, dies sei Dir und mir ein Sporn, dazu zu tun, daß wir nicht ein gar zu altes Hochzeitspaar vorstellen und daß es bei 1840 bleibt. Bis dahin wollen wir uns aber versprechen, daß keines vor dem andern stirbt.

... Bei der Erzählung von der kleinen Rosalie fällt mir ein, wie ich Dich einmal als kleines Mädchen küssen wollte und Du mir sagtest „*Nein später*, wenn ich einmal älter bin"; liebe Clara, da hast Du einen ungemeinen Scharfblick und prophetischen Geist gezeigt. Schreibe gleich und unaufhörlich. Sei treu und heiter wie ich.

Robert an Clara

[16. März 1839]

Also geweint hast Du doch? Hatte ich es Dir nicht verboten?
... Wenn ich Dir nun Deine Tränen damit vergölte, daß ich Dir

für die eine immer einen Kuß gäbe und für die andere immer etwas Hübsches und Lustiges sagte, wärst Du damit zufrieden? Also erst einen Kuß – und nun gleich einen lustigen Gedanken – Liebe Clara, wenn ich und je mehr ich unsrem ersten Ehesommer in Zwickau nachsinne, desto mehr will sich die ganze Welt wie eine Rosenlaube über mich zusammenschlagen und wir sitzen drinnen Arm in Arm als junges Ehepaar und schwelgen und arbeiten – sinne nun über alles nach und über das große Glück – wäre denn Zwickau nicht zu erringen? Erstens (noch einen Kuß) müssen junge Frauen gehörig kochen und wirtschaften können, wenn sie zufriedene Männer haben wollen, das könntest Du aber unter Lachen und Scherzen bei Theresen lernen – sodann dürfen junge Frauen nicht gleich große Reisen machen, sondern müssen sich pflegen und schonen, namentlich solche, die ein ganzes Jahr vorher für ihren Mann gearbeitet und sich aufgeopfert haben – drittens wären wir aller lästigen und neugierigen Besuche ledig – viertens würden wir sehr spazierengehen können und ich [würde] Dir alle Plätze zeigen, wo man mich als Jungen durchgeprügelt – fünftens könnte uns Dein Vater nichts anhaben – sechstens und siebentens brauchten wir blutwenig und brauchten höchstens nur die Coupons abzuschneiden – achtens was würde ich alles komponieren und Du spielen – neuntens könnten wir uns gut für Wien vorbereiten – und nun Clärchen, Clara, weinst Du nicht mehr, und sieh mir einmal ins Auge – was steht alles darin? Nicht wahr, das *festeste Vertrauen auf Dich.*
... Nun genug der Worte, und küsse mich einmal, mein gutes Herzenskind. Man hat sich viel lieber, wenn man ein bißchen bös aufeinander gewesen. Es ist wie nach einem kleinen Regenschauer im Frühling.

Clara an Robert

[21. März 1839]

Ich spielte in der Matinee von Schlesinger und abends bei Zimmermann und machte besonders abends, wo viel Kenner waren, Furore. Sie nannten mich den 2. Liszt etc. In der Matinee spielte ich Variationen von Henselt (Lob der Tränen), meinen Hexentanz, *Poème d'amour*, Ständchen von Schubert und Vöglein von Henselt. Abends spielte ich *repos d'amour*, meinen Sabbat, der sehr gefällt, das Vöglein und die Caprice von Thalberg. Da muß ich Dir noch einen Spaß erzählen, der Dir beweisen wird, wie wenig musikalisch Schlesinger ist. Ich wollte nämlich die Variationen von Henselt spielen, doch Sch. meinte, den Namen Variationen nicht auf das Programm setzen zu dürfen und so sollte ich die Caprice von Thalberg spielen, und die ward dann angekündigt. Ich fand die Var. besser zum Anfang, und spielte sie, ohne jemand etwas vorher zu sagen. Sch., dachte ich, würde außer sich sein, doch machte er gute Miene zum bösen Spiel, was mich außerordentlich wunderte; endlich nachdem ich ganz fertig bin, fragt er mich: „es wäre doch recht schön, wenn Sie dem Publikum noch die Var. zu Gehör brächten, wollen Sie?" Nun sagte ich ihm, „ich hab sie ja schon gespielt!" „Ach Sie Tausend!" und ein Erröten war seine Antwort. Ach wie hab ich den ausgelacht.

... Die Kinderszenen haben mich in ein wahrhaftes Entzücken versetzt ... ach wie schön sind die, morgen muß ich sie noch wieder in aller Ruhe genießen! Bis jetzt konnte ich sie nur einmal durchspielen und zwar in Gegenwart von Halle, der auch entzückt war. Noch kenn ich diese Komposition nicht genau genug, um sie ganz beurteilen zu können, doch hat mich ganz besonders angesprochen: Das bittende Kind, Von fremden Ländern und Menschen, Glückes genug, Fürchten machen, Kind im Einschlummern und des Dichters Worte. Den Dichter kenne ich, tief in das Innere sind mir seine Worte gedrungen –

... Ach Robert, wie glücklich und wie unglücklich bin ich doch! Die Sehnsucht nach Dir greift in mein Leben, und kann ich es dann manchmal gar nicht mehr aushalten, so weine ich mich an Henriettens Herzen recht aus ...

Ich kann nicht nach London gehen ohne männlichen Schutz. Eine große Hauptsache ist auch die, daß man nach London nur nach Paris geht, und ich noch zu wenig bekannt in Paris bin, und die Zeit dazu schon zu spät ist. Meine Absicht war also, ich wollte den Sommer hier bleiben, Stunden hier geben, vielleicht

zwei Monate im Sommer nach Baden-Baden gehen, dann wieder hierher kommen, Anfang [des] Winters hier einige Unterhaltungen geben, mir Empfehlungsbriefe verschaffen, im Januar nach Deutschland kommen, mich mit Dir, mein Lieber, zu verbinden, 2 – 3 Monat in Zwickau, Leipzig oder wo Du willst, leben, und dann nach London zusammen zu gehen und da 2 – 3 Monate zu leben etc. und das Übrige findet sich dann. Ist Dir der Plan recht? ... Ich würde mich auch wohl noch viel besser auf den Klavieren einspielen; ach, sie gehen so schwer, das ist schrecklich. Und doch hab ich gestern so ziemlich gut gespielt. Dies kleine Blümchen beiliegend ist aus dem Bouquet, was ich gestern am Kleide stecken hatte; ich bekam das Bouquet von Emilie und betrachtete es als von Dir kommend. Ich glaub, ich hätte Dir gefallen gestern; ein schwarzes Kleid hatte ich an (das ist hier beliebt); ganz einfach, um das Haar eine weiße Kamelia umgeben von so weißen Blümchen, wie inliegendes, und unter den Blumen die Brosche von der Kaiserin von Österreich. Lächelst Du jetzt nicht ob meiner kindischen Beschreibung? Ach, ich weiß es aber, ich hätte Dir doch gefallen, ganz nobel sah es aus. – Am 9. April ist einstweilen mein Konzert festgesetzt, doch gibt es hier so furchtbare Mühe dabei, daß ich nicht weiß, ob die Zeit bis dahin nicht zu kurz ist ...
Soeben schlägt es Mitternacht, und ich seh den Mond an ... der Gedanke, daß wir ihn zu gleicher Zeit erblicken können, der macht mich immer so glücklich, der ist so tröstend.
Wie freue ich mich immer, je öfter ich Deine 2 letzten Briefe lese, so heiter wie Du bist, so vertrauensvoll, daß Du mir wirklich so manche Sorge verscheuchst. Sehr recht hast Du, was kann uns dann am Ende zustoßen, wir haben ja beide unser Kapital in uns, kann es denn da fehlen? Darum laß uns nur mutvoll weiterschreiten, es wird sich noch alles finden, es *muß sich finden*. Recht lieb ist es mir übrigens, daß Du von Wien weggehst, denn die Wienerinnen könnten Dich mir am Ende doch streitig machen, und besser ist es, Du gehst erst wieder dahin, wenn ich bei Dir bin – es ist sicherer.
... Weißt Du, lieber Robert, daß auch ich mir ein Rechnungsbüchelchen halte, wo ich jeden Abend vor dem Schlafengehen

meine Ausgaben hineinschreibe. Wie freut mich doch Deine Ordnung, ich weiß gar nicht, wie sehr ich Dich immer loben soll und besonders, daß Du mich Dir zur Braut genommen und nicht eine andere, das war doch Deine beste Tat.
Wem hast Du denn Deine Kinderszenen gewidmet? Nicht wahr, die gehören nur uns beiden, und sie gehen mir nicht aus dem Sinn, so einfach, so gemütlich, so ganz ‚Du' sind sie, schon kann ich morgen nicht erwarten, um sie gleich wieder zu spielen. Da fällt mir eben das Fürchtemachen ein, das verstehst Du so gut. Vor einigen Jahren hattest Du immer Deinen Spaß mit mir, wenn Du mir zum Beispiel von Doppelgängern erzähltest, oder weiß machtest, Du habest ein Pistol bei Dir. Manchmal muß ich noch lachen ... ich war aber auch eine, daß ich Dir alles glaubte – Du Lügner! Das Fürchtemachen verbitte ich mir späterhin, besonders wenn wir des abends allein beieinander sitzen. Gute Nacht, mein Robert! Du mein Hoffen, Lieben, mein Alles.

Clara an Robert

[24. März 1839]

Ach, wie unbeschreiblich schön sind doch Deine Kinderszenen ... könnte ich Dich nur küssen! – Gestern dachte ich und denke es auch immer noch, ist es denn wahr, daß der Dichter, der da spricht, mein sein soll, ist denn das Glück nicht zu groß? Ach, ich kann's nicht fassen! Mein Entzücken steigert sich mit jedem Male, daß ich sie spiele. Wieviel liegt doch in Deinen Tönen und so ganz versteh' ich jeden Deiner Gedanken, und möchte in Dir und Deinen Tönen untergehen. Dein ganzes Innere offenbart sich einem in diesen Szenen, diese rührende Einfachheit, als z. B. „Das bittende Kind!" – man sieht es, wie es bittet mit zusammengefalteten Händchen, und dem Kind im Einschlummern! Schöner kann man die Augen nicht schließen. In diesem Stück liegt so etwas Eigenes, so etwas Abenteuerliches, ich suche immer die Worte. Das erste „von fremden Ländern und Menschen" war schon von früher her ein Lieblingsstück von mir ... die „kuriose Geschichte" lieb ich auch sehr,

jetzt aber „Haschemann", das ist spaßhaft, ganz außerordentlich geschildert. „Glückes genug" brachte in mir ein so ruhiges Gefühl hervor, und der Gang nach F-dur, der ist so erhebend; ist es Dir dabei nicht, als wolltest Du aufgehen in Deinem Glück? – Die „wichtige Begebenheit" spiel ich gern und sehr gewichtig; der zweite Teil ist köstlich. „Träumerei" – bei diesem glaube ich, Dich am Klavier zu sehen – es ist ein schöner Traum. Der „Kamin" ist ein deutscher, diese Gemütlichkeit findet man an keinem französischen Kamin. Doch eben fällt mir ein, daß ich ja heute tue, als sei ich ein Rezensent! Nimm mir meine Auseinandersetzung nicht übel, ich möchte Dir so gern schildern, welche Gefühle ich bei diesen Stücken hab, doch ich kann es nicht. Schreib mir doch, wenn Du einmal Zeit hast, etwas über diese Szenen, schreib mir, wie Du sie willst gespielt haben, schreib mir Deine Gedanken dabei, ob es die meinen sind. Schreib mir – schreib mir doch auch, ob Du mich noch immer so lieb hast? ...
Hast Du die italienische Oper einmal gehört? Gestern war ich in Lucia, welches mir die liebste Oper von Donizetti ist, und zum Schluß der Oper ist eine Arie vom Tenor, die müßte Dir doch gefallen, die müßte Dich einen Augenblick hinreißen ...

Robert an Clara
Wien, den 30. März 1839
... Nur wenig kann ich Dir heute schreiben und ich hätte doch so unendlich viel Dir zu sagen ... Ich bot in den letzten Tagen meine ganze Kraft auf, auch zwei große Kompositionen zu vollenden, die ich schon an Mechetti vergeben habe, doch ist es die Frage, ob ich sie fertig bringe, da ich in Leipzig nötig geworden – und – hörst Du, auch in Zwickau – mein Bruder *Eduard* ist *sehr krank* – Freitag, den 5ten reise ich von hier fort – mit manchen Gefühlen – Du magst sie alle erraten – ich brauche mich keines einzigen zu schämen ... Es stehen uns vielleicht Prüfungen bevor, wirst Du treu ausharren? ...

Robert an Clara

[31. 3./1. 4. 1839]

Wie es wieder einmal gestern in meinem Herzen aussah, kann ich Dir nicht sagen. Therese hat mir einen trostlosen Brief geschrieben; ich kenne diese Briefe, denen dann gleich die Todesnachricht folgt ... Eduards Tod könnte auch für uns ein Unglück sein – aber sorge Dich noch nicht, meine Clara – verschweigen darf ich Dir nichts und Du erfährst alles von mir. Wenn ich nun ein ganz armer Mann würde und Dir selbst sagte, Du möchtest von mir lassen, weil ich Dir ja nichts als Sorgen mitbrächte – würdest Du dann nicht von mir lassen? –
... Dein Brief bist wieder einmal Du selbst in Deiner Unwiderstehlichkeit ... fahre nur so fort, meine Liebe – Du wirst einmal aus mir machen können, was Du willst, bis auf Bellini.
... Wegen Deiner Reise nach London hast Du ganz recht; ich wollte Dir ungefähr dasselbe schreiben ... Bist Du denn immer ordentlich mit Geld versehen? ... Verzeih mir nur die schweren Kosten, die ich Dir so oft durch Mitschicken anderer Briefe verursache; aber ich muß Deine Liebe zu mir durch solche Briefe manchmal begießen (wie einen Blumenflor), damit sie immer hübsch frisch bleibe und dufte – Ein höchst eitler Mensch, dieser Mr. R. Schumann, nicht wahr? – Ich kann Dir ja jetzt so wenig Freuden machen, als durch solche Mitteilung; und freuen muß es Dich gewiß, wenn ich auch ein wenig geschätzt werde.
... Und nun nimm meinen schönsten Glückwunsch zu Deinem ersten Auftreten und versprich mir, es immer so herrlich zu machen als nur in Deinen Kräften steht – dann wirst Du mich immer mehr und mehr beglücken, obgleich das kaum möglich ist. –
... Wenn Du mich fragst, ob ich Dich noch liebe – Ja! Ja! Ja!

Clara an Robert

[3. April 1839]

... Mein Konzert wird den 16. April stattfinden, denke um $^1/_2$ 9 Uhr an mich, da beginnt es. Ach, meine Angst! Sie steigt mit

jedem Male, daß ich spielen muß, ich weiß nicht, was das ist! Hauptsächlich ist mir so Angst um Deinetwillen, denn ich weiß, gefiele ich nicht, Du wärest außer Dir.
... Neulich war ich bei Meyerbeer zu Tisch und traf da Heine und Jules Janin. Ersterer ist sehr geistreich, letzterer aber roh ... macht fortwährend Witz, der nicht geistlos ist, doch schrecklich ist es mir, daß er selbst am meisten über seine Witze lacht. Heine spricht mit Bitterkeit von Deutschland – er will mich nächstens besuchen sowie Auber, Onslow, Halevy etc.

Clara an Robert
Donnerstag früh, den 4. 4. 1839
Das ahntest Du wohl nicht, daß ich heute um 2 Uhr noch am Klavier saß und Deinen Carnaval spielte? – Ich war bei einer Gräfin Perthuis und die Kenner waren noch alle geblieben, und ich spielte denn da das meiste aus dem Carnaval, dann von Chopin, von mir, Scarlatti etc. Gestern machte ich wirkliches Furore. Sonderbar ist es mir, daß mein Scherzo hier so sehr gefällt, immer muß ich es wiederholen.
... Höre Robert, willst Du nicht auch einmal etwas Brillantes, leicht Verständliches komponieren, und etwas, das keine Überschriften hat, sondern ein ganzes zusammenhängendes Stück ist, nicht zu lang und nicht zu kurz? Ich möchte so gern etwas von Dir haben öffentlich zu spielen, was für das Publikum ist. Für ein Genie ist das freilich erniedrigend, doch die Politik verlangt es einmal.
... Im Conservatoire zu spielen hält ungeheuer schwer, und dringt man endlich durch, so kann man doch nur einmal spielen und das am besten Solo, um von niemand abzuhängen ... die Kabalen sind hier furchtbar. Mit England hast Du sehr recht, einen Triumph muß man erst hier in Paris erfochten haben, und da es dies Jahr zu spät dazu ist, so bleibe ich diesen Sommer hier und gebe im nächsten Winter noch Konzert hier, dann denke ich, für England genug bekannt zu sein. Fugen von Bach will hier kein Mensch hören, auch nicht Kenner.

... Henriette bleibt den ganzen Sommer hier und bald wohnen wir nun alle zusammen. Die liebe Emilie liebe ich doch jetzt noch viel mehr als früher, auch, weil sie Dich liebt. Sie hat doch viel mehr Herz als man glaubt, kennt man sie nicht genau. Mein guter Robert, sei nicht unruhig, wenn ich Dir jetzt lange nicht schreibe, denn jetzt muß ich alle meine Sinne auf mein Konzert wenden, habe eine Menge Besorgungen und darf mir durchaus keine steifen Finger mit Schreiben machen.

Robert an Clara

[Prag, 7. April 1839]

... Wie innig und immerwährend hab' ich Deiner auf der Reise gedacht, das kann ich Dir gar nicht beschreiben. Oft hatte ich auch das schöne Bild, Du schwebtest wie ein Schutzengel neben dem Wagen einher – ich sah Dich ordentlich in schönen Gewändern, mit Flügeln und liebenden Augen – gewiß hast Du gestern und vorgestern recht mit Liebe an mich gedacht.
... Sobald ich meine Gedanken zusammenhabe in Leipzig, schreib ich gleich. Ich will gleich mit aller Kraft an die Zeitung. Was werde ich für Nachrichten von Theresen vorfinden. Hoffst Du noch nach solchem Brief? Ich nicht viel und doch kann ich es nicht glauben, daß Eduard tot sein könne. Von einer Ahnung schrieb ich Dir; ich hatte sie in den Tagen vom 24. bis zum 27. März bei meiner neuen Komposition; es kommt darin eine Stelle vor, auf die ich immer zurückkam; die ist, als seufzte jemand recht aus schwerem Herzen: ‚ach Gott'. – Ich sah bei der Komposition immer Leichenzüge, Särge, unglückliche, verzweifelte Menschen, und als ich fertig war und lange nach einem Titel suchte, kam ich immer auf den: *Leichenphantasie* – Ist das nicht merkwürdig – Beim Komponieren war ich auch oft so angegriffen, daß mir die Tränen herankamen und wußte doch nicht warum und hatte keinen Grund dazu – da kam Theresens Brief und nun stand es klar vor mir.
... Bleib nur ruhig und verliere den Mut nicht, wenn uns ein Unglück träfe. Das Geschick hat uns zusammengefesselt, Du

wirst Dich nicht losreißen, auch wenn die Ketten drücken sollten; nicht wahr ... nicht?
... Dienstag bin ich jedenfalls in Leipzig. Gleich schreib ich Dir, meine Clara ... Grüße mir Deine Freundinnen, vergiß es nicht. Viel Schönes flüstere ich Dir noch ins Ohr: hörst Du? Adieu.

Clara an Robert
[Paris, 9. April 1839]
... Du fragst, ob ich nicht von Dir lassen würde, wenn Du ein ganz armer Mann würdest! Ein Mann wie Du, mit einem solchen Geist, mit einem solchen Herzen kann nie arm sein. Du kannst hingehen, wo Du willst, Dir steht die ganze Welt offen, und mein Herz ist ja Dein – konntest Du im Ernst mir diese Frage stellen? Freud und Leid will ich mit Dir teilen, mein Herz gehört nur Dir und ließest Du von mir, mein Herz bliebe dasselbe, mein letzter Seufzer solltest Du sein. Deine Trauer wegen Eduard teile ich, doch gib noch nicht alle Hoffnung auf ...
Vor einigen Tagen [ist ein Brief des Vaters gekommen] an Emilie (heimlich), wo er ihr schreibt, wenn ich nun nicht von Dir ließe, so würde er mich nicht mehr als sein Kind betrachten, mir mein Erbteil nehmen, auch mein kleines Kapital und einen Prozeß gegen uns beide beginnen, der 3–5 Jahre währen könnte. Das sind schöne Hoffnungen, doch ich verliere den Mut nicht. Bis zu der Zeit unserer Verbindung laß uns noch alles versuchen, ihm Beweise zu geben von unserem guten Auskommen (das ist wohl der Hauptgrund seines Zornes) und ihn auf alle Weise zu besänftigen suchen; will er dann doch nicht und verstößt er mich, nun, so kann ich meine Handlung doch vor Gott rechtfertigen. Wenn ich mir es so eigentlich überlege, so ist es mir doch schon jetzt, als hätte ich keine Eltern mehr, denn von Hause höre ich gar wenig liebes ...

Robert an Clara
[Leipzig, 10. April 1839]

Meine geliebte Braut!
Unser guter Eduard ist tot – früh halb drei Uhr vorigen Sonnabend hörte ich auf der Reise genau einen Choral von Posaunen – da ist er gerade gestorben – ich weiß gar nicht, was ich dazu sagen soll, und bin noch von so vielen Anstrengungen wie stumpfsinnig. – Freute mich so sehr auf das Wiedersehen meiner Brüder, Theresens und meiner Freunde hier – da ist mir nun alles getrübt worden, und was das Schicksal noch mit mir vorhat, ich mag gar nicht daran denken. Vielleicht will es mich durch so viel Prüfungen hindurch zum Glück führen und mich ganz selbständig und zum Manne machen. Eduard war noch der einzige, auf den ich mich wie auf einen Schützer verließ – er hielt immer so treu sein Wort – wir haben nie ein böses Wort miteinander gewechselt; seine letzten Worte waren, als ich von ihm Abschied nahm, „es wird Dir schon gut gehen, Du bist ein gar zu guter Mensch" – ich sah ihm aber etwas in den Augen an, was ich den Todeszug nennen möchte; er hatte mir noch bei keinem Abschied so liebe Worte gesagt. Auch daß er ohne allen Grund noch einmal nach Leipzig kam, fiel mir auf. Der Himmel wollte gewiß nur, daß er Dich an meiner Hand einmal sah – weißt Du noch auf der Promenade? Und wie ich zu ihm sagte: ‚Nun Eduard, wie gefallen wir Dir?' Ich weiß, wie er stolz darauf war, daß Du mich liebtest und den Namen unserer Familie einmal führen wolltest. – So viel Schmerzliches fällt mir noch ein – aber das schöne Bewußtsein habe ich für mein ganzes Leben, daß ich immer treu brüderlich an ihm gehandelt habe, wie er immer an mir – Es geht nichts über zwei Brüder – und nun hab ich auch diesen verloren – doch warte nur, ich will deshalb nicht ermatten.

... Dein Angedenken erhielt ich gestern durch Reuter ... Ich danke Dir, mein gutes Kind – Du kannst nicht sein, ohne zu erfreuen – Du bist ja immer meine Freude – ohne Dich wär ich schon längst da, wo Eduard nun ist – Ist es denn möglich, daß ich ihn nicht wiedersehen soll? ... Wie so sonderbar, daß ich mich bei unseren Zukunftsträumen noch einmal mit aller Wärme so innig an Zwickau hing, das nun ganz tot für mich ist und nur Gräber für mich hat, und wie viele! Oder komme ich vielleicht auch noch zu ihnen? – Es ist aber heute ein Frühlingstag draußen, der hebt mich ganz in das Leben hinaus und ich denke an kein Sterben, wenn Du noch lebst – glaubst Du nicht, daß auch etwas vom Willen abhängt, von der inneren Energie, von der Hingebung für ein Wesen, was uns länger am Leben erhält? Und so laß uns nur *getreulich ausharren*...

Clara an Robert
[13. 4. 1839]
Mein Konzert hab ich gestern ganz glücklich überstanden, ich wollte, Du wärest dagewesen, wahrhaftes Furore hab ich gemacht, wie man sich lange bei keinem Künstler erinnern kann... Es war ungeheuer voll, doch sind die Kosten so groß in Paris, daß nichts übrig bleiben kann, was ich auch gar nicht anders erwartet habe – mein *renommé* ist gemacht und das ist mir genug...
Ich hoffe, Du bist ruhig, mein Lieber. Eduards Tod kommt mir immer noch wie unmöglich vor, und schmerzlich ist es mir, daß er uns nicht vereint sehen konnte; doch, mein Robert, laß den Mut nicht sinken! Denke nur immer, eine bleibt Dir bis in das Grab – wenn Du alles verlierst... Die Eine, die mit der grenzenlosesten Liebe an Dir hängt!
Ja, die bin ich!
                                                               Deine Clara

Robert an Clara
                                    Leipzig, den 17. April 1839
... Verzeihe mir, meine Liebe, daß ich Dich zwei Tage länger warten lassen als ich versprochen. Dir zu schreiben war wohl möglich, aber gut zu schreiben, bei so vieler Kopf- und Geistesanstrengung unmöglich. Nun wird wieder alles ruhiger

in mir, und Du sollst vor allem erfahren, was um mich und in mir vorgegangen.

... Bürgerlich stehe ich jetzt an einem Wendepunkt ... Mein ganzes Sinnen ... ist auf Dich gerichtet, es ist jetzt der Zeitpunkt, wo ich sie mehr als je sichern könnte. Mit einem Worte, meine Clara, es ist möglich, daß ich die Buchhandlung als Chef übernehme, vielleicht im Verein mit Friese, da ich mich doch nicht ganz der Musik entziehen darf, also einen ehrlichen Geschäftsmann und Buchhändler zur Seite haben muß ... Später ließe sich Musikhandel damit verbinden, wo es ja gar nicht fehlen könnte, da wir ja auch von der Zeitung unterstützt werden in unseren Unternehmungen und ja auch von allen Komponisten mit leichter Mühe Manuskripte erhalten ... Schreibe mir doch Deine Gedanken, ob Du mir ½ Frau Buchhändlerin werden willst. Wie gesagt, das einzige würde mich abhalten, daß ich dadurch ... der Kunst ganz entzogen würde ... und die Musik und die Komposition ist ja mein höchstes Glück und Gut, das ich ja auch nicht wegwerfen möchte. Friese ... dürfte nichts ohne mich unternehmen, müßte mir wöchentlich Buch- und Rechnung ablegen pp. ... Schreibe mir gleich über Dein Konzert, über alles, hörst Du? Hast Du nichts Neues fertig – schreibe mir doch auch darüber, und nicht allein immer vom Heiraten, auf das Du so erpicht bist, obwohl ich auch ...

Robert an Clara

Leipzig, den 21. April 1839
... Mein geliebtes Herzenskind, Gott grüß und segne Dich. Seit einigen Tagen hatte mich ein Trübsinn und eine Mattheit überfallen, von der ich wohl die Ursache weiß – die Sehnsucht nach Dir aber gibt mir immer wieder neues Leben. Dann fliehen die Todesgedanken. Ach, daß ich Dich habe! ... Die Zeit rückt immer näher, unsere Jugend geht dahin und die Welt begreift es schon lange nicht, warum wir so lange zögern ... Carl ist herzensgut, Du wirst Deinen Spaß später an ihm haben und er wird Dich oft necken, was Du Dir nicht gefallen lassen

wirst. Dein Leben in Schneeberg auf einige Wochen denke ich mir recht hübsch und poetisch. Du kennst so ein Leben gar nicht, da Dein Vater keinen häuslichen Sinn hat und überall zu viel... und ewig agitiert. Ich besuche Dich auch manchmal in Schneeberg. Wir gehen dann in Carls Gärtchen spazieren und die Kinder werden an Dir heraufspringen und sagen „liebe Tante" und dann bist Du schon Tante, und wer weiß, was Du noch alles wirst? – Gestern machte ich die Korrektur der Novelletten, sie sind 54 Seiten stark. Härtels hätten aber 100 daraus machen können. Auch Mechetti brachte zwei Korrekturen, da bin ich denn recht im Arbeiten und die Zeitung nimmt mir auch viel Zeit. Die Pause, die ich feierte, war übrigens gesund und stärkend, mir ist's, als fing ich die Zeitung wieder von neuem an ... Nun sind es sieben Monate schon wieder, daß ich Dich nicht sah ...

Robert an Clara
Leipzig, den 29. April 1839
Glücklich bin ich, daß Du so schön gespielt und gefallen hast. In allen Zeitungen lese ich es. Nun säume nicht, bald zu Hof zu spielen und an Dein zweites Konzert zu denken. Sammle Dir auch die Blätter, wo über Dich Aufsätze stehen, es wird uns in späteren Jahren noch erfreuen; auch ich tue so ... Weinen aber möchte ich die bittersten Tränen, wenn ich denke, daß mich die Verhältnisse doch am Ende dazu zwingen, meiner Kunst späterhin nach und nach entsagen zu müssen. Lieber möcht ich trocken Brot essen ...

Clara an Robert
Paris, d. 2. 5. 1839
Mein innigst geliebter Robert,
mit schwerem Herzen gehe ich heute daran, Dir zu schreiben, ich muß Dir mitteilen, was schon lange in mir gekämpft, und heute zum Entschluß gekommen ist – es betrifft doch unser beider Glück. Unaussprechlich unglücklich macht mich der

Gedanke, noch länger von Dir getrennt zu sein, doch laß den Mut nicht sinken, bleib' ich doch stark! Wir können uns nächsten Ostern noch nicht verbinden, wir würden nicht glücklich sein. Laß mich ganz offen zu Dir reden, mein geliebter Robert. Zweierlei würde unser Glück trüben, erstens die unsicherste Zukunft und mein Vater; meinen Vater mache ich höchst unglücklich, wenn ich mich mit Dir verbinde, ohne eine sichere Zukunft vor Augen zu haben; meinen Vater würde der Kummer um meinetwillen in das Grab bringen und die Schuld müßte ich dann tragen, keinen Augenblick Ruhe hätte ich, immer stünde das Bild meines Vaters vor mir, und ich hätte Vaters, Deines und mein Unglück zu tragen; Du würdest Dich höchst unglücklich fühlen, so wie ich Dich kenne, solltest Du nur ein einziges Mal um unser Leben besorgt sein müssen, wir würden beide als Künstler in Sorgen untergehen. Das stand mir alles so lebhaft vor der Stelle, daß ich es endlich nicht mehr aushalten konnte, ich muß es Dir mitteilen, und sprach auch mit Emilie darüber, die mir recht gab, und Du, mein Robert, siehst es gewiß auch ein. Sieh, wenn wir nur ein kleines sicheres Auskommen haben, so sind wir schon geschützt, wir können uns einschränken und dabei höchst glücklich leben, der Vater gibt dann auch seine Einwilligung; er schreibt gestern, er gäbe sogleich seine Einwilligung, sobald er sähe, daß Du mir eine sorgenlose Zukunft versprechen könntest – doch ich sehe gewiß auf mich nicht so als auf Dich – Du fühltest Dich gar zu unglücklich, solltest Du durch Sorgen Dein schönes Künstlerleben trüben müssen – ich halte es für meine Pflicht, Dich davor zu bewahren.
Sieh, Robert, wenn der Vater seinen Prozeß beginnt, so kann er sich sehr gut ein Jahr hinausschieben, wir werden immer unglücklicher dabei, Du mußt vor dem Gericht ein Gewisses, ich glaube 2000 Taler vorweisen können, und nicht einmal das bedarf es, um vom Vater gutwillig das Jawort zu erhalten. Vater fühlt sich gar zu unglücklich, ich kann ihn nicht so betrüben. Er schreibt, wenn er sähe, daß Du ein sicheres Einkommen erlangtest, so würde er gewiß jedes Opfer bringen, uns zu unserer Verbindung zu verhelfen, er wolle nichts als eine sorgenlose

Zukunft für mich, und das willst Du ja auch. Warten wir noch ein halbes oder ganzes Jahr, so können wir beide noch vieles tun und sind alsdann doppelt glücklich. Meinst Du nicht auch? Ich kann mir wohl denken, wie schrecklich Dir es sein muß, daß ich Dir dies schreibe, doch glaubst Du nicht, wie schwer mir dieser Gedanke, dieser Entschluß wurde. Du kannst Dich gar nicht unglücklicher fühlen als ich, doch laß uns standhaft sein, und es wird zu unserm Glück führen. Ich hab an Vater geschrieben, er möge mir das Versprechen seiner Einwilligung geben, wenn Du ihm ein Einkommen von 1000 Taler aufweisen könntest, ich verspräche ihm meinerseits, daß ich in keine Verbindung mit Dir eingehen würde, erwarteten uns nicht sorgenlose Tage. Ich mußte es! Ich schrieb es ihm aber auch, ich ließe *nie* von Dir, ich könne *nie* wieder lieben, und beteure es Dir nochmals. *Nie* laß' ich von Dir, nie werde ich aufhören, Deine treue Clara zu sein. Ach, welchen Kampf hab ich gefochten, ehe ich mich diesmal entschloß, Dir zu schreiben, Dich aus Deinen schönsten Hoffnungen zu reißen, ich vermochte jedoch nicht, länger diese Gedanken allein zu tragen. Nicht wahr, Robert, Du bist ein Mann und gibst Dich keinem zu großen Kummer hin? Du kannst Dir wohl denken, wie mir jetzt zumute ist, welch unendliche Sorge ich um Dich hege, ach, wäre ich doch bei Dir! Meine Sehnsucht ist unnennbar groß. Der Gedanke, Du könntest mir einen Augenblick zürnen, macht mich ganz trostlos, doch nein, Du weißt ja, wie ich Dich liebe, Du weißt ja, daß Du nie mehr so geliebt werden kannst, daß kein Mann so geliebt wird wie Du. Bist Du das überzeugt? Ich bitte Dich inständigst, schreib mir gleich und alles, was Du fühlst, sei es auch Zorn, und das schreib mir, ob Du mich auch noch liebst? Ich liebe Dich mit jeder Stunde mehr – glaubst Du mir das? Vater will diesen Sommer hierher kommen und alsdann mit mir nach Belgien, Holland, England etc. gehen; ich sehe ein, daß ich viel mehr ausrichten kann mit dem Vater als allein; nicht etwa, daß mir der Mut fehlte, oh nein, ich war ja entschlossen, alle diese Reisen allein zu machen, doch man ist schon überall mehr angesehen in männlicher Begleitung.
Der Vater schrieb mir gestern einen freundlichen Brief, jedoch

einen um so verzweiflungsvolleren an Emilie, der mir mein Inneres hätte zerreißen können, und er veranlaßte mich zu so schnellem Entschluß eines Gedankens, mit dem ich schon lange umgegangen war. Ich schrieb dem Vater einen Brief, wenn der ihn nicht erweicht, dann weiß ich nicht mehr, was ich sagen soll, ich werde Dir seine Antwort sogleich mitteilen, aber ich bitte Dich auch, mein guter Robert, laß mich nicht lange in dieser furchtbaren Unruhe leben ...
Ich kann Dir heute nichts weiter schreiben, mein Herz ist zu voll und gewiß auch das deine. Ist ein Wort in diesem Briefe, das Dich verletzt, so verzeihe es mir; kalt komme ich Dir vielleicht vor, doch schlug je mein Herz warm für Dich, so ist es jetzt. Ich kann Dir nicht mehr sagen – schreib mir gleich wieder, und beruhige mich.
Schone ja Deine Gesundheit, so oft sagte ich Dir es schon – Dein Leben ist das meine. Ich küsse Dich in innigster, unwandelbarster Liebe.

Deine treue Clara
Bleib mir so treu wie ich Dir bis in den Tod. Nur noch Deine Hand laß mich drücken! – Ach, könnt ich Dich sehen, Dir Mut zusprechen – Deine Gefühle teilen. Der Himmel schütze Dich – möge er meine Gebete erhören!

Robert an Clara
           Leipzig, den 2. Mai 1839
... Zu heut abend hab ich mir den Aktuar Her[r]mann bestellt, daß er mir alle sächsischen Gesetzbücher mitbringt, damit ich Dir dann alles berichten kann ... Auch besorge ich jetzt die literarische Korrespondenz der Buchhandlung und so bekommst Du am Ende einen rechten Zahlenmenschen an mir anstatt einen warmen Künstler. An meinen Briefen mußt Du's merken, doch warte nur, der Poet ist nie in mir ganz zu unterdrücken, ja, ich fürchte ihn in seinen feurigen Stunden. – Wie lebst Du eigentlich? Wie vergeht Dein Tag? Du schriebst mir nie darüber. Gehst Du nicht manchmal ins Freie mit Deinen

Freundinnen? ... Nimmst Du viel Besuche an, tust Du viele? ... Kurz, gib mir ein Bild, daß ich mir recht deutlich Dich immer denken kann. Glaubst Du wohl, wenn man sich so lange nicht sieht, verliert die Gestalt in der Erinnerung doch an Schärfe – darum bat ich Dich vielleicht auch um Dein Bild? Wie? ... Nun, lieb Clärchen, laß Dir mit einem Kuß noch einige gute Lehren erteilen: 1.) schreibe mir oft und viel; 2.) benütze Deine Zeit, komponiere, spiele ... ; 3.) *ziehe Dich nicht so sehr zurück*, damit man immer weiß, was für eine Künstlerin in Paris ist; 4.) denke an Dein zweites Konzert, leite es schön ein ... Du bist brav gegen mich gewesen, dieses schöne Zeugnis muß ich Dir einmal vor dem Höchsten geben. Bald hörst Du wieder von mir. Für heut will ich Dir ein inniges Adieu zuflüstern, Dein

             ewiger Robert

Robert an Clara
     Leipzig, den 4. Mai 1839, Sonnabend früh
    Mein herzgeliebtes baldigstes Eheweib!
Gestern früh hab ich mit Reuter gesessen und gerechnet und überlegt und herausgebracht, daß wir uns eigentlich doch viel unnötige Sorgen machen und uns (wenn Du, Du Hartnäckige nur wolltest) schon morgen nehmen könnten ...
Ich erschrecke über unsere Reichtümer, wenn ich sie mit denen anderer vergleiche; wie gütig ist der Himmel gegen uns, daß wir nicht für das tägliche Brot zu arbeiten brauchen; es reicht gerade so gut aus für zwei so schlichte Künstler wie wir; es macht mich glücklich, dieser Gedanke.

Dein Vermögen	4 000 Taler
Mein Vermögen	
1. In Staatspapieren	1 000 Taler
2. Bei Karl	4 000 Taler
3. Bei Eduard	3 540 Taler
4. Aus Eduards Nachlaß	1 500 Taler
	14 040 Taler.

Dies gibt Zinsen	560 Taler
Sonstige Einnahmen jährlich	
Von Friese	624 Taler
Verkauf von Musikalien	100 Taler
Verdienst durch Komposition	100 Taler
Also Einnahmen im Jahr	1 384 Taler.

Bin ich nicht ein Haupt-Rechenmeister ... Und könntest Du nicht gleich zu mir kommen, wenn ich etwa durchaus wollte? Und können wir nicht dann auch einmal Champagner trinken, oder auch Theresen etwas schicken, wenn sie es brauchen sollte, oder Deiner Mutter? Kurz, sorge Dich nicht, mein Clärchen! Bin ich doch so wenig leichtsinnig, wie Du! Und wie hab ich das Geld schätzen gelernt! Glaubst Du, ich muß mich manchmal ordentlich gegen Anfälle von Geiz waffnen.

[Es fehlen ein weiterer Brief Claras und Schumanns Antwort. Diese beiden Briefe, Claras neue Lebensplanung betreffend, wurden von Schumann vernichtet.]

Clara an Robert

[13. Mai 1839]

... Sag mir, mein guter geliebter Robert, was soll ich tun, Deine sanfteren Gefühle für mich wiederherzustellen? Bitte, sag es mir, ich bin nicht ruhig, wenn ich Dich in Groll gegen mich weiß. Du hast mich mißverstanden, das war das ganze Übel, und hast an mir verzweifelt – das hättest Du nicht gesollt! ... Nichts kann mich mehr kränken, als wenn Du meinen Charakter und meine Liebe zu Dir verdächtigst, das verdiene ich nicht und auch ich könnte bitterböse sein – wenn ich es könnte! – Küsse mich in Deiner alten Liebe, wie ich Dich mit immer erneuter; ich liebe Dich gar zu sehr und bald will ich es Dir beweisen; durch nichts lasse ich mich abhalten, Ostern bei Dir zu sein, *vertraue darauf.* Was hast Du mir wieder bittere Tränen gekostet! Ich bin so unglücklich, Dich nur einen Augenblick betrübt zu haben, und habe gar keine Ruhe jetzt, bis ich nur erst wieder eine beruhigende Nachricht von Dir hab, und die Versicherung Deiner wiederhergestellten Gefühle für mich – schreib mir ja gleich, bitte.

... Gestern waren wir auf dem Punkt auszugehen, als wir durch den Ruf ‚Revolution' zurückgeschreckt wurden; in der ganzen Stadt wurde die Nationalgarde zusammengetrommelt, von Nachmittag 3 Uhr an bis nachts 12 Uhr wurde in einem fort geschossen, über 50 Menschen wurden getötet. Die Tuilerien gleichen einem Lager; die ganze Nacht war das Schloß von Militär umlagert, das um brennende Feuer im Schloßhof herumlag ... Heute soll man wieder auf der Straße ohne Gefahr gehen können, was mir sehr lieb ist, indem ich doch auf die Post gehen muß.

Heute ist ein recht trüber Tag – so trübe Wolken stimmen mich so ganz sonderbar, und heute Dein Brief an Emilie und Henriette dazu! Ich wäre trostlos, hättest Du nicht noch Erbarmen mit mir gehabt und mich am Schluß noch Dein Clärchen genannt.

... Soeben reiten die Herzoge von Orleans und Nemours in den Straßen herum, um das Volk zu beruhigen. Der König ist bestürzt, die Königin zittert – ich bin am schlimmsten daran, denn mit meinem Spiel bei Hof ist es *sehr* wahrscheinlich aus, und war so ziemlich gewiß.

Nun, mein lieber Robert, will ich Dich noch ein wenig ärgern, ich will mir die Revolution ein wenig ansehen, das interessiert mich doch gar zu sehr – hoffentlich geschieht mir nichts. Ich küsse Dich in heißester Liebe und von ganzer Seele. Dein treues Mädchen, bald Dein glückliches Weib.

Robert an Clara

[18. Mai 1839]

Draußen regnets und braust es. Innen aber hab ich schönsten Sonnenschein und es ist mir, als müßte ich die ganze Welt umarmen. Lieb Clärchen, ich wünschte Dich zu mir, wünschte, daß Du in mein Herz sähest. – Zwar wollte ich mich noch vor wenigen Tagen aus der Welt schaffen auf die schnellste Weise, wartete aber doch erst noch die Briefe ab. Sie erinnerten mich sehr an ein Mädchen, das ich einmal geliebt zu haben glaube. Auch schien mir, als liebe sie mich noch, ja als habe sie mich nie inniger und treuer geliebt, obwohl sie ein sehr hastiger und jäher Charakter, dabei aber seelengut – kurz, ich fing an, mich auch wieder zu befreunden mit mancherlei, erstens mit dem Mädchen selbst, indem ich ihr Stirn und Wangen streichelte, wo sie so hold sieht, dann auch mit mir, der ich so bös auf mich war, so bös sein zu müssen. Auch Nebengedanken faßte ich ... dachte an Pfingsten über's Jahr; sah mich als Hausvater und vorher im Bräutigamstaat, dachte an mancherlei ... so ist der heutige Tag herangekommen, der Tag vor Pfingsten, an dem mir immer die Taube mit dem Ölzweig in Sinn kommt, das schöne Frühlings- und Friedensfest; so laß Dich denn küssen, meine älteste Geliebte – Daß ich Dich habe! Daß ich Dich wieder fest und entschlossen weiß! Und daß ich Dich so hart anreden mußte, wie in meinen letzten Briefen! Konntest Du eine andere Antwort erwarten? Frage Dich, setze Dich an meine Stelle. – Am meisten hatte mich Dein zweiter Brief verletzt – liesest Du ihn einmal später, Du wirst nicht glauben, daß Du ihn geschrieben. Sodann, alles kam zusammen. Dein Vater hatte auf die empörendste Weise sich von neuem gegen mich erklärt ... Von meinen Freunden, von Theresen, die hier war einige Tage, von allen ohne Ausnahme mußte ich so viel hören, was mein Ehrgefühl auf das Fürchterlichste aufreizte; sie sagten alle, daß ich doch immer gar zu unwürdig behandelt worden wäre in dieser ganzen Sache und daß Du unmöglich eine große Liebe zu mir haben könntest, wenn Du das länger alles dulden wolltest – dazu nun Dein zweiter Brief, so totenkalt, so unzufrieden, so widerspenstig. – Mein Brief an Emilie war die Folge. Ich konnte nicht anders, ich mußte mich so zeigen, mit so zerstörtem Herzen ich es auch tat. Die Tage waren fürchterlich. Solche Gemütsaufregungen dringen mir gleich durch den ganzen Körper, bis in die kleinste Faser ... Wo Du nur im Spiel bist, sind alle

meine Lebensgeister doppelt tätig – es greift mir gleich ins innerste Mark. – Ist es [da nicht] natürlich, daß ich so schreiben und handeln mußte, wie es Dich freilich schmerzen mußte? Eine Warnung sei Dir das, meine liebe Clara, daß Du immer in der Zukunft recht schonend mit mir umgehen mögest – es kommt so viel auf die *Form* an, in der man etwas ausspricht – Du hättest mir dasselbe sagen können, wenn Du die Worte ruhiger und besonnener gewählt hättest – so aber tatest Du es in der höchsten Aufregung, ganz plötzlich, ohne daß ich etwas ahnte, in so kurzer und entschiedener Weise, daß ich an Deinem Innern zweifelte, ob es sich nicht umgewandelt habe. Deinen Brief erbrach ich mit Zittern, las weiter und weiter, es war mir, als öffnete sich mir wieder eine Himmelstür nach der andern; ich hatte Dich wieder ... Ach, meine liebe Clara, ist es denn möglich, daß Du im nächsten Frühling zu mir kommen willst, und mein geliebtes Weib werden?
... Aber nun wird Dich gewiß keine Furcht mehr anwandeln um unsere Zukunft – nicht wahr – versprichst Du mir das, Dir keine unnützen Sorgen mehr zu machen, und mir zu vertrauen und mir folgsam zu sein, da nun einmal die Männer über den Frauen stehen. –
Und Ihr zwei andern lieben Mädchen – ich hab Euch etwas angefahren – darf ich auf Verzeihung hoffen? Könnte ich jetzt unter Euch treten ... wollten wir ein Freuden- und Friedensfest feiern und es müßte da Küsse regnen – aber seid mir nur nicht bös, daß ich zeigte, daß ich Herr im Haus, und mir nichts gefallen ließ – man kann mich wie ein Kind an einen Wagen spannen, aber schlagen lasse ich mich durchaus nicht.
Übrigens hab ich Henrietten vorzüglich lieb; sie schrieb mir ein paar Worte, die waren besser als Eure ganzen Briefe, nämlich: ,*Das Schicksal ist tückisch, das Leben ist kurz; rasch zum Ziel*', – das ist alles in allem gesagt. Bravo, Henriette! Sie gefallen mir.
– Du fragst mich, liebe Clara, ob Emiliens Brief gleiches Schicksal mit dem deinigen geteilt? Nein; ich war wie Eltern, wenn Kinder untereinander dumme Streiche gemacht; die eigenen bestrafen sie, die andern kommen mit einem blauen Auge davon.

– Übrigens stehe ich Sonntag über acht Tage bei Mad. Voigt Gevatter, wo ich mich recht lächerlich ausnehmen werde.
Für heute genug; ich wollte nur noch sagen, Mädchen sind ein Gemisch von Engel und Mensch, wie man so es unter den Männern nur selten antrifft. Etwas Schöneres fällt mir nicht ein zum Schluß. Lebt wohl. – Dir, mein Clärchen, mein gutes Herzens-Clärchen, hab ich noch vieles zu sagen – bald mehr und ausführlich.

Dein Alter

Robert an Clara
[Leipzig, den 19. Mai 1839]
Höre, mein Clärchen, mit unserm Plan, zu Weihnachten erst an Deinen Vater zu schreiben, ist es gar nichts. Es muß eher geschehen ... Ich schicke Dir also hier zwei Schreiben, das eine an Deinen Vater, das ich ihm einige Tage vor Deinem Geburtstage ... schicke, dann das andere an das Appellationsgericht, das wir, wenn er das Ja verweigert, *sogleich* noch während seines Aufenthaltes hier dem Gerichte übergeben ...
Anders ist es nicht möglich, daß wir zu einer Entscheidung kommen; ich kann es Dir, meine liebe Clara, nicht stark genug einprägen.
... Noch eines, meine Clara, daß Du über meinen Charakter ganz aufgeklärt wirst. Du schreibst manchmal, ob ich wohl Nahrungssorgen ertragen könne? Wir haben keine zu erwarten; aber wäre es auch, und hätten wir die Hälfte weniger als wir haben, – dies könnte mich nie betrüben; betrüben würde es mich erst, wenn ich den Leuten schuldig wäre und könnte es ihnen nicht wiedergeben – dann erst – sonst aber nicht – ich bin wirklich dazu zu poetisch – deshalb wirst Du mich aber gewiß nicht leichtsinnig finden, und ich hab Dir Beweise gegeben, wie ich genau in allem bin – Deinetwegen. Du wirst dich gewiß freuen, wie Du es bei mir finden wirst in bezug auf meine häusliche Ordnung. Glaubst Du wohl, daß jeden Morgen früh das erste ist, mir aufzuschreiben, was ich verbraucht tags vorher und mir auf den Pfennig selbiges zu berechnen. Weißt Du

wohl, daß ich seit 1835 schon ein großes Kopierbuch halte, wo über jeden Brief, den ich empfange und schreibe, ich mir die schärfste Rechenschaft ablege ...
Die Revolution ist Gott sei Dank vorbei; doch Paris gärt immer irgendwo; also sei *immer* auf Deiner Hut und wage Dich nicht zu weit in die Barrikaden hinein – übrigens vertraue ich Deiner Furchtsamkeit über alles und bin so ziemlich ruhig.
Nun schreib ich Dir noch ein paar Briefe auf: Überlege sie gut, sie sind die wichtigsten unseres Lebens. Mut und Vertrauen, meine teuerste Clara. In aller unendlichen Liebe
Dein
       wieder ganz glücklicher Robert

Robert an Clara
       Leipzig, den 2. Juni 1839
... so kommen auch wohl manchmal Zweifel an Deiner Energie – und so war denn in der letzten Zeit von Tag zu Tag mein Mut immer mehr gesunken und ich hatte einen traurigen Entschluß gefaßt, dessen ich mich jetzt nach Deinem Brief von gestern wieder schäme. Verzeih' mir, liebe Clara. Aber Du kennst mich, wie meine Phantasie immer wütet, wie auch alle Gemütsanstrengungen der letzten Zeit mich lau gemacht – Nun ich aber Deines Vaters Brief vor mir habe, ist es mir wieder wohl zumute; hat man das Gesicht seines Feindes einmal vor Augen, so kämpft es sich leicht ... Ich war so munter den ganzen Nachmittag, so gesprächig, so guten Muts, als hätte ich mein Leben lang nichts von Weh erfahren, und nun am Klavier erst, nun spielte ich da und lächelte – ich dachte kaum an die Pariser Braut. – Gewöhne Dich an den Gedanken, daß wir das erste Jahr in Dresden leben. Es wird nicht anders werden. Und mir sagt es überhaupt so sehr zu. Wir müssen so tun, als lebten wir in – – [?], wo man ja auch oft fünf Stunden zu gehen hat, um jemanden zu sprechen. Die Eisenbahn kommt uns recht zu Diensten. Wie werden wir da manchmal nebeneinander zusteigen? Sehr freue ich mich recht ... auf kleinere Reisen, wo ich

sehr aufgeweckt sein kann ... Lies viel Goethe! Er gibt Dir manchen Lebensmut. Egmont las ich vorgestern, aber ich war gebeugt vor Schmerz: „Hättest Du doch auch solch ein tapferes Clärchen" sagt ich. Und nun hab ich's wieder, nicht wahr? Du gingst mit mir in die Schlacht, an meiner Seite, fürchtetest Dich nicht – und müßten uns einander kämpfen und einander beschützen – ich sehe mich ordentlich – der Helm steht Dir schön ... Amazonen hab ich nie recht lieben gekonnt ...

Robert an Clara

Leipzig, den 3. Juni 1839
Meine gute geliebte Braut!
Diesen Brief erhältst Du an meinem 29sten Geburtstag. Möchte er Dich blühend an Leib und Seele antreffen und Dir mein Bild inniger als je vorspiegeln ... Wir können vorwurfsfrei auf das vergangene Jahr zurückblicken; wir haben treu aneinander gehalten, sind vorwärts und unserm Ziel viel näher gekommen. Das Schlimmste, denk ich, ist überstanden; aber auch nahe dem Hafen laß uns noch vorsichtig sein; das Schicksal hat es nun einmal gewollt, daß wir Spanne für Spanne mit Kampf erreichen sollen. Dann aber, wenn wir einmal am Altar stehen, dann glaub ich, ist ein Ja noch nie mit solcher Überzeugung, mit solchem festen Glauben an eine glückliche Zukunft ausgesprochen worden. Was ich noch möchte bis zu diesem Zeitpunkt? Deiner immer würdiger werden. Halte dies für keine Redensart. Dem Hochmut gegenüber, der sich auf nichts stützt, fühle ich mich stolz; der Bescheidenheit aber, wie Du sie hast, gestehe ich meine Schwäche so gern ein und suche mich zu bessern. Du wirst Dich in spätern Jahren manchmal um mich grämen, mir fehlt noch manches zum ganzen Mann; ich bin noch zu ruhelos, zu kindisch oft, zu weich; auch hänge ich viel dem nach, was gerade mir Vergnügen gewährt ohne Rücksicht auf andere; kurz, ich habe meine bösen Tage, an denen nichts mit mir anzufangen – Nachsicht und Liebe, wie Du sie gegen mich so oft gezeigt, werden mich schon bilden immermehr;

schon Dich immer um sich zu haben, muß veredeln; doch das sind Worte. Das Sicherste bleibt, daß wir uns immer von Herzen lieb haben, und ich denke mir, in Deinem Herzen wohnt eine große reiche Liebe und Du wirst Deinen Mann lange beglücken können. Du bist ein wunderbares Mädchen, Clara! Es ruhen eine Menge so gar schöner und verschiedener Eigenschaften in Deinem Wesen, wo ich gar nicht weiß, wo Du sie alle in Deinem kurzen Leben hergenommen hast. Und nun gar in der Umgebung, in der Du Dich entfaltet hast. Eines weiß ich, daß ich mit meinem sanften Äußern schon früh einen Eindruck auf Dich gemacht, und denke mir, Du wärest ein anderes Mädchen worden, hättest Du mich nicht gesehen und gekannt. Laß mir diesen beglückenden Glauben. Ich habe Dich die Liebe gelehrt, Dein Vater Dir den Haß (im schönen Sinn mein' ich, denn man muß auch hassen können) und hab Dich mir nun herangezogen zur Braut, wie ich sie mir im Ideal dachte, meine talentvollste Schülerin warst Du, und zum Lohne dafür hast Du gesagt zu mir: ‚nun nimm mich auch!'

Robert an Clara
Den 8. Juni 1839
Ich bin heute in mein neunundzwanzigstes Jahr getreten, vielleicht schon die größte Hälfte von meinem Leben liegt hinter mir. Sehr alt werde ich ohnedies nicht, dies weiß ich genau. Es haben meine großen Leidenschaften in mir gestürmt, und Kummer um Dich hat auch an mir gezehrt. Du bist es aber auch, die mir wiederum Frieden und Heilung bringen wird. Ich bin nicht traurig etwa heute. Wie könnte ich denn das sein. Hat mich der Himmel doch auch vor Mangel bewahrt und mit geistigen Kräften gesegnet.
Verlaß Dich darauf, daß ich in aller Hinsicht Deiner würdig handele, und auch einen Feind nach der Natur meines künftigen Weibes ehren werde. Darauf verlaß Dich nur! O Du meine geliebte Clara, wann endlich werde ich Dir in die Arme stürzen können. Vergessen und verziehen soll dann alles sein, was wir

haben umeinander dulden und kämpfen müssen – auch Deinem Vater. Ich glaube, wir werden wieder jünger und holen die Jahre ein, die wir ohne einander auf der Welt waren. So schön male ich mir unsere kleine Wirtschaft aus, und die Blumen vor dem Fenster, und wie Du mich so beglücken wirst durch Deine Kunst. Ich will Dich hochhalten wie eine Trophäe, die ich mir im schwersten Kampf errungen, und dann wohl Dich auch wieder pflegen wie ein Wunderblümchen, das nicht jeder am selben gewöhnlichen Tage findet. Laß mich nur schweigend an Deinem Herzen ruhen.

           Dein glücklicher Robert

Robert an Clara
               [9. Juni 1839]
... Den gestrigen Tag werde ich zeitlebens nicht vergessen können. Könnte ich ihn Dir doch beschreiben und alle Festlichkeiten, die damit verbunden waren. Willst Du mir zuhören, Deinem alten Märchenerzähler?
Früh wachte ich auf unter vielem innerlichen Glockengeläute. Mein erster Gedanke flog zu Dir ... Die erste feierliche Rede goß die Morgensonne in mein Parkstübchen; es war ein Morgen, daß man sich gleich in die Luft schwingen mochte. Der Morgen verging unter vielen Audienzen, die ich meinen Gedanken, guten Vorsätzen gab. Erst gegen 10 Uhr wurden weltliche zugelassen. Die Künstler schickten mir vor allem einen ihrer würdigsten Jünger, gleichsam als Abgeordneten ..., der einen Frack anhatte und eine Rede halten wollte. Aber, dachte ich bei mir, die Hauptfeierlichkeiten müssen draußen im Freien, Grünen, gehalten werden. Zu diesem Ende ging ich stolz wie ein König mit dem kleinen sanften Schmidt nach *Connewitz*. Schmetterlinge waren meine Trabanten und Lerchen flogen links und rechts auf, den Geburtstägler zu begrüßen; ganze Felder von Kornähren nickten mir Glückwünsche zu, der Himmel hatte auch nicht ein Wölkchen vorgelassen, um keine Gedanken aufkommen zu lassen, daß er getrübt werden könne. Ich war

fröhlich im Herzen und dachte viel an meine Königin in fernen Landen. In meiner Sommerresidenz Connewitz wurde dann gespeist, und nach Weise der alten Herrscher höchst mäßig und einfach, unter allerhand freundlichen Worten, an meinen Pagen gerichtet. Nach Tisch schlug der Page einen Ausflug in die nächsten Umgebungen vor; unter immerwährender Nachtigallenbegleitung sahen wir uns links und rechts um; es strotzte alles von Jugend in der Natur; ich fühlte mich stolz in meinem Königreich. Unter einem grünen Baum wurde der Mittagsschlaf eingenommen und allerhand fliegenden und sumsenden Erdenbewohnern es gestattet, den Gefeierten während des Schlummers näher in Augenschein zu nehmen, ja ihn zu berühren mit den Flügeln. Kaum erwacht, flog über die Felder daher in Eilbotenschritt ein neuer Festabgeordneter; denn auch das Ausland wollte nicht zurückbleiben und hatte sich den Verhulst auserlesen, der plötzlich vor mir stand und in geziemenden Worten sprach und vorzüglich das hervorhob, daß er mich bald mit meiner Königin vereint wünschte, die ein eiserner Vater noch in Gewahrsam hielt. Der König ward seinerseits immer stiller und seliger. Es war vier Uhr herangekommen, wo er eine Liebesbotschaft seiner Auserwählten fast sicher erwartete. Aber in seinem Parkpalast angekommen, fand er nichts vor. Einige leichte Wolken von Trübheit mochten hier über seine Stirn fliegen, leichte nur; denn daß an einem solchen Tag eine Botschaft nicht ausblieb, vermutete der nun 29jährige Bräutigam mit gutem Grund. Unterdessen wurde die Zeit am getreuen Flügel hingebracht und nach wenigen Minuten trat ein: erstens ein gelber Abgeordneter des Staates mit einem Brief meiner königlichen Verlobten, und kurz darauf der liebende Freund und Leibarzt mit einem Myrtenkranz und den klug verhüllten Liebesgeschenken. Und als ich nun die Schale zurücklegte und mir Dein Bild entgegenleuchtete wie das einer Braut, da vergaß ich alle Rücksicht auf meinen hohen Stand und die Umgebungen, und küßte und sah an und küßte wieder, und las dann – und das andere kann man sich denken.
Dies Bild ist das beste, was es von Dir gibt. Wie glücklich hast Du mich damit gemacht!

Robert an Clara

[22. Juni 1839]

Kommt nun zur jetzigen Rosen- und Akazienblüte noch dazu, daß man eine Braut hat, die auch in voller Liebespracht steht, so entsteht daraus ein Mensch wie ich, fast gar zu glücklich über all das Glück, den fast die Blüten alle zu Boden drücken. Liebes Mädchen, nun glaub ich bald, Du liebst mich ernstlich. Hätte ich Dich sehen können, wie Du unterschriebst! Wie die Devrient im Fidelio, glaube ich. Du zittertest am ganzen Körper, nur die Hand, mit der Du schriebst, war fest und zitterte nicht. Nicht wahr? Laß Dich denn inniglich an mein Herz drücken, Du meine Geliebte, Du mein Alles, die Du alles für mich getan, was ich Dir nicht vergelten kann. Ich küsse Dir Stirn und Auge, mein Kind – und es möge Dir immer recht wohl gehen auf Erden.

Nun geht auch mir der Mut höher und im Augenblick hab' ich alle Leiden und Qualen vergessen, die wir überstehen mußten. Die Schule, die wir durchgemacht, haben wohl wenige kennenlernen, und wie haben wir uns selbst kennenlernen auf so vielen Proben. Bist Du so zufrieden mit mir, wie ich mit Dir?

... Könnte ich es doch der Welt noch einmal sagen, was Du bist, damit sie Dich kennenlerne; ja, Clara, ich glaube manchmal, Künstlerinnen wie Du könnte man vielleicht noch finden, aber Mädchen von so innigem und starkem Gemüt wie Du – wohl wenige.

... Du hast Dich ja nun öffentlich für meine Braut erklärt, hast meine Ehre gerettet – ich danke es Dir tausendmal – eine Krone möchte ich Dir aufs Haupt setzen und kann nichts als zu Deinen Füßen sinken und mit dankenden Augen zu Dir aufsehen – in Dir verehre ich auch das Höchste, was die Welt hat – und stünde ich Dir nicht so nah, noch manches möchte ich Dir über Dich sagen. – So laß es Dir noch durch einen innigen Händedruck sagen und Dir danken für Dein treues Ausharren, Dein inniges Vertrauen, das schönste Geschenk, das die Liebe geben kann. –

In ewiger, unendlich inniger Liebe Dein Dir ergebener

Robert

... Halte Dich recht stolz und aufrecht in den nächsten Tagen, recht wie ein Mädchen im Bewußtsein, einen Mann zur Seite zu haben, der unaussprechlich liebt und nichts fürchtet. In Deiner ganzen Liebesgröße zeige Dich nun in diesen letzten Minuten.
Einen schöneren Sommer wie den heurigen haben wir kaum je hier erlebt; hätte ich Dich doch bei mir, damit ich manchmal mit Dir die schönen Wolkenzüge und die Lebenspracht am Himmel betrachten könnte; unsere künftigen stillen Spaziergänge male ich mir oft aus; ein Buch und Feuerzeug dürfen wir aber da nie vergessen; für Dich werde ich auch manchmal eine Überraschung aus der Tasche ziehen, wenn auch kein Pistol, wie sonst, so vielleicht eine Apfelsine oder auch einen Brief von Liszt, den ich Dir mit Fleiß bis auf unsere Wanderung aufgehoben haben werde. Dann wirst Du langsam vor mir hergehen, und ich Dich oft mit einiger Freude betrachten.
Wenn Du den Herrscherton annehmen willst (in Deinen Briefen manchmal), so muß ich doch recht lachen; mit Dir will ich wohl fertig werden. Wenn Du mir auch nicht gehorchen willst – ich fühle schon jetzt, daß ich eine große Macht über Dich besitze, die nimmer zu nehmen ist. – Hab nur manchmal Geduld mit mir, Beste! – Zehn Jahre hab ich in der Wildnis gelebt, ich werde im Ehekäfig manchmal auf und abspringen wie ein Panthertier, Du wirst Deine Not bekommen.

Robert an Clara

Den 27. Juni 1839

Du fährst wohl immer mit dem Dampfwagen. Ich bitte Dich, beobachte dabei die höchste Vorsicht, sieh nie aus dem Wagen heraus, hebe Dich nie in die Höhe, steige nicht eher aus, als bis der Wagen gänzlich stillsteht. Dies macht mich schon unruhig; denn Du denkst doch auch manchmal an andere Sachen als gerade an die Stelle, wo Du bist. Also nimm Dich in acht, ja recht sehr.
Übrigens muß ich Dir noch sagen, daß alles, was Du jetzt

unterschreibst, gar keine rechtliche Kraft hat; da müßtest Du erst einen besonderen Vormund vom Gericht bekommen oder mündig sein oder verheiratet, wo Dein Mann (ich) Dein Kurator ist. In solchen Dingen müssen wir uns jetzt sprechen, und da wir sonst nichts als spielten und scherzten, dann auch miteinander schwärmten – wir zwei Klavierspielenden, sonst so geschäftlich talentlosen, zerstreuten Wesen wir.
Ich will schlicht und einfach mit Dir vermählt sein, wie wir es selbst sind.

Robert an Clara

30. Juni 1839

Am gestrigen Tag erhielt ich Deinen Brief. – Wie kann ich Dir's danken? Als ich es gelesen hatte (unter freiem Himmel) und aufblickte, stand ein leiser, matter Regenbogen am Himmel, war das nicht ein gutes Zeichen? Ich begrüßte ihn. Die ganze Natur in einem wunderbaren Zustand um mich, der Himmel ist scharf gezeichnet mit schönem Blau und darüber dichtschwarzen Wolken; darüber nun der Regenbogen! Es war ein Bild von unserer Liebe.
Zu unserem Bevollmächtigten haben wir den ersten hiesigen Advokaten Einert gewonnen. Heute früh schrieb ich ihm und setzte ihm unser ganzes Leben seit unserer Verlobung von August 1837 auseinander, weil ich nicht ruhig genug bin beim Sprechen. Morgen früh besprechen wir nun das Weitere (er mußte heute über Land, wie er mir sagen ließ), das Schreiben ist sehr gut eingerichtet, daß der Advokat erst noch einmal Deinen Vater befragen soll. Noch morgen muß Einert ihn aufsuchen, ich geb ihm die Vollmacht mit. Er soll es noch in aller Güte versuchen. Einen Strahl von Hoffnung hab ich, daß wir vielleicht auch auf diese Weise auseinander kommen.

Robert an Clara
Leipzig, den 3. Juli 1839
... Die Einwilligung Deiner Mutter ist wichtiger, als ich geglaubt. Schicke ihr gleich den inliegenden Brief; schreibe schön, recht überzeugend, hörst Du? Bitte sie, daß sie mir *gleich* nach Leipzig eine kleine Antwort schickt, sage ihr meine Adresse. Also vor allem müssen wir uns mit *Geduld* wappnen, wie mir Einert wieder sagte. Einert will noch mit dem Appellationsgerichtspräsident Beck heute sprechen. Nun sei ruhig! ... Daß wir durchdringen, daran ist kein Zweifel. Aber Kämpfe kostet's noch, das Schwerste ist uns noch aufgehoben, das Bitterste. Dein Vater wird Dir jetzt schreiben, daß Du nicht mehr zu ihm darfst; mache Dich darauf gefaßt; denke bei Dir ... die Zukunft wird alles wieder versöhnen. Lebewohl. Hab' acht auf Deine Gesundheit. Schone Dich ja recht auf dem Dampfwagen, hörst Du, Frau ...

Robert an Clara
Leipzig, den 7. Juli 1839
Sehr unzufrieden bin ich auch mit unserem Advokaten, der so lange trödelt und gar nicht zu wissen scheint, daß man solche Sachen doch anders behandeln muß als eine gewöhnliche Geldklage ... Doch soll er sehr sicher gehen und gescheit sein ... Es muß stark durchgekämpft werden; bleibe stark. Dein Vater ist aber gar zu schwach; da läßt er ... anonyme Briefe an Friese schreiben (bis jetzt nur einen, es kommen gewiß noch mehrere); „Friese möge sich um Himmels willen für mich interessieren, und bedenken, welchem Abgrund Du entgegengingst" und dergl. – Friese zeigte mir natürlich den Brief gleich – solches Zeug macht Dein V. Ach Clara, der Mann bringt mich noch unter die Erde – Du wirst sehen ... Von mir kann ich dir nur wenig Gutes schreiben, mir ist immer so unwohl, daß ... ich oft fürchte, ich erlebe die Entscheidung des Gerichts gar nicht. Bist Du dann in meiner Nähe, dann werd' ich wieder ganz gesunden. Mein Kopf ist mir oft so schwer, ich strenge mich an,

zu arbeiten fleißig, was ... nur in meinen Kräften steht, – kann mich aber nicht herausreißen aus meinem Grübeln. Schwach sollst Du mich aber nicht deshalb nennen, sondern angegriffen nur – ich weiß [es] selbst nicht ... Verzeih mir auch diesen matten und kranken Brief, ich fühle mich so schwach am ganzen Körper – Zittern, Angst, fürchterliche Beklemmungen, heiße Tränen ...

Robert an Clara
Leipzig, den 10. Juli 1839
... auch spiel ich Dir meine neuesten Kompositionen. Wärst Du nur schon glücklich da ... Du höchst romantische Braut, mußte es soweit mit Dir kommen; Du hast aber leicht durch die Welt ziehen, da öffnet man überall gern die Türe. Dann, bist Du hier, können wir ja auch alles recht ruhig ... besprechen ... Eben komm ich wieder von Einert. Mit Pauken und Trompeten gewinnen wir ... Dein V. wird uns noch viele Ränke machen ... Seine Absichten kommen doch nach und nach zum Vorschein; es dreht sich doch alles bei ihm um den Geldpunkt ... die nackte bürgerliche Gemeinheit in ihrer ganzen Blöße ... Einen Spaß konnte ich mir aber nicht versagen – verzeih es mir. Da Dein Vater überall von dem Bankerott meines Bruders spricht, so hab ich denn Barth, den Buchhändler, zu Deinem Vater geschickt, der ihn in fürchterlicher Weise übrigens *gewarnt* hat, nicht mehr dergleichen zu sagen, indem er ihn sonst belangen würde vor Gericht ... – Nun werden sie wohl aufhören. Verzeih, daß ich hier ins Kleinliche geraten ... ich möchte mich den ganzen Tag waschen, daß ich in solche Berührungen kommen mußte ... Von meinem Bruder Carl kann ich Dir nichts Gutes melden; er steckt sehr in Schulden und muß unausgesetzt arbeiten; wenn er wieder zu Flur kommen will. Wir sind dabei nicht gefährdet; aber es wäre doch traurig, wenn ich scharfe Maßregeln gegen ihn gebrauchen und auf Verkauf seines Grundstücks dringen müßte. Doch hoffe ich, nimmt er sich zusammen und arbeitet sich wieder heraus. – ... Lachen mußt

ich über den „Gott", mit dem Dein Vater Banck'n eine feste Stellung und Stallung in L. verschaffen will (verzeih, ich werde grob). Die Geschichte ist kurz folgende: Deinem V. fiel es ein ..., Banck müßte ein guter Redakteur für Brockhaus sein, Dein V. ging auch wirklich zu Brockhaus und machte ihm glänzende Vorschläge wegen eines musikalischen Anhangblattes (wie die Didaskalia zur Frankfurter) zu ihrer allgemeinen [Zeitung]. Da müßte ich aber Brockhausens nicht kennen. Der und Musik! Und richtig, vor wenigen Tagen haben sie Deinem V. geschrieben, *sie gingen nicht* ein. Wenzel erzählte mir das. So verschießt Dein V. nun eine Kugel nach der anderen, und immer daneben. Ich muß doch auch lachen. Mich hat Dein letzter Brief erfreut und wieder aufgerichtet. Es war ein sehr böser Geist über mich gekommen, von dem ich fürchtete, er werde nicht so bald wieder von mir ablassen...

Robert an Clara
Leipzig, den 12. Juli 1839
Clara, heute ist ein Morgen, wo ich Dich unaufhörlich rufen möchte, daß Du Dich über die Sonnenpracht, das Grüne, die Luft, den Himmel, die ganze Welt mit mir freuen möchtest. Wie ich mich freue, daß Du hierher kommen wirst, das kann ich Dir nicht gut beschreiben. Verdienen wir denn nach so langer Unterdrückung nicht einmal, uns ins Auge zu sehen und ungestört miteinander zu sprechen und zu gehen? Sind wir denn diese Jahre hier wie Menschen behandelt worden? Unseren freien Willen hat dieser rauhe Mann vernichten wollen, keine Freude uns gönnen. Was haben wir uns alles gefallen lassen müssen, zwei Jahre hindurch nichts als Kränkung. – Mich wirst Du nicht sehr verändert finden. Doch – eine Falte des Grams um den Mund wirst Du bemerken, eine Spur von den erlittenen Beleidigungen – ich sah es deutlich im Spiegel –, auch diese wirst Du mir wegstreichen.

Robert an Clara

Den 18. Juli
Jetzt gilt es, das Liebste und Höchste zu verteidigen; jetzt rasch vollführt, was wir begonnen haben. Wir haben uns überhaupt viel zu bürgerlich behandeln lassen; wir müssen viel genialer auftreten. Was kümmert uns die Welt. Jetzt heißt es „vorwärts", und sollten ein paar Philister darüber in Ohnmacht fallen.
Das Gefühl Deines Naheseins würde mich wunderbar aufrecht erhalten. Auch denke ich mir unser Wiedersehen nicht schmerzlich; nein, es würde mich mit wahrhaft himmlischer Freude und Kraft erfüllen, aber das wollte ich nicht, sondern ich wollte, als ich um Dich warb, nur Frieden und Eintracht und Dein Glück und Deinem Vater den höchsten Beweis meiner Hochachtung geben. Daß mir dies alles nicht gelungen, daß ich so geringschätzig dafür behandelt worden bin, macht mir freilich viel Herzeleid. – Nun nichts davon, der Himmel ist so rein und blau. Auch besuchen mich wenige. Sie wissen vielleicht, wie mir zumute ist. Es werden schon einmal wieder frohere Tage kommen. – Die Größe des Unglücks, wenn wir nicht durchdrängen, kann ich vorderhand noch gar nicht ermessen; dazu reicht meine Phantasie nicht aus. Das eine nur will ich Dich bitten, sollte dieser fürchterliche Fall eintreten, dann mußt Du im Augenblick zu mir kommen; dann müssen wir uns sprechen, und wenn man uns in Ketten legte, ich muß Dich dann sehen. Versprichst Du mir das? – Aber eine solche Prüfung wird uns der Himmel nicht auferlegen, er kann nicht vernichten wollen. Nun laß alles ruhig an uns kommen; und wanke nicht. Zuletzt hilft eine rasche Tat. Als ich gestern nachmittag weit von hier mich durch die Hecken und Büsche schlug, allein und alle meine Gedanken nur auf Dich gerichtet ... Vieles Trübe habe ich hier von meinem jetzigen Leben berichtet, wirst Du mich deshalb schwach nennen? Soll ich heucheln? Schreib mir nur oft, meine Clara, und vielleicht kommt dann unser alter Humor wieder, und dann jauchzt es nur um mich. – Zeige Dich immer mutig und energisch, das ist die einzige Waffe, mit der wir gewinnen können. Während des Schreibens und Denkens

an Dich ist mir viel leichter geworden als zu Anfang des Briefes.

Robert an Clara
Berlin, den 30. Juli 1839, Dienstag
Meine geliebteste Clara,
Von hier aus, wo ich so lebhaft an Dich erinnert worden, muß ich Dir doch ein paar Herzensgrüße in Dein einsames Dörfchen schicken. Durch Deine Mutter nämlich wurde ich so sehr an Dich erinnert; ich liebe sie ordentlich mit ihren Deinen Augen und kann mich immer gar nicht von ihr trennen. Gestern war ich fast den ganzen Tag bei ihr und geküßt hab ich sie zur guten Nacht auch. Das hat mich ganz beglückt. Von nichts haben wir denn gesprochen als von Dir; ... Sie nahm mich so gut und herzlich auf und scheint Gefallen an mir zu finden. Wärest Du doch bei uns; wie wir gestern abend im Tiergarten spazieren gingen, dachte ich so schmerzlich an mein einsames, fernes Mädchen, das nicht wußte, daß ihre Mutter und ihr Geliebter zusammen von ihr sprachen.
Deine Mutter schreibt Dir heute selbst noch ... Du fürchtest Dich, Dein Vater nimmt Dich gleich in Beschlag; aber Clärchen, Mädchen, hast Du denn keine Arme, mit denen Du Dich wehren kannst. Erstens glaub ich nicht, daß er es tut; zweitens aber – verlangt er Dich in sein Haus, so sagst Du ganz einfach, *„ich will nicht, ich will zur Mutter"*, dagegen kann er *gar nichts* einwenden. – Dein Bild hab ich mitgenommen, wie ich Dir schon schrieb. Als ich es Deiner Mutter zeigte, da hättest Du sehen sollen. Die Tränen traten ihr im Augenblick aus den Augen und sie war ganz außer sich. Als es die *Bargielschen* Kinder sahen, sagten sie alle ... ‚das ist Clara' – das war eine innige Freude für mich.
... Die Stadt hier hatte ich mir nicht so gar schön vorgestellt und im Museum bin ich mit Entzücken herumgewandelt. Kennst Du die Rotunde am Eingang? Singt man da noch so leise einen Akkord, so quillt es wie aus hundert Kehlen aus der Decke herunter, daß ich ganz bezaubert war. Vielleicht wandle ich bald mit meiner Geliebten in diesen schönen Hallen ...

Robert an Clara

Leipzig, den 3. August 1839
... Gestern kam ich zurück, das Bild Deiner Mutter umspielte mich auf dem ganzen Weg ... Wenn ich nur nicht den Kopf und die Sinne verliere! Es bricht jetzt so vieles um mich ... Was ich am meisten fürchte, das sind die Vorwürfe, gegen die ich mich vor Gericht gegen Deinen Vater verteidigen werde müssen; ich möchte immer hinter Dich flüchten, damit ich nicht zu reden brauchte. Aber da er es will, so werd ich dann auch ein Bild von ihm entwerfen, das ihn packen soll. Das Schreiben aber reicht nicht mehr hin, wir müssen miteinander sprechen, auch wenn Du nicht nötig hier wärest, hätt' ich Dich gebeten, jetzt zu kommen ... Und Deine Stärke wäre Härte ...

Robert an Clara

Leipzig, den 4. August 1839
... nur zaudere nicht in Deinem Entschluß, jetzt muß gehandelt werden; ich komme im Augenblick, wenn Du mich willst; Mittel zum Leben auf einige Jahre hinaus haben wir auch, prüfe Dich, wozu Du den meisten Mut hast; ich weiß nur, daß ich nicht mehr ohne Dich leben kann. Gestern bekam ich noch einen lieben Brief von Dir; meine Briefe aus Leipzig vom 27. und aus Berlin vom 30. hast Du wohl erhalten? Wie bange ich auf Nachricht darauf.

Robert an Clara

Leipzig, den 7. August 1839
Es war aber auch Zeit, daß unserem schrecklichen Zustand ein Ende gemacht wurde. Ich wäre dabei zugrunde gegangen; Geist und Körper versagten mir, ich konnte nicht denken und arbeiten – und in meiner Kunst, wie bin ich da zurückgekommen. Aber nun ich Dich bald sehen soll, wird alles wieder gut ... Daß Deine Mutter Dich hier oder auswärts empfinge, wäre mir

ganz recht, da ich sie auch *sehr lieb habe* ... Hättest Du nicht Lust, nach Berlin zu ziehen? Mir hat es so wohl da gefallen. Sinne darüber nach. – Dein V. ist seit drei Wochen in Dresden und bleibt noch länger. Denke Dir, er hat Alwin angestellt, mir alle Tage um fünf Uhr aufzupassen, wo ich hingehe, Alwin, der das Niedrige dieser Rolle fühlte, hat es Reutern wieder gesagt ...

Robert an Clara
Leipzig, den 9. August 1839
Ich bin der Zeitung viel schuldig jetzt. Himmel, über Mittelmäßigkeiten schreiben und in solch ewiger Gemütsanstrengung zu sein, wie geht das so zusammen. Doch will ich mich aufraffen und nicht so viel an unsere Sorgen denken.
Verdienen wir denn nicht ein paar glückliche Stunden? Nun laß uns alles recht klug aussinnen, daß keine Minute verloren geht und daß es kein Mensch merkt, wo wir sind. Es scheint mir durchaus geraten, daß niemand von unserem Wiedersehen erfährt ... Also weißt Du, ich hab die Landkarte in diesen Tagen studiert und Du mußt das Nämliche tun. Über Weimar nach Altenburg ist ein Umweg; lasse Dich also von Frankfurt bis Naumburg ausschreiben. In Nürnberg kommst Du früh um 7 Uhr an, ruhst Dich ein paar Stunden aus, fährst dann mit der Post oder, wenn keine passend geht, mit besonderem Wagen über Zeitz nach Altenburg. Von Naumburg bis Altenburg fährst Du in 7 Stunden, so daß Du also Nachmittag 4 Uhr in Altenburg wärest. Therese und ich kommen schon um drei Uhr in Altenburg an. Verstanden? ...

Robert an Clara
Leipzig, den 10. August 1839
Wiedersehen, auf Wiedersehen, – eine Sinfonie möcht' ich komponieren, möchte alles umarmen, was mir in die Nähe kommt, möchte Dir entgegenfliegen. – Wie kannst Du mich so erschrecken mit Deinem baldigen Kommen? Ohne meine Er-

laubnis? Ohne meine Befehle abzuwarten, setzest Du Dich acht Tage eher auf den Wagen, als ich mir alles ausgerechnet ... Aber nun sei mir auch schönstens gegrüßt auf deutschem Boden, Du gut deutsche Braut ... Den 12. reisest Du von Paris ab und bist den 14. in Frankfurt, ruhst Dich da aus bis zum 15., wo die Eilpost Nachmittag wegfährt und erreichst also Sonnabend früh 7–8 Uhr ... Naumburg ... In Frankfurt hüte Dich, daß Mendelssohn nichts von Deinem Dortsein erfährt; er ist noch dort, und reist den 18. nach hier ab ... Daß, außer Reuter, kein Mensch von Dir und unserer Zusammenkunft in Altenburg erfährt, kannst Du Dich verlassen. Ich sag, ich gehe nach Zwickau zu einem Erbschaftstermin ... Ins Fremdenbuch in Altenburg schreib Dich als „Josephine Wieck aus Weimar" ein – der Vorsicht wegen! Ein wenig verstohlene Romantik lieb ich immer noch ...

Robert an Clara

Leipzig, den 14. August 1839
... Diese Zeilen mögen mein Herzensmädchen glücklich und gesund antreffen. Wie ist es Dir denn zumute im lieben Deutschland. Das Herz mag Dir recht geben. Deinen Namenstag vorgestern haben wir sehr traulich und heiter bei mir gefeiert und waren bis spät Mitternacht zusammen, Deiner unzählig oft gedenkend. Heute vor zwei Jahren erhielt ich Dein Ja, heute vor einem war ich in Deinem Haus – Doch Du warst so seltsam an dem Abend – Du müßtest mir auch einmal sagen, was Du da hattest ...

Robert an Clara

Altenburg, den 15. August 1839
... Ganz glücklich bin ich angekommen; der Mond ging mir nach bis zum hellen Morgen und brachte mir Deine Grüße ... Wie bin ich ruhig ... höre, am Klavier lieb ich Dich doch beinahe am meisten... Nun aber kommt der Kampf und Du wirst schon mutig ringen, da hab ich gar keinen Zweifel mehr. Was

ich dabei tu, ist wenig im Vergleich zu Dir (Verzeih mir die Schrift – ich zittere noch sehr). Vergessen will ich Dir aber nichts. In acht Tagen, denke ich, sind wir schon ein Stück weiter...

Robert an Clara

Leipzig, den 28. August 1839

... Ängstige Dich nur nicht im geringsten, ich denke in acht Wochen bist Du meine anerkannte Braut, und in zwölf Wochen? Vielleicht vermöchte es schon dem Königlichen Appellationsgericht bekannt [?] sein. Verzeih mir den Witz; er hat sich ganz verloren in meinem Herzen... Gestern abend phantasierte ich recht selig am Klavier; Du wohl auch?

Robert an Clara

Leipzig, den 5. September 1839

... Eben erst, halb fünf Uhr, bekomme ich Deinen Brief und muß mich sputen, damit Du nicht vergeblich morgen wartest. Auch ich hab den ganzen gestrigen Tag wie im Traum in meinem Erker gesessen und war doch gar zu glücklich und traurig. Abends hätte ich Dich immer rufen mögen... Heute hab ich nun wieder für die Zeitung ordentlich gearbeitet und Briefe geschickt nach allen Weltgegenden... Wie gut, daß Therese nicht mitgekommen, da Deine Mutter so gut war? Wie glimpflich war der Termin, und wie gar nicht schlecht hab ich beim Präsident gesprochen, obwohl leise genug...

Robert an Clara

Leipzig, den 6. September 1839

... Sonst hörte ich nur wenig, oder gar nichts von Deinem Haus. Gewiß brüten sie über Neues. Anhaben können sie uns aber nichts. Mir ist's doch ordentlich stolz zumute, nachdem Du mit mir beim Präsidenten warst und dergl.... Schreibe mir nur, wie es Dir behagt in meinem elterlichen Haus und ob Du

Dich heimisch fühlst. Ich fürchte oft, Du verschweigst mir Deine Sorgen, weil ich doch an alledem die Schuld bin... Und nun noch etwas, meine Clara – ich kann auch wie Du uns verleugnen manchmal und ich kann und weiß mich Anmaßenden und Unbescheidenen gegenüber nicht klug genug zu benehmen – drum will ich Dir den Vorwurf immer von den Lippen wegnehmen, den Du mir eben machen wolltest... Dein V. wird uns noch einmal alles abbitten – im Stillen gewiß. Sieht er dann sein Kind beglückt, dann wird er auch mir mein Glück nicht mehr mißgönnen. Bitte zum Himmel, daß es so wird...

Robert an Clara

Leipzig, den 28. September 1839

... Wie es mir sonst geht, weißt Du. Wie es mir aber gestern war, als Du allein wegfuhrst, daß mir das Herz springen wollte, kann ich Dir nicht gut sagen. Abends unterhielt ich mich hübsch durch Panofka, der doch gutmütig ist. Er erzählte mir viel. Heute ist es mir wohler und übermorgen ist ja schon Montag, wo Du gewiß kommst. Mir ist so einsam zumute. Schon fühl ich mich so traulich mit Dir, so an Dich gewöhnt, daß ich nicht weiß, wie eine längere Trennung ertragen. Ich flehe zum Himmel, daß Du glücklich bei mir sein mögest... Bewahre Du mir Deinen „Glauben an das Schicksal" – Du sprachst auf dem letzten Spaziergang davon, es wird uns nicht sinken lassen...

Robert an Clara

Leipzig, den 8. Oktober 1839

... So still ist es seit Deinem Fortgang um mich gewesen, daß ich Dir kaum etwas Neues schreiben kann... Mir ist ... ganz abscheulich zumute. Auch hab ich auf einmal gemerkt, daß der Herbst schon mit vorangeschritten, und Du mir vergessen gemacht hattest, und fallende Blätter machen trübe Gedanken. Verzeih mir also das Wenige und den traurigen Ton darin; es sind nur Augenblicke, und mein Glück ist ja so groß. Jetzt will ich mich nun durch meine Arbeiten retten; auch Musik wird wieder kommen; ich schäme mich ordentlich, Dir so wenig Neues von mir zeigen zu können. Denk doch auch Du daran und an das Stück in Es-Dur; wir schicken es dann an Mechetti...

Robert an Clara
Leipzig, den 10. Oktober 1839
... Sonst aber habe ich mich ganz in meine Traumwelt am Klavier begraben und weiß von nichts als von Dir – und immer nur von Dir zu spielen und meinem alten Freunde zu erzählen. Könnte man nur alles Angefangene vollenden; aber wieviel Zeit gehörte dazu, und so will ich denn wenigstens nächster Tage einiges in das Buch eintragen, das Du kennst, und aus dem ich Dir vorgespielt. Auch im Vierhändigen möcht' ich mich einmal versuchen; doch will mir noch nichts Passendes einfallen. – Gestern früh war Chellard lange bei mir, dem ich viel Musik gemacht, erst wie ein Schüler, dann aber immer besser. – Er versteht aber wenig und denkt, Bach ist ein *alter* Komponist und schriebe *alt*; ich sagte ihm, er wäre weder neu noch alt, sondern viel mehr, nämlich ewig – Da wäre ich beinahe hitzig geworden. Mendelssohn hat mir eine Menge großer Choräle von Bach abschreiben lassen, über die ich eben noch in Ekstase war, als gerade Chellard kam. Im übrigen ist er wirklich ein höchst bescheidener Künstler...
Bei den Worten, wo denn mein Don Juan, mein Freischütz wäre, gab es mir einen Stich in's Herz. – Ich weiß, daß ich Größeres zu machen im Stande wäre, und es fehlt doch an Vielem, es zu Stande zu bringen, *jetzt*. Doch hoffe noch auf mich.
Eine Äußerung von Dir liegt mir noch im Sinn, wo Du sagtest, daß ich so wenig Anerkennung fände. Fürchte nicht, meine liebe Clara, Du sollst noch erleben, daß meine Sachen zu Ansehen kommen und daß sie noch viel von sich sprechen machen werden. – Ich habe kein Bangen, und es wird auch noch immer besser werden „*in sich selbst*".

Robert an Clara

Leipzig, den 27. Oktober 1839

... Laß mich noch ein paar Wörtchen mit Dir plaudern nach Deinem Konzert. – Zürnst Du mir, daß ich nicht gekommen? Und sollte mich nicht gar die Camilla hier gefesselt haben? Ach, laß Dir's sagen – es gibt nur eine Clara, als Mädchen und als Künstlerin. Du *bist* und *kannst* mehr als die Pleyel. Nimm das für keine Worte, für keine *schönen* Worte. Es stimmen wohl *alle* hier darin überein. Doch hat sie höchst liebenswertes an sich, ausgezeichnete Stücke, die sie wählt, viel Feuer und Leben ... Menschen waren wenige im Konzert (gestern abend), der Jubel passabel: – nach dem Mendelssohnschen Konzert weniger als nach dem Weberschen, das sie auch viel korrekter und besser spielte. Dein Vater wich kaum von ihrer Seite, wand ihr um und lächelte immer ganz verzückt. Früh hatte er schon einen Aufsatz ins Tageblatt ... mit seiner ganzen Namensunterschrift einrücken lassen. Unter den jetzigen Verhältnissen muß ich Dir gestehen, kam mir das sehr maliziös vor, und er wollte nichts als Dich damit ärgern ... Heute früh war bei Hofmeister große Gesellschaft, aus den hervorragendsten Teilen zusammengesetzt, nun z. B. Deinem V. und mich pp. Es ging aber alles ganz glücklich ab ... Auch Prume sprach ich bei Hofmeister; er reist heute abend nach Berlin. Ein äußerst hübsch geschnittenes Gesicht. Spielt auch exzellent im Ganzen, hat aber viel Kindisches auch als Künstler ... – Nun zu Dir, meine Clara! Du hast ja so wunderschön gespielt im Opernhaus. Gesteh es nur und verschweig mir nichts. Ich las heute von Rellstab. Man merkt, er möchte Dir zwar etwas anhaben, doch siegt die Ehrlichkeit in ihm zuletzt. Das „Überflügeln" kennen wir schon. Sehr freute ich mich über das großgedruckte „mit dem glänzendsten Erfolg". Sagt er das, so muß es mehr als wahr sein. Aufrichtig gestanden, sollte es mich auch wundern, wenn so eine feurige Braut so einen Braunschweiger Philister nicht schlagen sollte über und über ...

Robert an Clara
Leipzig, den 6. November 1839
Den ganzen Tag gab es Abhaltung. Zuletzt war Alwin da und schickt Dir einen Brief mit, erzählte mir übrigens manches, so auch, daß Dein V. nach Stettin, Stargard pp. über Deine „Schandtat" geschrieben, daß Du nämlich heiraten wolltest. Auch einen Brief an Brandt brachte mir Alwin, worin Dein V. Brandt'n bittet, seine „Erklärung" genau durchzugeben, weil sie das letzte sein würde, was er zu dieser Sache unternähme. Im übrigen sprach der Brief völlige Hoffnungslosigkeit ... aus, was mir herzlich wohltat. Er hat schlimm an uns gehandelt. Lassen wir das. Das zweite Konzert der Pleyel war gut voll, der Beifall glänzend, namentlich von seiten der Männer ... Du wärst mir zehnmal lieber als Künstlerin ... Und dann wie die komponiert, ungefähr wie Du vor zwölf Jahren. Clärchen, daß ich Dich gefangen habe, ist doch meine beste Heldentat ... Verzeih den Querbrief; man muß sich in allen Formaten üben ... Liszt ist vielleicht schon in Wien. In einem Brief der Gazette von ihm stand es, es kam auch eine Stelle über mich vor: *'Schumann, notre genial Sch. a écrit pour piano des Scènes d'un fantaste ... Sch. est un poète plein de sensibilité et un grand musicien.'* Er hat recht, nicht wahr? Im Ganzen hört der Mensch doch lieber Lob als Tadel ...

Robert an Clara
Leipzig, den 9. November 1839
... Es hat sich gar nichts Sonderliches ereignet ... obgleich ich diesem Zustand ein baldigstes Ende wünschte. Kaum ist es doch manchmal zu ertragen. Und dabei nun doch manchmal eine Anwandlung von Furcht, daß wir nicht durchdringen, – die ja verzeihlich ist in dieser krankhaften ewigen Spannung ... Sollten wir Unglück haben, so dachte ich, Du gingst zur Saison nach England und ich käme nach und wir müßten sehen, wie uns trauen lassen. Es wäre das Fürchterlichste. Aber es ist besser, man denkt schon voraus daran, wenn man noch den Verstand beieinander hat. – Laß Dich übrigens ... von meiner

Furcht nicht anstecken und beängstigen; ich wollte Dich schon längst fragen darum, was wir tun, wenn wir verlieren. – Eben bekomme ich einen Brief von Truhn... Truhn hatte einen kleinen Artikel für Brockhaus an mich geschickt; ich lege Dir ihn bei, es hat mich die Artigkeit von Brockhaus gefreut, der ihn im Augenblick aufgenommen. Truhn ist eifrig und verdient Dank ... Viel könnte ich Dir von ihr [Pleyel] erzählen, sie muß jeden im höchsten Grad interessieren und ist doch eine Künstlerin in allem, was sie tut und spricht. Dabei hat sie die Gewohnheit, das linke Auge zuzudrücken manchmal, und mit dem anderen wunderschön in die Höhe zu blicken, was einem ganz den Atem versetzen kann, so hold sieht es [aus]. Aber freilich, gesunken ist sie auch... mit Berlioz wäre sie eine glückliche Frau vielleicht, sie sagte mir, daß sie ihm noch immer „gut wäre". Tags darauf ging ich wieder zu ihr, – da hatte sich aber die Sirene verändert; sie empfing mich sehr karg, – sagte aber bald, was sie hatte, „ich wäre ein böser Mann", hätte schlimm über sie geschrieben – sie selbst hätte aber meinen Aufsatz nicht gelesen, nur von Dritten sprechen hören. Mein Rezensentenamt verwünscht ich da wieder einmal in die Hölle. Sie aber war so toll, so melancholisch und reizend und liebenswürdig, daß mir wehe tat ordentlich, etwas an ihr getadelt zu haben (ihre eigenen Kompositionen nämlich, die auch gar zu schlecht). Ihr böse zu werden, ist gar nicht möglich. Doch nahm ich bald Hut und Mantel, den sie mir noch voll Zigarren steckte. Seitdem sah ich sie nur vorgestern im Abonnementskonzert wieder, wo sie großen Enthusiasmus machte. Zuletzt Blumen und Kränze aus den Logen. *Ich begreif es nicht...!* Und doch weil sie eine gar zu poetische Figur ist, wenn sie sich kindisch auf dem Orchester verneigt – und vieles pp. ...

Robert an Clara

Leipzig, den 12. November 1839
... Eine leidliche Nachricht hab ich. Die Appellation Deines Vaters ist *zurückgewiesen*. Dies hat mich denn wieder belebt. Denn wie ich krank und verdüstert war, ist mir unmöglich, Dir

zu sagen. Nun auch ... tagelang keinen Brief von Dir! ... – und nun befind ich mich wieder besser. Zürne mir nicht, meine Clara; aber kann ich Dir es verschweigen, was mir am Leben nagt. So verwundbar wie ich bin ... soll das einen nicht manchmal außer sich bringen...

Robert an Clara
Leipzig, den 14. November 1839
Hast Du die Bettina noch nicht gesehen? Frau von Goethe schrieb mir, sie habe ihr wegen einer Komposition für die Beilage geschrieben und ... sich nun Bedenkzeit ausgebeten. Vielleicht ist sie nun fertig ... Liszt ist in Triest. Ich schreibe ihm nächstens nach Wien, mit Deinem Brief, der noch bei mir liegt, da ich nicht wußte wohin schicken. Zur Buchhandlung haben sich eine Menge Käufer gemeldet und ich denke, wir verkaufen bald. Therese wird wahrscheinlich hierher ziehen, im Winter in eine verwandte Familie. Da würde ich mich darüber freuen ... Werde nur nicht krank, bald ist es ja überstanden. Dann wollen wir Gott preisen ...

Robert an Clara
Leipzig, den 19. November 1839
Käme ich nur einmal zum ordentlichen Schreiben an Dich; denn zwei Briefe die Woche sind mir im Grund zu wenig. Dann wollte ich Dir auch einmal auseinandersetzen, daß Du mich ganz verziehen wirst und viel zu sehr meinen abscheulichen Launen nachgeben ... Eure letzten zwei Briefe waren sehr zerstreut, aber hinlänglich liebenswürdig, weshalb ich mich nicht weiter beklagen will... Bist Du dann bei mir, so besprechen wir uns dann ordentlich noch über Deine letzte Clara *Wieck*-Reise (so Gott will nämlich) ... Hier auch das Scherzino, Du hattest den Anfang gern; spiel es recht wie gelegentlich, namentlich den Schluß ... – [er] schreibt mir, Du habest die Novellette

wundervoll gespielt. Wie ist denn das eigentlich auch anders möglich. Auch Moritz schrieb in lederner Begeisterung, doch gutmütig –. Schreib mir das Programm Deiner Soiree; ich möchte gern auch ein Wort dazu geben.

Robert an Clara

Leipzig, den 20. November 1839
... Heute nur eine Mitteilung, die mein liebes Mädchen nach überstandenem Konzert recht behaglich einschlürfen wird. Nun fürcht ich nichts, als Liszt kommt gerade zu Weihnachten und ich könnte die Feiertage nicht in Berlin sein ... Zum heiligen Christ *oder* zum Sylvesterabend bin ich bei Dir, sonst wäre ich ja ein miserabler Mensch. Einen Fund hab ich getan, der mich sehr gefreut; nämlich den Brief Deines Vaters aus Dresden im Oktober 1837 – und darin folgende Stelle ungefähr: „*Höchste Achtung vor Ihrer Person und Ihrem Talent* und aufrichtige Teilnahme an Ihrer künftigen Stellung bestimmen mich zu folgendem ... pp." Nun bin ich ziemlich gefaßt auf alles und ziehe nun meinen Brief aus der Tasche – was meinst Du? Sage aber niemandem vom Brief; er soll die letzte Waffe sein, mit der wir ihn überraschen ...

Robert an Clara

Leipzig, den 30. November 1839
... Es hat mich seit einigen Tagen eine sehr große Nervenabspannung überfallen ...
Da ist es dann gekommen, daß mein linker Arm so geschwollen ist, und so schwach, daß ich seit vorgestern nicht ohne die heftigsten Schmerzen spielen kann und es scheint, als hätte es das ganze Nervensystem angegriffen ... Es tröstet mich der Gedanke, daß, wenn ich je unwohler werden sollte, ich jemand anderes kenne, der mich treulich pflegen wird. Dies wolle der Himmel verhüten und mir wieder freundliche Gedanken zutragen!

Robert an Clara
Leipzig, den 1. Dezember 1839
Auch heute wirst Du noch Geduld mit mir haben, wie überhaupt später noch oft. Ich fühle mich so schwach, wie ich sonst gar nicht von mir weiß... Bis Sylvester zu bleiben, hab ich jetzt nur wenig Hoffnung. Doch helfen vielleicht auch dazu die guten Genien. Arbeiten kann ich jetzt gar nicht und das beängstigte mich oft so, daß ich nicht fertig werde.
... Da will ich Dir gleich von der Meerti erzählen, die übrigens ein vortreffliches Mädchen sein soll. Sie sang neulich zum ersten Mal deutsche Kompositionen von Schubert, das Ave Maria ... mit herrlichem Vortrag und Stimme, daß wir sie erst jetzt recht gehört haben. Kommt sie nach Berlin, sieh zu, daß Du sie kennenlernst. Vielleicht kann sie in Deinen Soireen singen ... von Liszt hört man gar nichts..., er soll krank geworden sein – er kommt erst im Februar hierher, was mir lieb ist... Nicht, da bin ich gesprächig worden, das erste Mal seit langer Zeit ... Deine Auswahl gefällt mir übrigens ganz gut, namentlich die Trios. Wegen mir habe ich hin und her gesonnen; gegen die Novelletten in A bin ich ganz – das wirkt nur im ganzen Zyklus; das eine Ding vergeht zu rasch ... mit der zweiten in D würdest Du am meisten Effekt machen – gewiß; das hat Anfang und Ende, spinnt sich gut aus, daß das Publikum folgen kann, und das Trio hat doch auch einen guten Gesang. Sei mir nicht böse, daß ich immer etwas auszusetzen habe, aber *es ist doch nicht unwichtig.* Ich bin noch nicht so bekannt und anerkannt, daß man vom Publikum verlangen könnte, es *müßte* alles von mir hinnehmen, eben weil es von mir ist. Also das Schönste, Witzigere zu spielen, paßt nicht für den Haufen, sondern das Anmutigere und Glänzende. Nun will ich damit nicht sagen, daß in den Novelletten nur ein Ausbund von Anmut und Glanz entwickelt wäre, aber doch Kraft u. dgl. Zur Probe bitt' ich Dich, spiel die in E meinetwegen und die in D einmal später und paß auf, welche mehr wirken wird. Willst Du aber keine von beiden, so wär es doch am besten, Du spielst die Sonate in G-Moll (aber *ohne* Scherzo), weil die doch auch einen Charakter faßlich entwickelt. Überlege es Dir ja, denn wie gesagt, ich

halte es gar nicht für unwichtig, in einer Stadt wie Berlin von Dir vorgeführt zu werden; denn macht es keinen Effekt, so schiebt man es, so Du schön spielst, doch auf mich, und das macht mich zwar auch nicht unglücklich, doch auch nicht glücklich. Sprich einmal mit Bargiel darüber, von dem *Fundament* und berate's mit Dir selbst unverzüglich ... was spielst Du von Bach? Auch die Phantasie von Liszt vergiß nicht.
A propos – Von einem Violinspieler muß ich Dir erzählen, der am Donnerstag das ganze Gewandhaus in Bewegung setzte. Er heißt Christoph Hilf ... hat nun bei David studiert und trat Donnerstag zum ersten Mal auf ... Und nun hat er gespielt, ich will nicht sagen wie ein Gott, aber wie ein göttlicher Tölpel und mit einer Bravour, einem Charakter im Vortrag, daß das Publikum außer sich war ... es hatte mich außerordentlich erheischt, diese Geschichte. Hat er produktives Talent, so schlägt er alle Davids einmal, Du wirst sehen.

Robert an Clara
                          Leipzig, den 10. Dezember 1839
Du hast mich diesmal lange warten lassen, und ich dachte, daß etwas vorgefallen wäre. Den ganzen Abend gestern war ich traurig. Von Deinem Kommen schreibst Du aber noch immer nichts genaues ... Also komme doch ja so bald als möglich. Du sollst Dich auch recht wohl in meinem Stübchen befinden und wenn's im Ofen knistert ... Alwin brachte mir heute die Lisztschen Soireen, ich konnte aber nur wenig mit ihm sprechen ... Nach Berlin zieh ich ja gleich mit, d. h. nächstes Jahr zu Ende. Da brauchst Du mir gar nicht zuzureden ... nun sag ich Dir zum letztenmal, wenn ich nicht bald erfahre, wann Du kommst, werde ich ganz wild. Recht erholen will ich mich, wenn Du bei mir bist. Meinem einsamen, stillen Leben wirst Du wieder Klang und Musik geben ...
Um 11 Uhr hol ich Dich aber zu einem kleinen Marsch abends ab, wo wir auch Friese besuchen wollen, und nachmittag spielen wir zusammen ...

Robert an Clara
>Leipzig, den 11. Dezember 1839

Clara, heute war ich selig. In der Probe wurde eine Sinfonie von Franz Schubert gespielt. Wärst Du da gewesen. Die ist Dir nicht zu beschreiben; das sind Menschenstimmen, alle Instrumente, und geistreich über die Maßen, und diese Instrumentation trotz Beethoven – und diese Länge, diese himmlische Länge wie ein Roman in vier Bänden, länger als die neunte Sinfonie. Ich war ganz glücklich und wünschte nichts, als Du wärest meine Frau und ich könnte auch solche Sinfonien schreiben.

Robert an Clara
>Leipzig, den 16. Dezember 1839

– – – Prüme schlage ich aber höher an als Du. Clärchen, laß Dir etwas sagen: ich hab' oft gefunden, daß auf Dein Urteil das persönliche Benehmen viel Einfluß hat. Gestehe es! Einer, der es recht gut mit Dir meint, der Dir nachgibt, Dir zu Deinem Urteil beipflichtet, überhaupt jeder, der etwas Ähnlichkeit mit Deinem Bräutigam hat, steht bei Dir gleich gut angeschrieben. Eine Menge Beispiele wollte ich Dir anführen. Da tust Du aber manchem Unrecht und das ist doch sonst Deine Art nicht. Ich wette, wenn Prüme einmal zu Dir käme, sich eine Zigarre anzündete und sagte: „nun spielen Sie mir einmal von den herrlichen Novelletten etc." Du schriebst mir dann: „Der Prüme ist doch ein ganz prächtiger Mensch und als Künstler doch schon auf einer sehr hohen Stufe etc." – Hab' ich recht? –

Robert an Clara
>Sonnabend, den 28. Dezember 1839

Herzliebstes baldigstes Weib

Matt und müde bin ich angekommen, aber vergnügt im Herzen. Die Nacht war so lind, als sollt es Frühling werden; da hab' ich denn hin und her gedacht und geträumt und geschlafen

und immer gedacht an Dich, an die Zukunft und an die letzten schönen Tage. Worte hab ich nicht mehr für Dich ... also bleib es dabei, was Du schon seit vielen Jahren weißt und behalte mich nur recht lieb und bleib so hold und gut, Du mein Herzens-Clärchen.
Mein Stübchen fand ich im alten Stand, nur viel geputzter, als erwarte es einen Bräutigam. Ausgepackt hab ich auch schon. Alles ist unversehrt angelangt, auch der Paganini ... hat noch immer die Geige am Hals. Der Zigarrenhalter steht auch schon auf dem Tisch; kurz, der Hausrat wächst zusehends ...
Nun hab ich sehr viel zu arbeiten die nächsten Tage über; sei also nicht traurig, wenn ich Dir nicht gleich wieder schreibe. Zum Sylvester jedenfalls ...
Grüße Mama, die gute freundliche vor allen und die Kinder. Bleib munter und frisch auf; ich bin es auch. –
       Von ganzer Seele Dein Robert

Robert an Clara
       Leipzig, d. 30. Dezember 1839
Guten, guten Abend, mein Mägdlein. Wie geht es im Herzen und Kopf, und mit den Fingern? Deinem Bräutigam geht es für sein Teil tröstlich; immer möchte ich nur Musik machen, wie in Berlin, wo ich mich Dir so oft produziert und dabei tapfer in die Lippen gebissen. Das Schreiben für die Zeitung wird mir schwer; in den Neujahrswunsch hatte ich immer Lust, unsere Trennungsgeschichte mit hinein zu schreiben ...
Heute abend, Ihr Lieben, denkt an mich in Liebe, und auch in Nachsicht, weil ich es mir doch oft gar zu bequem machte, als wär ich Sohn vom Haus schon. Du aber, meine Clara, wenn es zwölf geschlagen, denke ganz besonders in Deinem Kämmerchen an mich und laß uns zusammen Dem danken, der uns bis jetzt beigestanden. Es war unser Prüfungsjahr, unser leiden-, aber auch freudenvollstes. Hab Dank, Du treues Mädchen, für Deine Stärke, Deine Hingebung; von ganzem Herzen bin ich Dein und küsse Dich in zärtlichster Liebe
         Dein ewiger Robert

Am Sylvester 1839
... Es ist der letzte Brief dieses Jahr, vielleicht auch der erste, den Du im neuen erhältst. Worte hab ich nie mehr zu meinen Wünschen. Meinen sehnlichsten kennst Du, und daß Dich meine Liebe immer beglücken möge, wie mich Deine! Mitternacht will ich still bei mir abwarten. Dann umarmen sich unsere Geister.
Lebe wohl, Du Liebliche, Holde. Grüße die Mutter und alle.

Clara an Robert
Am Sylvester
Den Neujahrskuß laß Dir geben, mein geliebter Robert! Mit welchen Gefühlen ich das neue Jahr betrete, kann ich Dir nicht sagen, es sind freudige, aber auch ernste. Ich soll Dir nun bald ganz angehören, das erregt mich freudig, mein ganzes Lebensglück liegt dann aber auch in Deiner Hand. Ein unbegrenztes Vertrauen hab ich zu Dir, Du wirst mich ganz beglücken, aber auch ich will Dir immer von ganzer Seele ergeben sein, mein ganzes Sinnen und Trachten ist ja Dein Glück. Gib mir Deine Hand, mein Robert, treu will ich mit Dir durchs Leben gehn, alles mit Dir teilen, und kann ich es, Dir auch eine gute Hausfrau sein ... Ach! ich liebe Dich ja so innig, so ganz unendlich!
Bald Dein glückliches Weib Deine
Clara

Clara an Robert
Berlin, d. 1. 1. 1840
Wie eigen sieht mich doch die 40 an, nun ist es ja endlich da, das lang ersehnte Jahr, das uns verbinden soll auf ewig! Ich hab doch heute den ganzen Tag nichts gedacht als Dich. – Also in vier Monaten soll ich Dein sein? Im Mai willst Du, das ist ja der schönste Monat, und ist es Dir der liebste, so doch auch mir.
... Auf die Romanzen mache ich aber Anspruch; als Deine

Braut mußt Du mir durchaus noch etwas dedizieren, und da weiß ich denn doch nichts Zarteres als diese 3 Romanzen, besonders die mittelste, die ja das schönste Liebesduett. Ach Robert, Du kommst nicht los, die Romanzen geb ich nicht her, Du hast sie mir geschenkt – Du kannst ja auch das Halbe nicht leiden, gar nicht oder ganz. Nun gib mir aber einen Kuß, damit ich auch weiß, daß Du mir nicht bös bist – ich scheine Dir vielleicht unbescheiden!? –
Nun meinen Dankeskuß, mein geliebter Robert, für Deinen gestrigen letzten lieben Brief im alten Jahr – laß den ersten im neuen ebenso lieb beginnen. Ob ich ihn wohl heute erhalte?
... Schlaf wohl und träume von Deinem getreuen Mägdelein

Robert an Clara
Leipzig, den 2. Januar 1840
Du beglückst mich ganz mit Deinen Briefen, Du liebes trautes Mädchen. Schreib mir nur immer so viel; darauf bin ich ganz besessen – für Deinen Brief gestern mit den Spitzenkragen, für die herzlichen Zeilen der Mutter und Bargiels bleib ich Euch noch Dank und Antwort schuldig. Dein letzter war so gar gut und lieb, wie ich es am liebsten mag. Wüßt ich nur, weshalb man Dich am meisten lieben müßte. Du könntest eine Menge Männer auf einmal beglücken, jeden mit etwas Besonderem (nimm den Gedanken nicht übel) – ich aber wähle mir an Dir die Herzlichkeit und Häuslichkeit zur Braut – Du mein liebes Hausweib Clara.
Noch etwas! Geht es, so lassen wir uns noch *vor* Mai trauen. Hauptgrund: Je eher, je besser – und Dein V. ist so lange zu fürchten, so lange Du mir nicht angetraut bist.
... Über anderes schreibe ich Dir übermorgen, mein Clärchen, vielleicht mit der Siegesnachricht.
Verzeih das Wenige und Flüchtige, es hat schon 6 geschlagen. Die Romanzen sind wahrhaftig nicht gut genug für so ein Mädchen; es freut mich aber dennoch innig, wenn Du willst, daß ich

sie Dir dediziere. Wie schreiben wir wohl auf den Titel? Wart, ich weiß schon.

Adieu, Herzensschatz. Die Mutter soll mir noch zwei Tage Nachsicht schenken. Ein Redakteur, Komponist und Bräutigam hat viel zu tun.

Adieu, gedenkt meiner mit Liebe.

                                                  Dein Robert

Robert an Clara

                                      Leipzig, den 17. Januar 1840

... Sehr fleißig war ich übrigens in den vorigen Tagen und danke dem Himmel, daß er mir doch Kraft gibt und manchmal einen guten Gedanken beschert. Die Nachtstücke habe ich ganz in Ordnung gebracht. – Was meinst Du, wenn ich sie so nennte: 1. *Trauerzug.* 2. *Kuriose Gesellschaft.* 3. *Nächtliches Gelage.* 4. *Rundgesang mit Solostimmen.* Schreibe mir Deine Meinung. –

Robert an Clara

                                      Leipzig, den 24. Januar 1840

... Die Rezension in der Vossischen Zeitung war von einer nach der allgemeinen [Zeitung], aber um ein Drittel zu dünn ... Die vorigen Tage arbeitete ich an einem Faschingsschwank [op. 26] und hab ihn fertig hier, d. h. ohne die letzte Seite, die ich aber in später Stunde noch anfangen will. Er wird Dich amüsieren, ist übrigens beleibt worden, wohl an die 30 Seiten ... Ein recht milder Abend scheint heute in mein Fenster hinein. Als ich meinen letzten Brief an Dich (Dienstag) auf die Post trug, hat mich nun ein herrlicher Anblick weich gemacht. Der ganze Himmel stand von einem fernen Gewitter in Flammen, und dazu ein Sturm, daß ich kaum von der Stelle konnte – ich setzte es aber doch durch und blieb lange in der Allee in die ganz großartige Erscheinung versunken. An vieles dachte ich.

Clara an Robert

[28. Januar 1840]

Mein innigstgeliebter Robert,

Es geht mir zwar noch sehr schlecht und kaum kann ich den Kopf aufrecht halten, ich muß Dir aber doch einen Gruß wieder sagen und muß Dir noch einiges über das Konzert schreiben. Es war ein Tag, den ich im Leben nicht vergessen werde; denke Dir, daß ich bis eine Viertelstunde vor Anfang des Konzertes zu Hause im schrecklichsten Zustand lag und mich endlich aufraffte, wie ich sah, es half nichts mehr. Mit Mühe konnte ich mich in meine Konzertkleider werfen, nicht stehen, die Glieder so matt, daß ich keine Hand aufheben konnte, der Doktor war auf der Straße noch um halb 6 Uhr aufgefangen worden, konnte mir aber auch nichts weiter helfen, so also wurde ich in den Wagen gepackt und in den Konzertsaal gebracht. Inmitten des Konzertes stärkte ich mich mit Champagner, dem ohngeachtet ward mir einige Male während des Spielens ganz schwarz vor den Augen, und ich war überhaupt den ganzen Abend mehr einer Ohnmacht nahe als einer musikalischen Begeisterung, und doch hat es niemand bemerkt, es ging alles prächtig. Besonderes Glück machten das Präludium und das Scarlatti'sche Stück, in dem mir nicht ein Ton mißglückte, mir selbst unbegreiflich, denn meine Hände zitterten fortwährend. Rellstab meinte zwar, ich habe das Letztere zu schnell gespielt und wünschte es in der Vossischen *bedeutend* langsamer – wie langweilig muß das sein!

Robert an Clara

Freitag, ½ 7 Uhr [Januar 1840]

Guten Abend. Bis jetzt hab ich auf einen Brief geharrt. Warte, ich will mich auch nicht aufdrängen.

Gute Nacht und noch zwei Küsse

von Deinem
Robert

Clara an Robert
Berlin, den 31. Januar [1840]
Denke Dir, daß ich seit vergangenen Montag an einem Gesichtsschmerz leide, der mich wahnsinnig machen könnte; bis gestern konnte ich nichts unternehmen, nicht spielen, und mit dem Schreiben, da war's gleich aus. Der letzte Brief von mir an Dich (am 28.) hat mich gar viel Schmerzen gekostet, denn nach dem war ich fast besinnungslos. Gestern hab ich nun erst angefangen, meine Konzertstücke zu studieren, denke Dir, Deine Sonate erst gestern ernstlich angefangen und morgen schon spielen, so auch die Phantasie von Liszt. Nun, verzeihst Du mir? Ach ich möchte so gern fröhlich sein, wäre nur der Schmerz nicht so gräßlich. Ich kann doch eigentlich viel Schmerz überwinden, aber jetzt möchte ich mich manchmal hinlegen und sterben.

Clara an Robert
[1. Februar 1840]
Du hast mir heute weh getan, daß Du mir nicht einmal zum Konzerte ein freundliches Wort schriebst. Ich hätte gar nicht gedacht, daß Du es könntest. Das „aufdrängen" hat mir den ganzen Abend noch nachgeklungen, als hätt' ich es Dich sagen hören. Und siehst Du, doch setze ich mich jetzt um 11 Uhr noch hin und schreibe Dir mit liebendem Herzen, obgleich ich sehr trübe gestimmt, wie ich es fast immer bin nach einem Konzert. Es ging alles gut, Deine Sonate auch – ich glaube, ich hätte sie noch schöner gespielt, wenn Du mir freundlich und mild vorher geschrieben gehabt hättest. Das Trio von Schubert hat das Publikum nicht verstanden – sie wußten nicht, ob sie ein Zeichen des Beifalls von sich geben sollten oder nicht, bis zum Schluß, da haben sie dann tüchtig applaudiert. Ich war, im ganzen genommen, sehr animiert; ich möchte sagen übermütig, daß es mir doch wieder erträglicher ging, und meine Kraft hat nicht im geringsten nachgelassen das ganze Konzert hindurch. Wie zufrieden ist man doch gleich mit dem lieben Gott, wenn

er nach einem Regenschauer wieder ein bißchen Sonne durchblicken läßt. So geht mir's wenigstens, denn ich danke Gott mit vergnügtem Herzen, daß ich doch nicht mehr so ganz darniederliege, und mir ist, als hätte ich noch einmal so viel Kräfte jetzt als vorher. Das Konzert ... war viel voller noch als das erste Mal und die Musik klingt doch prächtig in dem Saal, selbst das Klavier klang gut. Der Kronprinz mit seiner Gemahlin war wieder da, was mich sehr freute. – Das vorige Konzert mußte ihm sehr gefallen haben.

Clara an Robert

Hamburg, d. 6. 2. 1840
Mein geliebter Robert,
Du mußt mir verzeihen, daß ich Dir nicht gestern schon schrieb, doch war es mir *unmöglich*, denn den ganzen Tag mußt ich herumlaufen nach einem Instrument, deren es hier wenige gibt, und gute gar keines. Endlich nun fand ich das alte, worauf ich vor 3 Jahren gespielt, das nun aber ganz ausgespielt ist; ich bin sehr unglücklich darüber und möchte lieber gleich nach Berlin zurück, überhaupt gefällt mir das Reisen gar nicht mehr. Gestern und heute haben die Besuche kein Ende genommen, und glaubst Du mir es wohl, wenn ich Dir sage, daß ich bei diesen paar Zeilen schon 3mal unterbrochen ward, und wie bin ich müde heut – entsetzlich, und spielen kann ich gar nicht, ich finde überhaupt, mit meinem Spiel wird es immer schlechter ...

Das Reisewetter war sehr schön, und recht inniglich dachte ich am Dienstagabend an Dich, als ich den Himmel in seiner wahren Sternenpracht sah ... gewiß, Du mußt es gefühlt haben. Mein lieber guter Robert, könnte ich Dich nur sehen erst wieder und umarmen – ich liebe Dich, daß es mir Herzweh macht.

Sehr aufmerksam sind hier alle gegen mich, die Direktoren vom Philharmonischen Konzert haben mich schon besucht und beweisen mir in jeder Hinsicht alle nur möglichen Aufmerksamkeiten. Ach, wenn ich nur gut spiele, ich habe so entsetzliche Angst, besonders da man hier gar nichts von Musik versteht – denke Dir, daß man Dreyschock Thalberg vorzieht. Nächste Woche spiele ich wahrscheinlich zweimal im Theater, und den 16ten gehen wir nach Bremen.

Robert an Clara
Leipzig, den 7. Februar 1840
Meine Herzens-Clara,
Je weiter Du mir wieder entrückt wirst, je schmerzlicher wird meine Sehnsucht nach Dir. Noch hab ich keine Nachricht von Dir. Morgen früh, denk ich. Ich schwärme jetzt viel Musik wie immer im Februar. Du wirst Dich wundern, was ich alles gemacht in dieser Zeit – *keine* Klaviersachen, Du erfährst es aber noch nicht.
... Hier ist immer so mildes und warmes Wetter, doch benütz ich es wenig, bin den ganzen Tag zu Hause. Hast Du Dir nun schon einen Reiseplan ausgedacht? Nicht über Weimar? Wie Du denkst, daß es am besten ist, richt' es ein. Du magst nun sein, wo Du willst, ich suche Dich doch *bald* einmal auf. Eben erschrak ich – weißt Du, daß heute der 7. Februar ist – der Dienstag-Tag von Dresden 1836 – wie warst Du da doch so hold und schüchtern und selig bei mir. Aber jetzt bist Du mir doch noch etwas ganz anderes – ich denke mir doch, solch Verhältnis, wie unseres, gibt es nicht viele noch – bei mir ist's dann noch so ein Vertrauen, so eine Achtung, so ein ordentlich brüderliches Anhängen an Dir, – oh meine Herzens-Clara, Du beglückst mich doch gar zu sehr mit Deiner Liebe – laß Dir's einmal wieder gesagt sein.
Nun will ich aufhören. Laß Dich inniglichst umarmen noch einmal; küß die Mutter und behalte mich lieb
Deinen Robert

Clara an Robert

Hamburg, den 7. 2. 1840
... Eine Bitte hab ich an Dich: sage doch Härtels, daß sie mir die Symphonien von Liszt gleich nach Berlin schicken, ich will die C-moll studieren und würde mir dieses Geschenk von ihnen große Freude machen – ich verdiene es gewiß am ersten. Auch hätte ich so gern die Adelaide von Liszt. Die C-moll-Symphonie hab ich gestern gespielt, sie ist doch einzig schön und meisterhaft gesetzt, aber ungeheuer schwer besonders der letzte Satz, bei dem ich zweifle, ob ich ihn je erlerne. Heute hörte ich endlich einmal wieder die Leonoren-Ouverture in der Probe vom Philharmonischen Konzert, und hätte mögen darin vergehen, – fände ich nur einen Ausdruck für diese einzige Musik! – Solche Musik macht mich oft ganz wehmütig und unglücklich – der Eindruck ist ein ganz eigener unbeschreiblicher. Recht sehnte ich mich dabei nach Dir und dachte dabei an die Konzerte im Gewandhaus.

Sonnabend abend [8. 2. 1840]
Ich danke Dir, mein herzgeliebter Robert, für Deinen Brief heute, der mir wie vom Himmel herab kam, um mich ein wenig aufzurichten. Cranz und Avé hatten mich so sehr verstimmt, sie waren am Abend zuvor 3 Stunden bei mir und erzählten mir, wie doch eigentlich alles nichts wäre, außer der Pleyel. Du weißt, lieber Robert, daß ich alle großen Künstler anerkenne, daß ich Thalberg und Liszt insbesondere sehr verehre, wie es nur irgendeiner kann, findest Du es aber nicht auch höchst undelikat, mir ein paar Stunden in solchem Tone zu sprechen, wie es Cranz und Avé taten? Ersterer sagte, nachdem er mich gehört gehabt, habe er geglaubt, nun könne ihm kein Klavierspieler mehr gefallen, da wäre die Pleyel gekommen und da hätte er erst das wundervollste Spiel von der Welt gehört. Dies und noch vieles sagte er. Ich sollte wohl über solche Reden hinweg sein, doch ich kann mich einer Mutlosigkeit und schrecklichen Unzufriedenheit mit mir selbst dann gar nicht erwehren. Das sind 3 furchtbare Camilla-Enthusiasten, der dritte ist Gathy. Mich betrübt nichts mehr, als daß ich die Pley-

el nicht selbst gehört habe. Das Konzert ist glücklich vorüber gegangen und ich habe das Publikum denn doch wenigstens in einen norddeutschen Enthusiasmus gebracht. Ich wurde beim zweiten Auftreten sehr lebhaft empfangen, was bei diesen kalten Kaufleuten wohl etwas sagen will. Aber eines hat mich furchtbar verdrossen, daß mir die Tränen in die Augen kamen – Cranz und Avé sagten mir nicht *eine* Silbe über's Spiel, und Cranz lobte am Schluß des Konzerts meine Ohrringel – ich hätte ihn mögen prügeln! Du wirst mich recht kleinlich heißen, ich kann mir aber nicht helfen. Verkenne mich nicht, ich habe ein Gefühl gehabt seit gestern, das sich nicht beschreiben läßt, aber gewiß ist es keins, das Dich erzürnen kann auf mich. Grund (der Kapellmeister) hat mich gefreut, der war so recht künstlerisch warm. Denke Dir, daß ich das Capriccio von Mendelssohn von Noten gespielt, aus lauter unbegreiflicher Angst.

... Sag mir doch, inwiefern meinst Du, daß uns die Eingabe Vaters schaden könne? Beim Gericht, im Fortgange unserer Sache, oder beim Publikum? Der Vater ist doch entsetzlich. Cranz hat heute einen Brief an ihn geschrieben mit allerlei herzergreifenden Worten – er will ihm das Gewissen rühren, will das väterliche Gefühl, das doch nur in ihm schlummere, erwachen machen, mit einem Worte, er will das Unmögliche möglich machen. Die Antwort weiß ich. Die Erklärung ist noch nicht hier, sie muß noch in Bremen sein – wüßte ich nur, an wen er sie geschickt. Ach Robert, Du glaubst gar nicht, wie schmerzlich mir's ist, mich so in einer Stadt angekündigt zu wissen, dies Gefühl, die Leute haben das Niedrigste, Gemeinste von einem gehört, es tut entsetzlich weh! Du hast recht, auch mich betrübt es schon seit langer Zeit, der Gedanke, daß der Vater nie zum Bewußtsein kommen kann; es ist aber vielleicht gut für ihn, denn er müßte vor seinen Taten erschrecken.

Robert an Clara

Leipzig, den 9. Februar 1840, Sonntag früh
Mein teures Herzenskind,

Eben hab ich Deinen Brief bekommen. Hör ich einmal von Dir einige Tage nichts, so ist's mir, als lebte ich gar nicht mehr oder ich stünde ganz allein auf der Welt. Nun Du glücklich dort bist, laß Dich küssen, Schatz, aus dem Grund des Herzens. Ich hab die vorigen Tage in immerwährenden Arbeiten gesessen und kann doch gar nicht fertig werden. Es bekommt mir aber wohl und ich fühle mich frisch an Körper und Geist. Du, ahme mir nur nach! Sei heiter und glücklich in Gedanken an die Zukunft.

... Wegen Deines Spieles sei doch nicht hypochondrisch, Cläre. Damit verstimmst Du mich allemal. Du bist nun bald 21 Jahr und mußt wissen, was an Dir ist. Es fällt mir noch etwas ein, Dein V. sprach oft in Dich, daß Du ohne ihn – und verheiratet – bald *vergessen* [sein] würdest. Das glaub doch gar nicht. Mittelgut wird bald vergessen. Aber Künstler, wie Du, nicht. Ist Paganini vergessen, die Sonntag, die Pasta? So ist's auch mit Dir. Und wenn Du auch ein paar Jahr feiertest als Hausfrau und wolltest dann wieder in die Öffentlichkeit – vergessen bist Du nicht. Das glaube mir nur, meine Clara.

... Was macht die Mutter? Wie freue ich mich, daß Ihr Euch habt. So vergilt das Schicksal immer.

Adieu denn. Immer und ewig

Dein Robert

Clara an Robert

Montag, d. 10. Februar

... Ich habe entsetzliche Angst wegen morgen, da besonders das Klavier (ein anderes als was ich im Philharmonischen Konzert hatte) so sehr zähe Spielart hat; wenn ich nur meine Sachen durchbringe. Dabei kann ich nun nicht eine halbe Stunde ruhig ohne Unterbrechung üben, da die Besuche nicht abreißen.

... Jetzt laß Dich aber einmal recht zärtlich streicheln, und sag mir, was das ist, was Du komponierst? Ich wüßte es doch gar

zu gern! O bitte, bitte. Ist es ein Quartett? Eine Ouverture, oder wohl gar eine Symphonie? Soll es vielleicht ein Hochzeitsgeschenk für mich sein? Sag mir nur den ersten Buchstaben! Das Wetter ist hier auch mild – ginge es nur, ich möchte auch schwärmen. Du gehst doch nicht zu wenig an die Luft, mein Robert? Dir ist Bewegung durchaus nötig, denke ja daran und überarbeite Dich nicht.
Für heute denn Adieu, mein gar lieber Mann. Antwort auf diesen Brief erwarte ich in Bremen, oder hoffe, sie vielmehr vorzufinden. Übermorgen schreibe ich Dir wieder – bin ich aber durchgefallen, so schreib ich Dir gar nicht mehr.
Die Mutter grüßt und küßt Dich ebenfalls, ich aber umarme Dich in treuer Ergebung.

Clara an Robert
Hamburg, d. 12. 2. 1840
Als Du den letzten Brief schriebst, dachtest Du wohl nicht, daß er mich eine Stunde vor dem Spiel auf dem Theater treffen würde. Ich kann Dir nicht sagen, wie heiter mich dieser Brief gestimmt, ich verlor alle Angst und spielte das Konzert von Chopin ... ganz schön zu meiner eigenen Zufriedenheit, das will doch viel sagen. Das Haus war voll, das Publikum empfing mich gleich mit dem lebhaftesten anhaltendsten Beifall und wurde bis zum Schluß immer wärmer und wärmer. Bei der Caprice von Thalberg hatte ich ein fatales Malheur. Du weißt, man sitzt doch auf dem Souffleurkasten und dieser wackelte immer fort und krachte jedes Mal, wenn ich in den Diskant kam – meine Angst war furchtbar, das Ding würde einstürzen und daher kam's, daß mir einiges in der Caprice verunglückte, doch das Publikum hats nicht gemerkt. Das Ave Maria, das ich vor der Caprice spielte, gefiel außerordentlich, ich hab's aber auch schön gespielt – das machte Dein Brief, den ich nicht aus dem Sinn brachte. Na, nun hab ich Dir wohl genug von meiner Spielerei erzählt – nimm's nicht übel, wenn ich aber zufrieden gewesen, so erzähl ich Dir auch gern davon. Wenn Du diesen

Brief erhältst, hab ich schon das zweite Mal Spiel überstanden ... Damit Du doch weißt, was ich spiele oder vielmehr gespielt habe 1) Sonate von Scarlatti. Notturno von Chopin, Erlkönig. 2) Moses-Phantasie. Ich habe keine Angst (nach langer Zeit einmal wieder) als vor dem Souffleurkasten. Den will ich morgen ordentlich untersuchen.

... Von Bargiel haben wir gestern endlich Nachricht, er erkundigt sich sehr angelegentlich nach Dir, hat uns beide überhaupt sehr lieb, das mich immer freut und ist einer von den wenigen, die Dich ganz verstehen und Dich hochhalten.

... Noch muß ich Dir danken, daß Du mich so liebevoll aufgerichtet hast wegen meiner Hypochondrie, die wirklich einen hohen Punkt erreicht hatte. Ich bin doch seit gestern ruhiger und habe wieder etwas mehr Selbstvertrauen. Schreib mir bald wieder so liebenswürdig.

Ich umarme Dich, mein geliebter lieber Robert, in alter und immer neuer Liebe.

Deine Clara

Ein Blümchen aus dem Bouquet, das ich gestern getragen.

Clara an Robert

Hamburg, d. 14. 2. 1840
Guten Morgen, mein herzliebster Robert!
Hast Du so gut geschlafen, wie ich heute, so ist's gut. Ich hab gestern gut gespielt und das Publikum (wenn auch nicht so zahlreich versammelt als das erste Mal) zu noch viel größerem Enthusiasmus gebracht, und den Erlkönig mußt ich wiederholen, was mir auch sehr gut gelang. Der Souffleurkasten war zwar fest, aber Saiten sprangen, daß es lustig war anzuhören. Avé Lallemant läßt nun durchaus nicht nach, ich soll, wenn ich von Bremen zurückkehre, noch eine Soirée geben, wo ich ein Trio von Beethoven spiele.

... Deine zweite Abfertigung Bancks ist prächtig wieder und was hab ich gelacht über den „Liederknirps von Jena"! Du führst aber doch ein gefährliches Messer; wenn nur nicht Deine Frau auch einmal darunter kommt.

... Sag mir doch, geliebter Herzens-Mann, was ist das, das Du komponierst? Wenn Du mir's nicht sagst, bring ich Dir keine Zigarren mit, und das wäre Dir doch gewiß hart.
... Liszt hat im vorletzten Konzert [in Wien] mit einem Akkord drei Hämmer aus den Kapseln geschlagen und außerdem 4 Saiten gesprengt – er muß also wieder gesund sein.
... Ich werde hier allgemein als Deine Braut anerkannt und überall, wo der Wein und Champagner fließt, wird Deiner gedacht ...

Robert an Clara

Leipzig, den 14. Februar 1840

Gestern bekam ich Deinen lieben guten treuen Brief. Wünscht ich doch, Du hättest die Pleyel gehört, um auf ewig beruhigt zu sein. Cranz ist ein roher Mann und der Andere, Avé, scheint es. Aber, Clara, eine Künstlerin wie Du muß sich doch aufrecht halten und nicht gleich melancholisch werden. Und doch möcht' ich Dich gleich küssen um Deinen bescheidenen Stolz, Du gutes Clärchen. – Aber sei nur nicht zu blöde und spröde. Shakespeare sagt, dies ist keine Welt danach, um seine Tugenden hinter den Scheffel zu stellen.
Bei Shakespeare fällst Du mir auch ein, oder umgekehrt fiel es mir ein. Du möchtest nämlich wissen, was ich komponiert – auf solche Fragen will ich Dir einen Dialog aus „Was Ihr wollt" abschreiben.
Fabio: Wenn Du mich lieb hast, so laß mich den Brief sehen.
Narr: Lieber Herr Fabio, tut mir dafür einen andern Gefallen.
Fabio: Was Du willst.
Narr: Verlangt *nicht* diesen Brief zu sehen.
Wie ich das las, dacht ich gleich, das ließe sich mit Wirkung einmal bei Dir anbringen. Also Clärchen, verlange das nicht zu wissen. Du hast zwar viel geraten in Deinem letzten Brief; es ist aber nichts davon. Das nächste Mal denn, obgleich ich es Dir auch schon heute sagen könnte. Verzeih, Kind; ich spiel nun einmal gern mit Kindern.

Clara an Robert

Harburg, den 16. 2. 1840, nachmittag

Vor einer Stunde sind wir hier mit dem Dampfschiffe angekommen, die Mutter schläft eben ein wenig, ich wollt' es auch, dachte aber so viel und lebhaft an meinen Robert, daß es mir keine Ruhe ließ, ich mußte die Feder ergreifen. Laß Dich inniglichst küssen, mein guter Robert! Ich möcht Dir vor Liebe, ich weiß nicht was tun. Einen Genuß, wenn auch kein geistiger, mußt Du mir erlauben, Dir zu verschaffen. Wir aßen heute, ehe wir auf's Dampfboot gingen, Austern, die schönsten, frischesten, die man sich denken kann; ach, dacht ich, wäre doch Robert da, dem mundeten sie gewiß auch, und in diesem meinem sehnsüchtigen Gedanken faßt' ich den Entschluß, Dir ein Fäßchen zu senden und beauftragte Cranz damit, der sie morgen oder übermorgen abschicken wird, sobald sie vom Schiff gekommen. Könnt ich Dir doch das ganze Hamburg mit seiner schönen Elbe und Seeschiffen mitschicken! Warst Du noch nie da? Ach Robert, wir müssen einmal zusammen hin! Ich sage Dir, am Jungfernstieg zu wohnen und früh bei schönem Sonnenschein die Alster zu sehen mit den vielen Schwänen darauf, das ist ein himmlischer Anblick. Nie sah ich es, ohne den sehnlichsten Wunsch, Du möchtest bei mir sein.

... Heute, denk Dir, hab ich durch Zufall ein wundervolles Instrument gefunden von Andreas Stein aus Wien, ganz neu, das mir während meines ganzen Aufenthaltes in Hamburg zu Gebote gestanden hätte. Ich war trostlos, mich auf diesen elenden Instrumenten geplagt zu haben, während ich das schönste haben konnte. Es gehört einem jungen Wiener, der es kürzlich von seinem Vater als Geschenk erhielt, es aber gar nicht benutzt. Es ist einer der schönsten Steins, die ich noch gespielt.

... Gestern waren eine Menge Schülerinnen von Avé bei mir und hab ich ihnen 2 Stunden, meistens von Deinen Kompositionen gespielt, worunter zweimal die Kinderszenen, die sie so wie Avé ganz entzückten. Am Abend, wo wir das B- und D-Dur-Trio von Beethoven spielten, fielen alle die jungen Mädchen, ihr Lehrer an der Spitze, über mich her, ich mußte die Kinderszenen noch einmal spielen, auch einige Novelletten. Ich freute mich inniglich, wie Du Dir denken kannst, und spielte sie mit wahrer Begeisterung. Sie werden sie mir nun nachspielen wollen – etwas hapern wird's da wohl.

Clara an Robert
[21. Februar 1840]
... Was ich hier in Bremen um Dich gelitten, kann ich Dir nicht sagen, es ist mir, als wäre mein Innerstes zerrissen. Dieser abscheuliche Rakemann hat diese Erklärung herumgegeben. Eggers und Möller haben sie gelesen; von letzterem weiß ich es nicht bestimmt, muß es aber schließen, nach dem, wie er mich gestern aufgenommen – ich sage Dir, mit einer beispiellosen Kälte und Geringschätzung, und das hat mir bittere Tränen gekostet. Ich bin so sehr gewohnt, überall freundlich empfangen zu werden, daß mich solch ein Vorfall um so schmerzlicher berührt, und noch dazu, da ich den Beweggrund kenne. Unser Verhältnis war schon, bevor ich kam, in so unvorteilhaftem Lichte dargestellt, daß die Leute denn doch glauben, der Vater hat recht, und das kann ich nicht ertragen, ich fühle mich schrecklich unglücklich hier und ist's doch, als wäre jeder frohe Gedanke von mir gewichen.
... Heute war Möller ganz entzückt von meinem Spiel, und hat nicht losgelassen, ich muß morgen zu ihm zu Tisch – ich ärgere mich, daß ich mich bereden ließ, ich kann doch diese Beleidigung gar nicht vergessen. Du mußt mir manches heute nachsehen, ich bin aber so sehr gereizt und angegriffen, daß jedes Wort mich berührt und die Musik mich weinen macht. Dein Lied hat mich ganz entzückt und löste die Dissonanzen in Deinem Brief in die schönsten Harmonien auf. Es ist das zarteste von einem Lied, das man sich denken kann, und doch bei aller Natürlichkeit so sinnig – ich hab es schon, ich weiß nicht wie oft heute gesungen und schwärme darin. Schönsten Dank dafür, mein Robert, und einen innigen Kuß. Säh ich Dich nur bald, meine Sehnsucht ist gar so groß! Ach Gott, was hat doch der Vater auf seinem Gewissen, daß er uns beide um unsere

Ehre zu bringen sucht, ich muß Dich, mein Liebstes, von ihm verleumdet, geschändet sehen und kann nichts dagegen tun, man hält mich für verblendet – und sagt, ich sehe mit verliebten Augen – solch ein abscheuliches Wort ist schon das „verliebt", daß mir gleich die Röte in's Gesicht steigt, wenn es so ein Alltagsmensch, so eine Kaufmannsseele ... sagt. Die Menschen sind auch so unzart und ungebildet, daß sie nicht begreifen, wie mir solche Reden weh tun müssen und mir ihre Witze (die nicht selten vorkommen) Dolchstiche sind. Ich kann mich nur trösten mit der Zukunft. Du wirst gewiß bald gerechtfertigt dastehen ...
– Das Konzert ist glücklich vorübergegangen, ich hatte ein schönes Instrument vom Vater und spielte gut, kam mir aber so unglücklich dabei vor, daß mir alles, was ich spielte, traurig schien. Das Publikum klatscht hier nicht, das nimmt auch alles Anima. (Es ist Gesetz in den Konzerten, weil darin oft Dilettanten mitwirken, aber es gehört norddeutsche Kälte dazu, solch ein Gesetz mit solcher Gewissenhaftigkeit zu befolgen.) Der Künstler bedarf nun einmal durchaus der äußeren Beifallsbezeugungen, er weiß ja sonst nicht, woran er ist. Übermorgen geb ich mein Konzert, reise Sonnabend ab, und laufe mit Gott Sonntag früh 9 Uhr glücklich im Hamburger Hafen ein.

Donnerstagmorgen
Soeben schickt Möller, ob ich gut geschlafen, und daß er uns heute seinen Wagen schicken wolle.
... Rakemann ist in Amerika. Sein Bruder (der jüngste) läßt nicht von mir, ist das ganze Ebenbild seines Bruders, lächelt ebenso schmachtend und hält immer den Kopf schief – ist übrigens ein guter Junge! Ich will aber machen, daß ich fortkomme, die Rakemänner fühlen alle so eine eigene Sympathie für mich, daß mir vor diesem Kleinen auch bangt ...
– Werd ich denn die anderen Lieder und Balladen nicht bald zu sehen bekommen? Ich bin ganz überrascht, Dich in diesem Fach so entzückend wieder zu erblicken. – Das Lied geht mir nicht aus dem Sinn. Deine Kinderszenen und Sonate, auch Novelletten habe ich hier vorgespielt – die Leute waren entzückt davon und Töpken ganz außer seiner Art enthusiastisch. –

In Hamburg hab ich auch eine Novellette von Dir auf's Programm setzen lassen, die erste, die auch neulich hier in einer Gesellschaft so sehr gefiel.

Clara an Robert
Sonnabend, den 22. 2. 1840 (Bremen)
... Das Konzert gestern war gut und ich hab gut wie selten gespielt, was wohl auch am Pianoforte (eines vom Vater) lag, das wundervoll klang. Die Bremer haben geklatscht, das will etwas heißen. Viermal hab ich gespielt, die F-Moll-Sonate, Moses-Phantasie und noch sechs Piècen, ich war aber auch zum Umfallen, und mußte durchaus noch zu Sengstaks (die Schwester von Grund in Hamburg) nach dem Konzert, daher konnte ich Dir gestern abend nicht schreiben, was ich immer am liebsten tue.
... Ich bin wieder ein wenig mit den Bremern ausgesöhnt; sie haben vielleicht gemerkt, wie weh mir ihre Reden tun mußten, und sind nun ruhig. Die Erklärung können wir durchaus nicht zu lesen bekommen, es heißt, sie sei schon zu Cranz ...

Robert an Clara
Leipzig, den 22. Februar 1840
Sei nicht bös, wenn ich Dir heute wenig genug schreiben werde. Seit gestern früh habe ich gegen 27 Seiten Musik niedergeschrieben (etwas Neues), von dem ich Dir weiter nichts sagen kann, als daß ich dabei gelacht und geweint vor Freude. –
Adieu nun, mein Mädchen, das Tönen und Musizieren macht mich beinahe tot jetzt; ich könnte darin untergehen. Ach Clara, was das für eine Seligkeit ist, für Gesang zu schreiben; die hatte ich lange entbehrt ...

Robert an Clara

Leipzig, den 24. Februar 1840 (Schalttag)
Meine liebe Clara!

Der Anfang Deines Briefes heute hat mich wieder einmal affiziert, daß ich nicht wußte, was angeben. Etwas tat ich also. Ich schrieb an Rakemann, *warnte* ihn vor Verbreitung des Pasquills, sagte ihm, daß er sich dadurch zum Handlanger der Gemeinheit und Lüge mache, und daß ich ihn verklagen würde. Den Brief hab ich an Töpken geschickt und gebeten, mir im Notfall einen Sachwalter zu suchen.

Sieh, liebe Clara, anders kommen wir nicht durch, das Recht und unsere Ehre gebietet es uns, daß wir überall schnell und auf das strengste in ähnlichen Fällen verfahren.

... Weißt Du, was Goethe sagt:

Was bringt zu Ehren?
Sich wehren.

Gathy schrieb mir auch von den ungeheuren Gerüchten, die über mich gehen. Du schreibst mir dasselbe. Ich weiß ja gar nicht mehr, wie ich mir vorkomme. Das Blut möchte mir manchmal in den Adern springen. So lang dies aber nicht ist, so lange will ich mich auch verteidigen.

So schreib ich Dir nun wieder, was ich nicht sollte, nicht wollte, und kann doch nicht anders. Du schreibst mir, ich hätte einen Mißmut auf die ganze Menschheit. Oh nein, wie irrst Du da. Was für Liebe, für Musik, für Träume in meinem Herzen sind, ach, wie viele, viele. Da habe Du keine Angst. Aber daß ich Dir manchmal in einer einzelnen Zeile, in einer einzelnen Minute klage – nach solchen Vorgängen – das wolltest Du mir wehren? Es kommt mir oft fast wie übermenschliche Geduld vor, was ich gelitten. Ein anderer, der übrigens wäre, was ich bin, würde es kürzer gemacht haben. Aber, weißt Du, wer mein Vorbild ist, Du selbst, meine Clara. Und ich weiß gar wohl, daß Dein Schmerz meinem nichts nachgibt.

... Hier schicke ich Dir ein kleines Liedchen zum Trost; sing' Dir's leise, einfach, wie Du bist. Bald schicke ich Dir mehr. Die vorigen Tage hab ich einen großen Zyklus (zusammenhängend) Heine'sche Lieder ganz fertig gemacht. Außerdem noch eine

Ballade „Belsazar", ein Heft aus dem West-Östlichen Divan von Goethe; ein Heft von R. Burns (einem Engländer, noch wenig komponiert), dann auch zwei Hefte von Mosen, Heine, Byron und Goethe; das gibt mit dem Zyklus sieben Hefte. Sieh', ist das nicht gut von mir? Und dann auch ein Heft vierstimmiger, darunter eines für vier Frauenstimmen, was wohl eigen klingen muß; sie sind meistens recht schwärmerisch, die Texte. Wie mir dies alles leicht geworden, kann ich Dir nicht sagen, und wie ich glücklich dabei war. Meistens mach' ich sie stehend oder gehend, nicht am Klavier. Es ist doch eine ganz andere Musik, die nicht erst durch die Finger getragen wird – viel unmittelbarer und melodiöser. Hillern, Verhulst und andern hab ich davon gespielt und gesungen, und da will ich schreiben wie Du, wenn Du schön gespielt, und sie waren ganz entzückt davon ...

Robert an Clara
Leipzig, den 28. Februar 1840
... Hier hast Du den Diplom, der heute mit Deinem lieben Brief ankam, und wenn er Dir nur eine kleine Freude macht, so würde der, der mich dazu gemacht, belohnt sein. Weißt Du wer? Dr. Keferstein vorzüglich. Ich schrieb ihm nämlich vor einigen Wochen und fragte ohne festen Gedanken eigentlich bei ihm, ob eine solche Promotion viel Mühe mache. Es wäre mir in meinem jetzigen Mißgeschick (von dem er wüßte) Arbeit und dafür Auszeichnung nötig. Er schrieb mir darauf, er wolle das machen, der Dekan ... sei sein Duzbruder, es soll mir nur einiges kosten, den Druck der Diplome pp. Auslagen machen. Ich schrieb ihm dankbar, schickte ihm den und jenen Aufsatz über mich mit meinen alten Diplomen, empfahl mich dem Dekan – und heute ist es fertig da. Nun schreib mir aber, ... welchen Eindruck bring ich jetzt auf Dich hervor; ich bin heiter heute, und wieder traurig, daß ich nicht gleich selbst zu Dir kann ... Sodann wäre es nützlich für mich, wenn Gathy eine kleine Anzeige in die Neue Hamburger Zeitung, oder auch

noch besser, in den Correspondenten setzte ... der Art, „daß nun die philosophische Fakultät in Rücksicht außerordentlichen Wirkens ... als Komponist und Schriftsteller das in sehr ehrenvollem Ausdruck abgefaßte Doktordiplom zugeschickt hätte" – So steht im Diplom ungefähr. Laß Dir's übersetzen: von meinem Namen an heißt es so im Deutschen: – „die philosophische Fakultät hat den – – mehrerer Gesellschaften Mitglied, der sich (wörtlich) in den heiligen Dingen sowohl als *artifex ingeniosus,* d. h. ungefähr als bedeutender schöpferischer Künstler, wie als *judex elegans,* d. i. als galanter oder geschmackvoller Beurteiler, wie durch seine Aussprüche und Lehren über das Schöne und Edle pp. einen bedeutenden Namen gemacht hat, zum Dr. der Philosophie ernannt." Also bitte Gathy darum. Geht es mir nur nicht wie Löwe, den Keferstein auch zum Dr. gemacht, der seitdem auch komponiert wie ein Doktor, d. h. nicht besser als zuvor ... – A propos ... auch etwas Lustiges fällt mir ein. Ich hatte gestern die letzten Austern bei mir stehen. Da kam J. Becker, der die Dinger noch nie gesehen hatte und ein Gesicht machte, obwohl respektvoll, doch nun erst mit einem „Prr" vor den Lippen. Ich war übrigens sehr ernsthaft. Da entspann sich folgendes Gespräch. Ich sagte zu ihm, wie er schon eben ansetzen wollte zum Verschlucken: *Mut und Vertrauen.* Dies gab ein großes Gelächter und er konnte der Austern nicht habhaft werden. Als er endlich damit fertig war, hatte ich auf meinem Tisch im Fenster einstweilen folgendes geschrieben für die Zeitung, wie ich mich ausdrückte: „heut am 27sten aß der Sekretär der Zeitung die erste Auster, nachdem ihm zuvor der Redakteur der Zeitschrift Mut und Vertrauen zugesprochen: auf die Folgen dieses unüberlegten Schrittes ist man sehr gespannt." Dann kam nur ein fürchterliches Lachen ... Carls, Friese und alle haben geschmaust. Die Devrient namentlich. Auch Wein haben wir getrunken und viel leben lassen ... Meinen Heineschen Liederzyklus druckten Härtels schon. Ich freu mich darauf wie auf mein erstes Werk. In diesen 11 Wochen glaubst Du wohl, hab' ich nun gegen 40 Louisdor verdient. Ich fordere jetzt auch mehr. Schicke mir den „Nußbaum", ich will jetzt das andere vertonen. Ich will

Ernestine von Fricken davon dedizieren, vielleicht auch Pauline, wenn es ganz gut ist. Mit Dir hab' ich schon auch etwas vor ...

Clara an Robert

[2. März 1840]

Einen Tag hab ich verlebt, den vergesse ich nie. Wir waren in Travemünde, ... fuhren in einem kleinen Boote mit 3 Segeln in die See hinaus, bis wir kein Ufer mehr sahen und niemand von uns mehr wußte, wo wir waren, ... und obgleich mir's etwas ängstlich war, so habe ich doch gejauchzt vor Entzücken. Der Tag war neblig, aber um so schöner nahm es sich aus, wenn ein matter Sonnenstrahl durch die Wolken brach und die Wellen versilberte ... Wie tausendmal hab ich leise Deinen Namen ausgesprochen – ach, hättest Du mit uns sein können! ...
Über Dein Liedchen läßt sich gar nichts sagen, das läßt sich nur singen. Das andere folgt, wenn auch ungern, bitte schicke es mir so bald als möglich wieder ...
Wie schön ist es doch, daß Du so fleißig komponierst! Mit den Liedern wird mir's aber bedenklich, ist es doch nicht etwa eine junge Nachtigall, die Dich inflammiert? ... Ist es denn bei Dir auch schon solch schönes Frühlingswetter, scheint wohl die Sonne in Dein Stübchen? Ich möchte so vieles wissen, am liebsten bei Dir sein.

Robert an Clara

Leipzig, den 10. März 1840

Mein Kopf ist ganz wirr von vielem, was ich heute nachgedacht ... Das sind alles meine Nachrichten – wir haben wahrhaftig keine Zeit mehr, ordentlich zu küssen. Einen fleißigen Mann hast Du doch an mir. – Clärchen, weißt Du wohl, daß ich jetzt an eine Oper denke? Ich hab' schon einen Dichter dazu. Es soll bald an die Arbeit gehen. Rede mir manchmal zu! Kraft dazu hätte ich schon; aber daß ich so oft aus dem Elemente gerissen werde, ist freilich schlimm. Wir müssen recht wacker zusammenarbeiten, daß wir später ganz ungestört der Musik leben können ...

Robert an Clara

[13. März 1840]

Hier als schüchterne Belohnung für Deine zwei letzten Briefe etwas. Die Lieder sind meine ersten gedruckten, also kritisiere sie mir nicht zu stark. Wie ich sie komponierte, war ich ganz in Dir. Du romantisches Mädchen verfolgst mich doch mit Deinen Augen überall hin, und ich denke mir oft, ohne solche Braut kann man auch keine solche Musik machen, womit ich aber Dich besonders loben will. Denn ich habe Dich gar zu lieb und will Dir nur sagen, daß ich alle Abende fort möchte und in einer ewigen Angst bin, nicht zeitig genug zu Dir zu kommen ... Weißt Du auch, daß heute Dein *kleiner Geburtstag* ist; schon heute früh dachte ich daran, und an der Braut zählt man alles nach. Also 20 und ½, Clärchen, ich hätte nie vermutet, daß wir zusammen so alt würden als Braut und Bräutigam. Es hat sein Hübsches, dieser lange Brautzustand, man lernt sich da recht lieben und kennen. Höre, erlaubst Du mir eine Bemerkung zu machen, nämlich daß Du, wenn Du mich ein wenig beleidigt hast, und ich es Dir dann sage, dann so tust, als seist Du die Schwerbeleidigte und mir auch außerdem noch ordentlich verzeihen willst. Sieh, Mädchen, zweimal seit kurzem hab ich Dich nach Deiner Meinung schwer beleidigt ... und doch, Clärchen, warst Du die Sünderin. Weißt Du denn nicht von mir, daß ich gewiß ein gerechter Mann bin und niemandem so leicht zu nahe trete ... Also, Frau, gestehe, und laß Dir nur sagen, mit Deinen zwei letzten Briefen hast Du's längst wieder gutgemacht, und ich schreib Dir's nur der Zukunft wegen; wir müssen uns durchaus manchmal übereinander unterhalten und unsere gegenseitigen Befürchtungen voreinander aussprechen, damit später der Hausfriede um so fester ist, und gar nicht wanken zu machen, wenn es mir nachgeht.

... Clärchen, hast Du nichts für meine Beilagen? Mir fehlt Manuskript, und ich kann nicht eher nach Berlin, als bis die dritte (mit Klavierstücken) fertig ist. Denkst Du denn etwa, weil ich so viel komponiere, kannst Du müßig sein. Mach' doch ein Lied einmal! Hast Du angefangen, so kannst Du nicht wieder los. Es ist gar zu verführerisch.
In meine Opernpläne will ich Dich ein wenig hineingucken lassen. Schicke in eine Leihbibliothek und laß Dir holen *den zweiten Teil der Serapions-Brüder von Hoffmann*, darin steht eine Erzählung „Doge und Dogaressa." Lies sie Dir recht fleißig durch; denk Dir das alles auf den Brettern; sag mir Deine Ansicht, Deine Bedenklichkeiten. An der Novelle gefällt mir das durchweg Noble und Natürliche. Den Text soll mir dann Julius Becker in Verse bringen. Entworfen hab' ich schon. Es ist mein fester Vorsatz, mir diesen Sommer diese Freude zu machen, und Du wirst gewiß Deinem Dichter oft ein Labewort sprechen. Vergiß also nicht das Buch, sage aber sonst noch niemandem davon.

Robert an Clara
                                              Den 14. März
... Wie war Dir's denn nach dem ersten Kuß, Clärlein Du? Ich will dir sagen wie:
    Grün ist der Jasminstrauch
    Abends eingeschlafen.
    Als ihn mit des Morgens Hauch
    Sonnenlichter trafen,
    Ist er schneeweiß aufgewacht:
    „Wie geschah mir in der Nacht?"
    Seht, so geht es Bäumen,
    Die im Frühling träumen.
Fällt mir immer unser erster Kuß bei dem Lied ein. Ich schicke Dir ehestens die Musik dazu. Adieu, mein Kind. Bleib gut
                                                   Deinem R.

Clara an Robert

Berlin, d. 14. 3. 1840, abends

Mein herzliebster Robert,

Hab schönen Dank für die Lieder, sie haben mich überrascht und sind doch ganz eigentümlich, verlangen aber alle gute Sänger, die Geist genug besitzen, sie aufzufassen ... Die Beurteilung der Schubert'schen Symphonie finde ich sehr schön – lebte er doch noch! Es erfüllt einen so mit Wehmut, daß er es nicht erlebte, so anerkannt zu werden, wie jetzt. Ich kann sagen, mich hat doch ein ganz eigenes Gefühl übermannt, als ich an seinem und Beethovens Grab stand. Wie innige Freunde müßtet Ihr sein! Könnte ich doch einmal diese Symphonie hören! ... Komponieren aber kann ich nicht, es macht mich selbst zuweilen ganz unglücklich, aber es geht wahrhaftig nicht, ich habe kein Talent dazu. Denke ja nicht, daß es Faulheit ist. Und nun vollends ein Lied, das kann ich *gar nicht;* ein Lied zu komponieren, einen Text ganz zu erfassen, dazu gehört Geist. ... Du möchtest wohl gern auch wissen, was ich erübrigt, nicht wahr? Ich will Dir's sagen, obgleich ich nicht gern davon spreche. Ich hatte Einnahmen 970 Taler, davon gingen soviel für Reisekosten, Einkäufe für mich und Mutter und das ganze Haus ab, daß mir 490 Tlr. blieben. – Bist Du zufrieden oder nicht? Ich bin es sehr und meine, man kann in 5 Wochen kaum mehr verlangen.

Robert an Clara

Mittwoch, den 18. März 1840

Es wird wenig aus meinem Brief heute werden. Ich bin müde, abgespannt und wieder erregt und unruhig von so vielem in den vorigen Tagen ... solange Liszt hier ist, kann ich auch nicht viel arbeiten, und so weiß ich gar nicht, wie ich fertig werde bis Gründonnerstag. Mit Liszt bin ich fast den ganzen Tag zusammen. Er sagte mir gestern „mir ist's, als kennte ich Sie schon 20 Jahre" – mir geht es auch so. Wir sind schon recht grob gegeneinander und ich hab's oft Ursach, da er gar zu launenhaft und verzogen ist durch Wien. Das geht aber nicht in diesen Brief, was ich Dir alles zu erzählen habe, von Dresden, unserm ersten Zusammentreffen, vom Konzert dort, von der Eisenbahnfahrt hierher gestern, vom Konzert gestern abend, von der Probe heute früh zum zweiten. Und wie er doch außerordentlich spielt und kühn und toll, und wieder zart und duftig – das hab ich nun alles gehört. Aber, Clärchen, *diese* Welt ist meine nicht mehr, ich meine *seine*. Die Kunst, wie Du sie übst, wie ich auch oft am Klavier beim Komponieren, diese schöne Gemütlichkeit geb' ich doch nicht hin für all seine Pracht – und auch etwas Flitterwesen ist dabei, zuviel. Laß mich darüber heut schweigen, Du weißt schon, wie ich's meine.

Clara an Robert

Berlin, d. 20. 3. 1840

Du mußt es Dir nun schon gefallen lassen, daß ich Dich heute wieder heimsuche – mir ist's, als sollt ich nichts tun, als an Dich nur immer schreiben – besser wär's, Du wärest da, dann hätten wir beide keine Qual. Als ich jetzt so lange keine Nachricht von Dir hatte, da dachte ich, Liszt wäre daran schuld und muß es Dir gestehen, ich war eifersüchtig auf ihn! Da kam aber Dein lieber Brief und ich sah, daß Du doch meiner gedacht.

... Glücklich ist doch der Liszt, daß er alles das vom Blatt spielt, wo sich unsereins plagt und es doch zu nichts bringt. Mit Deinem Urteil über ihn stimme ich ganz überein! Hast Du schon von seinen Etüden von ihm gehört? Ich studiere jetzt an der neunten und finde sie schön, großartig, aber doch zu furchtbar schwer.

... Eine Frage: was meinst Du wohl, wäre es nicht gut, wenn ich bei Rungenhagen ein wenig die Fuge studierte? Ich hätte große Lust, nur weiß ich nicht, ob mein Verstand, auf den ich nicht viel gebe, reif zu solch einem Studium ist! Französische Stunde hab ich vor einigen Tagen angefangen; wenn ich's doch nur einmal zu etwas bringen könnte! Ich bin doch manchmal ganz erzürnt auf mich.

... Recht sehr hab ich gelacht, daß Du grob gegen Liszt bist; Du meinst, er sei verzogen, bist Du es aber nicht auch ein wenig? Ich verziehe Dich, ich weiß es wohl. Na ich denke, das soll schon besser werden, wenn Du mein Mann erst bist.

Robert an Clara
                                    Leipzig, den 20. März 1840
... Heute früh hätte ich Dich zu Liszt gewünscht. Er ist doch gar zu außerordentlich. Er spielte von den Novelletten, aus der Phantasie, der Sonate, daß es mich ganz ergriff. Vieles anders als ich's mir gedacht, immer aber genial, und mit einer Zartheit und Kühnheit im Gefühl, wie er sie wohl auch nicht alle Tage hat. Nur Becker war dabei, dem standen die Tränen in den Augen, glaub ich. Eine große Freude hatte ich namentlich an der 2ten Novellette in D-Dur; Du kannst kaum glauben, was für eine Wirkung die macht; er will sie auch in seinem dritten Konzert hier spielen. Das ginge nicht in Bücher, was ich Dir alles über den Wirrwarr hier zu erzählen hätte. Das 2te Konzert gab er noch nicht und legte sich lieber ins Bette und ließ 2 Stunden zuvor bekanntmachen, er wäre krank. Daß er angegriffen ist und war, glaub ich gern; im übrigen war's eine politische Krankheit; ich kann Dir das nicht alles auseinandersetzen. Lieb war es mir, weil ich ihn nun den ganzen Tag im Bett habe und außer mir nur Mendelssohn, Hiller und Reuß zu ihm können. Wärst Du nur heute früh dabei gewesen, Mädel; ich wette, Dir wär's gegangen wie Beckern.
... Glaubst Du wohl, daß er in *seinem* Konzert ein Härtel'sches Instrument gespielt hat, das er vorher *noch niemals* gesehen. So etwas gefällt mir nun ungemein, dies Vertrauen auf seine guten zehn Finger. Nimm es Dir aber nicht zum Muster, meine Clara Wieck; bleibe Du nur, wie Du bist; Dich erreicht doch auch niemand und von Deinem guten Herzen merk ich doch auch oft in Deinem Spiel. Hörst Du, Alte!
... Heute über 4 Wochen, will's Gott, bin ich bei Dir, gutes Kind – da wirst Du recht glücklich und zufrieden an meinem

Herzen ruhen, nicht wahr. Cläre, willst Du mir denn nicht ein kleines Konzert bereiten, ganz im geheimen für Deinen Bräutigam? Ich möchte gern hören, die *B-Dur-Sonate* (die große), aber *ganz,* dann ein Lied von mir, das Du mir spielst und singst (auf deutlichen Text seh' ich am meisten), dann ein neues Scherzo von Dir, und zum Schluß die Cis-moll-Fuge von Bach aus dem 2ten Heft. Das Konzert will ich übrigens nicht umsonst, und werde dann auch auftischen gehörig und zuletzt belohnen wir uns gegenseitig, Du weißt schon wie? Sehr freue ich mich auf dieses Braut- und Bräutigamskonzert. – Ach, Du Liebste und Beste von allen Menschen; wenn ich Dich zum ersten Mal wiederseh, werde ich Dich erdrücken vor Seligkeit.
Nun aber muß geschieden sein. Liszt will ein paar Zeilen zu dem Brief schreiben ...

Robert an Clara
Sonntag, den 22. März 1840
Mein trautes Kind,
Wie wünschte ich Dich doch zu mir! Es ist jetzt hier ein tolles Leben, und ich glaub', Du würdest Dich manchmal fürchten. Liszt kam nämlich sehr aristokratisch verwöhnt hier an und klagte immer über die fehlenden Toiletten und Gräfinnen und Prinzessinnen, daß es mich verdroß und ich ihm sagte, „wir hätten hier auch unsere Aristokratie, nämlich 150 Buchhandlungen, 50 Buchdruckereien und 30 Journale und er solle sich nur in acht nehmen." Er lachte aber, bekümmerte sich nicht ordentlich um die hiesigen Gebräuche etc. und so ergeht es ihm denn jetzt erschrecklich in allen Journalen etc., da mag ihm denn mein Begriff von Aristokratie eingefallen sein, kurz, er war nie so liebenswürdig als seit zwei Tagen, wo man über ihn herzieht.
– Dir aber sag ich's, Liszt erscheint mir alle Tage gewaltiger. Heute früh hat er wieder bei R. Härtel gespielt, daß wir alle zitterten und jubelten, Etuden von Chopin, aus den Rossini'schen Soireen ein Stück und mehres noch. Um ihm eine Aus-

zeichnung zu machen und dem Publikum merken zu lassen, mit was für einem Künstler es zu tun hat, hat Mendelssohn einen hübschen Einfall gehabt. Er gibt ihm nämlich morgen abend (gerade Bachs und J. Pauls Geburtstag auch) ein ganzes Konzert mit Orchester im Gewandhaus, zu dem nur wenige eingeladen sind, und in dem mehrere Ouverturen v. M., die Symphonie von Schubert, und das Tripelkonzert von Bach (M., L. und Hiller) daran kommen sollen. Ist das nicht fein von M.? Wärst Du nur dabei, Du mein Clärchen; aber ich will den ganzen Abend an Dich denken, als säßest Du an meiner Seite. – So geht es denn jetzt etwas unruhig her. Abends aber, bin ich wieder allein auf meinem Stübchen, denk ich doch, das ist doch all das Glück nicht, das du suchst, das find ich nur bei meinem Mädchen.

Clara an Robert

Berlin, d. 22. 3. 1840

... Liszts Zeilen haben mich sehr überrascht – ich schreibe ihm noch heute. Er muß hierher ... es ist mir schrecklich, daß ich ihn nicht hören sollte ... wie er die 2te Novellette gespielt, kann ich mir denken – das muß allgewaltig klingen ...
– Als ich Liszt das erste Mal in Wien hörte, da konnte ich's nicht mehr aushalten, da habe ich (bei Graff war es) laut geschluchzt, so hatte es mich erschüttert. Kommt er Dir nicht auch vor, als wollte er am Klavier untergehen, und dann wieder, wenn er zart spielt, ist es himmlisch. Ach ja, sein Spiel steht doch ganz lebhaft vor meiner Seele. Mit dem Instrument, das ist großartig, so muß es aber eigentlich sein bei einem echten Genie. Gegen Liszt kommen mir doch alle Virtuosen so klein vor, selbst Thalberg, und mich – mich sehe ich gar nicht mehr. Nun, ich bin doch glücklich, ich *verstehe* doch alle Musik – das ist mir mehr wert als all mein Spiel und in Dir in Deiner Musik bin ich selig, das Gemütliche hat keiner wie Du.
... Auf das Brautkonzert studiere ich schon los, freue mich aber gar nicht darauf, wohl aber auf das Bräutigamskonzert, das

Du mir geben wirst. Was für ein Repertoire darf ich denn vorschreiben? Ich wüßte es doch wirklich nicht zu finden, denn was Du mir spielst, ist mir alles lieb, und wie glücklich will ich sein, wenn ich erst wieder am Klavier an Deiner Seite sitzen darf ... Daß ich Dir vorsingen soll, da bin ich vor Schreck schon rot geworden und nun das *deutliche* Aussprechen! Das ist's grade, wenn das nicht wäre! Ich kann wohl allenfalls einen Ton herausbringen, wenn ich nicht auszusprechen brauche ... Du glaubst nicht, wie verrostet meine Stimme ist; zwei Jahre sang ich fast gar nicht, das ist schuld.

Clara an Robert
Berlin, d. 24. 3. 1840
Ach ich Unglückliche! sitze nun hier und habe nicht den kleinsten Teil von den Genüssen, deren Ihr einander so viele schafft! Was hätt' ich gegeben, gestern in Leipzig zu sein, wie selig wäre ich gewesen, was hab ich geseufzt! Ich war im Theater, aber mein Sinn nur bei Dir, ich sah Dich in musikalischem Entzükken, und wäre doch so gern zu Deiner Seite gewesen! Eigentlich hatte ich längst die Absicht, mit der Mutter zu kommen, doch dachte ich, ich würde Dich in Deinem Zusammenleben mit Liszt stören, und Dir dann doch nicht so willkommen sein, als ich es wünschte. Ich glaube, es war besser getan, wir blieben. Aber wie künstlerisch ist das von Mendelssohn, und wie ehrenvoll doch auch für Liszt! Sehnt sich Liszt immer noch nach dem aristokratischen Wien, nach den Gräfinnen etc.? Ich sollte meinen, daran müßte er nicht mehr gedacht haben bei Euch! Das Konzert von Bach, ist das in D-moll? Ach Gott, ich möchte weinen! Daß Liszt Dir immer gewaltiger vorkommen würde, dacht ich mir schon – manchmal meint man doch, es sei ein Geist, der da am Klavier sitzt.
... Daß der Vater gegen ihn geschrieben, kann ich noch nicht glauben – es wäre zu schrecklich! Ein großes Unrecht ist es aber, daß man dem Vater kein Billet geschickt hat. Jahrelang hat er mit größter Bereitwilligkeit seine Flügel hergegeben, hat

mehr Schaden als Nützen gehabt, hat sich die Mühe, die er oft dabei gehabt, nicht verdrießen lassen, und nun, weil man ihn nicht braucht, beachtet man ihn nicht! Weißt Du, das hat mir bittere Tränen gekostet und ist von Euch doch nicht recht.

... Daß Du mir mehr schreibst, als ich Dir, kann Dich doch nicht wundern? Hast Du nicht viel mehr Stoff, als Du nur zu Papier bringen kannst; ... und hast Du auch einmal wirklich gar keinen Stoff, weißt Du nicht aus *Nichts* etwas zu machen? Weißt Du mit einem Worte nicht, daß ich nicht Du bin? Du Mann, Du! – Schreib Du nur immer zu; es ist noch lange nicht soviel, als ich verdiene. Siehst Du das wohl ein?

... Ich zähle die Minuten bis zum grünen Donnerstag! ... Den Tag, wann Du kommst, mußt Du später noch genau schreiben, damit wir das kleine Stübchen wieder einrichten ... Bargiel läßt Dir sagen, von Herzen gern packe er zusammen, wenn Du kämest, es würde ihn kränken, wolltest Du nicht bei uns wohnen. Du hast wohl recht, es ist auch eine Ersparnis; wenn Dir nur das Stübchen nicht gar zu klein und unsere ganze Lebensweise gar zu einfach ist, das wäre mein Bedenken. Doch Du hast Dir es ja das vorige Mal auch gefallen lassen. Hätt ich Dich nur erst!

... Eben ging der Briefträger vorbei, er schüttelte mit dem Kopf und ich auch ... Nun so muß ich mich noch mit Geduld stählen. Aber morgen, nicht wahr, mein Robert.

... Sei mir umarmt in feuriger Liebe und behalte mich lieb. Deine getreue, Dir von ganzer Seele ergebene

Clara

Mutter und alles, das Dich liebt, grüßt.

Robert an Clara
      Leipzig, den 25. März 1840, Mittwoch
      Mein Herzensbrautmädchen,
Wenn Du diesen Brief gelesen haben wirst, wirst Du ganz anders sehen und mit viel freundlicheren und helleren Augen die

Welt. Da wollte ich gleich schwören. Nämlich, Liszt und ich laden Dich hiermit zu Liszts nächstem Konzert ein, das nächsten Montag ist (für die Armen). Liszt spielt darin das Hexameron, Mendelssohns zweites Konzert (das er noch gar nicht angesehen), zwei Etüden von Hiller (die er gleichfalls noch nicht gesehen), und den Carnaval (zwei Drittel davon wenigstens). Du hast jetzt nichts Eiligeres zu tun, als Dich zu Sonnabend einschreiben zu lassen, damit Du schon Sonntag hier bist (ja nicht später), dann Deinen Paß zu besorgen, dann Dich auf 14 Tage mit allem, was Du brauchst, zu versorgen, weil ich Dich nicht eher von mir lasse und zum Palmsonntag mit Dir nach Berlin zurück will, und mir überhaupt gleich zu schreiben, „lieber Mann, wer kommt, ist Deine gehorsame Cläre und Frau" – wirst Du, willst Du? Du mußt.

Nach Berlin kommt Liszt *in keinem Fall*. Er sagt, die Stadt wäre zu bedeutend, käme er, so wolle er *viel* Konzerte dort geben, und dazu habe er keine Zeit ... In den ganzen vorigen Tagen gab es nichts als Diners und Soupers, Musik und Champagner, Grafen und schöne Frauen; kurz, er hat unser ganzes Leben umgestürzt. Wir lieben ihn alle ganz unbändig und gestern hat er wieder in seinem Konzert gespielt wie ein Gott, und das Furore war nicht zu beschreiben. Die Klätscher und Kläffer sind zur Ruhe gebracht.

... Hiller gab ein Diner bei Aeckerlein, da ging es hoch her und bedeutende Leute waren dabei. Denke Dir, die Auszeichnung durch Liszt. Nachdem er auf Mendelssohn einen Toast ausgebracht, brachte er einen auf mich aus in so schönen französischen und liebenden Worten, daß ich ganz blutrot wurde, aber auch ganz heiter danach, denn es war ein gar zu schönes Anerkennen. Über alles das, und über Mendelssohns Soirée, die auch unerhört und prächtig war, erzähle ich Dir noch Sonntag.

Robert an Clara

Leipzig, den 4. Mai 1840

Wo mir der Kopf heute steht, weiß ich nicht. Den ganzen Tag Noten geschrieben (Neues!). Am letzten Tage hast Du mich doch noch recht erfreut mit den Bachschen Fugen, warum hattest Du mir die Fugen nicht längst gespielt? ... Meßmusikanten vor den Fenstern – seit zwei Stunden in Verzweiflung ... Das Wetter ist noch immer so wonnig – ich steh beizeiten auf, habe schon viel getan und gearbeitet. Allerlei Pläne hab ich im Kopf ... Schreib mir doch wieder von dem, was Du siehst und hörst und – komponierst. Versuch' es doch mit Gesang, Du wirst sehen, es wird Dir glücken. – Nun Adieu, verzeih diese flüchtigen Zeilen – Doge und Dogaressa gehen mir im Kopf herum ...

Robert an Clara

Leipzig, den 10. Mai 1840

Heute ist Jubilate und ich möchte jubilieren und weinen durcheinander über so viel Glück und Schmerz, das mir doch der Himmel zu tragen gegeben. Doch glaube nur nicht, daß ich traurig bin. So wohl, so rüstig fühle ich mich, alle Arbeit geht mir so von der Hand, so glücklich bin ich in dem Gedanken an Dich, daß ich es Dir nicht verheimlichen kann. Den ganzen Morgen habe ich mich wieder mit der Oper beschäftigt; der Entwurf von meiner Hand ist ganz fertig nun, und ich brenne anzufangen. – Freilich manchmal fange ich an zu verzweifeln, wie ich diesen großen tragischen Stoff bewältigen soll. – Er ist nämlich jetzt tief tragisch worden, doch ohne Blutvergießen und gewöhnliche Kulisseneffekte. – Ganz begeistert bin ich von allen den Gestalten, die ich nun in Musik gießen soll, und Du sollst es schon auch werden. – Gestern kam mir recht schön und passend ein Brief und Aufsatz von Frau v. Chezy über ihr und Webers Zusammenarbeiten der Euryanthe, mit seinen Entwürfen, Briefen, Bemerkungen etc. Weber war wohl einer der gebildetsten und geistvollsten Künstler. Der Artikel kommt in der Zeitung und Du wirst ihn mit großem Interesse lesen.

Robert an Clara
Leipzig, den 15. Mai 1840
– – – Ich habe wieder so viel komponiert, daß mir's manchmal ganz unheimlich vorkommt. Ach, ich kann nicht anders, ich möchte mich tot singen wie eine Nachtigall. Eichendorffsche [Lieder] sind es zwölf. Die hab' ich aber schon vergessen und etwas Neues angefangen. Der Operntext macht mir Unruhe. J. Becker brachte mir neulich eine Probe, wo ich dann sah, daß er der Sache wohl nicht gewachsen ist. Schwache Worte zu komponieren ist mir ein Greuel: ich verlange keinen großen Dichter, aber eine gesunde Sprache und Gesinnung. Nun, fahren lasse ich den schönen Plan gewiß nicht und dramatisches Talent fühle ich genug in mir. Du wirst Dich verwundern, was da für Ensembles vorkommen werden ...

Robert an Clara
Leipzig, den 19. Mai 1840
Soviel habe ich Dir zu sagen und doch so wenig Ruhe und Zeit ... Wüßtest Du, was ich alles dieser Tage abgetan und wieviel doch noch übrig bleibt. Und was alles komponiert und wie mich belohnet auch von den Verlegern. Und die Oper! Und die Messe ... Und der Verlauf der Handlung! Dann die Zeitung! Die Besuche ... – Ich fühle mich wohl, doch auch sehr angegriffen und mich macht meine eigene Musik jetzt so krank und schmerzlich *vor Glück*. Komm nur bald, daß wir wieder zusammen wandern können; ich komme wenig raus. Das Alleingehen ohne Dich macht mich ganz traurig. – Auch von Liszt erzählte er (Rathe) soviel, und daß dieser mich so liebte überall und mutig den Probst in einer großen Gesellschaft unseretwegen ganz zerschmettert habe, und zu Probst gesagt: Er wäre nicht wert, über uns nur zu sprechen. Sieh doch, was Liszt ein braver Künstler ist ... Verzeih mir, daß ich Dir alles so verwirrt hinschreibe ... Der Verlauf der Handlung macht mir Sorge. Es will doch nichts Ernsthaftes damit werden, und jeder Tag bringt uns Verlust oder wenigstens doch das Geschäft zurück.

Dein künftiges Leben wird auch von Überraschungen voll sein und die Oper vielleicht eher als Du glaubst. Könnte ich nur anfangen bald. Und jetzt sag mir doch, was hast Du denn alles studiert in der Zeit ... Glaubst Du denn nicht, daß ich Dich sehr lieb habe auch *Deiner Kunst wegen?*

Robert an Clara
Leipzig, den 22. Mai 1840
Der Eichendorffsche Zyklus ist wohl mein Allerromantischstes und es steht viel von Dir darin ... Nun sieh, wie fleißig ich war. Dein Buch ist nun schon auskomponiert und Du müßtest durchaus neue Gedichte mitbringen. Aber ich will auch nicht so viel Kleines machen und nun bald ernstlich an die Oper gehen. – Heute war ich schon recht froh und trübe ... sonst ist alles still und schlicht in diesen Tagen hingeschlichen – das Wetter abscheulich und ich sitze den ganzen Tag in meiner Klause ... Gibt es denn noch Worte für die bestialische Frechheit [Wiecks]: In meinen Eichendorffschen Zyklus paßt das schlecht. Ich hatte den Skandal auch eine Weile vergessen, manchmal packt es mich aber auch zum Niederwerfen.
Und sieh, es ist doch auch nicht unbedeutend, was ich mir verdiene durch Komposition, und es wird auch immer besser, weißt Du wohl, daß ich in diesem halben Jahr beinahe gegen 400 Taler einnahm durch Komposition – ja staune nur, ich gebe kein Heft Lieder von fünf Bogen unter sechs Louisdor. Das fällt ins Gewicht, denn bei guter Stimmung schreibe ich an einem Tag zwei Bogen Gesang, auch mehr, wenn Du es z. B. verlangtest ... Übrigens macht der Heinesche Zyklus, wie ich höre, viel Sprechens, und das ist mir ganz lieb. Die andern Eichendorffschen, kann ich Dir versprechen, sind noch viel melancholischer und glücklicher, als das kleine, das Du kennst. Geschwärmt habe ich in diesen Gedichten – und nun auch Deine Schrift machts. – Sag mir doch ... was hältst Du von der Humoreske? [op. 21]. Macht manches darin keinen eigenen Eindruck auf Dich? ...

Robert an Clara
Leipzig, den 31. Mai 1840
Ich kann Dich gar nicht erwarten – auch daß Du mich von der Musik losreißest. Du wirst doch staunen, was in der kurzen Zeit alles fertig geworden, bis auf die Reinschrift. Nun aber sollte ich einmal aufhören und kann doch nicht. – – – – Über die viele Musik verlerne ich das Schreiben und Denken ganz. An meinen Briefen mußt Du's spüren. Ach, ich fühle es so schmerzlich, daß ich in meinem Leben nichts anderes als Musik hätte treiben sollen. Du sprichst in Deinem letzten Briefe von einem „rechten Fleck", wo Du mich gerne hinhaben möchtest – versteige Dich nicht zu hoch mit mir – ich wünsche mir keinen besseren Ort, als ein Klavier und Dich in der Nähe. Eine Kapellmeisterin wirst Du einmal in Deinem ganzen Leben nicht; aber inwendig nehmen wir's mit jedem Kapellmeister auf, nicht wahr? Du verstehst mich schon... Nun bin ich doch schon bis Op. 22 fertig. Das hätte ich bei Op. 1 nie gedacht – in acht Jahren sind 22 Op. genug; jetzt will ich noch zweimal soviel machen und dann sterben. – Manchmal ist es mir doch, als käme ich auf ganze neue Wege in der Musik. –

Robert an Clara
Leipzig, den 7. August 1840
... Seit langer Zeit die ersten Zeilen wieder. Es will mir gar nicht [in] den Sinn ... Vergiß also in Weimar nicht: Chélard, Lobe, Hebbel, ... das Goethesche Haus, die Goethe-Schiller-Gruft, den Park ... Seit Du fort bist, hab ich nur wenig getan als geträumt von der vorigen Zeit und von der nächsten. Der Kalender kommt oft minutenlang nicht aus meiner Hand ... Mir ist's draußen immer ganz himmlisch zumute und ich hätte keinen Mut, die Leute anzusehen ... Mendelssohns Konzert dauerte etwas lang. Du würdest aber große Freude daran gehabt haben, namentlich an dem Präludium in A-Moll (dasselbe, was Du spielst ...), es mochten im ganzen 400–500 Zuhörer sein; – doch hat wohl jeder mehr gegeben, ist sogar nach meinen

Kräften sehr viel, doch aus ganzem Herzen. Denn ich gab für Bach meinen letzten Heller hin ... – Gestern war auch Rieffel mit seiner Tochter da und scheinen sich sehr auf mich zu stützen. Das Mädchen verwand kein Auge von mir; sie scheint sehr gutmütig und will den Winter hierbleiben. Wir wollen uns ihrer annehmen.

Robert an Clara
           Leipzig, den 29. August 1840
Ich versprach Dir einmal in der Aufwallung, ich werde die Klage ... nach unserer Trauung zurücknehmen. Es ist aber gar zu viel, was er meinen *Ehren* angetan. Ich nehme sie nicht zurück. Du darfst es selbst nicht verlangen, wenn Du willst, daß mich die Menschen achten sollen. Beleidigungen im Zorn, in der Leidenschaft verzeiht man gewiß bald ... Nun genug ... Zweierlei hätte ich auf dem Herzen, worüber ich noch vor dem ewigen Ja mit Dir besprechen müßte, meine Clara. Du sprachst es neulich im Scherz aus „Du kennst meine ... Neigung zur Eifersucht" ... Dein Vorwurf aber, das weiß ich genau, trifft mich wegen Verhulst. Nun höre ... Ich weiß von Verhulst, daß er Dich wirklich liebt. Wieviele lieben Dich, die ich darum selber liebe. Aber laß mich Dir es offen sagen – es scheint mir auch oft, als spräche Verhulst oft zu vertraulich von Dir ... Dies war mir nicht recht. Verhulst ist noch kein so großer Künstler, als daß er Dich ohne weiteres loben oder tadeln dürfe, wie es ihm gefällt. Er muß in einer gewissen Entfernung bleiben; er ist auch jung und hat nichts für ... eine zehn Jahre lange Unsterblichkeit geleistet. Dies alles nun zusammengenommen, und eine Eitelkeit, die in ihn gefahren seit seinem Konzert und von der ich ihn gelegentlich einmal zu seinem Besten kurieren wollte ... dies alles hat wohl gemacht, daß ich mich ungeschickt benommen, wenn wir zusammen waren. Weiter ging mein Ärger nicht; denn seine ... tüchtigen Eigenschaften, sein grades Wesen haben mir immer an ihm gefallen. Nun aber möchte ich nicht, daß Du Dich etwa vor der Zukunft fürchtest und in mir

einen versteckten Othello vermutest... Hast Du noch andere im Verdacht, auf die ich in Zukunft eifersüchtig werden könnte, so nenne mir sie, damit Du nicht zu stolz wirst im Glauben auf meine Eifersucht. Das andere... Wir haben uns einige Male gehörig ausgezankt, und das war gut... Wenn ich Dir nun aber tags darauf, oder einige Stunden später, in aller Ruhe alles auseinandersetzen wollte, so fuhrst Du von neuem auf und so heftig, daß ich oft erschrak. Clärchen, das mußt Du Dir abgewöhnen: aus- und abgezankte Sachen darf man nicht noch einmal durcharbeiten... Und da ich im besten Zug bin... so auch noch die *dritte* Bitte vor der Hochzeit: ich habe Dir gesagt, wovor ich mich vor Dir fürchte; jetzt sag auch Du mir, was Dir nicht recht ist an mir. Ich will mich bessern...

Clara an Robert
Erfurt, den 3. September 1840
... Deine dritte Bitte, mein geliebter Robert, kann ich Dir nicht erfüllen. Ich entsinn mich durchaus nicht, was an Dir nicht recht wäre, doch sollte es noch kommen, so sage ich Dir es auch aufrichtig, wie ich es ja schon einige Male getan. Und dann möchte ich das auch nicht schriftlich tun, denn ich finde immer nicht die passenden Ausdrücke. So etwas läßt sich doch auch immer sanfter sagen als schreiben – meinst Du nicht auch?... Muß es denn durchaus vor der Hochzeit sein, so wollen wir uns denn noch recht einander zanken... Sonst genug hiervon! Und den Verhulst, den streichen wir aus unserer Gedankenliste...

Robert an Clara
Leipzig, den 13. März 1842
Meine liebe Clara, kennst Du noch diese Hand? – Wie ist mir's doch zumute. Schon hab ich's bereut, Dich von mir gelassen zu haben, und die lieblosesten Urteile darüber hören müssen. Dein Vater ist jetzt hier und läuft in der ganzen Stadt herum. Heute

früh sagt mir das Dr. Reuter – im ersten Augenblick kam ich ganz außer mir; jetzt habe ich mich wieder gesammelt und weiß, daß ich als ordentlicher Hausvater und Geschäftsmann gehandelt... Um diese Stunde vielleicht triffst Du in Kopenhagen ein. Das Wetter ist hier mild; doch fürchte ich, ist die See unruhig gewesen bei der Überfahrt. Was magst Du gelitten haben und Dich geängstigt... Wie meine Rückreise war, kannst Du Dir denken. Die Mutter erschrak ordentlich, als ich zur Tür hineintrat; es war auch ganz früh, vor sieben Uhr... Wir haben ein paar herzliche Stunden zusammen verlebt. Da der Dampfwagen noch um 10 Uhr nach Leipzig ging, da fuhr ich gestern noch ab. Ich hatte nun Sehnsucht nach unserer Kleinen... Es ist nun doch recht wehmütig in unserer Behausung; alles scheint mich zu fragen „wo hast Du denn Deine gute Clara" – auch die Blumen am Fenster... Vorgefallen ist sonst nichts... Von Bennett erfuhr ich noch nicht, ob er noch hier ist oder nicht. Verhulst bleibt noch hier. Viele Briefe habe ich hier vorgefunden, doch keinen von Bedeutung. – In Breslau sollte meine Sinfonie am 7. und in Dresden auch in diesen Tagen gegeben werden... Amerika geht mir wieder sehr im Kopfe herum, denke auch Du darüber nach. Die Mutter in B. war ganz dafür. In Kopenhagen suche ja Weyse gleich auf, auch Hartmann. Ratschläge gebe ich Dir sonst keine, meine Clara; ich weiß ja, wie verständig Du bist... Herrn Alsen grüße von mir, und vor allem Deine liebe Begleiterin, bei der ich Dich in guter Hut weiß, und die Dir im Grund auch mehr helfen kann als Dein zu Zeiten doch immer sehr zerstreuter und phantastischer Mann ...

Robert an Clara

Leipzig, den 16. März 1842
Noch immer keine Nachricht von Dir, meine Clara... Du hast mich gewiß schon vergessen? – Gestern wußte ich mich vor Melancholie kaum zu fassen. Diese Öde im Hause, diese Leere in mir! *Das war einer der dümmsten Streiche meines Lebens,*

Dich von mir gelassen zu haben, der gewiß nicht wieder passieren soll ... es schmeckt und mundet mir nichts. Dazu bin ich auch gar nicht wohl – bürgerlich – von fatalstem Schnupfen wieder gepeinigt – und so ohne Ton und Musik. Ist mir aber erst ein Brief von Dir da, dann wird es besser werden. Reuter benimmt sich ganz sonderbar gegen mich, als ob ich ein Verbrechen begangen, Dich allein gelassen zu haben. Zanke ihn doch aus ... Und dann die dummen Menschen denken hier, nach Kopenhagen muß man über Eisberge hinweg und Du fährst mit Renntieren ... – Morgen letztes Konzert von Weinlig (weil er gestorben ist) – Ouvertüre und Stück aus Faust; – Sinfonie von Mendelssohn (zum zweitenmal), die beim erstenmal nicht allgemein durchgegriffen, wie mir Verhulst sagte ... Nach Stockholm laß ich Dich nicht ... oder nur, wenn ich mitkönnte. In Gesellschaft spielst Du wohl manchmal? Dies macht den Künstler immer beliebt ... Wegen Amerika hab' ich mich bis zum letzten April zu entschließen mir vorgenommen. Reuter redet sehr zu. Es kommt auf Dich an. Vielleicht verständigst Du Dich recht gut mit Deiner Begleiterin ...

Robert an Clara
Leipzig, den 24. März 1842
... Ich schrieb Dir lange nicht, weil ich gar nicht wußte, wohin ... Ich bin jetzt beruhigter und etwas mehr gewöhnt an unser einsames Leben ... Daß sich das Opfer nun auch lohnen und Dir Freude bringen möge als Künstlerin. Du bist so jung noch und ich kann es Dir ja gar nicht verdenken, daß Du für den Fleiß Deiner Jugend noch nicht als Künstlerin vergessen sein willst, mit einem Worte, daß Du Dich freust, wenn Du die Menschen durch Dein schönes Talent noch erfreun kannst ... Vor einigen Tagen war Pixis da. Er läßt Dich grüßen. Franzilla [Pixis] sah ich noch nicht. Ihre Stimme soll gänzlich ruiniert sein ... Wie steht es denn mit Amerika? Bis zum letzten April muß es ausgemacht sein.

Robert an Clara

Leipzig, den 28. März 1842
Gestern waren Wenzel, Reuter und Becker bei mir zu Tisch, wir waren aber alle sehr still, bis ich's endlich sagte mit den Worten: „Wir sind wohl alle in Kopenhagen (bei Dir)"... Von mir kann ich Dir wenig Gutes berichten, ich bin trübsinnig oft und vermag gar nichts Ordentliches zu arbeiten. Die Trennung von Dir, die Pläne, die mir alle den Kopf durchkruzen, vielleicht trägst Du da bei, Du kennst mich, daß ich mich schnell wieder erhole, beunruhige Dich also gar nicht, es ist eine natürliche Folge der jetzigen Verhältnisse...

Robert an Clara

Leipzig, den 1. April 1842
... Deine Briefe lese ich immer drei- und viermal hintereinander und kann sie auswendig. Deine Handschrift sieht mich so fest und treu an... Sonst geht es ganz still in unsrem Hauswesen. Emilie ist ein fleißiges und bescheidenes Mädchen... sonst sprechen wir im Grund wenig zusammen. Sie mag mich für recht ernst und mürrisch halten... Ich freue mich jetzt auf den Frühling... Wir sprechen dann über die Zukunft auch... Gestern hab ich unsere ganze Lage einmal mir klar gemacht... auf dem Papier – mit Zahlen... Ängstigen brauchen wir uns nun gar nicht, es sind doch noch immer hübsche Mittel da. Aber eine Veränderung muß doch in diesem Jahr ergehen. An Emilie schreib noch nicht wegen Amerika. Ich will doch erst an einen Bekannten dort, der mir jetzt eingefallen ist, der auch sehr musikalisch ist, mich wenden und Erkundigungen einziehen und Antwort abwarten. Der Schritt ist zu ungeheuer... Schreibe mir gleich über Dein Konzert, was Du gespielt, wie man Dich aufgenommen hat, schicke Zeitungen mit, wo über Dich etwas steht. Ich möchte doch auch, daß man es hier erführe... Auszanken aber will ich Dich, daß Du mir von Dir so wenig schreibst als Künstlerin, ob Du hier und da gespielt hast, ob Du verstanden wirst...

Robert an Clara
Leipzig, den 5. April 1842
... Laß Dir danken ... für Deinen letzten Brief ... Gestern abend erhielt ich nach dem Fidelio Deinen letzten. Wie hätte ich Dich doch gestern hierher und an meine Seite gewünscht. Die Schröder ist doch eine geniale Frau, – eine leibhaftige Tochter Shakespeares. Die gibt auch immer goldene Äpfel in silbernen Schalen. Kennst Du das Bild? Wir sprachen schon vor einigen Jahren davon. Ich wüßte nur eine Frau höher zu stellen –
... Nun will ich noch Blaubart von Grétry sehen; darin soll sie auch einzig sein ... Gestern, denk' ich mir, hast Du mit recht frohem Mut an mich geschrieben, daß Du das Konzert überstanden. Hätte ich nun schon Nachricht. Die Hälfte der Leidenszeit wird doch überhaupt nun vorbei sein, hoffe ich. Solange ich lebe, will ich an diese Trennung denken ... Man weiß gar nicht, warum man lebt ... Dir sage ich so gern, wie mir's im Herzen aussieht. Und sag ich's Dir nicht, so kannst Du's doch in meinen Augen lesen ... glaub mir's – es ist nichts mit dieser Freiheit – Und dann, hast Du mich je beschränkt?

Robert an Clara

Leipzig, den 14. April 1842
Vielleicht bist Du jetzt auf der See ... Der Himmel ist hier etwas bewölkt, doch läßt sich das Wetter mild an, auch geht kein starker Wind. Ich hoffe, es ist jetzt auch auf Deinem Schiffe so. Unser liebender Himmel führe uns recht bald glücklich zueinander. Dein letzter Brief mit den Zeitungsberichten hat mich auf das Innerste erfreut, wie alle Deine und meine Freuden – es tat mir eine Aufheiterung not. Ich hatte ein paar Tage vorher eine fürchterliche Alteration gehabt, von der ich Dir später sagen will. Höre, Cranz in Hamburg ist ein miserabler Kerl und Schwätzer – er hat das dümmste Gewäsch an Hofmeister berichtet – dieser dann an David – und so machte es nun die Runde, „z. B. ich hätte Dich *krank* in H. verlassen – wir hätten *Schulden* in H. gemacht, Du hättest dort gar nicht gefallen" und

lauter solche Dinge. Ich war außer mir ... Kommst Du nun nach Hamburg, so ... gehe zu seiner Frau und sag ihr in aller Ruhe, aber mit allem Stolz, dessen Du fähig bist, Deine und unsere Meinung. Cläre, ich bitte Dich, spiel mit aller erdenklichen Sorgfalt und Geistesstärke, damit so ein Geschwätz zuschanden gemacht wird. Deine Künstlerehre ist mir so lieb wie Deine Frauenehre, und ich muß und kann mich in allen Dingen auf Dich verlassen ... In Kiel erkundige Dich nach einem gewissen Otto Jahn ...; ich wünschte ihn gern zum Mitarbeiter an der Zeitschrift ...

Robert an Clara

Leipzig, den 22. April 1842

Schon gestern wollte ich Dir schreiben, war aber von einem fürchterlichen Ärger so unwohl, daß ich's nicht vermochte. In ganz Dresden hat er (Dein Vater) ausgesagt, wir *wären geschieden*. An manchen Tagen, wie z. B. dem heutigen, der so wundervoll blau, lacht man über solche Niederträchtigkeit, an anderen aber will es einem das Herz verbittern und solch letztere habe ich viel gehabt ...

Robert an Clara

Leipzig, den 8. September 1843

Wie geht's Dir? Das Wetter war so schön, ich dachte oft an Euch, vorzüglich gestern abend $^{1}/_{2}$ 7 Uhr ... Wenn ich Dich nicht habe, hole ich alte Tagebücher vor und studiere drin, so gestern bis spät in die Nacht Deines aus Paris. Was haben wir doch ein bewegtes Leben geführt – es klingt mir oft wie ein Roman. Aber auch von viel schönen Erinnerungen! Nicht wahr? ... Sonst ist's ganz still um mich. Die Sonne liegt voll am Fenster; aber die Luft ist kühl, der Himmel wundervoll blau. Heute früh brachte ich das erste Heft der Balladen in Ordnung: Schatzgräber, Frühlingsfahrt und Abends am Strand. Das hat mir wieder Freude gemacht, es sind drei gute Stücke. Es hat doch auch sein Gutes, wenn man über seine Kompositionen manchmal ein paar Jahre hinwegschläft. Das Gelungene übt seine Macht doch immer gleich [aus] und das läßt man gewiß unangetastet. Im Grund ist's wahr, man wird doch auch in der Kunst, ohne es zu merken, mit den Jahren gescheiter. Heute früh bei den Liedern fiel mir dergleichen wieder ein. Endlich hab' ich heute auch an Hr. von Bielke und die Großherzogin geschrieben und bin nun froh, die Sache los zu sein. Am liebsten hätte ich das Quintett Dir dediziert; ich dachte aber, fürstliche Rosen sind auch nicht zu verschmähen. (Das ist das drittemal, daß ich herausgeklingelt werde während dieser paar Zeilen) – ich hab' Dir aber die erste Oper zugedacht. Dein Vater schreibt jetzt Rezensionen in Senffs Signalen; einige davon sind sehr lustig. Hirschbach gibt bald ein kritisches musikalisches Blatt heraus. Das sind die wichtigsten Musikanten.

Robert an Clara

Leipzig, den 20. November 1843
Heute morgen dachte ich, es wäre doch schön, wenn du heute abends deine Clara im Arm haben könntest ... Der Entschluß [einer Reise nach Dresden] war gefaßt, alles besorgt, um 2 Uhr wollte ich fort, Dich überraschen. Da auf einem Gang in die Stadt begegnet mir Einert – ich weiß nicht, ich bekam auf einmal andere Gedanken – dachte mir, wie Dein Vater ... [der] mir so sehr entfremdet ... [ist], heute abend um Dich sein ... [würde] und was ich dabei für eine fatale Rolle spiele – ich wurde immer mißmutiger, war in einer ganz erbärmlichen, zwiespältigen Stimmung. So kam zwei Uhr heran und ich nicht fort. Nun ist's überstanden – ich muß nun wohl bleiben ... Wir haben manches zu sprechen, und es muß aber etwas Entscheidendes in unseren Verhältnissen geschehen. Ich hoffe Dir einen Entschluß mitzuteilen, der Dich freuen wird; ich bin jetzt so ziemlich bestimmt und es wartet alles nur auf Deine Genehmigung ... Heute abend wollen wir einen Junggesellen-Kardinalschmaus halten. *Gade* kommt und noch einige. Gade ist ein

prächtiger Bursche, ich habe Deinem Gebot entraten und mir die beiden Kardinalflaschen herausgestohlen – auf Dein Wohl ...

Robert an Clara

Dresden, den 5. Oktober 1845

Deinen Brief erhielt ich, als ich mit Mariechen von unserem Morgenspaziergang zurückkam. Habe Dank dafür, es schaffte mir eine frohe Stunde ... Gestern abend hätte ich Dich an meiner Seite gewünscht; so ein milder Abend wars; ich kam erst spät mit Marie aus dem großen Garten; sie schmiegte sich etwas furchtsam an mich an. Der Mond stand im ... Blau, dicht mit dann der Abendstern. Mariechen sagte „nicht wahr, der Abendstern steht bei dem Mond, damit er nicht so allein ist", sie kam mir selbst wie der Abendstern vor. Abends besuchte mich noch der Vater und lud mich zu heute nach Loschwitz, das Wetter ist aber etwas schwankend geworden ... Verzeih mir das Wenige, das ich Dir schreibe. Du weißt, es strengt mich noch alles an. Das Konzert von Henselt hätte ich doch gar zu gern gehört. Effekt machst Du gewiß viel damit ... Heute scheint ein rechter Korrekturtag [?] zu werden; der Himmel verdüstert sich mehr und mehr ... – Ich habe eine schlechte Nacht gehabt; es ist mir immer so angestrengt zumute, dies wird aber wieder besser, wenn Du wieder bei mir bist. Doch fühl ich, wieviel mir zur Gesundheit fehlt, ich kann doch gar nichts vertragen; alle Schmerzen und Freuden des Lebens bringen mich außer Fassung, es ist ein überreiztes Gefühlsleben, würde es doch bald anders! Arbeiten kann ich gar nicht, es fehlt mir alle Ruhe und ich suche sie mir in allen Stuben ...

Robert an Clara

Endenich, den 14. September 1854

Wie freute ich mich, geliebte Clara, Deine Schriftzüge zu erkennen; habe Dank, daß Du gerade an solchem Tage schriebst und Du und die lieben Kinder sich meiner noch in alter Liebe erinnern. Grüße und küsse die Kleinen. O könnt' ich Euch einmal sehen und sprechen; aber der Weg ist doch zu weit. So viel möchte ich von Dir erfahren, wie Dein Leben überhaupt ist, wo Ihr wohnt und ob Du noch so herrlich spielst, wie sonst, ob Marie und Elise immer vorschreiten, ob noch auch singen – ob Du noch den Klemmschen Flügel hast – wo meine Partiturensammlung (die gedruckten) und die Manuskripte (wie das Requiem, des Sängers Fluch) hingekommen sind, wo unser Album, das Autographen von Goethe, Jean Paul, Mozart, Beethoven, Weber und viele an Dich und mich gerichtete Briefe enthielt, wo die Neue Zeitschrift für Musik und meine Korrespondenz? Hast Du noch alle an Dich von mir geschriebenen Briefe und die Liebeszeilen, die ich Dir von Wien nach Paris schickte? Könntest Du mir vielleicht etwas Interessantes schicken, vielleicht die Gedichte von Scherenberg, einige ältere Bände meiner Zeitschrift und die musikalischen Haus- und Lebensregeln. Dann fehlt es mir sehr an Notenpapier, da ich manchmal etwas an Musik aufschreiben möchte. Mein Leben ist sehr einfach, und ich erfreue mich nur immer an der schönen Aussicht nach Bonn und wenn ich da bin, an dem Siebengebirge und an Godesberg, an das Du Dich auch noch erinnern wirst, wie in der stärksten Sonnenhitze, am „Pagen" arbeitend, von Krampfanfällen angefallen wurde. Dann möchte ich wissen, liebe Clara, ob Du vielleicht für meine Kleidung gesorgt und ob Du manchmal Zigarren gesandt. Es liegt mir viel daran, es zu wissen. Schreibe mir noch Genaueres über die Kinder, ob sie noch von Beethoven, Mozart und aus meinem Jugendalbum spielen, ob auch Julie das Spiel fortsetzt und wie sich Ludwig, Ferdinand und die liebenswürdige Eugenie zeigen. O wie gern möchte ich Dein wundervolles Spiel einmal hören! War es ein Traum, daß wir im vorigen Winter in Holland waren und daß Du überall so glänzend aufgenommen, namentlich in Rotterdam, und uns ein Fackelzug gebracht wurde, und wie Du in den Konzerten das Es-Dur-Konzert, die Sonaten aus C-dur und F-moll von Beethoven, Etüden von Chopin, Lieder ohne Worte von Mendelssohn und auch mein neues Konzertstück in D so herrlich spieltest. Erinnerst Du dich noch eines Themas in Es-dur, was ich in

der Nacht einmal hörte und Variationen darüber schrieb; könntest Du sie mir beilegen und vielleicht etwas von Deinen Kompositionen mit?
So viele Fragen und Bitten hab' ich – könnt' ich zu Dir und sie Dir aussprechen. Willst Du den Schleier über dieses oder jenes, worüber ich Dich gefragt, werfen, so tue es.
So leb' denn wohl, geliebte Clara und Ihr lieben Kinder, und schreibt bald!

Dein alter getreuer
Robert

Robert an Clara
Endenich, 18. September 1854
Geliebte Clara,

Welche Freudenbotschaften hast Du mir wieder gesandt, daß der Himmel Dir einen prächtigen Knaben und im Juni geschenkt, die lieben Marie und Elise Dir zu Deinem Geburtstag mit den „Bildern aus Osten" zu Deiner und meiner Überraschung vorgespielt, Brahms, den Du freundlich und verehrungsvoll grüßen wollest, ganz nach Düsseldorf übergesiedelt – welche Freudenbotschaften! Wenn Du wissen willst, welcher mir der liebste Name, so errätst Du ihn wohl, der Unvergeßliche! Freude hat es mir gemacht, daß die gesammelten Schriften vollständig und das Violoncello-Konzert, die Violinphantasie, die Joachim so herrlich gespielt, und die Fugetten erschienen. Kannst Du mir, da Du Dich so liebevoll anbietest, eines oder das andere schicken? Schreibst Du an Joachim, so grüß' ihn. Was haben Brahms und Joachim komponiert? Ist die Ouvertüre zu Hamlet erschienen, hat er seine andere vollendet? Du schreibst mir, daß Du im Klavierzimmer Deine Stunden gibst. Welche sind Deine jetzigen Schülerinnen, welche die beste? Strengst Du Dich nicht so sehr an, liebe Clara?

Abends, 8 Uhr
Eben komme ich von Bonn zurück, immer Beethovens Statue besuchend und von ihr entzückt. Wie ich vor ihr stand, erklang

die Orgel in der Münsterkirche. Ich bin jetzt viel kräftiger und sehe viel jünger aus als in Düsseldorf. Nun möchte ich Dich um etwas bitten, daß Du Herrn Dr. Peters schriebst, mir manchmal von Geld zu geben, was ich wünschte und ihm wieder ersetztest. Oft bitten mich arme Leute, und dann dauert's mich. Sonst ist mein Leben nicht so bewegt als früher. Wie war das sonst ganz anders. Gib mir doch Mitteilungen über das Leben unsrer Anverwandten, Freunde und Freundinnen in Köln, Leipzig, Dresden und Berlin, über Woldemar, Dr. Härtel, Du kennst sie alle. Nun möchte ich Dich an manches erinnern, an vergangene selige Zeiten, an unsere Reise nach der Schweiz, an Heidelberg, an Lausanne, an Vevey, an Chamouny, dann an unsre Reise in Den Haag, wo Du das Erstaunlichste leistetest, dann an die nach Antwerpen und Brüssel, dann an das Musikfest in Düsseldorf, wo meine vierte Symphonie zum erstenmal und am 2. Tage das A-Konzert von mir, so herrlich von Dir gespielt, mit glänzendem Beifall, die Rheinouvertüre mit weniger glänzendem, aufgeführt. Erinnerst Du Dich auch, wie in der Schweiz zum erstenmal die Alpen in aller Pracht sich zeigten, der Kutscher in etwas scharfen Trapp geriet und Du etwas ängstlich wurdest. Über alle unsre Reisen, auch über die, die ich als Schüler und Student gemacht, habe ich kurze Notizbücher geführt – oder viel besser – willst Du mir die Freude machen, einen Band Deiner Tagebücher zu senden und vielleicht eine Abschrift von den Liebeszeilen, die ich Dir von Wien nach Paris schickte? Hast Du noch das kleine Doppelportrait (von Rietschel in Dresden)? Du würdest mich dadurch sehr beglücken. Dann spreche ich Dir den Wunsch aus, mir die Geburtstage der Kinder mitzuteilen, sie standen im blauen Büchlein.
Nun will ich noch an Marie und Elise schreiben, die mich so herzlich angesprochen. Darum Adieu, herzliebste Clara. Vergiß mich nicht, schreibe bald.

Dein
Robert

Robert an Clara
Endenich, 26. September 1854

Welche Freuden, geliebte Clara, hast Du wieder durch Deinen Brief und die Sendung gemacht und das Doppelbild. Meine Phantasie war durch die vielen schlaflosen Nächte sehr verwirrt; nun seh' ich Dich wieder in Deinen edelen und ernsten Zügen. Und daß über unsre Anverwandten, Deine Mutter, Woldemar, Pauline, Therese, Rosalie in Nürnberg und über Juliens musikalische Anlagen schreibst, hat mich aufs herzlichste erfreut. So auch über Brahms und Joachim und beider Kompositionen. Das wundert mich, daß Brahms kontrapunktische Studien treibt, was ihm gar nicht ähnlich sieht. Joachims drei Stücke für Klavier und Viola möchte ich kennenlernen; erinnerst Du Dich „Läuschen", für Violine und Klavier, diese furchtbaren Stücke! Auch Woldemar grüße vielmals für das, was über ihn mir mitteilst. Ist Neues von ihm gedruckt?
Des Bildnisses Brahms von Laurens kann ich mich noch besinnen, meines aber nicht. Mit den Liebeszeilen, die ich von Wien nach Paris sandte, meinte ich jene gereimten, die, mit schönen Blumen verziert, auch von Florestan und Eusebius sprechen. Mit den Tagebüchern hast Du recht. Noch möchte ich wissen, wie es mit dem thematischen Verzeichnisse, das Breitkopf und Härtel herausgeben wollte; es war etwas fehlerhaft geworden, dann über das Konzertstück aus D f. Pfte. u. Orchester, das Du in Holland gespielt, die Gesänge der Frühe f. Pfte., über das 2. spanische Liederspiel, Neujahrlied, Requiem, Faustszenen – ob davon weiter noch nichts erschienen? Dank für die Mitteilung der Geburtsjahre unsrer lieben Kinder; welche Taufzeugen willst Du, geliebte Clara, wählen, und in welcher Kirche soll er getauft werden? Schreibe mir von den Kindern mehr und von Dir, herzlich geliebte Clara.

Dein
Robert

Robert an Clara

Endenich, den 10. Oktober 1854

Herzliebste Clara,
Welche Freudensendung hast Du mir wieder gemacht! Dein Brief mit Juliens ihrem, die Komposition von Brahms über das Thema, was Du variierst und die drei Bände des Arnim-Brentanoschen Knaben Wunderhorn, eines Lieblingsbuches, aus dem ich auch vieles komponiert, und namentlich das „Wenn ich ein Vöglein wär'" in die Genoveva aufgenommen. Erinnerst Du Dich, wie dann Golo immer kühner und zu dem Lied in anderer Weise singt?
Und nun habe herzlichen Dank für die Abschrift der kleinen Verse, die ich Dir aus Wien nach Paris geschickt. Das Umkehrrätsel von Roma (Amor) gefällt mir noch sehr. Ich wünschte manchmal, daß Du mich am Flügel phantasieren hörest; das sind meine seligsten Stunden. Die Variationen von Brahms muß ich noch genauer kennenlernen; ich schreibe selbst noch an ihn. Könnte ich vielleicht durch Deine Güte das Manuskript der „Gesänge der Frühe" noch einmal zur Ansicht bekommen? Wie steht es mit dem Verlag des Konzertstückes in D mit Orchester, das Du in Amsterdam so wunderschön spieltest und des zweiten spanischen Liederspieles?
Nun nimm, geliebte Clara, meinen Glückwunsch zu der Ernennung in Holland, das ist das älteste Diplom, das ich erhalten. Schreibst Du an Verhulst, so grüße ihn. Wer ist Hr. Lindhult? Ich glaube, ihn früher in Düsseldorf gesehen zu haben; er sprach nicht viel, schien aber viel in sich zu tragen. Herrn Grimms erinnere ich mich auch sehr gut; wir waren ja immer mit Brahms und Joachim in der Eisenbahnrestauration (in Hannover); grüße ihn und vor allem Fräulein Leser.
An Brahms schreib' ich selbst, wie auch Marie und Julie. Meine Fußwanderungen bestehen noch immer nach Bonn, mich an der reizenden Aussicht nach dem Siebengebirge erlabend; weißt Du noch, wie wir den Drachenfels bestiegen und einem würdigen Geistlichen begegneten? Wir hatten Mühe, gegen den Strom um auf die Insel Nonnenwerth zu kommen.

Nun lebe wohl, geliebte Clara, grüße alle, die sich meiner erinnern.

Dein Robert

Robert an Clara

12. Oktober 1854

Ich empfange eben Deinen neuen herzlichen Brief mit dem Daguerreotyp von Dir und Mariechen, das mir noch immer in der Erinnerung vorschwebt. Auch für die Zigarren nimm meinen Dank, wie für den 4. Band des Wunderhorns. An das englische Schachspielbuch gedenke ich auch sehr gerne, und freue mich, einige noch unaufgelöste Spiele zu lösen. Die Brahmsschen Variationen bewundere ich immer mehr. Willst Du den beifolgenden Brief ihm übergeben? Es freut mich auch, daß Du von Becker aus Freiberg und von Strackerjan in Oldenburg Nachrichten empfangen und auch Aussicht hast, von Härtel wegen des thematischen Verzeichnisses meiner Kompositionen Nachricht zu erhalten. Nun muß ich Dir auch sagen, wie mich auch Deine Variationen [Op. 20] immer mehr entzücken und mich Deines herrlichen Spiels dieser und meiner erinnern. Des Gedichtes an Dich, liebe Clara, in meinen Schriften gedenke ich auch gern und auch des Tages im August, wo ... Tagesfolge Clara, Aurora, Eusebius sich folgten und ich Dir durch Becker meinen Verlobungsring sandte. Erinnerst Du Dich an Blankenburg, wo ich Dich an Deinem Geburtstage einen Diamantring in einem Blumenstrauß suchen ließ und Du einen der Diamanten in Düsseldorf verlorst und ihn jemand wiederfand? Das sind selige Erinnerungen.

Schreibe mir noch mehr, teure Clara, von den Kindern. Ludwig wurde das Sprechen immer sehr schwer, aber von Ferdinand wüßte ich es nicht. Und schreibe recht bald und immer so fröhliche Nachrichten.

Dein in alter und neuer Liebe ergebener

Robert

Robert an Clara
[Aus einem Briefe v. 27. November 1854]
Die Variationen von Johannes haben mich bei der ersten Durchsicht gleich und bei tieferer Erkenntnis immer mehr entzückt ...
An Brahms schreib ich selber noch; hängt sein von Laurens gezeichnetes Bild noch in meinem Studierzimmer? Er ist einer der schönsten und genialsten Jünglinge. Mit Entzücken erinnere ich mich des herrlichen Eindrucks, den er das erstemal durch seine C-dur-Sonate und später Fis-moll-Sonate und das Scherzo in B-moll machte. O könnte ich ihn wieder hören! Auch seine Balladen möchte ich.

Robert an Clara

[6. Jan. 1855]
Nun wollt' ich Dir, meine Clara, auch ganz besonders für die „Künstlerbriefe" danken und Johannes für die Sonate und Balladen. Die kenn' ich jetzt. Die Sonate – einmal erinnere ich sie von ihm gehört zu haben – und so tief ergriffen; überall genial, tief, innig, wie alles ineinander verwoben. Und die Balladen – die 1. wie wunderbar, ganz neu; nur das *doppio movimento* wie bei der 2. versteh' ich nicht, – wird es nicht zu schnell? Der Schluß schön eigentümlich! Die 2. wie anders, wie mannigfaltig, die Phantasie reich anzuregen; zauberhafte Gänge sind darin. Das Schluß-Baß-Fis scheint die 3. Ballade einzuleiten. Wie nennt man die? Dämonisch, – ganz herrlich und wie's immer heimlicher wird nach dem pp. im Trio; dieses selbst ganz verklärt und der Rückgang und der Schluß. Hat diese Ballade auf Dich, meine Clara, wohl einen gleichen Eindruck hervorgebracht? In der 4. Ballade wie schön, daß der seltsame erste Melodieton zum Schluß zwischen Moll und Dur schwankt und wehmütig in Dur bleibt. Nun weiter zu Ouvertüren und Symphonien! Gefällt dies Dir, meine Clara, nicht besser als Orgel? Eine Symphonie oder Oper, die enthusiastische Wirkung und großes Aufsehen macht, bringt am schnellsten und auch alle anderen Kompositionen vorwärts. Er muß.

Nun grüße Johannes recht und die Kinder und Du, meine Herzensliebste, erinnere Dich Deines in alter Lieber ergebenen
Robert

Robert an Clara

[5. Mai 1855]
Liebe Clara!
Am ersten Mai sandte ich Dir einen Frühlingsboten; die folgenden Tage waren aber sehr unruhige; Du erfährst aus meinem Brief, den Du bis übermorgen erhältst, mehr. Es wehet ein Schatten darin; aber was er sonst enthält, das wird Dich, meine Holde, erfreuen. Den Geburtstag unseres Geliebten wußt ich nicht; darum muß ich Flügel anlegen, daß die Sendung noch morgen mit der Partitur ankommt.
Die Zeichnung von Felix Mendelssohn hab ich beigelegt, daß Du [sie] doch ins Album legtest. Ein unschätzbares Andenken! Leb wohl, Du Liebe!

Dein
Robert

Nachwort

„Wie wir doch sympathisieren!" – Clara und Robert Schumann in ihren Briefen

1 *(Für I.)*

1827 ist der junge Schumann erst siebzehn Jahre alt, aber beinahe ängstigt er sich schon vor sich selbst. Wer er ist? Er wüßte es niemandem zu sagen, nicht einmal sich selbst. Daher führt er ein Tagebuch. Die Schrift soll ihm zeigen, wer er gewesen ist, am gestrigen Tag, in der vorigen Woche. Denn alles ist ja schon wieder vorüber, „gleich buntem Traum" entflohen. Wo es ist? Hat er es hinweggetanzt? Er weiß es nicht, er faßt keinen Moment in all der Unruhe, die ihn von innen und außen umgibt, es sind zuviele Irrlichter darin, und manchmal, wenn er erschöpft ist, flieht er ins Dunkle, die Nacht, um endlich zu träumen. Nachts macht er seine Notizen im Tagebuch, dann erst sind die Geräusche gedämpft, die Stimmen gebrochen, die Gestalten aber Schemen des Rätsels, das ihn umgibt. Davon spricht er gern in großen Worten, nennt es ‚Unendlichkeit', ‚Seele'. Aber hingeschrieben nehmen auch diese Worte den unauflösbaren Schatten an, verblassen, sind nichts mehr wert. Es geht zu viel in ihm vor, er kann die Wirren nicht beherrschen, und wenn er etwas notiert, dann nur, damit er wenigstens in Sekunden einmal wiedererkennen kann, was er gewesen ist: dieser – oder jener? Aber er bleibt in diesen Fragen befangen, und das ist unheimlich: „Wenn ich mein ganzes Leben durchgehe, so bleibe ich fast immer bei der Frage stehn: bist du's oder bist du es nicht?" (Tb 23)

Wenige Monate vorher ist der Vater gestorben. Er hätte Rat gewußt. Schumann hat ihn bewundert und verehrt. Käme jetzt nur einer daher, der wie der Vater eine große Zukunft auszumalen wüßte, eine, vor der ihm nicht graute. So aber bleibt vieles farblos, und Schumann weiß, daß er nur allein einen Weg finden kann.

1807 war die Familie nach Zwickau gezogen, wo Robert drei Jahre später geboren wurde. Er war das jüngste von 5 Kindern, der „schöne", von den ihn erziehenden Frauen verwöhnt. Der Vater hatte eine Verlagsbuchhandlung gegründet, er gab ein „Handbuch für Kaufleute", ein „Staats-, Post- und Zeitungslexikon von Sachsen", aber auch Übersetzungen der Werke Scotts und Byrons heraus. Schon der 14jährige Schumann schrieb Beiträge für die „Bildergalerie der berühmtesten Menschen aller Völker und Zeiten". Klavierunterricht hat er auch schon erhalten, bei Kuntsch, dem Zwickauer Organisten. Es ist die Zeit der Virtuosen, die Musik beginnt, Epoche zu machen.

2

In den Jahren nach den Befreiungskriegen wird der Virtuose zum romantischen Heerführer eines zu Ruhe gekommenen Publikums. Die Bürger drängen in die Konzertsäle, Musikvereine werden gegründet, musikalische Zirkel entstehen, eine Abendgesellschaft kommt ohne musikalische Szene nicht aus. Der Virtuose aber versammelt die Zerstreuten, fordert sie zur Hingabe auf, er unterwirft sie seinem Spiel, und diese Herrschaft lohnen sie ihm, indem sie ihn feiern und die geheime Gewalt benennen, die sie bannt. Dämonie! Im „reisenden Virtuosen" ist eine fiebrige Unruhe Gestalt geworden, die nur momentan – in den Stunden der musikalischen Konzentration – eine Beruhigung und Befreiung zu finden scheint. Er ist ein nachrevolutionärer Typus, den wandernden Gesellen, Harfenisten und Harmonikaspielern vergleichbar, deren „monodramatische" Klagen und Vorführungen auf Wunden verweisen, deren Ursachen so deutlich niemand zu benennen vermag. Wilhelm Müllers „Winterreise" zieht diese Klagen zu einem ununterbrochenen Lied vergeblicher Gesten zusammen. Schuberts Musik hat diesen Versen ihren umfassenden Ausdruck gegeben. Der junge Robert Schumann studiert diesen damals beinahe vergessenen Komponisten intensiv. Was er aus dieser Musik heraushört, bezeichnet die Stimmung der romantischen Virtuosen-Einsiedelei: „vergleichen Sie mir etwas mit dieser ruhigen Gewitterschwüle und mit diesem ungeheuren, stillen, gepreßten, lyrischen Wahnsinn und mit dieser ganzen, tiefen, leisen, ätherischen Melancholie" (Ju 82). Unheilbare Krankheit ist die Musik besonders in den Virtuosen geworden. Das Wanderleben des Kapellmeisters Ludwig Böhner hat diese Qualen anschaulich gemacht, E. T. A. Hoffmann hat sie in der Gestalt des Kapellmeisters Kreisler eingefangen. Böhners Erinnerungen wird Schumann später schon im ersten Jahrgang seiner Musikzeitschrift drucken lassen.

Er selbst hat schon als 9jähriger einen der Großen gehört, Ignaz Moscheles, den seine Freunde „Tasto, den Kälberfuß" nennen, weil er von dieser Speise nicht lassen kann in der „Ludlamshöhle" in Wien. Solche Anekdoten gehören zur Geschichte des Virtuosen, der ja nirgendwo zu stellen ist. Eigentlich ist er eine ferne Gestalt, einmal hier, einmal dort auftretend, nur von der musikalischen Ekstase getrieben, mit der er seine Instrumente immer wieder überfordert. Besonders die Pianisten gelten als Heroen der Musik, seit Clementis berühmten Auftritten 1780 in Paris weiß man von dem Enthusiasmus, den Konzerte in einem aufnahmebereiten Publikum auslösen können. Clementis Schule hat große Virtuosen wie John Field und Ludwig Berger hervorgebracht; Field wurde schon bei Clementis Pariser Konzerten bekannt, später lebte er in Petersburg, wohin die vermögenden Familien ihre Söhne und Töchter schickten, um sagen zu können, man habe bei Field studiert.

Denn der Virtuose ist eine interessante Gestalt wie etwa Joseph Wölffl, der Salzburger, von dessen Riesenhänden man sich Wunderdinge erzählt. Er ist der Rivale Beethovens, bekannt auch als Lebemann, ein Meister des Billard, ein Kartenkünstler, in allen Spielen ungeschlagen. Hummel, Kalkbrenner und Moscheles aber leiteten mit ihren großen Konzerttourneen Anfang des Jahrhunderts eine neue Ära ein, Klaviertechniken wurden diskutiert, zwischen Hummels Legato-Spiel und dem markigauftrumpfenden Vortrag Kalkbrenners wurde unterschieden. In Leipzig begann 1824 Friedrich Wieck seine fünfjährige Tochter Clara zu unterrichten, nach einer eigenen Methode, durch die die Finger beim Anschlag nicht gekrümmt wurden, sondern nur soweit nach innen gebogen, daß der Spieler mit dem weichen Polster der Fingerspitze die Taste heruntdrückte, wie ein anonymer Beobachter aufmerksam berichtete. Wie sollte die Hand gehalten werden? Beim Anschlag hoch – oder niedrig, daß der Anschlag eher aus dem Gelenk erfolgte?

Seit den zwanziger Jahren hatten sich auch neue Instrumente durchgesetzt, die die als veraltet geltende „Wiener Mechanik" ablösten. Instrumente mit einer solchen Mechanik klangen spitz, der Ton hatte kaum Schall, dafür aber ließen sich brillante Läufe wie Perlenschnüre denken, die Mozart in seinen Konzerten so liebte. Jetzt aber war eine neue Mechanik erfunden, die den Hammer abfing und ihn schlagbereit hielt, wenn der Finger die Taste nicht freigegeben hatte. Chopin und Liszt traten an solchen Instrumenten auf, aber noch immer wurde man das Gefühl nicht los, daß Liszt seine Instrumente überfordere. Er spielte auf den Flügeln der Werkstatt Conrad Grafs in Wien, aber gleich zu Beginn eines Konzertes konnte es passieren, daß er drei Messingsaiten sprengte, so daß die Baßtöne fehlten, was ihn aber nicht hinderte, weiter zu spielen. An einem anderen Tag rückt man ihm einen englischen Flügel zurecht, schon nach dem ersten Stück ist er zersprengt, bald darauf auch der zweite, der dritte. Über die Haltbarkeit der Grafschen Flügel aber meldet der Großherzoglich-Badische-Hof-Musikdirektor Gaßner: „Alle Instrumente seines Ateliers genießen den erprobten Ruhm einer besonderen Haltbarkeit und Stimmfestigkeit, nebst sonorem und kräftigem Tone; eben sowohl begründet in dem überreichen, wohl ausgetrockneten Holzvorrate, als in der bis in das kleinste Detail sorgfältigen Ausarbeitung" („Universal Lexikon der Tonkunst" 1849).

So raffiniert sie ausgearbeitet sind, die Flügel gehorchen dem übermächtigen Willen der Virtuosen nicht. „Heroen", „Titanen" werden sie genannt und damit gleich hinter die Kriegshelden der Befreiungskriege gerückt. Sie „kämpfen" mit dem Instrument, und in diesem Kampf, in dem das Werkzeug trotz des ausgetrockneten Holzvorrats, aus dem es erbaut wurde, unterliegen muß, triumphiert der musikalische Wille, der sich nicht fesseln läßt. Denn die Musik ist für Schumanns Zeitgenossen ein Universum, eine Unendlichkeit, vor der die Mittel, sie zu erzeugen, wohl versagen, nicht aber der innere Empfindungssinn, der immer mehr gesteigert und höhergetragen wird.

3

Der junge Schumann phantasiert stundenlang an dem Flügel, den ihm der Vater gekauft hatte. Er gibt alles her für diese Stunden, sie sind ihm die liebsten. Denn sie übertreffen die Stunden, die er mit den Worten zubringt: „es ist sonderbar, daß ich da, wo meine Gefühle am stärksten sprechen, aufhören muß, Dichter zu sein: ich kann wenigstens da nur unzusammenhängende Gedanken niederschreiben..." (Tb 30)
Am Flügel jedoch behält das Unzusammenhängende seinen Reiz. Denn Schumann übt nicht konsequent; er geht den Klängen nach, improvisiert, schwirrt auf diese Weise in Stimmungen. Der Flügel ist ein schweres Gegenüber, dem sich leicht etwas entlocken läßt, das ihn überrascht, er ist ein Koloß, dem man mit gelenkigen Fingern beikommt, das Instrument der Verwandlung, an dem sich für Schumann der erste intensive Dialog entspinnt, den er in seinem Leben empfand. Hier: das Ich, der schwere Körper, langsam, schlummernd – dort: die schwarz-weiße Tastatur, ein verlockendes, unbegriffenes Feld, auf dem jede Tonart eine Linie, etwas Licht, etwas Dunkel markiert. So wird das schwere Instrument zum Tonangeber, und dabei gerät auch der sonst so passive Körper in Bewegung und braucht nichts mehr mit den Worten zu tun zu haben. Das Spiel am Flügel ist der Dialog des jungen Einsamen mit seiner uneinholbaren Vorstellungskraft – ein „Phantasieren", wie Schumann es nennt und womit er diese gegenseitige Durchdringung von Schwere und Leichtigkeit meint.
Ein Dialog! Schumann hat früh gelernt, dialogisch zu empfinden und zu denken. Es ist nämlich etwas in ihm, das ein Ich zu sein scheint; es ist aber noch etwas anderes in ihm, ein anderes Ich, ein stummer Begleiter, der zuschaut, ein Schatten – was ist

aber das, dieser Doppelgänger: „Mir ist's manchmal, als wolle sich mein objectiver Mensch vom subjectiven ganz trennen oder als ständ' ich zwischen meiner Erscheinung u. meinem Syn (!), zwischen Gestalt und Schatten. Mein Genius, verläßt du mich?" (Tb 339)
Schumann weiß, daß es keine Eindeutigkeit gibt. Die eindeutigen Situationen und Menschen – das sind die „ledernen", die keinen Blick wert sind. Er aber liebt das Changierende, ein Absinken, Aufmerken, Verträumen und Zerstreuen, das immer wieder bei sich selbst erwacht und darüber immer stummer wird. Diese Zustände sind Musik. Aber welche Musik meint er? Er meint die der Nacht, also eine, die nicht aufhören will und kann, die niemanden zum Zuhörer braucht, sondern nur den, der sie einsaugt und weiterträgt. Ein Schlummern und Erwachen, die Träume sind bereits wieder vergessen, ein erneutes Einschlummern und Hochschrecken, bis die Glocke irgendwo klingt und im Nachklang etwas beschwört, das nicht zu fassen ist. Diesem Dämmerrhythmus soll die Musik entsprechen, daher definiert er sie als Mysterium, aber auch als Fließen, als unabschließbare Regung.
So ist die Musik das Medium seiner Begeisterung, die nur zu polarisieren scheint. Schumann denkt nicht an eine Mitte, er glaubt nicht an sie, er träumt höchstens einmal in einer naseweise hingeschriebenen Sentenz von ihr. Lebendig aber ist er nur in den Extremen; je mehr er drängt, desto schlimmer spitzen sich die Gegensätze zu. Auffahrend und stumm – erregt und wieder resigniert – emphatisch und nicht ansprechbar; so erleben ihn seine Freunde. Wenn er sich aber über sich selbst beugt, bekommt er die Einheit in diesen Gefühlen nicht zu fassen. Er will ja etwas sein, aber vorerst bleibt ihm nichts, als sich in diesem Text zu entdecken oder in jenem, nach Lektürefrüchten zu suchen, durch die er sich klarer würde.
Er liest ohne Unterbrechung. Die große Bibliothek des Vaters steht ihm offen, schon vor Jahren (als 15jähriger) hat er einen literarischen Zirkel mit seinen Freunden gegründet. Er gibt ihnen Anweisungen, er läßt sie in kleinen Schauspielen auftreten, er zieht diesen ganzen Wirrwarr romantischer Gefühlskultur in

sich hinein, und er weiß nicht, was diese Lektüren mit ihm machen, wie sie ihn zurechtzerren, seine Sprache verändern, seinen Körper umspinnen, ihn einhüllen in Phantasien. Allmählich legt sich eine Art Schleier um die Objekte, die er nicht mehr unbeschadet betrachten kann. Sind sie's – sind sie es nicht? Er liebt poetisierte Orte, Friedhöfe, Denkmäler, und er entwickelt eine besondere Gereiztheit für Ausgänge, Abgänge, Türen, Uhren, Flüsse: „Es wird einem auch am Strom schwindlich." (Tb 87)

So kommt er in seinen Jugendbriefen an den Freund Flechsig, der zum Studium nach Leipzig aufgebrochen ist, nicht über einen vertaumelten Stil hinaus, mit dem er nicht sagen kann, wer er ist, wie es ihm geht, was geschehen ist. Alles Erlebte ist immer schon eingehüllt in eine rhapsodische Poesie, er kann nur beschreiben, was diese zuläßt. Tränen, Glück, Emphase und Verzweiflung – das alles ist nicht nur erlebt, sondern vor allem ein Ergebnis angelesener Empfindsamkeit. Schumann steht unter dem großen Eindruck der Lektüre Jean Pauls, den er nie loswerden wird. Jean Pauls Art zu sehen, zu erleben, anzusetzen, zu steigern – sie hat er ganz zu seiner eigenen gemacht. Jeder Gedanke paßt sich in diese Kopie ein, und so dringt in den Briefen, die der 18jährige an den Freund schreibt, nicht ein Moment seiner eigenen Geschichte durch, höchstens manchmal das Los, ohne Vater zu sein.

Könnte ihn nur einer führen, maßregeln oder anleiten! Aber auch die Freunde poetisieren mit ihm, sie nennen ihn „Faust" oder „Fust", und er tut so, als paßte ihm das nicht. Denn meist will er noch ein Stück mehr sein als sie, sie hinken hinter seinen Ansprüchen her. Ihre Deklamationen von Gedichten und Schauspielen befriedigen ihn nicht; es sind Lesefrüchte, er aber tut, als ginge es um Tod oder Leben. Doch er sucht nicht nach Wahrheit in den Schriften der Klassiker, die er studiert, bei Cicero, Sallust, Horaz und Tacitus, er sucht nach Stil, großen Gesten, nach Rhythmus, nach einer Art von Musik. Wer ihm Sätze zusammenzaubert, die Kontraste enthalten, dieses Auf und Ab, dem er lebenslang nachhorchen wird, den ist er zu loben bereit. Denn insgeheim mag er spüren, daß er den Worten noch nicht alles zumuten kann, er lebt nicht wahrhaftig in ihrem Ausdruck, es gibt noch eine tiefere Ebene, die der Musik, und gerade darin ist er den Freunden voraus. Diese sind poetisierende Prosaiker, an denen er herumtadelt, wenn sie Jean Paul nicht gelesen haben. Bemerken sie denn nichts? Aber was sollen sie bemerken, sie lesen ja nur, während es ihm um den Klang geht und um die Verlockung des Dialogischen, der Gegensatzpaare von Menschen, die Jean Paul auf dem Erdklumpen auftreten läßt. In seine weit ausgestreuten Jünglingsworte (,Unendlichkeit', ,Liebe', ,Freundschaft,' ,hohe Menschen') will er alles hineinträumen, was in ihm ist, wenigstens dort ist es geborgen.

Einmal gerät er in seinen Lektüren zu einer Stelle, die ihn ganz trifft; plötzlich erkennt er seinen Charakter, er sieht ihn geschildert. In Jean Pauls Roman „Titan" liest er: „Es gibt einige wackere Naturen, die gerade auf der Grenze des Genies und des Talentes stehen, halb zum tätigen, halb zum idealischen Streben ausgerüstet – dabei von brennendem Ehrgeize. – Sie fühlen alles Schöne und Große gewaltig und wollen es aus sich wieder erschaffen, aber es gelingt ihnen nur schwach; sie haben nicht wie das Genie eine Richtung nach dem Schwerpunkt, sondern stehen selber im Schwerpunkte, so daß die Richtungen einander aufheben. Bald sind sie Dichter, bald Musiker, bald Maler; ... Daher macht sie früher alles Große, was sie sehen, entzückt, weil sie es nachzuschaffen denken, später aber ganz verdrießlich, weil sie es doch nicht vermögen." (Ju 100/101)

Ja, zu diesen Ehrgeizigen gehört er auch. Nichts gelingt ihm so recht, der Frühreife bemerkt es selbst, und er schreibt über diesen Zustand Briefe, wie sie einer in hohen Jahren nicht anders geschrieben hätte. Schumann fürchtet sich vor der drohenden Unproduktivität, denn seine Anlagen drängen in eine poetische Richtung, ohne daß sie sich formen ließen.

4

1828 beginnt er in Leipzig mit dem Jurastudium. Schon in seinem ersten Brief an die Mutter meldet er seine Abneigungen an.

Sie will ihn als tüchtigen Beamten sehen und erhofft sich vom Studium eine schnelle Ausbildung. Für ihn ist es aber schon in Jean Paulschem Sinne ausgemacht: Jura bedeutet ein Brotstudium, ein Fach für „kalte" Rechner, zu denen er sich gewiß nicht zählen wird. Statt dessen spielt er weiter zwei Stunden täglich auf dem Klavier.

Als „Tollwütigen" auf dem Klavier hat ihn Friedrich Wieck bezeichnet, als er ihm zum ersten Male vorspielte. Wieck weiß, daß dieser Student einmal ein guter Pianist werden könnte, würde er sich an regelmäßiges Üben gewöhnen. Die eigene Tochter, Clara, ist inzwischen neun Jahre alt. *Sie* hat Fortschritte gemacht, unter Wiecks Führung, unter seiner täglichen Aufsicht. Er will aus ihr eine berühmte Virtuosin machen, aber er weiß: „...fast alle unsere Virtuosen haben sich musikalisch zu Tode geübt und gespielt..., d. h. sie haben eigentlich kein Gefühl und wohl gar keinen Sinn mehr dafür, sondern bloß Gefallen an ihrem eignen mechanischen Fingerspiel." (Litzmann I,10) Im Oktober 1828 ist sie zum ersten Mal öffentlich im Gewandhaus aufgetreten. Schumann wird sie früher kennengelernt haben.

Was tut er in Leipzig? Er geht spazieren, er spielt Klavier, er schlägt sich ein wenig auf dem Fechtboden, ohne an der Deutschtümelei der Burschenschaften Gefallen zu finden. Abendgesellschaften bei dem Mediziner Carus und die Klavierstunden, die er bei Wieck nimmt, bilden die Höhepunkte dieser Studierwochen, die er in den Briefen an die Mutter oft nicht ohne Sentimentalität schildert. Seine Empfindlichkeit ist groß, sie reagiert seismographisch auf jede Veränderung. So gerät er immer wieder in eine Art Wechselbad der Gefühle. Er macht es den Freunden schwer, ihn anzusprechen. Einige haben später bekannt, daß er sich trotz häufiger gemeinsamer Unternehmungen niemals dekouvriert habe, man sei nicht schlau aus ihm geworden, er habe sich entzogen.

Ja, das Wichtigste, das Innerste will er den Freunden vorenthalten, aber er weiß nicht einmal, was dieses Wichtigste ist, das sein Leben bestimmt und ausmacht. Er kann es nur vage umschreiben als eine „Sehnsucht", ein „Gefühl". Etwas treibt ihn heraus aus sich selbst, in starke Stimmungen hinein, dann wieder zerfällt alles – und er steht allein da. Das „Unendliche" – so nennt er es ein anderes Mal, in Wahrheit mag es ein durch Lektüren aufgeregtes, hochgetriebenes Gefühlsleben gewesen sein. Er scheut sich, er wirkt unbeholfen. Daß seine Empfindlichkeit nicht viel verträgt, hat er der Mutter in seinen Briefen gestanden. Er gibt zu, er sei „zu weich", er weine häufig ohne Grund, er gebe den Stimmungen nach. Wie soll einer wie er auch dieses Gebräu von Wahrheit und Kopie durchdringen und erkennen? Der junge Schumann kann es nicht, und vorerst ist außer Wieck, dem bewunderten Klavierlehrer, niemand da, der ihn lenken würde. Denn der Vaterlose sucht nach Vorbildern, nur strenge Lehren, nur ein gewisser Ernst können ihn von seinen Phantasien befreien. Würde er sich nur mit diesen beschäftigen – er käme um. „Wahnsinn" nennt er diese Zustände, die ihn schon seit der Jugend überfallen. Es sind Schwächungen der Sinne, die durch Rauschmittel wie Alkohol und Tabak angegriffen waren, Reizzustände, in denen er nicht mehr zwischen Außen und Innen unterscheiden kann. Er notiert am 27. Mai 1828: „Ich war ehegestern (27 May) aufgeregt: ich weiß aber nicht von was: es kommt mir vor, als würd' ich einmal wahnsinnig..." (Tb 83) Biographen haben solche Sätze später als weitsichtigen Kommentar Schumanns zu seinem Leben gedeutet. Man muß aber nur weiterlesen: „wenn ich zu C.[arus] gehe, klopft mir doch elender das Herz u. ich werde bleich: ach! könnt' ich Dich später gefunden haben: jetzt sind wir uns zu entfernt..." (Tb 83) Schumann dialogisiert; Agnes Carus, die Frau des schon mit seinen Eltern bekannten Arztes, ist seine ferne Geliebte. Daher die Schwindsucht, daher die Schwäche! Schüchtern wagt er nichts zu sagen, er treibt sich nur herum, er geht wieder spazieren, nach Naundorf, Jean Pauls „Siebenkäs" unter dem Arm. Und wieder: „Unterwegs war mir's aber doch, als wär ich nicht bei Sinnen: ich war recht bei Sinnen u. dachte mir doch: ich hätte sie verloren. Ich war wirklich wahnsinnig..." (Tb 83) – Nein, er war es nicht *wirklich*. Er war bei Sinnen – und er war es eben doch nicht: das benennt seinen Zustand genauer.

Schumann ist ein Abwesender. Sein Freund Brendel hat später notiert, er habe die Personen und Dinge wie mit einem Schleier verhüllt gesehen, „wie eine von Nebeln umzogene Landschaft." (NZfM 12, 1958, S. 158) Er eilt an der Wirklichkeit vorbei – oder er träumt sich von ihr weg. Er stimuliert sich mit schweren Zigarren und Champagner, damit er im Tempo bleibt und damit auch diese Wirklichkeit sich endlich bewegen möge, sich zersetzen, am besten zerfließen, denn Konturen kann er sich nicht vorstellen. Er will nicht ordnen, er möchte alles auf einmal sagen, lange schreien, seufzen, nicht sitzen, sondern „hingegossen" liegen, träumend auf einer Ottomane, schnell wieder aufgeschreckt, denn die Träume zerren ihn ins Unheimliche, so daß er alles lieber „entflohene Bilder" nennt, ohne zu wissen, wo deren Ursprung ist und wo ihr Ende.

Vorerst aber weiß er noch nicht, was er mit diesen Enthusiasmen machen soll, eigentlich bleibt er sprachlos, obwohl kaum einer soviel notiert und skizziert hat wie er. Er liebt Andeutungen, Gedankenstriche, an denen sich die nicht genau fixierten Gefühle ausraunen, aufblähen und dehnen, aber häufig wünscht man ihm einfach mehr Luft, damit er von vorne ansetzen könnte. So aber saugt er sich voll durch Lektüre, und daher wird er die großen Gefühle nicht los, von denen er weiß, daß es sich nur um ihretwillen zu leben lohnt, während die Anderen zu wenig davon haben, ihrer Wege gehen und später als angesehene Bürger in seiner Nähe enden. Ihm wäre es lieber, sie hätten mehr von den Jünglingsgestalten Jean Pauls, die ja meist nicht zu gehen, sondern zu fliegen scheinen, mehr von diesem Anti-Philistertum, das den Buckel nicht krumm macht vor dem Hof, vor der Wissenschaft, sondern sich in dem Glauben, das Recht stehe auf seiner Seite, behauptet.

Niemand bremst ihn, und er improvisiert weiter am Flügel, den er sich in Leipzig gemietet hat; er pflückt sich die Klänge zurecht, ein paar verschobene Akkorde, dazwischen Pausen, Luft, Seitensprünge, Ordnungen soll es nicht geben. Mit diesen Improvisationen belebt er seine Wahrheiten hinter den Ereignissen, „inwendig", wie er einmal schreibt, immer tiefer nachsinnend, sich nachgebend, bis er erschöpft ist.

So bleibt er allein, obwohl er Freunde hat: „was mir die Menschen nicht geben können, gibt mir die Tonkunst und alle hohen Gefühle, die ich nicht aussprechen kann, sagt mir der Flügel." (Ju 34) Von so zentralen Sätzen ausgehend, versteht man die ganze Lebensproblematik des jugendlichen Schumann. Daß ihm der Flügel etwas „sagen" soll, ist charakteristisch für Schumanns Art zu empfinden; deutlicher aber noch versteckt sich die Wahrheit in der Wendung, daß erst die Musik ihm *die* Gefühle beschere, die er sonst nicht beschreiben kann. Die Musik gibt ihm diese Gefühle ein, so, daß er sie bereits auf dem undeutbaren und dennoch stabilen Grund der Empfindungen weiß, den die Worte nur zersetzen.

Schon der Schüler hatte in einem Aufsatz über den „Einfluß der Einsamkeit auf die Bildung des Geistes und die Veredelung des Herzens" nachgedacht. Im Umgang mit anderen Menschen liege häufig der Nachteil, daß durch ihn „unser inneres, reineres Gefühl nicht nur abgestumpft, sondern fast gänzlich zerstört" werde. (Ges. Schriften, Bd. II, S. 187) Es gehe, hatte er damals pointiert hinzugefügt, nicht darum, in faden Gesellschaften Rätsel zu lösen, sondern darum, „sein inneres Selbst zu enträtseln". Kaum einer war mit dieser Aufgabe passionierter beschäftigt als der junge Schumann. All seine Übungen – das Klavierspiel, die dichterischen Versuche, die Tagebuchnotate, die Briefe – sind Übungen in der Kunst, deutlicher vor sich selbst zu werden. Daher nimmt er alles so ernst, daher neigt er wenig zum Schlendrian. Man mag ihn sich ununterbrochen überanstrengt vorstellen, ein Geknechteter der Vorstellung, daß es sich auf diese konzentrierte Weise zu etwas bringen ließe, und ein Unglücklicher in der wachsenden Gewißheit, daß nichts in ihm bleibt als ein Ziehen, Dehnen und Reißen. Deshalb will er vorerst alles für sich behalten, sogar seinen „melancholischen Ernst", „weil es doch die Menschen wenig interessieren kann, ob ich lächle oder weine." (Jansen, S. 3) Wen sollte es auch interessieren? Höchstens seine Freunde, höchstens eine Freundin.

Doch eine solche Vielzahl kann er sich nicht vorstellen, sie entspricht seinen nach innen tendierenden Empfindungssträngen ganz und gar nicht. Deshalb liest er ja Jean Paul, weil es dort nur die ‚hohen' Momente der Begegnungen zwischen den Menschen zu geben scheint, nicht Freundschaften, sondern *die* Freundschaft, nicht Liebschaften, sondern *die* Liebe. Daran denkt Schumann oft. Er würde alles tun, *den* Freund, *die* Geliebte in Stimmungen zu versetzen, er würde ihnen vielleicht seine Launen opfern, erst hier erhielten seine Gefühle den rechten Grad der Lebendigkeit. Denn danach sehnt er sich: Erwiderung, Dialog, Offenbarung würde er denen gönnen, die ihn ganz für sich einzunehmen wüßten. Schumann will lieben, weil er endlich leben will. Aber er sieht auch hier nur die Vielzahl, *die* Menschen, eine teuflische Massenausgeburt der Erbärmlichkeit, die er flieht, obwohl er sie zu lieben vorgibt. So schafft er sich in seinem Winkel eine eigene Stätte des inneren Dialogs. Die Bilder des Vaters, Jean Pauls und Napoleons bilden die Ahnengalerie um sein Schreibpult in Leipzig. Jean Paul in der Mitte – der Dichter; Napoleon – die energische Natur, die weiß, was zu tun ist; der Vater – der praktische, kluge Buchhändler und Verleger, dessen Tod den Sohn so verlegen gemacht hat. Die Energien der Schwärmerei im Kampf mit denen der Geschichte – so läßt sich dieser stille Winkel deuten, in den sich Schumann in Leipzig zurückzieht.

5

So einer müßte auf Reisen gehen! Schumann bemerkt selbst, daß ihm Veränderung gut täte. 1829 reist er nach Heidelberg, um dort sein Studium fortzusetzen. Sofort weiß er den romantischen Reim aufs Reisen: „Und was ist denn nun auch das Reisen – ein Kommen, ein Gehen – ein Vorüberfliegen an fremden Wesen – Und so find' ich nirgends Ruhe. –" (TB 51) Man wünschte ihm wahrhaftig mehr Ausdauer und weniger Voreiligkeit. Aber diese altkluge Voreiligkeit ist gerade das Ergebnis seiner Lektüren. Seine Reiseberichte bezeugen das. Sie enthalten nirgends ausführliche Schilderungen; sie sind voll von Andeutungen, Interpunktionen und immer von einer großen Eile diktiert. Schumann sieht vieles im voraus und hinterher hat es sich bestätigt, wie er dachte. Er hat einen Leser- und Empfindungsblick, das romantische Lied über den Rhein ist gleichsam eher da als er selbst, und so braucht er bloß noch in den Brentanoschen Nachen zu steigen und jene Todessehnsucht auszuträumen, die er nicht ohne geheimes Grauen oft notiert: „Ich ließ landen – der Mond glänzte fort – aber ich schlummerte u. mir träumte, ich wäre im Rhein ertrunken." (Tb 51) So reist er mit einer gewissen Verzweiflung, daß der Schleier vor den Dingen nicht weichen will. Er reist exaltiert, die Stationen werden nicht durch das Gesehene, sondern durch die Narkotika bezeichnet, die er im Übermaß genießt. Welches Bier habe ich wo getrunken, welchen Wein, woher nahm ich die Zigarren? Auch die Menschen sollen sich in die romantischen Bilder finden, die sein Inneres für sie bereithält. Das schöne Mädchen, der freundliche Blick, der angenehme Morgen, der glänzende Strom – all das wird zu seiner Kulisse, vor der es bewegt zugehen muß. Reisen – das sind Mondscheinspaziergänge, Kutschfahrten, auf dem Bock das Gefährt antreibend, „lebhaft", „schön". Erwähnt werden vor allem die Mahlzeiten, „brillantes Mittagessen", „berauscht", „geschwärmt", „Burgunder im Wagen", „Steinberger Cabinetswein"!

Auch in den Heidelberger Studententagebüchern herrschen jene Exzesse vor, die aus einem gewissen Überdruß am romantischen Spiel entstanden sein mögen, aus der Empfindung heraus, der Schleier vor den Augen gebe nicht nach, nichts Festes ließe sich greifen. Gasse und Gang im Mondschein, Knillitäten, schöne Blicke, auch schmachtende, Klavierspiel und Katzenjammer nach den großen Trinkgelagen, Zigarrenwärme, ein dauerndes Auf und Ab, Zweifel an den Freunden, ein stetes Beben auf gleichbleibendem unerfaßbarem Untergrund.

Doch in Heidelberg wächst sein Entschluß heran, das Jurastudium aufzugeben. Er weiß allmählich, daß er sich endlich entscheiden muß. Der Mutter und den Brüdern ist er es schuldig, gewiß; aber noch mehr wohl sich selbst – sonst würde er über diesem Lebenstheater zerbrechen, ein Talent von den vielen, die damals jung gestorben sind, ausgespielt und ohne die

Kraft, ein ganzes Leben zu finden. In Heidelberg konzertiert er; sein juristischer Lehrmeister Thibaut gibt große Abendgesellschaften, auf denen Händels Oratorien einstudiert werden. Schumann erinnert sich wieder, an das Virtuosentum, an Moscheles und die anderen Pianisten, an Wieck, an seine junge Schülerin. Es gefällt ihm gut in Heidelberg, die Reise nach Italien, die er von dort aus einlegte, tat eine zusätzliche Wirkung – aber langsam sympathisiert er sich wieder nach Leipzig zurück. Am liebsten in den Dämmerungsstunden, die er genießt wie kaum andere. Dann läßt er – wie er schreibt – die Vorhänge herunter, dann zündet er sich eine Zigarre an, dann stützt er den Kopf in die Hand; die Gegenwart verschwimmt, er nimmt sie endlich nicht mehr wahr, so kann er sich ruhig zurücksehnen, in das Haus Friedrich Wiecks, in die Stube der Mutter in Zwickau.
Bald wird Schumann zum bekanntesten Klavierspieler in Heidelberg. Von überallher kommen die Gäste und Besucher in die Stadt, vom Hof in Mannheim, aus Karlsruhe, aus dem Rheinland. In Heidelberg ist Schumann mehr als nur ein Dilettant, er wird geschätzt und bewundert, so daß er nach Hause melden kann, daß er das Epitheton „Liebling des Heidelberger Publikums" erhalten habe. Er wird eingeladen, er ist fast keinen Abend mehr zu Hause; er geht zu Thibaut, zu Geheimrat Mittermayer, in einen Zirkel englischer Damen, zur Großherzogin Stephanie von Baden, der er in Mannheim vorspielt. Diese Auftritte schmeicheln ihm, sie bringen immerhin etwas Öffentlichkeit in sein Lebensspiel, und sie geben den Tagen wenigstens eine flüchtige Ordnung.
Als Virtuose kann er in Heidelberg auf einen großen Wirkungskreis schauen, als Jurist wird sich ihm dergleichen nicht auftun. Es muß ernst werden! Soll er sein Leben in einem Amt verbringen, als Aktuat kleine Prozesse führen? Schumann weiß: ohne Vermögen und Protektion ist nichts zu erreichen. Er ist bereits daran gewöhnt, im Mittelpunkt zu stehen, mag er als Mittelpunkt auch schweigsam sein. Diese Leiter soll er wieder heruntersteigen, um von vorne anzufangen? Niemals! Bisher hat er „so hingelebt, geträumt und geschlendert und im Grunde nichts

Rechtes zusammengebracht." (Ju 117) Jetzt ist es soweit. In einem bedeutsamen Brief an die Mutter vom 30. Juli 1830 stellt er sich die entscheidenden Fragen, die endlich aufräumen mit der Lebensschwärmerei: ‚Wohin?' Er hat sich für die Musik entschieden, wozu er Leipzig und Wieck rechnet, und er bittet die Mutter, in diesen Plan einzustimmen: „Daß dieser Brief der wichtigste ist, den ich je geschrieben habe und schreiben werde, siehst Du." (Ju 119)

Ja, endlich mag man seiner Voraussicht einmal zustimmen. Dieser Brief ist wichtig, er hat Folgen, und er rührt an die Existenz. Von nun an werden ihm die Reisen, die er von Heidelberg aus häufig machte, nichts mehr bedeuten, später wird er sogar festhalten, am Reisen gar nichts mehr zu finden. Er will sich zusammenziehen, ein ganzer werden, nicht im Talentendasein steckenbleiben. Zunächst soll der Klavierunterricht bei Wieck weiterhelfen. Wieck selbst hat dazu die schönsten Worte gefunden. Der Mutter, die ihn um Rat fragt, redet er gut zu: aus diesem Sohne könne viel werden, wolle er sich nur unter seine, Wiecks, Obhut begeben.

In Heidelberg also hat Schumann das Reißen, Zerren und Dehnen, das „unnennbare Etwas" in ihm, erst ganz ernst genommen. Er beginnt mit den ersten später gedruckten Kompositionen. Sein Begriff von Musik beginnt sich allmählich mit dem zu decken, den er von sich selbst und seinen Empfindungen hat. Vor allem sein Lehrer Thibaut hat ihm diesen Begriff genauer bezeichnet. Daß die „Musik eine höhere Potenz der Poesie" sei, hatte Schumann schon selbst früher notiert. (Tb 96) Thibaut jedoch deutete in seiner kleinen Schrift „Über die Reinheit der Tonkunst" (Heidelberg 1825) auf mehr: „Die Musik soll alle Zustände der Empfindung, des Gefühls, und der Leidenschaften darstellen, aber poetisch, also nicht, wie sie sich in der Entartung, sondern in der Kraft u. Reinheit verhalten." (a. a. O., S. 52) Die Musik als poetische Kunst, als „Überströmen der Empfindung, der Begeisterung in Tönen" (S. 27) – das faszinierte Schumann sofort, mochte er auch Thibauts Verehrung für Händelsche Oratorien und altdeutsche Musik noch nicht ganz begreifen.

Thibauts Schrift war als Streitschrift konzipiert. Sie geht gegen das schillernde Virtuosentum an, sie will dem neu entstandenen, nervösen Publikum der nachrevolutionären Zeit lehren, was jetzt „nahe am Aussterben ist, nämlich den reinen Sinn für Musik als Musik." (S. 52)

Die beinahe religiöse Andacht, die Thibaut von den Zuhörern verlangt, kontrastiert der neuzeitlichen Unruhe, die diese befallen hat. Die Diagnose dieses Zustandes ist treffend und deutlich: „Unsre Concerte haben eine, aus allen Religionsverwandten gemischte Gesellschaft, mehrenteils eine galante, brillante, unruhige Gesellschaft, welche zu nichts Großem und Tiefem gestimmt ist, sondern unterhalten, aufgeregt, und aufgefrischt sein will." (S. 22)

Das begreift der junge Schumann sofort. Zu den bloß Unruhigen gehört er nicht; er will nicht unterhalten, nicht aufregen, nach „innen" soll die Wirkung gehen – erst da soll sich die Musik, Schritt für Schritt, ausbreiten wie ein Gift, eine schleichende Wirkung tun, die Empfindungen anspannen, Begeisterung hervorlocken. Thibaut hat ihm das Programm ausgeschrieben, das er lange genug im Kopfe und in seinen Tagebüchern mit sich herumtrug: Die Musik als universale Poesie, der Zuhörer als der andächtig Lauschende, die Wirkung aber eine auf das Gefühl, wo sie sich ausbreitet, um einen ganzen Menschen zu schaffen.

Schumann wittert das Große dieses Bildungsgedankens. Er muß zurück nach Leipzig, bei seinem Lehrer Wieck von neuem beginnen. Thibaut hatte die Effekte getadelt, nach denen die Virtuosen haschen, „nämlich dieses krampfhafte, verzerrte, übertriebene, betäubende, rasende Unwesen, welches in den Menschen alles Schlechte hervorwühlt." (S. 50) Schumann will *zurück*: der Entschluß, nach Leipzig zu gehen, um dort ein solides Klavierstudium aufzunehmen, ist der Entschluß, sein rasendes Unwesen zu zügeln, es zu ordnen.

6

Im Herbst 1830 kommt Schumann wieder nach Leipzig, er zieht in die Wohnung seines Lehrers Wieck ein, dessen Tochter Clara überraschende Fortschritte gemacht hat. Paganini hat ihr bereits ein paar Takte ins Stammbuch geschrieben, im November gibt sie ihr erstes selbständiges Konzert im Gewandhaus. Das talentierte Kind ist ein Objekt der Inspiration; in sich versunken, dann wieder hellwach, empfindlich und stürmisch – so trifft es den romantischen Sinn. Es hat „viel Bouffonerie und viel Sinn für Bouffonerie", wie Friedrich Schlegel gesagt hätte. Seine „Charakteristik der kleinen Wilhelmine" im Roman „Lucinde" hätte Schumann begriffen: mit Kindern verständigt man sich in „Hieroglyphen" und Buchstabenkompositionen, in Rätseln, Spielen und Abenteuern, die den ungebrochenen Sinn poetisch hervorlocken. Kinder sind nicht „ledern"; unbewußt inspiriert, erinnern sie den Älteren an eine Urgeschichte der Dinge, an ein kombinatorisches Vermögen, das noch vor allem Denken war. Wachsfiguren und Taschenspiele, das Panorama von Gibraltar wie die arabischen Märchengeschichten – in solchen Vehikeln lebt die Phantasie für die junge Clara Wieck. Schumann ist ihr eifrigster Mitspieler. Zum ersten Mal ist sein Leben auf noch ungezwungene, harmlose Weise an einen anderen Menschen gefesselt, dem er Freude machen kann. Er erzählt, und er ist ein großer Erzähler: Rätsel, Doppelgänger- und Gespenstergeschichten, wie es einem graust und wie man die Freude wiederfindet, wo es dunkel ist und wo hell. In Clara hat er eine aufmerksame Zuhörerin. Sie ist das Kind (die Gestalt der Poesie) und die Virtuosin (der Engel der Musik). Daher verzaubert sie Schumann. Sie „ist die alte – wild und schwärmerisch – rennt und springt wie ein Kind und spricht wieder einmal die tiefsinnigsten Dinge." (Ju 211)
Schumann geht mit ihr spazieren, er beobachtet ihre Übungen am Klavier, er ist gefangen von soviel Laune und Unbeschwertheit; bei Clara kommt alles von innen heraus, so notiert er, und er weiß, wie verschieden sie dadurch von ihm ist. Im Juni 1831 gibt er seiner romantischen Idee eine neue Gestalt: er nennt

seine Freunde nun mit poetischen Namen, Wieck wird Meister Raro, Clara aber Zilia genannt: „Tretet denn näher u. betragt Euch schön romantisch!" (Tb 339) Dieses romantische Betragen, durch das sie in seiner Nähe gleichsam als verschleierte Gestalten *und* als Figuren eines Freundeskreises bestehen könnten, macht aus ihnen Personen seines Spiels, denen er Gefühle und Eigenarten andichten, Aussprüche in den Mund legen kann. Besonders Wieck und Clara sind „sehr romantische Figuren", wie er notiert (Tb 339), sie haben ihn auf den Gedanken gebracht. Denn in ihrer unmittelbaren Nähe erlebt er die Wirklichkeit nicht mehr allein, er erkennt sie als Mitspieler seiner Eigenheiten. Ein paar Tage später zieht er die Konsequenz: nun kann er auch sich selbst einen anderen, romantischen Namen geben, denn auch er ist ja ein anderer geworden in ihrer Nähe. *Einen* Namen? Nein – zwei! Denn er ist ja nicht nur der eine, den er „Florestan" tauft, sondern noch ein anderer, ein „Eusebius".

Zu diesem Zeitpunkt, im Juli 1831, hat Schumann den unausgesetzten Dialog, den er mit sich selbst führt, auf eine neue Ebene gehoben. Er nimmt gleichsam einen Abstand zu sich selbst ein, betrachtet die musikalischen Gestalten, die ihm dienen, und läßt sie ins Gespräch kommen. Rede und Gegenrede, Aufforderung zum Lob und zur Verurteilung wechseln sich ab. Eingebettet ist dieses Gespräch aber in die Sphäre der Leipziger Geselligkeit, deren romantischer Mittelpunkt Clara ist, in deren Anblick Schumann gebannt verharrt: „Was ist Clara für ein Wesen! Gewiß sprach sie am geistreichsten von uns allen – Kaum drei Schuh hoch liegt ihr Herz schon in einer Entwicklung, vor der mir bangt. Launen und Laune, Lachen und Weinen, Tod u. Leben, meist in scharfen Gegensätzen wechseln in diesem Mädchen blitzschnell." (Tb 345)

Ende September 1831 beginnt Clara mit den ersten Konzertreisen; sie spielt in Weimar vor Goethe, sie spielt in Erfurt, Gotha und Kassel. Dies sind die ersten Stationen auf der Reise nach Paris, wo sie in Frankfurt am Main Anfang des Jahres 1832 Schumanns Brief erreicht. Es ist eine spielerische Epistel, die die Leipziger Scherze fortsetzt. Schumann selbst hat während die-

ser Monate Kompositionsunterricht bei Heinrich Dorn, dem Leipziger Theatermusikdirektor, genommen. Wieck in der Ferne – das ist für Schumann der „Meister Allesgeld" auf Reisen. Die Liebe des Vaters zu seiner Tochter hält er auch für eine Finanzangelegenheit. Im Geiste – meint Schumann – zähle er wohl die Taler, die die Konzerte bringen könnten.
Schumann selbst aber gibt sich Mühe, vom Dilettanten zum Künstler aufzusteigen. Er arbeitet an seinem op. 2, den „Papillons" und wenn er zurückschaut, empfindet er jetzt schon das Gestelzte und Flüchtige in seinen früheren Aufzeichnungen. War er einmal so? „Gestern las ich alte Arbeiten von mir; Himmel! was sind das für verkehrte Gefühle! u. wie mußt ich immer lachen!... Suche das Sentensiöse u. Witzige aus deinem Wesen zu bringen, was nicht in dir liegt. Schreibe einfach und natürlich." (Tb 372) An solchen Vorsätzen mangelt es nicht. Er will seinem Ziel, deutlicher vor sich selbst zu werden, näherkommen. Geblieben aber ist noch immer seine poetisierende Sicht; er zerrt sich innerlich seine Umgebung zurecht, er gibt den Freunden andere Namen, reiht sie ein ins Davidsbündlerspiel, aber häufig genug springen sie heraus aus dem Larvenkreis, streifen die poetische Maske ab, heben den Traum auf – und er fühlt sich wieder allein, den Kopf seitwärts aufgestützt, in einer Ecke von Poppes „Kaffeebaum". Dann hüllt er sich ein, in den Zigarrenqualm, daß niemand ihn sehen kann, dann trinkt er Bier ohne Unterbrechung, damit er die anderen nicht zu sehen braucht. Erst in diesen exaltierten Lagen wird es wieder lebendig in ihm, noch immer hält er viel vom Rausch, für den er sich im Tagebuch entschuldigt, weil nur diese Trunkenheit ihn noch am folgenden Tage wachhält, den Kopf fiebriger macht, so daß er wieder von neuem ansetzen kann in seiner poetisch-musikalischen Wühlerei, am Flügel oder vor der nächsten Seite des zu lesenden Buches.
Dabei schätzt er durchaus bürgerliche Tugenden; er ist ein Schwärmer, aber ein gemütlicher, den es dann doch wieder ins kleine Stübchen treibt, wo er sich wohler fühlt als unter Menschen. Hofluft sei „Stickluft", hat er bekannt, aber auch sonst tritt er nicht gerne öffentlich auf. Daß er nicht zum „reisenden

Virtuosen" taugen wird, mag ihm schon damals aufgegangen sein. Es soll alles nur inwendig brodeln und zischen – so hat er es am liebsten, eingetaucht und gleichsam versunken in eine Begeisterung, die, nach außen getragen, immer merkwürdig steif wirkt. So schreibt er an die Mutter: „Das Selbstvertrauen vor der Welt fehlt mir manchmal, obgleich ich nebenbei inwendig recht stolz sein kann." (Ju 136)

Aber wie steht es denn „inwendig" um ihn? Er erschrickt immer wieder, wenn er auf sich selbst trifft. So im April 1833, als er einen Test an einem Psychometer macht, einem Magneten, der mit einem Eisenstab in den Händen der Versuchsperson in Kontakt gebracht wird. Er hat es geahnt – nein, er ist nicht kühn, entschlossen, heldenmütig, sondern hypochondrisch, still, schüchtern. Das „Gefühl" herrscht vor.

Auch seine Freunde haben ihn wohl so gesehen, die Notizen und Aussagen über ihn stimmen auffallend überein. Sie heben seine Schweigsamkeit hervor, seine allzu große Empfindlichkeit, eine Scheu, die ihn auch in den frohesten Momenten überfallen und veranlaßt habe, von einem Moment auf den anderen allen Kontakt zu seiner Umgebung abzubrechen. Alles, was ihn umgibt, macht einen lastenden Eindruck; von sich aus hat er nicht die Stärke, sich zu befreien. Er geht viel spazieren, gewiß; aber man stellt ihn sich auch auf diesen Gängen als einen Eingeschlossenen vor, der sich nicht flüssig bewegt, sondern eher gehemmt langsam, ohne Worte zu finden.

Die trüben Stimmungen verstärken sich, als eine Lähmung des dritten Fingers an der rechten Hand eintritt. Er muß mit dem Üben aussetzen, Clara spielt ihm aus seinen „Papillons" vor, „da war alles meisterlich u. auch alles schön." (Tb 398) Im Oktober 1833 aber verschärft sich die Nervenkrise. Sein Bruder Julius und die Schwägerin Rosalie sind gestorben, die Übungen am Klavier für immer unterbrochen, da der Finger steif geworden ist.

Auf solche Schläge kann er nicht erwidern, sie nehmen ihm die Luft zum Atmen. Er glaubt, wahnsinnig zu werden, vom vierten Stock seiner Wohnung zieht er in den ersten, da hoch gelegene Räume ihn erschrecken. Selbstmordgedanken plagen ihn.

Aus diesen Krisen ziehen ihn zwei Veränderungen. Zum ersten der Plan einer musikalischen Zeitschrift, den er schon im Sommer 1833 mit den Freunden faßte. Sie soll die „Davidsbündlerschaft" zum öffentlichen Kreis machen, gegen die „kritische Honigpinselei" der Rezensenten vorgehen, die „verkannten Toten" (wie Schubert und Beethoven) ins rechte Licht setzen, den neuen Talenten (wie Chopin und Berlioz) dienen, eine Ära des „poetisch-musikalischen Schaffens" einleiten. Nicht der Tonsetzer, sondern der Tondichter wurde gesucht. Thibauts Heidelberer Programm ist in diesen Vorankündigungen leicht zu erkennen. Schumann wollte die Musikkritik, die in den letzten Jahrzehnten des 18. Jahrhunderts zu einer eigenen Reflexionsform geworden war, auf eine neue Stufe heben. Der „subjektive Abguß" des musikalischen Eindrucks war gefragt, E. T. A. Hoffmanns Kritiken der Beethovenschen Symphonien waren ein Vorbild. Als Florestan und Eusebius ziehen die poetischen Gestalten des Rezensentenwesens in die Zeitschrift ein, in der Pseudonyme, Anspielungen, ein universal-poetisches Leben aus musikalischer Traumdeuterei gefragt sind. „Hut ab, ihr Herrn, ein Genie!" hatte Eusebius den stocksteifen Kritikern zugerufen, als er Chopins op. 2 kennengelernt hatte. „Hier aber war mir's, als blickten mich lauter fremde Augen, Blumenaugen, Basiliskenaugen, Pfauenaugen, Mädchenaugen wundersam an: an manchen Stellen ward es lichter."
Es geht darum, die bloße Reflexion in Begeisterung aufzulösen, so, wie Thibaut es angedeutet hatte. Nicht die Analyse ist gefragt, sondern die Wiedergabe des Eindrucks, nicht der Effekt, den ein Bravourstück macht, sondern die poetische „Ideenwelt", die zu Assoziationen auffordert. Schumann als Kritiker – das ist der Horchende, der sich von der Musik führen läßt, der auf das Originelle wartet, auf Seitensprünge und Überraschungen. Im April 1834 erscheint das erste Heft dieser Zeitschrift. In demselben Monat lernt er Ernestine v. Fricken kennen, die nach Leipzig gekommen war, um bei Wieck Klavierunterricht zu nehmen. Die Freundschaft mit ihr, zusammen mit der vielfältigen Arbeit an der Herausgabe der Zeitschrift, hilft ihm, die schweren Krisen des Jahres 1833 zu überwinden.

Mit Clara und Ernestine geht er spazieren; Ernestine ist die ältere, auf sie geht er ein, mit Clara treibt er Scherze und Späße wie früher. Wieck schickt seine Tochter nach Dresden, damit sie dort musikalische Theoriestunden erhält. Claras Abwesenheit überträgt sich in seltsamer Weise auf Schumanns Verhältnis zu Ernestine v. Fricken. Er braucht jemanden, der ihn begleitet, ihn stimuliert und fördert. Vor ihrer Abreise aus Leipzig schenkt er ihr einen Ring. Sie betrachten sich als verlobt. Aber Schumann weiß selbst nicht genau, wie es dazu gekommen ist. Ist er wahrhaftig verliebt? Genau könnte er es nicht sagen; er fühlt sich hingezogen, angesprochen, er dialogisiert – aber es ist etwas Zurückhaltendes, Vorsichtiges in seinen Briefen. Er ist über sich selbst erstaunt, und er weiß, er kann sich selbst noch nicht trauen.

Clara konzertiert; sie ist monatelang mit dem Vater unterwegs, spielt in Magdeburg, Schönebeck, Halberstadt, später auch in Braunschweig, dann in Hannover, Bremen und Hamburg. Erst im April 1835 ist sie wieder in Leipzig zurück, erheblich gewachsen, verändert. Schumann notierte später: Sie „war kein Kind mehr, mit dem ich hätte spielen und lachen mögen."

Schumann entdeckt ihre Fremdartigkeit. Sie fasziniert ihn, er wird scheu – wie immer in solchen Situationen. Mit Ernestine versteht er sich nicht mehr wie noch einige Monate zuvor. Er hat erfahren, daß sie kein Vermögen besitzt, nicht die Tochter, sondern die Adoptivtochter des Hauptmanns v. Fricken ist. Wie soll er je für sie sorgen? Er bespricht sich mit seiner Mutter, er weiß, er häuft materielle Sorgen auf seine Unreife. Vorsichtig leitet er die Trennung ein. Er reist nach Zwickau zu seinen Verwandten.

In der Entfernung von Leipzig entdeckt er mehr; er sehnt sich zurück, er beginnt, Clara Briefe zu schreiben, die einen anderen stilistischen Duktus haben. Keine Kapriolen, die Jean Paulschen Rhapsodien unterdrückt, statt dessen ein Anfang, der verrät, an wen er denkt, ohne das lauthals zu bekennen. Schumann leitet die Beschwörung des Engels, der Retterin, der Einzigen langsam ein. Aus dem „Altarbild" seiner Jünglingsbriefe ist der „Engelskopf" geworden: „Mitten unter all den Herbst-

festen und sonstigen Freudenhimmeln guckt immer ein Engelskopf hindurch, der dem einer mir sehr wohlbekannten Clara aufs Haar gleicht." Da ist die Liebe verborgen im Spiel, untergründig ist sie die dauernd aufflammende Erinnerung in diesen Zwickauer Tagen, ein immerwährendes Ziehen, das dem früherer Tage aufs Haar zu gleichen scheint. Ist das Musik – ist das Liebe? Am liebsten, bekennt er, würde er ohne Pause erzählen, am liebsten würde er nicht aufhören mit seinem Brief. Was er aber sagen will: daß sie nicht in seiner Nähe ist! Daß sie nicht erlebt, was er erlebt! Das sympathetische Erinnern, ein Auseinander-Zueinander, Ausatmen, Seufzen und pausenloses Vergegenwärtigen beginnt: „Wie haben wir oft an Sie gedacht, und ich müßt irre werden an allen sympathetischen Einflüssen, wenn ich nicht mit Recht behauptete, Sie auch an uns."
Tausenderlei will er ihr noch sagen, aber er weiß noch nicht, wie und wo genauer anzusetzen wäre. So schreibt er vom „Faustmantel der Phantasie", von den Abschnitten seiner Reise nach Zwickau, und er will doch nur sagen, daß er wünsche, sie wüßte alles. Alles wissen – von der Reise, von ihm?
Dieser Brief vom 28. August 1835 leitet ihren Dialog ein, der von nun an heftiger werden wird. Er ist die Vorbereitung, alle Motive und stilistischen Rätsel, mit denen sie in Zukunft handeln und spielen, sich hervorlocken, einander verraten, sich selbst zur unbedingten Hingabe anhalten werden, sind in ihm vorausempfunden, versteckt und vorsichtig: „Sie wissen, wie lieb ich Sie habe!" Nein, noch weiß sie es nicht, und es ist die Frage, ob so etwas überhaupt zu wissen ist.
Kaum ein anderes Paar ist dieser Frage intensiver nachgegangen. Was ist die Liebe? Was vermag sie gegenüber der Welt? Was erleidet der, der in Trennung vom Geliebten leben und doch aushalten muß? Schumann hat mit diesen Fragen endlich auch sein biographisches und literarisches Thema gefunden. Es wendet sein ganzes Leben zum entscheidenden Ernst hin. Ohne diese Begegnung wären seine Anstrengungen vielleicht verflattert, so sind sie konzentriert auf die Magie dieser Leidenschaft hin, einen Spiegel, in dem er von nun an alle seine Bemühungen erkennen will. Wovon er früher nur träumte, die romantische

Ungewißheit und Sehnsucht, diese Liebe zu einem „unnennbaren Etwas", mit dem er die Musik in Zusammenhang gebracht hat, steht nun in einer musikalischen Gestalt in seiner Vorstellung wie in der Wirklichkeit. Die Annäherung an Clara Wieck beginnt.

Sie beginnt literarisch. Schumann wählt den Umweg über die Zeitschrift. Eusebius muß vortreten und seine „Schwärmbriefe an Chiara" aufsetzen. Wie schlägt er die Brücke? Durch einen Blick in den Kalender! Clara, Aurora, Eusebius – diese Namen tragen die Tage vom 12. bis zum 14. August. Die Morgenröte, das Licht, die Sonne – Schumann hat die Mythologie seiner Leidenschaft gefunden. Das Dunkel, in dem er sich noch immer wähnt, der „Schlamm", in dem er oft genug noch herumstolpert – Aurora könnte ihn vergessen machen. Er gibt sich einen Ruck, er gesteht ihr, was er längst hatte sagen wollen. Clara erwidert seine Zuneigung. Im Tagebuch notiert er über einen gemeinsamen Aufenthalt in Zwickau: „Vereinigung – Von der Mutter Abschied genommen – Mit Ernestine gebrochen." (Tb 421)

7

Anfang des Jahres 1836 geht Clara auf eine Konzertreise nach Dresden. Im Februar reist Schumann ihr nach, um sie heimlich und durch Vermittlung von Freunden zu treffen. Seine Mutter ist gestorben, aber er eilt nicht direkt nach Zwickau, er fährt über Dresden, um sie, Clara, zu sehen.

Das Treffen wird er nie vergessen. Noch Jahre später wird er den Dienstag in Dresden, den 7. Februar 1836, erinnern. An diesem Tage traf er sie, vier Tage blieben sie zusammen, bevor es am 11. Februar zum Abschied kam. Schumann reist nach Zwickau. Von dort schreibt er sofort an sie. In diesem Brief ist ein neuer Ton. Nicht nur das „Du" überrascht, sondern auch die Kürze der Sätze, die knappe, gedrängte Diktion, die keine Witzelei mehr kennt. Schumann konzentriert sich, er spannt sich an. Entschieden, versammelt erscheinen die Sätze: „Der

Schlaf stand mir in den Augen. Schon seit zwei Stunden warte ich auf die Eilpost. Die Wege sind so zerstört, daß ich vielleicht erst um 2 Uhr fortkomme." Früher, fährt er dann fort, konnte er alles in Worte bringen, jetzt ist es aus damit. Die Sprache, die er gelernt hat, reicht nicht mehr. Was ist die Liebe? „Und wüßtest Du's nicht, so würde ich Dir es nicht sagen können."
Dieser Satz ist zentral. Denn diese Liebe, die sich gegen die Widerstände von außen behaupten muß, kann nicht auf ein Wissen bauen. Sie ist eine freischwebende Empfindung, ein schwankendes Gefühl, das von hier, von dort, Einbrüche erleiden kann. Man kann nach der Liebe nicht greifen, wie Schumann meint, sie nicht beschreiben, sie ist das ganz und gar Ungewisse – um so schwerer, sich ihrer zu vergewissern. Diese romantische Liebe des Einzelnen zur Einzigen, eine Liebe, von der er sich Heilung, Gesundheit, Kraft, ein ganzes Leben versprechen wird (ohne diese Idee wäre sie nicht unterschieden von anderen Liebesempfindungen), hat keine sichere Sprache. Sie kennt nur die einfachsten Geständnisse: „Ich liebe Dich." Was wäre denn noch zu sagen? Das Geheimnis liegt gerade darin, daß sonst nichts zu sagen ist, daß sich Schumanns und Claras Existenz in eine Ungewißheit verwickelt sieht, die den ganzen Charakter erfaßt, das Selbst „verrätselt" und doch dieses Rätsel, faßbar und anschaubar in der Gestalt des anderen, zur Lösung aufgibt.
Man sieht, Schumann ist ganz zu seinen Anfängen zurückgekehrt. Er ist der Einsame (und wie einsam fühlt sich der Liebende gegenüber sich selbst, den anderen!), aber er ist es nicht mehr im alten Sinne, nicht erkaltet, sondern unbeholfen belebt, ein von einem Gefühl Erfaßter, der Ruhe nur findet, indem er sich immer tiefer in dieses Gefühl fallen läßt. „Es wird dunkel in der Stube. Passagiere schlafen neben mir. Draußen stöberts und schneits. Ich aber will mich recht tief in eine Ecke bergen, mit dem Kopf in das Kissen und nichts denken als Dich."
Mehr bleibt ihm nicht übrig. Das intensive Leben drängt sich in der Sympathie zu einer Gestalt zusammen, das andere kann schnell abgetan werden, in knappen Sätzen, wie er sie zuvor noch nie geschrieben hat und wohl auch nicht schreiben konnte.

Als Wieck, nach Dresden zurückgekehrt, von diesen Sympathien erfährt, gerät er in maßlosen Zorn. Clara soll *ihm* gehören; er hat sie ausgebildet, sie ist als Virtuosin nichts ohne ihn. Und der andere? Wieck wird sich in immer neuen Schmähungen über Schumann ergehen. Ein Nichtsnutz, ein Student ohne Abschluß, ein Schlendrian! Er droht, Schumann zu erschießen, er befiehlt seiner Tochter, von ihm zu lassen, sie soll seine Briefe zurückschicken, denn (das weiß Wieck immerhin) diese Schrift enthält Gift, ein einziger Blick auf diese Zeilen könnte das Gefühl wieder aufleben lassen; es darf keine noch so vage Verbindung mehr geben, sie soll ihm aus den Augen.
Einige Wochen reist er mit ihr herum, Schumann weiß nicht, wo sich die beiden aufhalten. Er stellt es sich vor, phantasiert, imaginiert. Aber durch Wiecks Drohbriefe kennt er die veränderte Lage. Er soll jeden Kontakt zum Haus seines Lehrers abbrechen, von heute auf morgen. Dieser Befehl setzt ihn gleichsam unter Spannung. Er verlangt etwas von ihm. „Trübes Jahr 1836 – Trüber Sommer – Aus der Halle'schen Gasse zu Mad. Devrient gezogen" (Tb 422), so notiert er im Tagebuch. Erst im April war Clara mit dem Vater nach Leipzig zurückgekommen. Schumann sieht sie nicht, obwohl er in der Nähe wohnt. Wieck versteckt Clara, sie muß an Kompositionen arbeiten, ihr Repertoire vervollständigen. Schumann aber hat nach den Auseinandersetzungen mit Wieck Anfälle starker Trunkenheit, er kommt spät heim, er phantasiert nächtelang auf dem Klavier, er stört die Nachtruhe, die Hauswirtin, die Witwe Devrient, beschwert sich. Gefährliche Extreme toben in ihm: Anspannung und Abschlaffung, Übermut und Resignation. Aber er weiß: „Das rechte Mittel, solche gefährliche Extreme zu versöhnen, kenn ich wohl: eine liebende Frau könnte es." (Jansen 73) Ähnliches hatte ihm schon früher ein Arzt geraten, den er in seiner Hilflosigkeit aufgesucht hatte. Aber er sieht Clara nicht, im Februar 1837 reist sie mit dem Vater wieder zu einer längeren Konzerttournee ab. Berlin, Hamburg, Bremen, Hannover, Braunschweig, erst im Mai sind sie wieder zurück. Schumann beginnt zu resignieren. Er hat ihr seine erste Sonate gewidmet, aber er erhält keine Antwort; er hat in den Nächten

vor ihrem Haus gestanden, aber er hat sie nur gehört (beim Spiel), nicht gesehen. Seine Gefühlsschwankungen sind zu stark: einmal will er sie ganz vergessen, dann dringt die unauslöschliche, vergiftende Erinnerung wieder durch. Was soll er tun? Auch Clara denkt nicht daran, wie der Kontakt aufzunehmen wäre. Sie hat sich auf die Vorhaltungen des Vaters eingelassen, sie wird mißtrauisch gegenüber dem Freund. Warum schreibt er nicht über sie in der Zeitschrift? Hat er sie vergessen? Was will er noch?
Clara ergreift eine Gelegenheit. Für den 13. August 1837 ist ein Konzert im Leipziger Börsensaal angesetzt. Dort will sie eine Komposition Schumanns spielen (die „Symphonischen Etüden"), um ihm – gleichsam aus der Ferne seiner Zuhörerschaft – zu beweisen und heimlich zu zeigen, wie sie an ihn denkt. Sie hat das gut eingeleitet, schon Tage zuvor hat sie den gemeinsamen Freund Becker gebeten, den Kontakt zu Schumann wiederherzustellen. Der glaubt es kaum – aber er braucht ja nur auf den Kalender zu schauen. Denn der 13. August ist der Tag Aurora, der Tag zwischen Clara und Eusebius: „Sind Sie noch treu und fest? So unerschütterlich ich an Sie glaube, so wird doch auch der stärkste Mut an sich irre, wenn man gar nichts von dem hört, was einem das Liebste auf der Welt." Zweimal wiederholt er die Formel: „es muß werden, wenn wir wollen und handeln." Er erträgt es anders nicht mehr. Clara fordert ihn auf, ihr zuzuhören? Er will noch mehr, er will seine Zuneigung endgültig besiegeln, denn er weiß, er könnte das Warten nicht mehr ertragen: „Schreiben Sie mir nur ein einfaches Ja." Clara stimmte zu, Anfang September 1837 sehen sie sich nach langer Zeit wieder. Am Dreizehnten ist Claras Geburtstag. Schumann hat alles überlegt. An diesem Tag soll Wieck sein Werbungsschreiben erhalten: „Es ist so einfach, was ich Ihnen zu sagen habe..." (Litzmann I, 123). Wieck hält dieses Schreiben vor der Tochter zurück; er schließt sich ein, um es zu studieren. Was soll er darüber denken? Ein gewisses Mißtrauen muß man ihm zugute halten. Er kennt Schumann gut, er ist sein Lehrer, früher sogar so etwas wie sein Freund gewesen. Um so stärker fürchtet er die Schwankungen in Schumanns Charakter, dazu noch eine

unübersehbare Passivität, verbunden mit einer Frühreife des Charakters, der hohe Ziele hat, aber keinen Boden, der sie verankerte. Vor allem – er ist mittellos.
Wieck weicht aus, in einer persönlichen Aussprache bekennt er seine Ansichten nicht klar. Schumann reagiert gereizt. Wieck erkennt seinen Wert nicht auf den ersten Blick, er reiht ihn in die Gemeinschaft der „Gewöhnlichen" ein, die poetische Werbung wird prosaisch erwidert, Schumann bleibt „so erbittert, so gekränkt in seinen heiligsten Gefühlen."
Es ist klar, was er sagen will. Er meint es ernst, und dieser Ernst mag von einem Außenstehenden mit den hohen Gedanken und Zielen verwechselt werden, die er schon früher äußerte, ohne den anderen diesen Ernst glaubhaft und verständlich machen zu können. Schumann gilt als Schwärmer, niemand sonst begreift in diesem Augenblick die Wende in seinem Leben, die mit der Anstrengung, Clara für sich zu gewinnen, zusammenfällt. Wahrhaftig sind ihm diese Gefühle der Zuneigung „heilig", niemand soll daran rühren – niemand versteht sie aber auch im rechten Umfang: „Ich bin angegriffen an der Wurzel meines Lebens."
Er kommt darüber nur hinweg, indem er sich das Ziel setzt, niemals nachzulassen und aufzugeben. Er schreibt es ihr, er fordert das alte Du, sie erwidert; sie schwören sich ein, für die Zukunft, mag es auch Jahre dauern, festzuhalten. Heimliche Treffen vertiefen den Schwur; sie regen sich auf in diesen Tagen, sie konzentrieren alle Empfindung auf ihre Gefühle, zitternd schreiben sie sich, und in diesen Bewegungen stachelt sie der Reiz des Widerstandes an, den sie erfahren. Sie gibt ein Konzert im Gewandhaus, sie sehen sich kurz, es regt alle Nerven auf: „Ich war tot und selig zugleich, müde zum Umsinken und fast jeder Tropfen eine Fieberwelle!"
Mitte Oktober müssen sie sich trennen. Wieck reist mit Clara für einige Monate nach Wien.

8

Mit dieser Trennung beginnt nun die intensive Rede und Gegenrede nach innen und außen, die beide oft mehrmals in der Woche schreiben läßt. Die Briefe sind eine unbedingte Notwendigkeit; jeder sichert die Beständigkeit des Gefühls, vertieft sie, reizt sie an, läßt sie schwanken. In ihnen herrscht eine Aussprache der Empfindung vor dem Selbst vor, daneben halten die leiseren Töne der Beschwörung die Nähe des Anderen über die Ferne hinweg fest. Sie müssen es sich immer wieder sagen, immer wieder von neuem; Schumann hat darin seinen endgültigen Dialog gefunden. Denn in ihm kommen endlich alle seine Themen vor: der Dialog ist *heimlich* zu führen, die Geliebte bleibt vor ihm verborgen, wie hinter einem Schleier; das läßt ihm Möglichkeiten zur Phantasie, er stellt sich die Orte und Stuben vor, in denen sie ihm schreibt, er schleicht sich in seiner Vorstellung in sie hinein. Gerade diese Verborgenheit des Dialogs, diese Sprache des Flüsterns, in die niemand sonst hineinhorcht, kommt ihm gelegen. Denn dadurch ist auch die Gefahr, die Bedrohung, die er sonst immer spürte, fixiert: Claras Vater verkörpert sie, sie ist nicht mehr namenlos, ein Element des Wahnsinns, sondern leibhaftig und daher mit bestimmten Mitteln auch zu bekämpfen. Gefährdung und Heimlichkeit sind die beiden Seiten des verborgenen Sprechens, für das die ferne Geliebte ein immer größer werdendes Idol wird. Alle Momente des Mangels treten auf: die Anbetung der Fernen, der Hymnus auf ihre Einzigartigkeit und Beständigkeit, die Agonie, der Stillstand, die Furcht, die an sich selbst ausgeübte Askese, der Rückzug.
Jeder Brief muß mehrmals, von vorne beginnend, gelesen werden – was enthält er, worin besteht seine Spannkraft? Denn jeder Satz entfaltet vor dem Hintergrund der Trennung und der Beschwörung eine oft durchaus ambivalente Kraft. So schon im November 1837. „Heute", schreibt Clara, „habe ich im Konservatorium Konzert gegeben... und bin 13mal gerufen worden. Mein Gott, das war ein Enthusiasmus, wie mir noch nicht vorgekommen. Du kannst Dir denken..." Nein – er kann sich

nichts denken, Schumann muß die Lektüre unterbrechen. Ist nicht zuviel Fremdes in diesem Brief? Die Ovationen der Zuhörer? Genießt Clara das alles, während sie doch nur die Ferne empfinden sollte? Er liest dann doch weiter, und erst Sätze wie dieser können ihn wieder einstimmen: „Der Gedanke an Dich begeisterte mich so beim Spiel, daß das ganze Publikum mit begeistert wurde." Darin steckt ein wenig Sophistik, Schumann bemerkt es immer wieder. Je mehr Clara dem Jubel zuhört, um so weniger gehört sie ihm. Die öffentlichen Auftritte drängen sich zwischen sie, sie werden ein erster Anlaß von Spannungen, aber da sie zu Claras Existenz von Kindheit an mit aller Notwendigkeit gehören (sie wäre sonst eine andere), bleiben sie in der Liebe und späteren Gemeinschaft des Paares der stärkste Anlaß von Mißstimmungen.

Am schlimmsten ist es aber, wenn Schumann noch eine andere Stimme bemerkt, die sich in den Dialog drängt, Claras Reden verfälscht, einen Mißton erzeugt: „Also, Robert, prüfe Dich, ob Du imstande bist, mich in eine sorgenfreie Lage zu versetzen."

Schumann erfaßt es sofort: „Der Geist Deines Vaters hat dabei hinter Dir gestanden und diktiert..." Nicht nur diese Fremdheit einer anderen Stimme hört er heraus, sondern auch das veränderte Thema. Denn sein Dialog mit Clara hat kein anderes Thema als das der Liebe, der andauernden (manchmal durchaus ermüdenden) Wiederholung, der Vergewisserung – über das Zittern hinweg. Wenn er von materiellen Überlegungen schreiben soll, verfällt der Dialog, wird matt: „Du hättest es aber auch romantischer ausdrücken können; jedes Wort wird mir schwer, das ich darauf antworten muß." So fühlt er sich in die Enge gedrängt, auf seine Einsamkeit aufmerksam gemacht. Alles, was ihn beflügelt, wird in solchen Momenten von ihm genommen, er sieht und hört nichts mehr, und seine Träume reagieren darauf mit einer Konsequenz, der er noch Jahrzehnte später mit beinahe pedantischer Gewissenhaftigkeit selbst noch im Wahnsinn folgen wird: „Mir träumte, ich ginge an einem tiefen Wasser vorbei, da fuhr mirs durch den Sinn und ich warf den Ring hinein – da hatte ich unendliche Sehnsucht, daß ich mich nachstürzte." Diese Sehnsucht zum Gefährlichen, die sich inzwischen in eine Angst vor Messern, hohen Gebäuden, jeder Art von Gewässern verdichtet hatte, tritt immer dann hervor, wenn die Anspannung durch Claras Fremdwerden übersteigert wird. Ohne Zweifel ist Schumann in diesem Briefwechsel der stärker Werbende; der flehentliche Ton in seinen Briefen prägt sich ein, weil hinter ihm eine Lebensangst steht, die durch keine weitere Freundschaft mehr geschlossen wird. In seiner Liebe zu Clara geht es um alles, wahrhaftig um ein zukünftiges Leben oder um den Tod. Das alles kann Clara noch nicht verstehen, es ist fraglich, ob sie es überhaupt verstanden hat. Liest man nämlich ihre Briefe, wird eine gewisse Koketterie, eine Art Virtuoseneitelkeit sichtbar, die sie benötigt haben wird, um überhaupt noch mit Vergnügen und Lust bestehen zu können.

Schumann täuscht sich häufig darüber hinweg. Er feiert sie, er sieht sie als Dienerin der Musik; sie aber fordert ihn auf, heftiger zu loben, deutlicher zu sagen, was er von ihrem Virtuosentum halte und wie er ihre Fähigkeiten beurteile. Jede Nennung eines anderes Künstlernamens verzeiht sie ihm kaum. Sie schmollt, geht in sich, gesteht ihre Unfähigkeit ein, bis er sie wieder zur Künstlerin erklärt hat, der niemand den Rang streitig machen wird.

Insgeheim will er aber darüber gar nicht sprechen. Er sieht sie nicht als Virtuosin, sondern als Gestalt seiner poetischen Musiklehre, eine Verkörperung der musikalischen Innigkeit und Empfindlichkeit, keine Tastenakrobatin, die ein paar Messingsaiten zum Zerspringen bringt, sondern eine von innen her Leuchtende, eine Intensive. In seinen Notizen nennt er sie nicht Clara (die „Berühmte"), sondern Chiara oder Zilia; schon diese lyrischeren Namen deuten auf seine Einschätzung.

Aber es ist ja der eigentliche Tiefsinn der Liebe, daß der eine im anderen nichts zu verstehen scheint als sich selbst und daß doch alles zur Offenbarung, zum Geständnis der Gegensätzlichkeit hintreibt, bis auch diese mit Schmerzen erkannt ist.

So phantasiert Schumann bereits an ihren öffentlichen Auftritten vorbei. Er will sie am liebsten in seine Stube hineinzaubern: „Deine große Kunst würdest Du natürlich pflegen, wie immer,

doch weniger für alle und des Erwerbs wegen, als für einzelne Auserlesene und unseres Glückes halber."
Im Dezember 1837 beginnt Clara mit ihren triumphalen Konzerten in Wien, die das Fundament ihres späteren Ruhms legen. „Heute war mein zweites Konzert und abermals ein Triumph... Das war ich. – Nun zu Dir..." Man hört die Sprünge in diesen Erfolgsbriefen heraus. Clara kann sich noch nicht in die Nähe des Geliebten sprechen, sie sieht *sich* und *ihn*, und ihre Briefe ‚melden' die Ereignisse *hier* dem Abwesenden *dort*. Schumann leitet seine Antworten auf so laute Unterscheidungen ganz anders ein; er schleicht sich unter die klatschenden Zuhörer, er wird leise, er will sie zurückmahnen: „Mitten unter den tausend Stimmen, die Dir jetzt freudig zurufen, hörst Du vielleicht auch eine, die Dich leise beim Namen nennt. – Du siehst Dich um – und ich bin's. *Du* und *ich* – so ist Schumanns Reihenfolge in den Briefen, eine gerade umgekehrte. Er will sich nur in ihrer Nähe glauben, das genügt ihm schon. Alles, was er tut, spricht in ihrer Abwesenheit von ihr, besonders aber die Musik und die Erinnerungen: „Dann sehe ich Dich noch in vielen Formen, in denen Du mir unvergeßlich bist... dann stelle ich mir Dich oft in der letzten Zeit vor, in allen Sitzungen und Stellungen." Wenn er aber an eine mögliche gemeinsame Zukunft denkt, dann stellt er sich immer wieder die Stelle eines kleinen träumerischen Hauses vor, sich selbst zur Ruhe gekommen, in stiller Arbeit, eine beinahe spitzbübische Jean Paul-Gemütlichkeit, in der es ihm an nichts mehr fehlen wird, weil er nicht mehr allein ist: „Du wirst mich so leise führen, wo ich es bedarf..."
So können in diesen gegenseitige Schwanken kleine Gewichte fallen; Schumann empfindet Claras Berühmtheit als Störung, sie wehrt sich gegen die intimen Hausbilder, auf denen er sie sich im Häubchen vorstellt, zu ihm gebeugt. Sie müssen diese Gewichte hinwegreden, ein neues Licht auf die Zukunft werfen, die Möglichkeiten abklopfen, aufatmen, stöhnen. Jeder neue Name, der in den Briefen genannt wird, unterbricht die poetische Contenance, ist eine Störung, ein Signal, das wieder zersprochen werden muß. Denn der Zustand des Ideals ist der

einer Gegenwart, die keine Unterbrechung kennt, ein Gefühlsausgleich, „in schwebender Pein", wie es in dem Egmont-Zitat heißt, das Schumann zitiert. Schreibend findet er am ehesten die Widerspiegelung des Glücks; er setzt an, er belichtet sich selbst und seinen Zustand – und er blendet aus, mit einer sachten Bewegung: „nun wird's wieder still und einsam und dunkel". Allmählich färbt dieser intime Ton auf Claras Briefe ab. Oft geraten die Widersprüche in zwei Sätzen aneinander: „Könnten wir nicht hierher (nach Wien) ziehen?... Hübsch wäre so ein kleines Häuschen in Leipzig auch."
Schumann bemerkt die kleinen Veränderungen genau. Er versucht, Clara näher zu sich heranzuziehen. Ein neuer Brief! Wo soll er nur anfangen, wie soll er einsetzen? Er rennt in der Stube auf und ab, es musiziert („inwendig") in ihm, aber auch am Flügel spielt er sich all das vor, was er mit den Worten nicht zu sagen versteht. Die Musikalien schickt er nach Wien.
1837/38 entstehen viele seiner großen Klavierwerke. Die „Davidsbündlertänze", die „Phantasiestücke", die „Novelletten" – das intensive Komponieren zeigt, daß die Musik nun für Schumann einen Hintergrund erhalten hat. Sie wird zur Sprache, in der sich von der Liebe reden läßt. Schon immer war sie die intensivere der Möglichkeiten, sich auszudrücken; aber jetzt bleibt sie nicht Ausdruck des Verfließenden, bloß Träumerischen, sie geht darüber hinaus, richtet sich an Clara. Sie bringt ja seine Stücke erst ganz zum Klingen; sie komplettiert ihren Ausdruck. Als erste darf sie die Kompositionen spielen, als einzige soll sie verstehen, lauschen, empfinden, was er gemeint hat. Die Musik ist die eigentliche Rätselsprache. Hörst Du, was ich meinte, als ich das schrieb? Erfaßt Du es genau? Durch Claras öffentlichen Vortrag wird das Aufgeschriebene lebendig. Schumanns Kompositionen dieser Zeit sind Deklamationen über Claras Abwesenheit, Gefühlsausbrüche, in denen sich der gebrochene musikalische Charakter, sprechend, fragmentarisch, der Abwesenheit annimmt – um im Spiel Claras wieder geschlossen zu werden.
Dieser Kreislauf ist neu. Er stärkt und beruhigt Schumann:

„Wie verändert alles, wie neugeboren durch Deine Liebe und Deine Treue!"
Erst als er sich dieser veränderten Empfindungen bewußt wird, weiß er den Grund, weiß er sich zu erklären. Im berühmten Brief vom 11. Februar 1838, einem Meisterstück seiner intimen Schilderungskunst, hebt er zur Offenbarung an. Jetzt darf sie alles wissen: „Mein Innerstes will ich Dir offenbaren, wie ich es noch niemandem gezeigt habe. Du mußt alles wissen..."
Er holt weit aus. Er will seine Biographie von neuem zusammensetzen, und er beginnt mit dem Jahr 1830, als er aus Heidelberg nach Leipzig kam, ins Wiecksche Haus. 1833 ist ein weiteres zentrales Datum, 1834 das Jahr des Übergangs, der Zeitschrift, Ernestines. So reiht er sich Ereignis auf Ereignis, an deren jeweiligem Ende immer die Gasse zu Clara hin gebahnt wird. All diese Momente laufen für ihn in ihrem Namen zusammen, wie er es deutlich in einem früheren Brief geschildert hatte: „Mir ist's manchmal, als liefen in meinem Herzen eine Menge Gassen durcheinander und als trieben sich die Gedanken und Empfindungen drinnen wie Menschen durcheinander und rennen auf und nieder, und fragen sich „wo geht es hier hin?" – zu Clara – „wo hier?" – zu Clara – Alles zu Dir!"
Die in Wien Gefeierte wird gegen alle Hindernisse zur K. K. Kammervirtuosin ernannt; sie ist das musikalische Ereignis der Stadt, selbst Torten werden nach ihr benannt. Schumann aber möchte, wie er in den glücklich erlebten Monaten Februar/ März 1838 bekennt, vor lauter Musik oft zerspringen. Er hat das musikalische Maß gefunden, das sich auf die Liebe zu Clara bezieht: „Ich habe erfahren, daß die Phantasie nichts mehr beflügelt als Spannung und Sehnsucht nach irgendetwas." Das musikalische Empfinden früherer Zeit kommt mit dem Liebesempfinden unmerklich zur Deckung; Schumann beginnt schon, beides miteinander zu verwechseln. Zu trennen ist es jedenfalls nicht mehr; seine Existenz schließt sich zu einem Kristall – er erlebt das in einem Rausch aus Brieflektüre und Arbeit, wobei die Musik zum Medium wird, alles Erlebte auf den unauslotbaren Grund zu legen.

All die Kompositionen, die er in diesen Jahren schreibt, „handeln" von diesem Zusammenhang. In ihrer Mitte aber stehen die „Kinderszenen". Sie sind oft mißverstanden worden, obwohl Schumann selbst genug dazu gesagt hat. Handelt es sich doch nicht um Klavierstücke für Kinder, nicht um Stücke, die irgendein kindliches Betragen schildern wollen – sondern um Erinnerungen. Man „sieht alles und dabei sind sie leicht zum Blasen." Mehr noch: es sind die Stücke ihrer Liebe, von deren Anfang bis zu den Tagen der Komposition im Frühjahr 1838. Titel wie „Fürchtenmachen" – „Am Kamin" – „Bittendes Kind" – „Von fremden Ländern und Menschen" verweisen auf eine musikalische Vergegenwärtigung einer Vergangenheit, die sich Schumann noch immer deutlich mit dem Wieckschen Hause zusammen vorstellt. Sicher, man bedarf dieses Wissens ganz und gar nicht, um die Stücke zu verstehen. Für das Verständnis der Liebenden jedoch bedeuten sie mehr. Sie artikulieren aus dem Rückblick die Tage des früheren Zusammenseins in einer poetischen Verschränkung von Wissen, Ahnung und Unbekümmertheit. Sie vervollständigen Schumanns Biographie zu einem Zeitpunkt, in dem er sich erst langsam über deren Zusammenhang klar wurde. Daher sind sie Erzählungen, am ehesten zur Sprache, zum Gesang, auch zum sprechenden Ritardando hin tendierend wie das berühmte Stück „Der Dichter spricht", in dem sich eine vereinzelte Stimme zu einem Rezitativ emporschwingt, das gerade in die Leere, den Abgrund hinein gesungen wird, bevor es der gestisch-erzählende Ton der Dichtersprache wieder einfängt.

Die musikalische Bewegung in den „Kinderszenen" ist die von Schumanns geläuterter, gereifter, konzentrierter Sprache. Augenblicksdichtungen entstehen, die jenem Spiel „entflohener" Träume entsprechen, die er nun erst zurückzugewinnen versteht. Hingegossen auf eine Ottomane – so sah er sich in der Jugend, und so wird er sich bei diesen Stücken noch immer sehen wollen – doch wieviel hat sich verändert!

Von allen Kompositionen hat Clara diese kleinen Stücke am ehesten verstanden. Auf den ersten Blick wird ihr klar, was da geschaffen wurde: der Dialog der Erinnerung. „Nicht wahr, die

gehören nur uns Beiden, und sie gehen mir nicht aus dem Sinn, so einfach, so gemütlich, so ganz „Du" sind sie."
Claras Wiener Aufenthalt hat eine Korrespondenz provoziert, die nun nicht mehr (wie noch 1837) abreißen wird. Schumann selbst hat den Plan gefaßt, ebenfalls in Wien sein Glück zu versuchen. Hat sie ihn nicht in diese Stadt gelockt, geködert, hat sie nicht eine gemeinsame Zukunft gerade dort in Aussicht gestellt? Im Mai 1838 kommt sie wieder mit dem Vater nach Leipzig zurück. Hier sieht Schumann sie wieder, nach über halbjähriger Trennung. Sie treffen sich, sie gehen spazieren, sie ignorieren die Verbote, sie planen. In ihrem Tagebuch hebt Clara den Verlobungstag des vergangenen Jahres hervor. Zwei Gedankenstriche machen auf ihn aufmerksam. Der Vater, der ihre Notizen kontrolliert, soll die Anspielung nicht verstehen.

9

Nun leben sie für einige Wochen in derselben Stadt – und halten es doch kaum aus. Sie dürfen sich nur heimlich sehen, sie haben wenig Zeit, und sie empfinden jeden Abschied als einen Schmerz, den sie noch Stunden später nicht verwunden haben. Daher nehmen sie sich vor, sich zu trennen, diese Treffen zu vermeiden, weil sie den Kopf inwendig umdrehen und ganz und gar keine Ruhe geben. Der eine geht am Haus des anderen vorbei, er wartet, schaut hinauf, er macht sich davon, verliert sich in den Gassen – solche Bewegungen dramatisieren das Innenleben, und Schumann kann keinen Takt komponieren, wenn sie in seiner Nähe ist. So weicht Clara für Wochen nach Dresden aus, und er selbst bastelt an der Idee, nach Wien zu gehen. Im September 1838 sieht er sie noch einmal in einem Leipziger Konzert; ja, ihr Ring leuchtet, ja, das fördert die Liebe und stachelt sie an. Aber was sollen die anderen dabei? Wieder konzentriert er sich auf seinen Lieblingsgedanken: das ruhige Haus, Clara ein „zufriedenes, geliebtes Weib", das es nicht nötig hat, auf Konzertreisen zu gehen.
Sie organisieren noch einmal ein Zusammentreffen hinter dem Rücken von Claras Vater. Am 27. September jedoch reist Schu-

mann nach Wien, in dem Glauben, dort ein gemeinsames Glück vorzubereiten. Er denkt daran, die Zeitschrift nach Wien zu verlegen. Kaum ist er abgereist, beginnt Wieck mit erneuten Vorwürfen. Er sperrt sich ganz und gar gegen eine Verbindung, er droht. Um so lebhafter wird der Briefwechsel, er hat neue Nahrung erhalten, und gegen die schrecklichen Phantasien einer Gefahr für die Zukunft wehrt sich Schumann, indem er Clara immer aufs neue beschwört, nicht von ihm zu lassen. Er hatte es sich „so schön gedacht". Er glaubte, Wieck durch seine Reise nach Wien überzeugen zu können; er wollte eine Zukunft vorbereiten, zu der auch dieser starrsinnige Mensch endlich seine Zustimmung hätte geben müssen. Doch bereits mit seiner Ankunft ist dieses Projekt zerschlagen. Es findet keinen rechten Anfang. Schumann wird es nicht gelingen, in Wien Fuß zu fassen. „Kleinliche Koterien", die Zensur, der Neid der anderen – alles wirkt zusammen, um ihm diesen Aufenthalt zu verleiden. Schon nach wenigen Tagen sagt man es ihm: ‚Sie werden es bereuen, hierher gekommen zu sein.'
Clara liest aus seinen Briefen das Ungenügen heraus. Warum lebt Schumann überhaupt in Wien? Doch nur ihretwillen! Daher empfindet sie jede Prüfung, die er dort zu ertragen hat, als Zumutung. Sie bemerkt, wie er sich quält, sie will es ihm leicht machen, indem sie ihm ausmalt, daß eine endültige Verbindung nicht übereilt durchgeführt werden müsse. Gerade solche Hinweise machen ihn noch mutloser als er es zuvor gewesen war. Wenn sie auch nur einen kleinen Schritt zur Seite wagt, verliert er die Kraft, die Wiener Umgebung zu ertragen. „Du bist es doch, von der ich alles Leben empfange, von der ich ganz abhängig bin." In Wien kann er nicht komponieren, das quält ihn am meisten. Nichts kommt in Fluß. Die Menschen behagen ihm nicht; ihre Attitüden kommen ihm lächerlich vor, ihre Eitelkeit unverdient, ihr Gerede unerträglich. So beginnen seine Briefe jetzt meist mit Klarstellungen; er muß *sein* Bild der Stadt von *dem* trennen, das Clara ihm ausmalte.
Januar 1839 reist sie zu einer erneuten Konzerttournee nach Paris. Der Vater begleitet sie nicht. Er scheint sich das vorgenommen zu haben, um sie auf die Probe zu stellen. Soll sie doch

sehen, wohin sie ohne ihn kommt! Sie wird nicht viel erreichen!
Paris – Wien! Clara und Robert sind jetzt allein, jeder auf seine Art. Gerade diese Einsamkeit stimuliert das Empfinden, zusammen ein anderes Leben beginnen zu müssen, unaufhörlich. Wiecks Vorsichtsmaßnahmen schlagen in ihr Gegenteil um. Die Entfernung wird zur Qual, die beide unaufhörlich aneinander denken läßt. Jeder sieht den anderen allein – um ihn ist nichts als die Leere eines fremden, ungeliebten Ortes. So schmiegen sie sich in der Vorstellung aneinander, rücken noch näher zusammen, verlieren sich nie aus dem Blick. Denn erst mit dieser Trennung sind sie beide in dieselbe Lage gerückt. Auch Clara empfindet ihren Aufenthalt nicht mehr als Vergnügen, sie kann Paris nichts abgewinnen. Das Sympathisieren entfaltet seine ganze Kraft. „Hätte ich Flügel, könnte ich zu Dir, nur eine Stunde mit Dir zu sprechen. Meine Lage hier wird immer bedenklicher..." – man kann nicht mehr genau entscheiden, wer diese Zeilen geschrieben hat, sie könnten von Clara wie von Schumann sein. Ihre Sprache nimmt denselben Tonfall, dasselbe Ausmaß der Klagen an. Innerlich beginnt auch Clara sich von ihrem Vater zu lösen. Erst diese Trennung macht ihr deutlich, daß sie nur in Schumann finden kann, was ihr der Vater verwehrt: „Sei Du mein Alles, auch mein Vater, nicht wahr, Robert?" Clara ist ohne ihre Mutter aufgewachsen. Wieck hatte sich von ihr scheiden lassen und eine andere Frau geheiratet. In der Kindheit hat sie mit allen Nerven an ihm gehangen, die Zuneigung zerbricht erst, als Wieck nicht nachgibt.
Im März 1839 ist Schumann innerlich schon gleichsam über Wien hinweg. Er weiß, daß er nichts ausrichten wird in dieser Stadt. Erst jetzt löst er sich wieder, beginnt mit Kompositionen. Der Gedanke an eine baldige Heimkehr belebt. Aber auch diese Heimreise tritt er mit Sorgen an. Sein Bruder Eduard ist schwer erkrankt, am 10. April meldet er aus Leipzig seinen Tod.
Schumanns Rückkehr beschleunigt den Verlauf der Streitigkeiten. Noch einmal ist Clara unsicher geworden, ob man die Auseinandersetzung mit Wieck in ihr entscheidendes Stadium leiten dürfe. Sie überschlägt das gemeinsame Einkommen, und sie

kommt zu dem Ergebnis, daß man noch warten müsse. Schumann liest aus solchen Briefen nichts als Ablehnung heraus. Auf Geldsummen, Zahlen und Bedenken reagiert er mit einer Empfindlichkeit, die ihre Ursache in tieferliegenden Erwägungen hat. Leipzig erinnert ihn nach der Rückkehr an die Vergangenheit. Deren Bild kann er allein nicht mehr ertragen. Er entschließt sich, Wieck noch einmal um seine Einwilligung zu bitten, bei Ablehnung jedoch ein Schreiben an das Gericht zu schicken, um die Heirat zu erzwingen. Zwei Jahre sind seit seinem ersten Werbungsschreiben vergangen. Auch Clara hat das Schreiben an das Gericht unterzeichnet. Beide wollen ein Ende finden.

Gerade in den Sommermonaten des Jahres 1839 ist Schumann besonders deutlich geworden, wie er die Verbindung zwischen seiner Liebe zu Clara und der Musik zu denken hat. Mehrfach kommt er darauf zu sprechen. Aus ihren Kompositionen hört er nichts als die gemeinsame Geschichte heraus, ein Thema, das sie variiert, hat er Wochen zuvor in ähnlicher Form aufgeschrieben. Die „Sympathien sind zu merkwürdig". Spielt er auf dem Flügel, so spielt er eigentlich nicht nur Musik, er spielt, wie er schreibt, von ihr. Das weist ihn voraus, er ergreift die endgültige Initiative, um die Verbindung zu besiegeln. Im Juli reist er nach Berlin, wo Claras Mutter, inzwischen ebenfalls wieder verheiratet, lebt. Er gewinnt ihre Zustimmung zur Heirat. Im August reist Clara von Paris aus zurück, in Altenburg kommen sich die Liebenden entgegen.

Clara wird nicht mehr im Hause ihres Vaters wohnen. Sie steigt bei Bekannten ab, sie lebt mit der Mutter zusammen, die nach Leipzig gekommen ist, um der Tochter beizustehen. Anfang September reisen sie nach Berlin, wo Clara Ruhe finden soll. Schon im nächsten Monat steht der erste Termin vor dem Appelationsgericht bevor. Niemand kann daran zweifeln, daß Wieck abgewiesen werden wird. Aber er macht Einwände, er will die Heirat mit allen Mitteln hinauszögern. Später setzt er Schmähbriefe gegen Schumann auf, die er überall verteilen läßt. Clara muß sie 1840 auf der kleinen Konzertreise lesen, die sie von Berlin aus mit der Mutter unternimmt.

In diesen letzten Monaten vor der Heirat bereitet Schumann sich musikalisch vor. Er hat mit der Komposition von Liedern begonnen. Sein Dialog ist auf die freiere Ebene gehoben, es zieht ihn fort vom Klavier, diesem Schlüsselinstrument des Sitzens und Wartens. Das Phantasieren „in sich hinein" macht einer „anderen Musik" Platz, die er vor allem stehend und gehend komponiert. Es ist eine Musik, die „nicht erst durch die Finger getragen wird".
Er meint aber: er löst sich von seiner Vergangenheit, die Schwere bedrückt nicht mehr wie früher, die Worte gehen in der Musik auf, wie diese jene ergreift. Worte und Musik übernehmen als Zwiesprache den Dialog der Liebe. Das Jahr der Heirat 1840 ist zugleich Schumanns Jahr der Loslösung von aller Vereinseitigung.
Erst im Juli läßt Wieck den Widerspruch fallen.
Sie wählen sich für den Tag der Hochzeit einen vielsagenden Termin, den Vorabend von Claras Geburtstag. Drei Jahre hat der Streit mit dem Vater die Heirat entscheidend hinausgezögert, rechnet man nicht die Auseinandersetzungen schon in den Jahren zuvor. „Eine Periode meines Lebens ist nun beschlossen", notiert Clara in ihr Tagebuch, „jetzt geht ein neues Leben an." –
Eine Darstellung dieser Jahre bedürfte eines eigenen Studiums. Diese müßte die ersten Ehejahre in Leipzig, den Umzug nach Dresden, die gemeinsamen Konzertreisen, schließlich die Zeit in Düsseldorf bis zum Ausbruch von Schumanns Wahnsinn schildern.
Da wäre zu zeigen, wie Schumann die Auseinandersetzung mit seinem Temperament fortführt. Er hat sich ja in all den Jahren wenig verändert, eher kann man sagen, daß es sich aus ihm heraus entwickelt hat. Mit der Zeit ist er schwächer geworden, die Anstrengungen, die drohende Leere, die Hypochondrie, konnte er nicht mehr so leicht abwenden wie in den Jahren dieses Briefwechsels.
Dieser ist das schönste Dokument einer Leidenschaft, die immer darauf drängt, sich in einem gemeinsamen Leben aufzulösen. Nichts in diesen Briefen strebt nach dem bloßen Reiz der

Deklamation; selbst die immer wieder ausgetauschten Liebesformeln beschwören doch nur eine Zukunft. Clara wie Robert Schumann erkennen sich selbst in dieser Annäherung. Sie lernen ihre Biographie begreifen, sie empfinden den Widerstand als eine Aufforderung zur Selbstprüfung. Immer mehr treffen die ausgetauschten Briefe den *einen* Ton, und Schumann ist immer mehr bereit, diesen Ton schließlich als den der Musik zu erkennen. 1840 wird er zum Ton der Lieder, in denen sich die Klavierstimmen eines Textes bedienen, um ihn zu durchdringen.

Daher begründet dieser Briefwechsel auch eine Art von gegenseitiger Erziehung. Die lange zwölfjährige Bekanntschaft wird in ihr zu immer neuen Formen entwickelt. Die bloße Leidenschaft reicht nicht aus, um diese zu erfahren. Erst der 30jährige Schumann ist sich seines Abschieds von den Jünglingsträumen so gewiß, daß er die Plätze des Traums, Klavier wie Ottomane, verlassen kann.

Nichts dient nämlich nur dem Einzelnen; da verkommt es am Ende nur. Wäre da nicht die Liebe, Schumann hätte sich nie begriffen. Wenigstens für einige Zeit ängstigt er sich nicht mehr vor sich selbst.

Hanns-Josef Ortheil, im August 1982

Anmerkungen

Der Briefwechsel zwischen Clara und Robert Schumann war bisher nur sehr verstreut veröffentlicht. Der größte Teil findet sich in älteren Werken, die längst vergriffen sind (so in den drei Bänden von Berthold Litzmann: *Clara Schumann, ein Künstlerleben* 1902 ff.; in den *Jugendbriefen von Robert Schumann*, nach den Originalen mitgeteilt von Clara Schumann, Leipzig 1885; in *Robert Schumanns Briefen*, Neue Folge, hrsg. von F. Gustav Jansen, zweite vermehrte und verbesserte Auflage, Leipzig 1904; in *Der junge Schumann, Dichtungen und Briefe*, hrsg. von Alfred Schumann, Leipzig 1910; in *Robert Schumann in seinen Schriften und Briefen*, eingeleitet und mit biographischen und kritischen Erläuterungen versehen von Wolfgang Boetticher, Berlin 1942).

Diese Leseausgabe macht die umfangreichen Dokumente zum ersten Mal in *einem* Band zugänglich. Sie stützt sich auf die angegebenen Ausgaben und faßt die wichtigsten Briefe so zusammen, daß ein möglichst vollständiger Überblick über die Entwicklung der Beziehungen des Paares möglich ist. Nach der Heirat im Jahre 1840 werden die Dokumente aus verständlichen Gründen sparsam.

Da diese Ausgabe als Lese- und Volksausgabe dienen soll, war an einen textkritischen Apparat nicht zu denken. Textkritisch sind bisher nur zwei Bände über Schumann ediert worden (Robert Schumann: *Tagebücher*, Band I (1827–1838), hrsg. von Georg Eismann, Leipzig 1971; *Briefe und Gedichte aus dem Album Robert und Clara Schumanns*, hrsg. von Wolfgang Boetticher, Leipzig 1979). Auf diese beiden vorzüglich edierten und kommentierten Bände konnten sich die Anmerkungen vor allem stützen. Auslassungen im Text wurden durch ... deutlich gemacht. Zeichnungen und Orthographie wurden vorsichtig modernisiert.

(Abkürzungen in den Anmerkungen:
Litzmann = Berthold Litzmann, Clara Schumann, a. a. O., Bände I u. II.
Ju = Jugendbriefe von Robert Schumann, a. a. O.
Jansen = Robert Schumanns Briefe, Neue Folge, a. a. O.
Boetticher = Robert Schumann in seinen Schriften und Briefen, a. a. O.
Tb = Robert Schumann, Tagebücher. a. a. O.)

Seite 13: *1. Februar 1832:* dieser Brief erreichte Clara und Friedrich Wieck in Frankfurt, einer Station auf der Konzertreise nach Paris; *Didaskalia:* eine Zeitschrift; *Herz:* Henri Herz (1803–1888), in diesen Jahren ein gefeierter Pianist und Komponist; *Alwin:* Friedrich Alwin Wieck (1821–1885), Claras Bruder; *Gustav:* Gustav Robert Anton Wieck (1823–1884), ebenfalls Claras Bruder; *Clemens:* Clemens Wieck, ein Stiefbruder Claras; *Vetter Pfundt:* Ernst Gotthold Benjamin Pfundt (1806–1871), ein Neffe Wiecks und der spätere Paukist des Gewandhausorchesters; *Dorn:* Heinrich Ludwig Egmont Dorn (1804–1892), Theorielehrer Schumanns, Musikdirektor des Leipziger Stadttheaters; *Papillons:* Gemeint ist Schumanns op. 2, das er bereits in Heidelberg begonnen hatte und in Leipzig fortsetzte.

Seite 14: *Konzert des Molique:* Wilhelm Bernhard Molique (1802–1869), ein Violinvirtuose; *Wenzel:* Ernst Ferdinand Wenzel (1808–1880), ein Klavierschüler Wiecks; *Knorr:* Julius Knorr (1807–1861), Pianist und später Klavierpädagoge in Leipzig; *Hermstedt:* Johann Simon Hermstedt (1778–1846), bekannter deutscher Klarinettist; *Hummel:* Johann Nepomuk Hummel (1778–1837), Schüler Mozarts, gefeierter und viel gehörter und gespielter Pianist und Komponist; *Grabau:* Henriette Grabau (1805–1852), Sängerin, von Schumann später in seinen „Schwärmbriefen" gelobt.

Seite 15: *Wagner:* Richard Wagner (1813–1883); *Schneider:* Johann Christian Friedrich Schneider (1786–1853), Komponist, Hofkapellmeister in Dessau; *Carus:* Ernst August Carus (1797–1854), Universitätsprofessor für Medizin in Leipzig.

Seite 16: *Rudolph's Garten:* Restaurant in Schumanns Wohnhaus; *Connewitz:* südlich von Leipzig gelegenes Dorf; *Wienerin:* Josephina Eder (1815–1868), Pianistin; *Becker's Stube in Schneeberg:* Ernst Adolf Becker (1798–1847) war Untersuchungsrichter beim Bergamt in Schneeberg; *Ihre Variationen:* es handelt sich um Claras „Romance variée" (op. 3); *Gebrüder Günz:* Emil Christian Güntz (1811–1877) und Felix Ludwig Güntz (geb. 1812), Studienfreunde Schumanns.

Seite 17: *Chopin's Variationen:* gemeint sind Chopins Don-Juan Variationen op. 2, „Variations sur ‚Là ci darem la mano' de ‚Don Juan' de Mozart"; *Doppelgänger:* Schumann spielt auf eine Erzählung E. T. A. Hoffmanns an, dessen Doppelgängermotiv er im Umgang mit den Kindern Wiecks variierte.

Seite 18: *Lieder ohne Worte:* Gemeint sind Mendelssohns Klavierstücke.

Seite 19: *beifolgende Kleinigkeit:* Claras „Romance variée" (op. 3), die sie Schumann gewidmet hatte. Schumann komponierte, ein Thema dieser Romanze aufgreifend, sein Impromptu op. 5; *Krägen:* Karl Krägen (1797–1879), Pianist und Freund Schumanns.

Seite 20: *vor Ihrer Abreise:* Clara reiste mit ihrem Vater am 7. August nach Chemnitz, Schneeberg und Karlsbad zu einer Konzertreise ab.

Seite 21: *in die Zeitung:* es handelt sich um Schumanns „Neue Zeitschrift für Musik", deren erste Nummer im April 1834 erschienen war; *Emilie:* Emilie List (1819–1902), Tochter des Nationalökonomen Friedrich List und beste Freundin Clara Wiecks zu dieser Zeit; *Sophie Kaskel:* Sophie Kaskel (1817–1894) heiratete 1840 den Shakespeare-Übersetzer Baudissin.

Seite 22: *Davidsbündler:* Schumanns Freundschaftskreis, dessen Mitglieder durch romantisch-poetische Namen oft auch an der Zeitschrift mitarbeiteten. Schumann selbst rechnete aber auch die von ihm verehrten musikalischen Vorbilder (wie Mozart, Beethoven, Schubert) zu diesem Bund; *Florestan/Eusebius:* zwei Kunstcharaktere, die Schumann in der Zeitschrift für sich sprechen ließ und die als Gegensatzpaar „verschiedene Ansichten der Kunstanschauung zur Aussprache" bringen sollten. Florestan vertrat dabei den stürmisch-enthusiastischen, Eusebius den zurückhaltend-sinnenden Part.

Seite 23: *Reißiger:* Karl Gottlieb Reißiger (1798–1859), seit 1826 Direktor der Deutschen Oper Dresden; *die Schröder:* Wilhelmine Schröder-Devrient (1804–1860), bekannte Sängerin und Schauspielerin, gehörte damals zum Ensemble des Hoftheaters Dresden;

Günthern: Carl Friedrich Günther (gest. 1861), Musiklehrer, mit dem Schumann eine Weile zusammenlebte; *Stegmayer:* Ferdinand Stegmayer (1803–1863), Komponist und Freund Schumanns in Leipzig; *Ernestinen:* Christiane Ernestine Franziska von Fricken (1816–1844), Pianistin, Freundin Clara Wiecks, spätere Verlobte Schumanns, wohnte damals im Hause Wiecks; *Schunke:* Ludwig Schunke (1810–1834), Pianist, Freund Schumanns, dessen Zimmernachbar er zeitweise war.

Seite 25: *Ulex:* Wilhelm Ulex (gest. 1858), Musiklehrer in Leipzig; *Schmittbach:* Fagottvirtuose, seit 1832 1. Fagottist in der Königl. Hofkapelle in Hannover; vorher in Leipzig.

Seite 26: *Kintschy:* Restaurant im Leipziger Rosental; *Therese:* Therese Schumann, geb. Semmel (1805–1889), Schwägerin Schumanns; *Reuter:* Moritz Emil Reuter (1802–1853), Arzt, Freund Schumanns und späterer Trauzeuge; *Ihre Sonate:* Gemeint ist Schumanns erste Klaviersonate, o. 11, Fis-moll, die Clara gewidmet worden war.

Seite 27: *Moscheles:* Ignaz Moscheles (1794–1870), Komponist und Pianist, den der junge Schumann bereits 1819 bei einem Konzert in Karlsbald erlebt hatte; *Mendelssohn:* Felix Mendelssohn-Bartholdy (1809–1847); *Pixis:* Francilla Pixis (geb. 1816), Sängerin.

Seite 28: *von ihrem Sterben:* Die Mutter Schumanns, Johanne Christiane Schumann, geb. Schnabel (geb. 1767), war am 4. 2. 1836 in Zwickau gestorben; *Gräfin Rossi:* Henriette Gräfin Rossi (1806–1854), bedeutende Sängerin, hatte sich damals für einige Jahre von Bühnenengagements zurückgezogen.

Seite 29: *am Tage Aurora:* Im Briefwechsel zwischen Robert und Clara spielen Anspielungen auf diesen Tag und den darauf folgenden, den 14. August 1837, den Tag Eusebius, eine große Rolle. Schumann brachte Clara häufig mit der Sonne, dem Licht, der Morgenröte in Verbindung.

Seite 30: *Nanny:* es handelt sich um eine Dienerin im Hause Wiecks, die Clara besonders zugetan war und ihrem Vater gegenüber Verschwiegenheit bewahrte.

Seite 31: *den Brief:* Zu Claras 18. Geburtstag, dem 13. September 1837, hatte Schumann an ihren Vater ein Schreiben gerichtet, in dem er in der „tiefsten Überzeugung, daß selten ein Bündnis unter so günstiger Übereinstimmung aller Verhältnisse ins Leben treten könne", um ihre Hand anhielt.

Seite 32: *lassen Sie sich nicht einmal verkaufen:* Schumann wollte Clara vor dem Vater warnen. In demselben Brief heißt es auch: „Also wappnen Sie sich, er wird Ihnen, wenn ihm der Zufall einmal einen reichen jungen Bankier oder dergleichen in die Hände spielen sollte, so fein beizukommen wissen, daß Sie gar nichts merken." (Abgedruckt bei Boetticher, S. 146)

Seite 35: *auf der Reise:* Schumann meint Claras Konzertreise nach Wien, die sie am 15. Oktober 1837 mit dem Vater antrat; *Banck:* Carl Banck (1809–1889), Musikkritiker und Liedkomponist.

Seite 37: *Reichels Garten:* Erdmann Traugott Reichel (1748–1832) war der Besitzer des Hauses 773 (Thomaspförtchen) in Leipzig, das nach seinem Tod in den Besitz seines Sohnes Christoph (geb. 1786) überging; *im ganzen Saal:* Schumann meint den Saal des Gewandhauses, in dem Clara am 8. Oktober ein gefeiertes Konzert gegeben hatte.

Seite 38: *Erhalten Sonnabend abends....:* Diese Notiz machte Schumann. Die Abreise Claras erfolgte jedoch erst am 15. Oktober.

Seite 40: *Dr. Reuter:* Dr. Moritz Emil Reuter (1802–1853), der gute Freund des Paares und spätere Trauzeuge.

Seite 46: *Tomaschek:* Vaclav Johann Tomašek (1774–1850), Komponist und Musiklehrer in Prag; *Dreyschock:* Alexander Dreyschock (1818–1869), Pianist und Komponist; *Bellini:* Vincenzo Bellini (1801–1835), italienischer Opernkomponist; *Spohr:* Louis Spohr (1784–1859), Violinist und Komponist, seit 1822 Hofkapellmeister in Kassel; *Saphir:* Moritz Gottlieb Saphir (1795–1858), Musikkritiker, hatte 1837 in Wien die Zeitschrift „Der Humorist" gegründet; *Horn:* unklar, vielleicht auch Friedrich Wilhelm Horn (geb. 1807), Schumanns Studienfreund aus Heidelberg.

Seite 47: *Ernestine:* Clara spielt auf Schumanns Verlobung mit Ernestine v. Fricken an; *recht ernstlich:* Diese Überlegungen entstanden unter dem Einfluß Friedrich Wiecks; *Henselt:* Adolph Henselt (1814–1899), Pianist und Komponist; Clara hatte seine Variationen schon bei dem Konzert im Leipziger Gewandhaus vom 8. Oktober 1837 mit großem Erfolg gespielt.

Seite 54: *Voigt's:* gemeint sind Henriette Voigt (1808–1839) und ihr Mann, der Kaufmann Carl Friedrich Eduard Voigt (1805–1881); Schumann war mit Heriette Voigt befreundet; *Taubert:* Wilhelm Taubert (1811–1891), Komponist und Dirigent; *David:* Ferdinand David (1810–1873), Violinist, seit 1835 Konzertmeister am Gewandhaus; *Laidlaw:* Anna Robena Laidlaw (1819–1901), Pianistin, wurde später Hofpianistin der Königin von Hannover.

Seite 55: *Thalberg:* Sigismund Thalberg (1812–1871), seit seinen berühmten Konzerten in Paris 1836 gefeierter Pianist; *Professor Fischhof:* Joseph Fischhof (1804–1857), Musikschriftsteller, seit 1833 Professor für Klavierspiel am Wiener Konservatorium.

Seite 56: *Döhler:* Theodor von Döhler (1814–1856), Pianist und Komponist; *der langersehnte Tag:* Clara war am 14. Dezember 1837 zum ersten Mal öffentlich in Wien aufgetreten. Das Konzert im Musikvereinssaal wurde zu einem großen Erfolg, einem „Triumph", wie es in ihrem Tagebuch heißt (Litzmann I, S. 158).

Seite 58: *abends bei Poppe:* Johann Andreas Poppe (1771–1841) und sein Sohn Johann Cornelius Maximilian Poppe (1804–1877) waren Besitzer und Wirte des „Kaffeebaums", eines Lokals, in dem sich Schumann mit seinen Freunden, den Davidsbündlern, häufig traf.

Seite 59: *Täglisbeck:* Johann Friedrich Täglichsbeck (1808–1862), Bekannter Schumanns; *Vieuxtemps:* Henri Vieuxtemps (1820–1881), bedeutender Violinvirtuose; *Carnaval:* Schumanns op. 9, 1834/35 entstanden; *Novello:* Clara Anastasia Novello (1818–1908), Konzertsängerin, von Mendelssohn nach Leipzig verpflichtet.

Seite 60: *Schubert:* Franz Schubert (1797–1828); *Diabelli:* Clara meint hier den Musikvertrag Anton Diabellis (1781–1858) in Wien; *Beethovens Sonate F-moll:* gemeint ist die Sonate op. 57, „Sonata appassionata".

Seite 63: *Zigarren rauchen:* Schumann war ein leidenschaftlicher Zigarrenraucher. Vgl. seine Äußerung in den Tagebüchern: „Schwere Cigarren stimmen mich hoch und poetisch; je mehr bey mir der Körper abgespannt ist, desto mehr ist der Geist überspannt." (Tb. S. 97); *Kotzebueschen Familienstückes:* August von Kotzebue (1761–1819), als Schriftsteller ein Vielschreiber, dessen Dramen häufig gespielt wurden.

Seite 63/64: *Denn ich will es dir nur....:* Litzmann führte diese Passage in Schumanns Brief vom 2. Januar 1838 an (Litzmann I, S. 165); in der Ausgabe der Jugendbriefe wird diese Passage im Brief vom 17. März 1838 zitiert (vgl. Ju, S. 276).

Seite 67: *Kalliwoda:* Johann Wenzel Kalliwoda (1801–1866), Komponist und Violinist; *Berlioz:* Louis Hector Berlioz (1803–1869); *Fink:* Gottfried Wilhelm Fink (1783–1846), Leipziger Musikschriftsteller; *Graf Reuß:* Heinrich II. Graf Reuß-Köstritz (1803–1852), Freund Schumanns; *Stamaty:* Camille-Marie Stamaty (1811–1870), Komponist und Pianist; *Eduard und Karl:* Schumanns Brüder; Carl Schumann (1801–1849), Eduard Schumann

(1799–1839); *Härtel's:* Schumann spielt auf den Musikverlag Breitkopf & Härtel an, in den 1832 Raimund Härtel (1810–1888) und drei Jahre später sein Bruder Hermann Härtel (1803–1875) eingetreten waren.

Seite 69 *Dr. Weber:* Friedrich Weber (1808–1886) wurde in Triest geboren und hatte mit Schumann in Heidelberg studiert.

Seite 71: *neulich eine große Gesellschaft:* gemeint ist eine musikalische Abendgesellschaft von etwa 30 Personen, unter denen sich auch Grillparzer befand; *Merk:* Joseph Merk (1795–1852), Cellovirtuose in Wien; *Mayseder:* Joseph Mayseder (1789–1863), Violinvirtuose in Wien; *Toccata:* Schumanns op. 7; *Etudes symphoniques:* Schumanns op. 13; *die Rettich:* Julie Rettich (1809–1866), Schauspielerin am Burgtheater in Wien; *als Griseldis:* vielleicht in dem Dramatischen Gedicht „Griseldis" von Friedrich Halm (1806–1871).

Seite 72: *Herrn Holz:* Karl Holz (1798–1858) betreute Beethovens geschäftliche Angelegenheiten in den letzten Jahren seines Lebens.

Seite 73: *Cibbini:* Katharina Cibbini, geb. Kozeluch (1790–1858), Pianistin und Komponistin.

Seite 74: *Gedicht von Grillparzer:* Grillparzer hatte in der Wiener Zeitschrift für Kunst, Literatur vom 9. Januar 1838 ein Gedicht „Clara Wieck und Beethoven" eingerückt, für das sich Clara am 11. Januar schriftlich bei ihm bedankte; *Vesque:* Johann Vesque von Püttlingen (1803–1883), Pianist, Komponist, im diplomatischen Dienst für das österreichische Außenministerium tätig.

Seite 75: *Bennett:* William Sterndale Bennett (1816–1875), englischer Komponist, war 1836 ein Jahr lang in Leipzig gewesen.

Seite 77: *alle diese Wiestschen Aufsätze:* Schumann spielt auf Dr. Friedrich Wiest, einen Wiener Journalisten, an.

Seite 78: *Zelter:* Carl Friedrich Zelter (1758–1832), Komponist und Musikpädagoge; sein Briefwechsel mit Goethe, dessen Gedichte er vertonte, war 1833–34 in 6 Bänden erschienen.

Seite 79: *Rosalie:* Rosalie Schumann, geb. Illing (1809–1833), Schwägerin Schumanns, mit dessen Bruder Carl verheiratet. Schumann hatte ihr seine „Papillons" (op. 2) gewidmet.

Seite 80: *den Tod eines lieben Bruders:* Schumanns Bruder Julius (geb. 1805) war am 18. 11. 1833 gestorben.

Seite 81: *von unglücklichen Familienverwicklungen:* Ernestine v. Fricken war nicht, wie Schumann angenommen, die Tochter, sondern die Adoptivtochter von Ferdinand Ignaz Edler von Fricken (1787–1850).

Seite 82: *Paganini:* Niccolò Paganini (1782–1840); *Pasta:* Giuditta Pasta, geb. Negri (1797–1867), bekannte italienische Sängerin.

Seite 83: *Simonin de Sire:* geb. 1800, gest. 1872, Freund Schumanns. Schumann hatte ihm einen Dankesbrief am 8. Februar 1838 geschrieben, in dem seine Freude über die Anerkennung seiner Kompositionen deutlich wird (vgl. Boetticher, S. 169 f.).

Seite 90: *Zumsteeg:* Johann Rudolph Zumsteeg (1760–1802), Komponist, seine Balladen und Lieder erschienen seit 1800.

Seite 93: *Ich will es Dir nur:* Vgl. S. 63/64

Seite 95: *Flegeljahre:* Roman Jean Pauls (1763–1825); für Schumann war Jean Paul der wichtigste Autor seiner Jugend. Den Hörern seiner „Papillons" empfahl er nachdrücklich die Lektüre der letzten Szene in Jean Pauls Roman, dem das op. 2 nachempfunden sei.

Seite 96: *Verhulst:* Johannes Josephus Hermanus Verhulst (1816–1891), Komponist und Dirigent, gehörte dann zu Schumanns „Davidsbündlerkreis".

Seite 97: *meine Etüden:* gemeint sind die Etudes symphoniques, op. 13; *Davidsbündlertänze:* gemeint ist Schumanns op. 6, das 1837 entstanden war; Schumanns „Carnaval" (op. 9) war 1834/35 entstanden.

Seite 99: *Lachner:* Franz Paul Lachner (1803–1890), Komponist, Kapellmeister in München seit 1836.

Seite 100: *Bei der Devrient:* Schumann wohnte von 1836 bis 1840 bei der Witwe Devrient im „Roten Colleg" neben der Buchhändlerbörse.

Seite 101: *Gohlis:* Vorort von Leipzig; *neue Würde:* Clara war in Wien zur K.K. Kammervirtuosin ernannt worden; diesen Titel hatten auch Paganini und Thalberg erhalten.

Seite 103: *Kreisleriana:* gemeint sind die Phantasien mit dem Namen des Kapellmeisters Kreisler (op. 16), einer Gestalt in den Erzählungen E. T. A. Hoffmanns; Vorbild für diese Gestalt war der Virtuose Johann Ludwig Böhner (geb. 1787), den Schumann 1834 bei einem Konzert in Leipzig gesehen hatte; *spiel' ihm ... vor:* Franz Liszt war am 11. April 1838 in Wien eingetroffen, Clara und Friedrich Wieck hörten ihn in den folgenden Tagen mehrmals; am 18. April spielte ihm Clara Schumanns „Carnaval" vor. Liszt bezeichnete die Komposition als eines der größten Werke, das er kenne (vgl. Litzmann I, S. 198 ff.); *Toccata:* Schumanns op. 7; *die Etüden:* Etudes symphoniques, Schumanns op. 13; *die Paganini-Etüden:* Schumanns op. 10, 1833 komponiert; *Kinderszenen:* Schumanns op. 15; *Phantasien:* gemeint ist die Phantasie op. 17, die Schumann Franz Liszt widmete.

Seite 106: *A-Moll-Konzert:* ein Klavierkonzert von Johann Nepomuk Hummel.

Seite 109: *Carnaval:* Schumanns op. 9; *Fis-moll-Sonate:* Schumanns op. 11, das er Clara gewidmet hatte.

Seite 110: *Maxen:* bei Dresden; *die Majorin:* Friederike Serre, Frau des Majors Serre; am nächsten Tag, dem 13. Mai 1838, trafen Clara und Friedrich Wieck wieder in Leipzig ein.

Seite 115: *den Wagen fortrollen sah:* Clara hielt sich vom 2. Juli bis zum 7. August 1838 in Dresden auf.

Seite 117: *Felsche:* Leipziger Konditorei.

Seite 120: *Pauline:* Pauline García, Sängerin, Tochter des berühmten spanischen Tenors Manuel del Popolo Vicente García (1775–1832), die am 24. Mai 1838 nach Leipzig gekommen war.

Seite 121: *mit Garcias:* Pauline García (s. S. 120) wurde von ihrer Mutter und ihrem Schwager, dem Violinisten de Beriot, auf ihrer Konzertreise begleitet; *die Sachen:* gemeint sind die „Kreisleriana" op. 16.

Seite 122: *Myrtenkrone:* Schumanns späteres Hochzeitsgeschenk für Clara waren die 1840 entstandenen „Myrthen", op. 25.

Seite 123: *Novelletten:* die 1838 entstandenen „Novelletten für das Pianoforte", op. 21.

Seite 124: *Graf Sedlnitzky:* Graf Joseph Sedlnitzky (1778–1855) war Präsident der obersten Polizei- und Zensurhofstelle in Wien.

Seite 130: *an diesem schönen Tag:* Claras Geburtstag.

Seite 132: *Therese:* Therese Schumann, geb. Semmel (1805–1889), Schumanns Schwägerin.

Seite 137: *zur Serre:* vlg. S. 110.

Seite 138: *Dr. Güntz:* Emil Christian Güntz (1811–1877).

Seite 140: *Haslingern:* Tobias Haslinger (1787–1842) war Musikverleger in Wien; sein Sohn Karl (1816–1868) war Komponist. *Fürst Schönburg:* Eduard Fürst Schönburg (1787–1872), war sächs. Gesandter in Wien; *Sedlnitzky:* vgl. S. 124.

Seite 143: *David:* Ferdinand David (1810–1873), Violinist, Konzertmeister am Leipziger Gewandhaus; *Prinz Louis:* Louis Ferdinand, Prinz v. Preußen (1772–1806), war auch Pianist und Komponist.

Seite 144: *Friesen:* August Robert Friese (1805–1848), Buchhändler und Verleger; *Castelli:* Ignaz Franz Castelli (1781–1862) war von 1829 bis 1840 Herausgeber des „Allgemeinen musikalischen Anzeigers" in Wien; *Seyfried:* Ignaz Xaver Ritter von Seyfried (1786–1841), Musikkritiker; *Gerold:* Karl Gerold, Buchhändler in Wien: *Cibbini:* vgl. S. 73; *Lickl:* Karl Georg Lickl (1801–1877), Komponist.

Seite 146: *Lutzer:* Jenny Lutzer (1816–1877); *Gentiluomo:* A. Gentiluomo, geb. Spatzer, Sängerin in Wien; *Wild:* Franz Wild (1792–1860), Tenor in Wien; *Taglioni:* Marie Taglioni, Tänzerin in Wien.

Seite 148: *Deine beiden ersten Briefe:* Schumann hatte diese Briefe an Dr. Reuter geschickt, der sie dann an Clara weiterleitete mit der Empfehlung, Schumann wieder mehr Hoffnung zu machen: „Sie wissen, er hängt sich –, wie Sie – gern mit ganzer Kraft wie an trübe, so an freudige Gedanken." (Vgl. Litzmann I, S. 252)

Seite 150: *Mozarts Biographie von Nissen:* Georg Nikolaus Nissen (1761–1826) hatte 1809 die Witwe Mozarts geheiratet, die zwei Jahre nach seinem Tod (1828) seine Mozart-Biographie aus dem Nachlaß herausgab.

Seite 154: *Herrn von Sonnleithner:* Leopold Edler von Sonnleithner (1797–1873), Jurist und Musikkenner, in dessen Haus es zu bedeutenden Liebhaberaufführungen kam; *Kiesewetter:* Raphael Georg Kiesewetter (1773–1850), Musikforscher; *Baron Pasqualati:* Baron Johann Pasqualati; *Dessauer:* Joseph Dessauer (1798–1876), Komponist.

Seite 155: *die Pech:* Therese Peche (1806–1882), Schauspielerin am Burgtheater.

Seite 159: *Reise nach Paris:* Clara reiste am 5. Januar 1839 ohne den Vater nach Paris ab.

Seite 160: *Sonate in G-Moll:* gemeint ist Schumanns op. 22, seine Zweite Sonate für das Pianoforte, an der er bereits 1835 gearbeitet hatte.

Seite 162: *Heinefetter:* Sabine Heinefetter (1809–1872), Opernsängerin, war von Marianne v. Willemer gefördert worden und hatte 1825 in Frankfurt debütiert; *Hauser:* Franz Hauser (1794–1870), war bis 1835 Regisseur an der Leipziger Oper gewesen, seit 1838 lebte er als Gesangslehrer in Wien.

Seite 166: *Grafen Zedtwitz:* Ernestine von Fricken war seit dem 5. 11. 1838 mit Wilhelm Graf Zedtwitz verheiratet.

Seite 170: *Lindpaintner:* Peter Joseph von Lindpaintner (1791–1856), Hofkapellmeister in Stuttgart; *Molique:* Wilhelm Bernhard Molique (1802–1869), war seit 1826 Kgl. Musikdirektor in Stuttgart;

Bohrer: berühmte Künstlerfamilie; Clara meint Max Bohrer, den Cellisten der Stuttgarter Hofkapelle.

Seite 171: *Guirlande:* wahrscheinlich die „Arabeske" op. 18.

Seite 172: *die Phantasie:* gemeint ist die Phantasie op. 17, 1836 entstanden.

Seite 174: *Schilling:* Gustav Schilling (1805–1881), Musikschriftsteller, 1830–1836 Direktor der Städtischen Musikschule in Stuttgart.

Seite 177: *Bücherschreiber:* Gustav Schilling hatte mehrere Bücher veröffentlicht, darunter ein „Universallexikon der Tonkunst" in sechs Bänden; *Czerny:* Karl Czerny (1791–1857), Pianist, Komponist, Klavierlehrer in Wien.

Seite 179: *Mignon:* Anspielung auf eine Romanfigur in Goethes „Wilhelm Meisters Lehrjahre".

Seite 180: *Pauline:* vgl. S. 120.

Seite 181: *Erard:* gemeint ist hier ein Pianoforte aus der Werkstatt Sébastien Erards (1752–1831); *Pleyel:* Pianoforte aus der Werkstatt Ignaz Joseph Pleyels (1757–1831); *Frau v. Berg:* Schumann erwähnt sie in einem Brief an seine Verwandten in Zwickau vom 10. Oktober 1838, „Frau von Berge, die Clara ihre Mama nennt, eine prächtige, lustige gesunde Frau in den Dreißigern..." (Vgl. Jansen, S. 140);

Seite 182: *Probst:* Heinrich Albert Probst (1791–1846) war Clara namentlich aus Leipzig bekannt; er war seit 1831 jedoch bei Pleyel in Paris beschäftigt; *Fechner:* vielleicht Gustav Theodor Fechner (1801–1887), seit 1834 Professor der Physik in Leipzig, Psychologe, Philosoph. *Heller:* Stephen Heller (1813–1888), Pianist und Komponist, war Mitarbeiter von Schumanns Zeitschrift.

Seite 189: *Bordogni:* Giovanni Marco Bordogni (1789–1856), Gesangsprofessor am Pariser Conservatoire; *Bertin:* Louise-Angélique Bertin (1805–1877), französische Opernkomponistin; *Meyerbeer:* Giacomo Meyerbeer (1791–1864); *Fräulein Parish:* vielleicht Tochter des englischen Harfenisten Elias Parish-Alvars (1808–1849), den Schumann später einen „eminenten Harfen-Virtuosen" nannte; *die Hugenotten:* „Huguenots", Oper von Giacomo Meyerbeer, 1836 erschienen; *Paulus:* Oratorium von Felix Mendelssohn-Bartholdy (op. 36); *Kalkbrenner:* Friedrich Kalkbrenner (1785–1849), berühmter Pianist. Clara hatte bei ihrem ersten öffentlichen Auftreten im Gewandhaus zu Leipzig (20. Oktober 1828) den Diskant von Kalkbrenners Variationen op. 94 gespielt.

Seite 191: *Potter:* Philipp Cipriani Hambly Potter (1792–1871), englischer Pianist und Komponist, seit 1832 Direktor der Royal Academy of Music; *Rosalie:* Rosalie Schumann, Schumanns Schwägerin war 1833 in Schneeberg gestorben.

Seite 192: *Berlioz:* Louis Hector Berlioz (1803–1869) war seit 1839 Konservator der Bibliothek des Pariser Conservatoire.

Seite 195: *Schlesinger:* Maurice Adolph (1798–1871), Musikverleger, hatte 1834 die „Gazette musicale" gegründet.

Seite 196: *Halle:* Charles Hallé (1819–1895), Pianist.

Seite 199: *Donizetti:* Gaetano Domenico Maria Donizetti (1797–1848), Kontrahent Bellinis, schrieb 1835 seine Oper „Lucia di Lammermoor", auf die Clara anspielt; *Mechetti:* Pietro Mechetti und sein Sohn Carlo (1809–1847) waren Musikalienhändler in Wien; *Bruder Eduard:* Eduard Schumann starb am 6. 4. 1839 in Zwickau.

Seite 201: *Heine:* Heinrich Heine (1797–1856); *Janin:* Jules-Gabriel Janin (1804–1874), franz. Musikschriftsteller und Feuilletonist; *Auber:* Daniel François Esprit Auber (1782–1871), schrieb 45 Opern, darunter „La muette de Portici" (1828) und „Fra Diavolo" (1830); *Onslow:* André Georges Louis Onslow (1784–1852), französischer Komponist, der vor allem Kammermusik schrieb; *Halevy:* Jacques Fromental Elie Halévy (1799–1862), Komponist.

Seite 206: *Carl:* Carl Schumann (1801–1849), Bruder Robert Schumanns, lebte in Schneeberg als Buchdrucker und Verleger.

Seite 210: *Aktuar Herrmann:* am 10. Oktober 1839 schrieb Schumann an Clara: „Denk Dir, diese Advokaten lassen sich für jedes Wort, das man mit ihnen spricht, bezahlen, wie mir Hermann sagte. Da bin ich denn spärlicher in meinen Besuchen geworden und tu es nur in dringenden Fällen noch." (Boetticher, S. 285/286)

Seite 215: *gleiches Schicksal:* Schumann hatte Claras Brief vernichtet.

Seite 220: *Schmidt:* Gustav Martin Schmidt (1819–1844), Musiklehrer in Leipzig.

Seite 222: *Devrient:* Wilhelmine Schröder-Devrient (1804–1860) war für ihre Darstellung der Leonore in Beethovens „Fidelio" berühmt.

Seite 224: *Einert:* Wilhelm Einert (1794–1868), Advokat in Leipzig.

Seite 225: *Deiner Mutter:* Friedrich Wieck hatte sich 1824 von seiner Frau, der Mutter Claras, scheiden lassen. Diese hatte in 2. Ehe Adolph Bargiel geheiratet und lebte in Berlin (vgl. auch S. 229).

Seite 229: *Deine Mutter:* Marianne Bargiel, geb. Tromlitz (1797–1872).

Seite 234: *Panofka:* Heinrich Panofka (1807–1887), Komponist und Musikschriftsteller.

Seite 235: *Chellard:* gemeint ist wohl Hippolyte André Jean-Baptiste Chelard (1789–1861), der 1840 Hofkapellmeister in Weimar wurde; *mein Don Juan:* Schumann bezieht sich auf Vorhaltungen Friedrich Wiecks.

Seite 236: *nach Deinem Konzert:* Clara war am 21. Oktober 1839 im Berliner Opernhaus aufgetreten; ein zweites Konzert fand in Anwesenheit des Königs im kgl. Schauspielhaus zehn Tage später statt; *die Camilla:* Marie Félicité Denise (genannt Camilla) Pleyel (1811–1875), berühmte Pianistin; *Hofmeister:* Friedrich Hofmeister (1782–1864), Leipziger Musikverleger; *Prume:* François Prume (1816–1849), belgischer Violinvirtuose; *Rellstab:* Ludwig Rellstab (1799–1860), Musikkritiker in Berlin, Herausgeber der Musikzeitschrift „Iris".

Seite 238: *Truhn:* Friedrich Hieronymus Thrun (1811–1886), Musikschriftsteller.

Seite 239: *die Bettina:* Bettina v. Arnim, geb. Brentano (1785–1859), lebte damals in Berlin, wo Clara sich in diesen Wochen aufhielt; *Frau von Goethe:* Ottilie von Goethe (1796–1872), Schwiegertochter Goethes, hatte Schumann am 8. 11. 1839 aus Weimar geschrieben; ihrem Sohn, Walther von Goethe, der in Leipzig Komposition studiert hatte, waren die „Davidsbündlertänze", Schumanns op. 6, gewidmet.

Seite 240: *bin ich bei Dir:* Clara und Robert reisten am 21. Dezember zusammen nach Berlin. Am 24. Dezember 1839 notiert Clara in ihrem Tagebuch: „Der heutige Weihnachtsabend war der schönste meines Lebens, er entschädigte mich für vieles Schmerzhafte, das ich erlitten. Ich konnte ihn mit meinem innigstgeliebten Robert und der Mutter feiern..." (Litzmann I, S. 380); *Bis Sylvester:* Schumann blieb nur bis zum 27. Dezember in Berlin.

Seite 241: *Meerti:* Elisa Blaes, geb. Meerti (1817–1878), Koloratursopranistin; Mendelssohn engagierte sie zu Konzerten am Leipziger Gewandhaus.

Seite 242: *Hilf:* Christoph Wolfgang Hilf (1818–1912), Violinist im Gewandhausorchester.

Seite 243: *Prüme:* vgl. S. 236; *angekommen:* Schumann hatte das

Weihnachtsfest mit Clara in Berlin verbracht und war am 27. Dezember wieder abgereist.

Seite 244: *Ihr Lieben:* Schumann meint Clara und ihre Mutter.

Seite 246: *Romanzen:* gemeint sind die „Drei Romanzen für das Pianoforte" op. 28, Schumann widmete sie dem Grafen Reuß.

Seite 247: *Die Nachtstücke:* gemeint sind „Nachtstücke für das Pianoforte", op. 23.

Seite 248: *das Konzert:* Clara hatte am 25. Januar ein Konzert gegeben.

Seite 249: *Deine Sonate:* gemeint ist die Zweite Sonate, op. 22. *Trio von Schubert:* gemeint ist Schuberts Klaviertrio Es-dur, op. 100.

Seite 250: *Hamburg:* Clara reiste von Berlin aus mit ihrer Mutter nach Hamburg.

Seite 251: *Dreyschock:* Alexander Dreyschock (1818–1869), Pianist; *keine Klaviersachen:* Schumann hatte mit der Komposition von Liedern begonnen; *Dienstag-Tag von Dresden:* gemeint ist der 7. Februar 1836, an dem Schumann Clara Wieck in Dresden hinter dem Rücken ihres Vaters besucht hatte, am 11. Februar hatten sich die Liebenden für lange Zeit getrennt. Schumann notierte in seinem „Bräutigamsbuch": „Abschied von der Post in Dresden. Clara im roten Hütchen. Lange Trennung." (Litzmann I, S. 97)

Seite 252: *die Symphonien von Liszt:* gemeint sind die Symphonien Beethovens in der Klavierbearbeitung von Liszt; *Cranz:* August Cranz (1789–1870), Hamburger Musikverleger; *Avé:* Theodor Friedrich Avé-Lallemant (1805–1890), Musiklehrer in Hamburg; *Camilla-Enthusiasten:* Camilla Pleyel, vgl. S. 236; *Gathy:* August Gathy (1800–1858), Musikschriftsteller, in Hamburg Herausgeber eines „Musikalischen Konversationsblattes".

Seite 254: *die Sonntag:* Henriette Gertrude Walpurgis Sontag (eigentlich Sonntag), geb. 1806, gest. 1854, Sängerin, sang 1825 in Leipzig im „Freischütz" und der „Euryanthe".

Seite 255: *Ave Maria:* Schuberts Ave Maria in der Bearbeitung durch Franz Liszt.

Seite 256: *Moses-Phantasie:* Komposition von Sigismund Thalberg (s. o.); *Bancks:* Carl Banck (1809–1889), Liederkomponist und Musikkritiker.

Seite 258: *Harburg:* Clara und die Mutter fuhren mit dem Dampfschiff von Hamburg über die Elbe nach Harburg, von dort aus ging es über Land nach Bremen; *Andreas Stein aus Wien:* gemeint ist ein

Fortepiano aus der Werkstatt Karl Andreas Steins (1797–1863) aus Wien.

Seite 259: *Rakemann:* Bruder von Louis Christian Rakemann (geb. 1816), der als Pianist 1839 nach Amerika gegangen war; *diese Erklärung:* es handelt sich um die im Prozeß abgewiesene Erklärung Friedrich Wiecks, die dieser lithographiert nach Hamburg, Bremen und Berlin geschickt hatte; sie sollte Schumann verleumden; *Eggers und Möller:* beide waren Vorstandsmitglieder der sog. Privatkonzerte in Bremen.

Seite 260: *Das Konzert:* Clara war im 8. Privatkonzert am 13. Februar aufgetreten; am 21. Februar hatte sie eine Soirree gegeben. *Rakemann:* vgl. S. 259; *Töpken:* Albert Theodor Töpken (1808–1880), Rechtsanwalt in Bremen, Studienfreund Schumanns in Heidelberg 1829.

Seite 262: *einen großen Zyklus:* Liederkreis von Heinrich Heine, Schumanns op. 24.

Seite 263: *Hillern:* Ferdinand Hiller (1811–1885), Komponist und Dirigent der Leipziger Gewandhauskonzerte; *Verhulst:* Johannes Josephus Hermanus Verhulst (1816–1891), Komponist und Dirigent; *den Diplom:* die Universität Jena hatte Schumann zum Doktor der Philosophie ernannt; *Dr. Keferstein:* Gustav Adolph Keferstein (1799–1861), Pfarrer und Musikschriftsteller.

Seite 264: *J. Becker:* Konstantin Julius Becker (1811–1859), studierte in Leipzig Philosophie, später Musiklehrer in Dresden.

Seite 268: *Beurteilung:* gemeint ist der Artikel „Die 7te Symphonie von Franz Schubert" in der NZfM vom 10. März 1840.

Seite 269: *Rungenhagen:* Karl Friedrich Rungenhagen (1778–1851), Nachfolger Zelters an der Berliner Singakademie.

Seite 270: *Hiller:* vgl. S. 263: *Reuß:* vgl. S. 67.

Seite 271: *ein paar Zeilen:* Liszt hatte u. a. geschrieben: „Combien ne regrettai-je point de ne pas vous trouver à Leipzig! si encore le temps me permettait d'aller vous serrer amicalement la main à Berlin! mais malheureusement cela ne me sera guère possible." Wohl auch auf diese Zeilen hin entschloß sich Clara dann, nach Leipzig zu fahren, wo sie Liszt am 30. März besuchte. (Vgl. Litzmann I, S. 415 ff.)

Seite 272: *gerade Bachs und J. Pauls Geburtstag:* nach der Datierung des Briefes wäre dies der 23. März; Bach und Jean Paul wurden jedoch an einem 21. März geboren; *Liszts Zeilen:* vgl. S. 272; *in*

Wien ... bei Graff: vgl. S. 103; gemeint ist Konrad Graff (1783–1851), Klavierbauer in Wien.

Seite 275: *Das Hexameron:* gemeint ist ein Variationszyklus von Thalberg, Herz, Pixis und Liszt; *Aeckerlein:* Johann Jakob Aeckerlein (1776–1841) betrieb eine Weinschenke in Leipzig.

Seite 276: *am letzten Tage:* Clara und Schumann waren am 17. April 1840 nach Berlin gereist, Schumann blieb dort bis zum 30. April. Am 28. April traf man sich bei Mendelssohns, wo Felix Mendelssohn-Bartholdy Bachs Cis-moll-Fuge spielte, die auch Clara häufig in ihren Konzerten vortrug; *Frau v. Chézy:* Helmine v. Chezy (1783–1856), Schriftstellerin, war die Librettistin von C. M. v. Webers Oper „Euryante" (1824); *der Artikel:* erschien unter dem Titel „C. M. v. Weber's Euryanthe. Ein Beitrag zur Geschichte der deutschen Oper" ab dem 1. 7. 1840 in der NZfM.

Seite 277: *Eichendorffsche Lieder:* „Liederkreis von Eichendorff für eine Singstimme mit Begleitung des Pianoforte op. 39"; Schumann schickte Claras Mutter zu deren Geburtstag am 15. Mai 1840 die Vertonung von Eichendorffs Gedicht „Mondnacht" („Es war, als hätt' der Himmel/Die Erde still geküßt,/..."); *Probst:* vgl. S. 181.

Seite 278: *Eichendorffsche Zyklus:* vgl. S. 277.

Seite 279: *seit langer Zeit:* Clara war am 5. Juni 1840 nach Leipzig gekommen, Schumanns Geburtstag (8. Juni) hatte man gemeinsam gefeiert. Im Juli bahnte sich der gerichtliche Konsens zwischen dem Brautpaar und Claras Vater an, der dann am 1. August eintraf. Die Brautleute hatten inzwischen eine Wohnung gefunden. Clara ging Anfang August auf ihre letzte Konzertreise als Clara Wieck. Am 11. August spielte sie am großherzoglichen Hofe in Weimar (vgl. Litzmann I, S. 426 f.); *Chélard:* vgl. S. 236; *Lobe:* Johann Christian Lobe (1797–1841), Musikschriftsteller, Flötist und Bratschist der Weimarer Hofkapelle; *Hebbel:* Friedrich Hebbel (1813–1863).

Seite 280 *Rieffel mit seiner Tochter:* W. H. Rieffel (1792–1869), Organist in Flensburg, und seine Tochter Amalie (1822–1877).

Seite 281 *vor der Hochzeit:* Die Trauung erfolgte einen Tag vor Claras Geburtstag, am 12. September 1840, in Schönefeld bei Leipzig. Clara schreibt in ihrem Tagebuch: „Eine Periode meines Lebens ist nun beschlossen; erfuhr ich gleich viel Trübes in meinen jungen Jahren schon, so doch auch manches Freudige, das ich nie vergessen will." (Litzmann I, S. 431) – *von mir gelassen zu haben:* Mitte

Februar 1842 waren Clara und Robert nach Bremen gereist, wo Clara in einem Konzert aufgetreten war; während dieser Reise reifte der Entschluß, daß Clara die Fahrt allein weiter fortsetzen und Schumann nach Leipzig zurückkehren sollte. Clara blieb vom 20. März bis zum 18. April 1842 in Kopenhagen.

Seite 282 *Amerika:* Schumann hatte damals im Tagebuch notiert: „Wir könnten wohl auch in Deutschland wirken. Aber was kommt heraus? Was Clara erwirbt, verliere ich an Verdienst und Zeit. So wollen wir lieber zwei Jahre an einen großen Plan unsres Lebens setzen, der uns, wenn er glücklich ausschlägt, für das ganze Leben sichert." (Litzmann II, S. 44); *Weyse:* Christian Ernst Friedrich Weyse (1774–1842), Komponist; *Hartmann:* Johann Peter Emil Hartmann (1805–1900), dänischer Komponist; *Deine liebe Begleiterin:* in einem Brief Clara Schumanns an Emilie List vom 30. Mai 1842 heißt es: „... ein Mädchen aus einer der geachtetsten Familien in Bremen" (Litzmann II, S. 43)

Seite 283 *Weinlig:* Christian Theodor Weinlich (Weinlig), geb. 1780, war Kantor der Thomasschule in Leipzig, starb 1842.

Seite 285 *Grétry:* André Ernest Modeste Grétry (1741–1813), belgischer Komponist; Schumann meint dessen Bühnenwerk „Raoul Barbe Bleue"; *Cranz:* August Cranz (1789–1870), Hamburger Musikverleger.

Seite 286 *Jahn:* Otto Jahn (1813–1869), Verfasser der später (1856–1859) in vier Teilen erscheinenden Mozart-Biographie; *Wie geht's Dir?:* Clara befand sich in Dresden, wo sie konzertierte.

Seite 287 *Hr. von Bielke:* Schumann meint den weimarischen Oberhofmeister v. Bielke; *das Quintett:* Quintett für Pianoforte, 2 Violinen, Viola und Violoncello op. 44; *in Senffs Signalen:* musikalische Zeitschrift des Verlegers Bartholf Senff (1815–1900); *Hirschbach:* Hermann Hirschbach (1812–1888), Musikschriftsteller und Komponist, der Schumann beim ersten Zusammentreffen im Juli 1838 stark beeindruckt hatte, gab seit 1843 ein „Musicalisch-kritisches Repertorium" heraus; *Einert:* Wilhelm Einert (1794–1868), Advokat; *Gade:* Niels Gade (1817–1890), dänischer Komponist, war 1843 nach Leipzig gekommen, wo er 1847 Nachfolger Mendelssohns als Dirigent der Gewandhauskonzerte wurde.

Seite 288 *Dresden:* die Familie lebte seit 1844 in Dresden. Schumann schreibt an Clara nach Leipzig, wo sie konzertierte; *Marie:* Marie Schumann (1841–1929), Schumanns Tochter; *Endenich:* Schumann war am 4. März 1854 in die Heilanstalt Endenich bei Bonn gebracht worden, nachdem er einen Selbstmordversuch unternommen hatte; *an einem solchen Tage:* der 12. September war Schumanns Hochzeits-, der dreizehnte Claras Geburtstag.

Seite 289 *die Kleinen:* Schumanns Kinder Marie (geb. 1841), Elise (geb. 1843), Julie (geb. 1845), Ludwig (geb. 1848), Ferdinand (geb. 1849), Eugenie (geb. 1850), ein weiterer Sohn, Emil, war 1847 gestorben; *unser Album:* Briefe und Gedichte aus dem Album Robert und Clara Schumanns wurden 1979 textkritisch und ausführlich kommentiert von Wolfgang Boetticher veröffentlicht (VEB Deutscher Verlag für Musik); *Scherenberg:* Christian Scherenberg (1798–1881); *im vorigen Winter in Holland:* Schumann meint die triumphale Konzertreise nach Utrecht, den Haag, Rotterdam und Amsterdam, die am 24. November 1853 angetreten wurde; *mein neues Konzertstück in D:* Introduction und Allegro D-moll für Klavier und Orchester op. 134, 1853 entstanden.

Seite 290 *Freudenbotschaften:* Clara hatte am 11. Juni 1854 einen weiteren Sohn, Felix, geboren; *"Bildern aus Osten":* Schumanns op. 66; *der liebste Name:* gemeint ist Mendelssohn, dessen Vornamen das neue Kind erhielt; *die gesammelten Schriften:* die vier Bände erschienen 1854 in Leipzig; *das Violoncello-Konzert:* Cellokonzert A-moll op. 129; *Violinphantasie:* Phantasie C-Dur für Violine und Orchester op. 131; *Joachim:* Joseph Joachim (1831–1907), Violinvirtuose, Freund der Familie.

Seite 291 *in Düsseldorf:* Schumann war 1850 Musikdirektor in Düsseldorf geworden; *Dr. Peters:* Schumanns Arzt in Endenich; *Gib mir doch Mitteilungen...:* Clara hatte einen Brief des Arztes erhalten, mit der Bitte, Robert eine kurze Nachricht zu schreiben; da Schumann lange keine Briefe erhalten habe, zweifle er an der Existenz seiner Familie (vgl. Litzmann II, 329); *Dr. Härtel:* gemeint ist Raimund Härtel (1810–1888), der nach dem Tod seines Vaters Wilhelm Christoph H. (1849) zusammen mit seinem Bruder Hermann (1803–1875) die Firma Breitkopf & Härtel leitete; *unsere Reise nach der Schweiz:* gemeint ist die Reise nach Süddeutschland und in die Schweiz im Juli 1851; Clara notierte über diese: „Es war die schönste Reise, die Robert mit mir gemacht." (Litzmann II, S. 261); über Bonn ging es nach Heidelberg, weitere Stationen waren Baden-Baden, Basel, Genf, Chamouny, Vevey, Bern, am 5. August 1851 traf man wieder in Düsseldorf ein; *an unsre Reise in Den Haag:* vgl. S. 289; *an die nach Antwerpen und Brüssel:* Am 16. August 1851 reisten Clara und Robert nach Antwerpen und

Brüssel, wo man u.a. Camilla Pleyel besuchte; am 22. August kehrte man heim; *Musikfest in Düsseldorf:* Schumann meint das 31. niederrheinische Musikfest, das Pfingsten 1853 in Düsseldorf stattfand. Seine D-moll-Symphonie (op. 120) wurde mit großem Erfolg aufgeführt; die „Fest-Ouvertüre mit Gesang über das Rheinweinlied" (op. 123), die er für diesen Zweck komponiert hatte, fand weniger Anklang. Schumann hatte dieses Stück im April 1853 komponiert, das Fest fand im Mai statt. Am 3. Tag spielte der Geiger Joseph Joachim das Violinkonzert Beethovens; *das A-Konzert:* Klavierkonzert A-moll op. 54; *die Rheinouvertüre:* s. o.; *Rietschel in Dresden:* gemeint ist Ernst Rietschel (1804–1861); das „Haushaltbuch" verzeichnet: „22.–30. Jan. 1846 Bei Rietschel gesessen." (Boetticher, S. 421)

Seite 292 *Brahms und Joachim:* beide waren mit Clara in dieser Zeit freundschaftlich verbunden; Schumann hatte für Joachim komponiert. Beide Freunde besuchten Schumann in Endenich. Schon im August 1853 hatte Joachim einige Tage mit der Familie Sch. verbracht, Brahms war im Oktober dieses Jahres beinahe täglich mit Schumann zusammen (vgl. darüber ausführlich Litzmann II, S. 178 ff.); *Des Bildnisses ... von Laurens:* J. P. Laurens (1801–1890); Schumann hatte noch am 14. und 15. Oktober 1853 in seinem „Haushaltbuch" notiert: „Laurens zum Zeichnen gesessen ... Laurens z. zweiten Mal gesessen, sehr hübsches Bild." (Litzmann II, S. 280); *Konzertstück aus D:* op. 134, s. o.; *Gesänge der Frühe:* op. 133, Schumann nannte sie in einem Brief „5 charakteristische Stücke, die die Empfindungen beim Herannahen und Wachsen des Morgens schildern, aber mehr aus Gefühlsausdruck als Malerei." (Boetticher, S. 491); *2. spanische Liederspiel:* op. 138; im Juli 1853 hatte Schumann festgehalten, daß ihm diese Komposition viel Arbeit gemacht habe; *Neujahrlied:* Neujahrslied von Friedrich Rückert, op. 144; *Requiem:* Requiem für Chor und Orchester, op. 148; *Faustszenen:* Szenen aus Goethes Faust für Solostimmen, Chor und Orchester (ohne Werkzahl).

Seite 293 *Komposition von Brahms:* gemeint sind die Variationen op. 9 über ein Thema von Schumann; *Knaben Wunderhorn:* Sammlung „alter deutscher Lieder", 1806–1808 von Achim v. Arnim und Clemens Brentano; *der kleinen Verse:* vgl. S. 150 ff.; *Gesänge der Frühe ... Konzertstück ... zweites spanisches Liederspiel:* vgl. S. 292; *Ernennung in Holland:* Robert und Clara waren zu Ehrenmitgliedern der „Niederl. Gesellschaft zur Beförderung der Tonkunst" ernannt worden; *Verhulst:* Johannes Josephus Verhulst (1816–1891), lebte seit 1842 wieder als Dirigent in Holland und hatte Schumann bei seiner Konzertreise am 1. Dezember 1853 in Rotterdam einen triumphalen Empfang bereitet (vgl. Litzmann II, S. 287); *Hr. Lindhult:* Oskar Lindhult; *Herrn Grimms:* Julius Otto Grimm (1827–1903), Freund der Familie; *Fräulein Leser:* Rosalie Leser, war blind, mit Clara und Robert Schumann seit dem November 1850 in freundschaftlicher Verbindung; Clara notierte in ihrem Tagebuch im Januar 1854: „Rosalie, meine treue und einzige Freundin hier... Ich gehe fast nur mit ihr um und verlange auch nicht nach mehr Umgang; sie versteht mich ganz und sieht zu Robert mit größter Verehrung auf." (Litzmann II, S. 293); *meine Fußwanderungen:* Schumann suchte dort das Beethoven-Denkmal auf, häufig ging er auch in den botanischen Garten in Poppelsdorf.

Seite 294 *Becker aus Freiberg:* Konstantin Julius Becker (1811–1859), geb. in Freiberg; *Strackerjan:* Aug. Paul Friedrich Strackerjan (1823–1891), Offizier, Freund Schumanns; *von Härtel:* vgl. S. 291; *des Tages im August:* 12., 13., 14. August; *von den Kindern:* vgl. S. 289.

Seite 295 *von Laurens gezeichnetes Bild:* vgl. S. 292; Laurens hatte auch Brahms 1853 in Düsseldorf gezeichnet; C-dur-Sonate: op. 1, Joachim gewidmet; *Fis-moll-Sonate:* op. 2, Clara gewidmet; *Scherzo:* op. 4; *Balladen:* op. 10.

Seite 296 *Geburtstag unseres Geliebten:* gemeint ist der Geburtstag von Johannes Brahms am 7. Mai.

Namenregister

Aeckerlein, Johann Jakob (1776–1841)　275
Alsen, W.　282
Arnim, Bettina v. (1785–1859)　239
Auber, Daniel François Esprit (1782–1871)　201
Avé-Lallemant, Theodor Friedrich (1805–1890)　252 f., 256–258

Bach, Johann Sebastian (1685–1750)　6, 58, 67, 75, 96, 109, 168, 201, 235, 242, 271–273, 276, 280
Banck, Carl (1809–1889)　35, 227, 256
Bargiel, Marianne (1797–1872)　38 f., 53, 75, 79, 112–114, 135, 141–143, 161, 175, 225, 229 f., 233, 246 f., 251, 254 f., 258, 268, 273, 282
Becker, Ernst Adolf (1798–1847)　16, 21, 23, 76, 123, 125, 127, 284
Becker, Konstantin Julius (1811–1859)　264, 267, 270, 277, 294
Beethoven, Ludwig van (1770–1827)　6, 15, 60, 72, 79, 92, 96, 107, 109, 146, 168, 172, 188, 242, 256, 258, 268, 289, 290
Bellini, Vincenzo (1801–1835)　46, 67, 75, 200
Bennett, William Sterndale (1816–1875)　75, 84, 154, 183, 191, 194, 282
Berlioz, Hector (1803–1869)　67, 192, 238
Bertin, Louise Angélique (1805–1877)　189, 192
Bielke, Hr. von　287
Bohrer, Max　170
Bordogni, Giovanni Marco (1789–1856)　189
Brahms, Johannes (1833–1897)　6, 290, 292–295
Breitkopf & Härtel, s. Härtel
Brockhaus, Heinrich (1804–1874)　227, 238
Burns, Robert (1759–1796)　263
Byron, Charles (1788–1824)　263

Carus, Ernst August (1797–1854)　15
Castelli, Ignaz Franz (1781–1862)　144
Chamisso, Adelbert von (1781–1838)　8
Chelard, Hippolyte André (1789–1861)　235, 279
Chezy, Helmine v. (1783–1856)　276
Chopin, Frédéric (1810–1849)　6, 13, 17, 23, 54 f., 67, 74, 201, 255 f., 271, 289
Cibbini, Katharina, geb. Kotzeluch (1790–1858)　73, 134, 138, 144
Cranz, August (1789–1870)　252 f., 257 f., 261, 285
Czerny, Carl (1791–1857)　177

David, Ferdinand (1810–1873) 54, 98, 143, 242, 285
Dessauer, Joseph (1798–1876) 154
Diabelli, Anton (1781–1858) 60, 88, 122
Döhler, Theodor v. (1814–1856) 56
Donizetti, Gaitano (1797–1848) 199
Dorn, Heinrich Ludwig Egmont (1804–1892) 13
Dreyschock, Alexander (1818–1869) 46, 159, 251

Eder, Josephine (1815–1868) 16
Eichendorff, Joseph von (1788–1857) 8, 277 f.
Einert, Wilhelm (1794–1868) 224–226, 287
Erard, Sébastien (1752–1831) 181, 187, 189

Fechner, Gustav Theodor (1801–1887) 182
Fink, Gottfried Wilhelm (1783–1846) 67
Fischhof, Joseph (1804–1857) 55 f., 60, 75, 87, 89, 124, 137, 183
Fricken, Ernestine von (1816–1844) 7, 23, 47, 51, 81, 117 f., 135 f., 166, 172, 265
Friese, August Robert (1805–1848) 144, 162, 206, 212, 225, 242, 264

Gade, Niels (1817–1890) 287
Garcia, Pauline 120 f., 180, 182, 265, 291
Gathy, August (1800–1858) 252, 262–264
Gentiluomo, A., geb. Spatzer 146
Gerold, Karl 144
Gluck, Christoph Willibald (1714–1787) 46
Goethe, Joh. Wolfgang v. (1747–1832) 6, 13, 26, 69, 78, 173, 218, 262 f., 279, 289
Goethe, Ottilie v. (1796–1872) 239
Grabau, Henriette (1805–1852) 14, 181, 193, 196, 213
Graff, Konrad (1783–1851) 272
Grétry, André Ernest Modeste (1741–1813) 285
Grillparzer, Franz (1791–1872) 74, 77, 154
Grimm, Julius Otto (1827–1903) 293
Günther, Carl Friedrich 23
Güntz, Emil Christian (1811–1877) 16, 138
Güntz, Felix Ludwig 16

Händel, Georg Friedrich (1685–1759) 154
Härtel, Hermann (1803–1875) 77, 207, 252, 264, 270, 292
Härtel, Raimund (1810–1888) 67, 77, 207, 252, 264, 270 f., 291 f., 294
Halévy, Jaques (1799–1862) 201

Hallé, Charles (1819–1895) 196
Hartmann, Johann Peter Emil (1805–1900) 282
Haslinger, Tobias (1787–1842) 88, 140, 144, 146
Hauser, Franz (1794–1870) 162
Hebbel, Friedrich (1813-1863) 279
Heine, Heinrich (1797–1856) 8, 201, 262–264, 278
Heinefetter, Sabine (1809–1872) 162
Heller, Steven (1813–1888) 182
Hermstedt, Johann Simon (1778–1846) 14
Henselt, Adolph (1818–1899) 47, 55, 58, 64, 196, 288
Herz, Henri (1803–1888) 13, 15
Hilf, Christoph (1818–1912) 242
Hiller, Ferdinand (1811–1885) 263, 270, 272, 275
Hirschbach, Hermann (1812–1888) 287
Hoffmann, E. T. A. (1776–1822) 267
Hofmeister, Friedrich (1782–1864) 236
Holz, Carl (1798–1858) 72
Horn, Uffo 46
Hummel, Johann Nepomuk (1778–1837) 14

Jahn, Otto (1813–1869) 286
Janin, Jules-Gabriel (1804–1874) 201
Jean Paul (1763–1825) 5, 172, 188, 272, 289
Joachim, Joseph (1831–1907) 290, 292 f.

Kalliwoda, Johann Wenzel (1801–1866) 67, 75
Kalkbrenner, Friedrich (1785–1849) 189
Kaskel, Sophie (1817–1894) 21
Keferstein, Gustav Adolph (1799–1861) 263 f.
Kiesewetter, Raphael Georg (1773–1850) 154
Knorr, Julius (1807–1861) 14, 21
Kotzebue, August v. (1761–1819) 63, 137
Krägen, Karl (1797–1879) 19–21, 23

Lachner, Franz Paul (1803–1890) 99
Laidlaw, Anna Robena (1819–1901) 54, 60, 118, 161, 189
Laurens, J. P. (1801–1890) 292, 295
Leser, Rosalie 292 f.
Lickl, Karl Georg (1801–1877) 144
Lindhult, Oskar, 293
Lindpaintner, Peter Joseph v. (1791–1856) 170
List, Emilie (1819–1902) 21, 23, 26, 64, 71, 180–182, 186 f., 189, 193, 197, 202 f., 208, 210, 213–215
Liszt, Franz (1811–1886) 59 f., 72, 103, 110, 158 f., 162, 172, 195, 239–242, 249, 252, 257, 268–273, 275, 277, 284

Löwe, Carl (1796–1869) 264
Lobe, Johann Christian (1797–1881) 279
Louis, Ferdinand, Prinz v. Preußen (1772–1806) 143
Lutzer, Jenny (1816–1877) 146

Mayseder, Joseph (1789–1863) 71, 91
Mechetti, Carlo (1809–1847) 88, 199, 207, 235
Meerti, Elisa (1817–1878) 241
Mendelssohn-Bartholdy, Felix (1809–1847) 27, 46, 54 f., 75–77, 87, 105, 110, 143, 146, 232, 235 f., 253, 270, 272 f., 275, 279, 283, 289, 296
Merk, Joseph (1795–1852) 71, 91
Meyerbeer, Giacomo (1791–1864) 189, 201
Molique, Wilhelm Bernhard (1802–1869) 14, 170
Moscheles, Ignaz (1794–1870) 27, 191, 194
Mozart, Wolfgang Amadeus (1756–1791) 6, 14, 46, 150, 163, 289

Nissen, Georg Nikolaus (1761–1826) 150
Novello, Clara Anastasia (1818–1908) 59

Onslow, André Georges Louis (1784–1852) 201

Paganini, Niccolò (1782–1840) 13, 65, 82, 103, 244, 254
Panofka, Heinrich (1807–1887) 234
Pasta, Giuditta (1797–1867) 82, 254
Pasqualati, Johann 154
Peche, Therese (1806–1882) 155
Peters, August (1817–1864) 291
Pfundt, Ernst Gotthold Benjamin (1806–1871) 13, 37
Pixis, Francilla (geb. 1816) 27, 283
Pleyel, Camilla (1811–1875) 236–238, 252, 257
Pleyel, Ignaz Joseph (1757–1831) 181
Poppe, Johann Andreas (1771–1841) 58, 96
Potter, Philipp Cipriani Hambly (1792–1871) 191
Probst, Heinrich Albert (1791–1846) 182, 277
Prume, François (1816–1849) 236, 243

Rakemann, Louis Christian (geb. 1816) 259 f., 262
Reichel, Erdmann Traugott (1748–1832) 37
Reißiger, Karl Gottlieb (1798–1859) 23
Rellstab, Ludwig (1799–1860) 236, 248
Rettich, Julie (1809–1866) 71, 143, 155
Reuß, Heinrich II. Graf (1803–1852) 67, 81, 85, 91, 270

Reuter, Moritz Emil (1802–1853)   26, 40, 45, 114 f., 118, 142 f., 204, 211, 231 f., 282–284
Rieffel, Amalie (1822–1877)   280
Rietschel, Ernst (1804–1861)   291
Rossi, Henriette Gräfin (1806–1854)   28
Rossini, Gioacchino (1792–1868)   271
Rungenhagen, Karl Friedrich (1778–1851)   269

Saphir, Moritz Gottlieb (1795–1858)   46
Scarlatti, Domenico (1685–1757)   168, 201, 248, 256
Scherenberg, Christian (1798–1881)   289
Schilling, Gustav (1805–1881)   174–179, 184, 188, 192
Schlesinger, Maurice Adolph (1798–1871)   195 f.
Schmidt, Gustav Martin (1819–1844)   220
Schneider, Johann Christian Friedrich (1786–1853)   15
Schönburg, Eduard Fürst (1787–1872)   85, 140
Schröder, Devrient, Wilhelmine (1804–1860)   23, 65, 222, 285
Schubert, Franz (1797–1828)   5, 60, 78 f., 92, 146, 196, 241 f., 249, 268, 272
Schumann, Carl (1801–1849)   67, 206 f., 211, 226
Schumann, Eduard (1799–1839)   67, 199 f., 202–205, 211
Schumann, Elise   289–291
Schumann, Eugenie   289
Schumann, Felix   290
Schumann, Ferdinand   289, 294
Schumann, Johanne Chr. (1767–1836)   28, 81
Schumann, Julie   289, 292 f.
Schumann, Julius (1805–1833)   80
Schumann, Ludwig   289, 294
Schumann, Rosalie (1809–1833)   79 f., 191, 194
Schumann, Therese (1805–1889)   26 f., 92, 112, 132, 137, 166, 195, 200, 202, 204, 212, 214, 231, 233, 239, 292
Schunke, Ludwig (1810–1834)   23, 170
Sedlnitzky, Joseph Graf (1778–1855)   124, 138, 140
Senff, Bartholf (1815–1900)   287
Serre, Friederike   110, 137
Seyfried, Ignaz Xaver Ritter v. (1786–1841)   144
Shakespeare, William (1564–1616)   257
Sire, Simonin de (1800–1872)   83
Sonnleithner, Leopold Edler v. (1797–1873)   154
Sonntag, Henriette (1806–1854)   254
Spohr, Louis (1784–1859)   46, 122
Stamaty, Camille Marie (1811–1870)   67
Stegmayer, Ferdinand (1803–1863)   23, 87

Stein, Andreas (1797–1863) 258
Strackerjan, August Paul Friedrich (1823–1891) 294

Täglichsbeck, Johann Friedrich (1808–1862) 59
Taglioni, Marie 146
Taubert, Wilhelm (1811–1891) 54
Thalberg, Sigismund (1812–1871) 55 f., 72, 154, 158 f., 167, 196, 251 f., 255, 272
Töpken, Albert Theodor (1808–1880) 260, 262
Tomašec, Vaclav Johann (1774–1850) 46
Truhn, Friedrich (1811–1886) 238

Ulex, Wilhelm 25

Verhulst, Johannes Josephus Hermanus (1816–1891) 96, 143, 263, 280–283, 293
Vesque, Johann Frhr. v. (1803–1883) 74, 122, 124, 140, 144, 146, 162
Vieuxtemps, Henri (1820–1881) 59
Voigt, Henriette (1808–1839) 54, 100, 142, 216

Wagner, Richard (1813–1883) 15
Weber, Friedrich (1808–1886) 69
Weber, Carl Maria von (1786–1826) 236, 276, 289
Weinlich, Christian Theodor (1780–1842) 283
Wenzel, Ernst Ferdinand (1808–1880) 14, 227, 284
Weyse, Christian Ernst Friedrich (1774–1842) 282
Wieck, Clemens 13
Wieck, Friedrich Alwin (1821–1885) 13, 126, 231, 237, 242
Wieck, Gustav Robert Anton (1823–1884) 13, 21
Wild, Franz (1792–1860) 146

Zedtwitz, Wilhelm Graf 166
Zelter, Karl Friedrich (1758–1832) 6, 78
Zumsteeg, Johann Rudolph (1760–1802) 90, 94

Inhalt

Einleitung 5
Briefe aus den Jahren 1832–1855 11
Nachwort 297
Anmerkungen 339
Namenregister 359